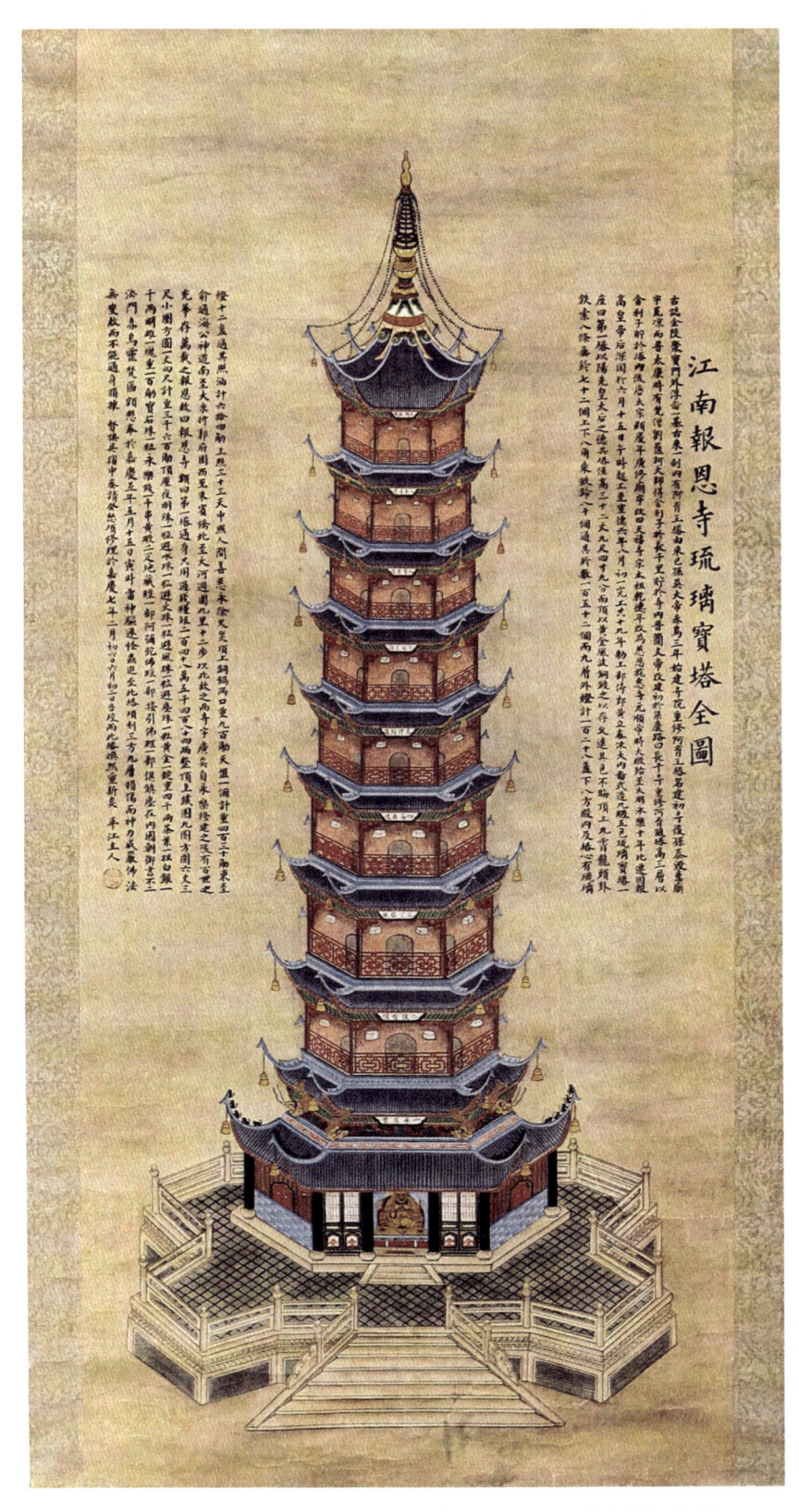

附图 1. 江南报恩寺琉璃宝塔。建于 1412—1431 年，于 1853—1862 年间被毁。此图出于一幅 1810 年左右的丝绸画，大小为 112 厘米 ×52 厘米。目前由奥托·弗兰格收藏

近代以来海外涉华艺文图志系列丛书

中国建筑与宗教文化之宝塔

[德]恩斯特·伯施曼 著

蒋洲骅 译

中国画报出版社·北京

图书在版编目（CIP）数据

中国建筑与宗教文化之宝塔 /（德）恩斯特·伯施曼著；蒋洲骅译. -- 北京：中国画报出版社，2022.6

（近代以来海外涉华艺文图志系列丛书）

ISBN 978-7-5146-2072-6

Ⅰ.①中… Ⅱ.①恩… ②蒋… Ⅲ.①古建筑—塔—介绍—中国 Ⅳ.①K928.75

中国版本图书馆CIP数据核字（2022）第029132号

中国建筑与宗教文化之宝塔

[德]恩斯特·伯施曼 著　蒋洲骅 译

出 版 人：方允仲
责任编辑：郭翠青
营销编辑：孙小雨
责任印制：焦　洋

出版发行：中国画报出版社
地　　址：中国北京市海淀区车公庄西路33号
邮　　编：100048
发 行 部：010-88417438　010-68414683（传真）
总编室兼传真：010-88417359　版权部：010-88417359

开　　本：16开（787mm×1092mm）
印　　张：27
字　　数：536千字
版　　次：2022年6月第1版　2022年6月第1次印刷
印　　刷：万卷书坊印刷（天津）有限公司
书　　号：ISBN 978-7-5146-2072-6
定　　价：198.00元

出版说明

恩斯特·伯施曼（Ernst Boerschmann，1873—1949），国际学术界公认的第一位全面考察中国古建筑、第一位以现代科学方法记录中国古建筑、第一位以学术著作形式向西方社会传播中国古建筑与文化内涵、第一位在西方社会为中国晚清民国时期"硝烟战火中遭到直接毁坏的建筑"之文化遗产保护工作奔走呼号的德国建筑学家与汉学家。

伯施曼所记录的中国建筑有些已经毁于战火，有些已容颜大改，我们今天只能从伯施曼的记录中得窥这些古建筑的原貌，因此本书具有极高的史料价值和艺术价值，成为后人无法逾越的中国古建筑史领域的里程碑。中国营造学社、梁思成与林徽因等人对中国建筑史的研究，都深受伯施曼学术成果之影响，使中国建筑逐渐被纳入世界建筑史和中国艺术研究史的写作框架中。

另外，伯施曼的研究成果对中国文化在西方的传播也起到了极其重要的历史作用。他倡导的中国建筑研究，作为汉学不可或缺的分支得到了进一步的发展。

以下是本卷在编辑工作中的一些说明：

一、关于全书译、编、校方法与注释：作为一部1931年出版、由西方建筑学家躬身考察并记录的中国宗教建筑与文化巨著，本书的价值之一，即原书风貌与史料价值。限于当时的学术研究水准，原书解说文字中偶有错讹或争议之处；加之原作者以德语成书，时隔百年再译回中文（乃至古文），难度异常之大——尤其涉及史料甚少的偏远地区的风俗仪轨、器物名称、金石碑文等，只可根据作者德文描述及图片手稿进行"推断"，编校中未敢笃定妄断"此乃何物"。为最大程度地保留文献原貌及准确性，编辑过程中借鉴了古书校勘的部分方法——不动原文，对争议之处采用注释形式加以说明，以便方家探讨研究、批评指正。

二、关于全书行政区划、地名、寺院名、建筑名、物名、风俗仪轨等用法问题，保留原书旧制，并加注释。

三、限于1931年的制版、印刷技术，原书的图版、文字并非完全对应。在此次中文版的编辑过程中，我们尽量做到图文互应。

四、原书中年代使用不统一，并有错讹之处，本次出版对所有历史年代进行了核对，统一增加了公元纪年。

本书为国家出版基金资助项目，翻译、整理、编辑、出版是一项浩大繁重的文化工程，囿于翻译、学术、编辑等方面水平，错漏、不当之处在所难免，唯一颗文化敬畏之心朝乾夕惕，恳请诸位明公批评指正。

序　言

　　本书作者恩斯特·伯施曼（Ernst Boerschmann，1873—1949），是国际学界公认的第一位以现代科学方法记录、考察并著书，向西方介绍中国古建筑与文化内涵的德国建筑学家与汉学家，长期致力于我国晚清民国时期的文化遗产保护工作。他历时二十多年，行程数万里，跨越广袤的中华大地，留下了丰富的文字记录和图像资料，出版了至少六部论述中国建筑的专著。本书《中国建筑和宗教文化》（三卷），正是伯施曼关于中国古代建筑和文化研究的代表作。

　　伯施曼的中国考察显然不是孤立的历史事件。众所周知，19世纪后半期以来，伴随着西方国家东进殖民的过程，各国学者也陆续来到中国内地，对各种文物古迹遗存进行考察。不可否认的是，这些考察混杂着多重动机，既包括对东方文化的兴趣，也包括对东方文物的觊觎以及向东方殖民的政治意图。以往学界较为熟悉的是当时各国在中国西北地区展开的考察活动。如德国在1902—1913年，由格伦威德尔（Albert Grünwedel，1856—1935) 和勒柯克（Albert von Le Coq，1860—1930）分别率领的四支吐鲁番考察队，在我国新疆地区获取大量古代艺术品和文献材料。和英国的斯坦因，瑞典的斯文赫定，法国的伯希和，俄国的科莱门兹、科卡诺夫斯基、科兹洛夫、奥登堡及日本的大谷探险队一样，他们除了获取大量中国古代文物文献之外，也留下了丰富的考察记录。除了西北考察之外，西人的考察范围也扩展到中国的其他地区。在伯施曼之前踏遍中华大地的德国学者是地理学家、地质学家冯·李希霍芬（Ferdinand von Richthofen，1833—1905），1868年到1872年，他先后七次走遍了大半个中国。回国之后，从1877年开始，他先后发表了五卷带有附图的《中国——亲身旅行的成果和以之为根据的研究》。这套巨著是他四年考察的丰富实地资料研究的结晶，对当时及以后的地质学界都有重要影响。伯施曼的考察和研究则有不同，重点在中国古代各种建筑及其背后所蕴藏的历史文化精神。

　　清末的中国正经历着前所未有的巨变，身为异国人的伯施曼很早就意识到保存文化遗产的紧迫性："可是，就像强占国土一样，白种人同样会强迫中国人接受现代化的机器与建筑，其本土文化传承由此不复存在。寺院沦为瓦砾，宝塔化为废墟，一如它们今日正在经历的这般。"更难能可贵的是，作者是站在尊重彼邦文化的立场上力图保存中华文化传统的，"感谢数千年来几乎未曾改变的内涵传承，原始而古老的素材被完好保存在中国的风俗、礼仪与建筑之中，呈现于我们眼前。我们需要做的，仅仅是认真阅读、感悟这些素材。"本书第一卷中，作者选择了观音菩萨的道场浙江普陀山，对普陀岛的概貌进行了介绍，重点对普济寺、法雨寺、佛顶寺的建筑进行了全面系统的记录，并在此基础上对各寺及岛上的宗教生活进行了详细的解说。作者在考察法雨寺玉佛殿的观音像时，就欧洲与中国在雕塑领域所秉持的艺术观作比，指出与欧洲重视艺术品本体相反，中国的佛像雕刻却具有生命内涵与现实意义。他认为，中国匠人并不完全遵照自然主义写实风格，对佛像进行一板一眼的临摹重复，而是倾向于以某种艺术风格，很多时候甚至是较为奇伟瑰丽的风格，将神祇形象与普通凡夫区分开来。在他看来，中国人是艺术风格塑造与表现领域的大师，"西方的自然主义雕塑只是丧失了创作意义与生命动力的呆滞物体，而反观中国雕塑艺术品，虽然其风格略为固化，在不同文化圈的西方人眼中稍显千篇一律，却仍然彰显着生命力与表现力，是一个富有生机的活体。这也许就是'理念'对阵'形式'的胜利。"作者对中华文化的热爱与尊重之情，溢于言表，类似的例子在书中多处可见。"所以，赶在这些含义深刻、样式繁多、常常令人叹为观止的中国构造建筑杰作，还未在种族交流大潮中，如明珠蒙尘般被完全抛弃湮灭之前，我们应当以绘画、文字、照片等形式，保留下它们的光芒。很遗憾，中国大地上的建筑此刻已直面消亡的威胁，因此，时不我待。对建筑师而言，这项科学研究更是一项刻不容缓的任务。"作者说出了自己的期望，"若德国人能将自己的勤奋与资金投入到这项梦幻的任务中，通过有条不紊的研究，在中国建筑艺术领域做出卓越贡献，那么这将是 1900 年远征在科学、艺术领域带来的后续影响，也将成为在建立稳固的贸易关系之外，远征结出的另一枚耀眼硕果。如果我们的政府能放眼长远，引领中国艺术史研究，世界学术界将因此受益良多，德国人民将因此受益良多。"

本书第二卷中，作者以祠堂为研究对象，参照欧洲梳理建筑及艺术文物的思路，按地域省份分类，有计划地归纳整合这些传统的中式庙宇。从早期的尧、舜、禹，到著名的历史人物介之推，三国时期的刘备、庞统、诸葛亮、赵云、关羽，从象征国家级祠堂的文庙到地方氏族的宗祠，通过作者细致入微的记录，人们得以窥见数千年来中国的民众如何从普通生活中提炼升华杰出人物与非凡事件，将其在宗教层面奉为神祇并赋予其神话色彩，得以窥见渗透进中国这片土地中的方方面面的宗教观念。这些祠堂的建造，使得古老的英雄人物至今还有血有肉地存活于大众之中，使得后世的记忆永远鲜活如新，由此整个民族本身也成为一段鲜活的历史。地方建筑如何体现"仁、义、礼、智"的国家思想学说，真实的历史人物如何被民间记忆而进一步神圣化，神圣而不可亵渎的英雄人物如何高高凌驾于众生之上接受后世膜拜，又如何维系着基层与国家之间的纽带，端赖作者如椽妙笔而再现。

在第三卷中，作者系统描述了550多座宝塔和塔群，将它们按照形制、所在区域和历史排序，勾勒出了中国宝塔建筑的大致面貌，并试图从中窥见中国佛教的历史走向，堪称"中国宝塔史第一次得到系统的梳理，呈现出它的全貌"。作者除了利用传统的文献记载和考古资料外，也利用了当时学术界的相关研究成果，如瑞典学者喜仁龙有关中国艺术的著作，日本学者常盘大定和关野贞编著的《中国佛教史迹》等，为全面展示中国大地上的宝塔建筑艺术奠定了极为深厚的基础。作者清醒地认识到系统整理不同时空宝塔资料的难度，为了避免研究可能会走上歧途，作者首先要从宝塔的形制着手，尝试将造型完全相同或近似的宝塔归在一起，从而对宝塔进行形制上的分类，将各种不同形制的宝塔由过渡的造型联系起来，同时注意到不同历史时期某些特定造型的宝塔与某些地区的景观密切相连。通过将每种形制的宝塔按照时间和空间的逻辑关系进行梳理，并为之找到相应的实例进行分析和归纳，才有可能去分析辽阔的中国大地上单座宝塔及塔群之间的相互联系，并为描绘中国宝塔的整体图景打下基础。这无疑给后来的研究者提供了切实可行的研究方法。

正如李希霍芬的《中国》是第一部系统阐述中国地质基础和自然地理特征的重要著作，直接促成了民国政府成立了地质研究所，开始了全国范围的地质调查，确立了民国地理学和地质学的基础一样，伯施曼的《中国建筑与宗教文化》系列同样具有学科奠基开拓的意义。由于战火硝烟、历史变迁等导致的古迹消逝，伯施曼的照片、拓片及临摹的图画，成为中国诸多文物古迹、偏远地区少见甚至是唯一的原始资料，给当时的中国学者提供了一个按图索骥和继续研究的目录，成为后人无法逾越的中国古建筑史领域的里程碑。中国营造学社、梁思成与林徽因等人对中国建筑史的研究，都深受伯施曼学术成果之影响。今次，中国画报出版社组织翻译出版本套书，可谓独具慧眼，而译者认真细致的翻译与补缺工作，尤其值得表彰。自2005年以来，海德堡大学艺术史专家雷德侯教授领衔开展了新一轮的中国佛教石刻调查与研究，主编《中国佛教石经》系列书籍，正陆续面世，而本书的出版发行无疑正续写着中德学术交流的华章。中国画报出版社委托敝人作序，何敢妄言？唯不揣简陋，聊赘数语，以志期盼与敬仰。

张小贵

2022年3月31日于暨南大学

目　录

前　言 015

第一章　风景与艺术中的中国宝塔
 1. 风景中的宝塔 022
 2. 宝塔实例 029
 3. 艺术与日常中的宝塔 055

第二章　大型宝塔的主要形制
第一节　级塔 060
 1. 方级塔 060
 2. 多角级塔 078

第二节　天宁方塔 106
 1. 直隶与河南的四座宝塔 106
 2. 河南与西安的四座大型砖塔 107
 3. 北方省份和四川的八座宝塔 113
 4. 云南省的七座宝塔 117

第三节　叠层塔 123
 1. 不同省份的六座宝塔 123
 2. 山东的三座宝塔：邹县宝塔、汶上县宝塔、灵岩寺宝塔 127
 3. 山西和四川的五座宝塔 138

第四节　层塔 147
 1. 北方省份及四川的十座宝塔 148
 2. 浙江、江西、安徽的二十六座宝塔 153
 3. 浙江杭州府的雷峰塔和保俶塔 169
 4. 江苏省苏州府的宝塔 176

5. 浙江、江苏、湖北的六座宝塔佳作 188

　　6. 广州及广东省西江边的宝塔 199

第五节　外廊层塔 207

　　1. 外廊方层塔 207

　　2. 外廊八角层塔 212

　　3. 金山塔、松江府塔、上海塔 217

　　4. 江苏苏州的北塔 226

　　5. 杭州与海宁州的宝塔 232

　　6. 诗歌 237

第六节　琉璃塔 239

　　1. 河南开封府铁塔 239

　　2. 江南报恩寺琉璃塔 246

　　3. 临清州和景州宝塔 263

　　4. 热河的两座琉璃塔 266

　　5. 北京颐和园的五座琉璃塔 276

第七节　石塔 283

　　1. 山东神通寺朗公塔 283

　　2. 河南、直隶和山东的其他宝塔 289

　　3. 湖南 291

　　4. 带角柱的宝塔 295

　　5. 杭州府和灵隐 302

　　6. 福建福州和福清的宝塔 308

　　7. 福建泉州府的宝塔 315

　　8. 厦门和潮州的宝塔 322

第八节　群塔 326

　　1. 北京双塔 330

　　2. 有关双塔的文学作品 332

  3. 三塔 ... 332

  4. 小型宝塔的塔群 ... 333

第三章 宝塔的其他形式

 第一节 铁铜塔 ... 340

  1. 当阳和镇江的宝塔 ... 340

  2. 山东和陕西的四座铁塔 ... 344

  3. 浙江和江西的金属宝塔 ... 347

  4. 四川峨眉山上的铜塔 ... 349

  5. 山西五台山大显通寺五座铜塔 ... 352

 第二节 墓塔 ... 362

  1. 佛龛式墓塔 ... 363

  2. 柱形塔 ... 376

  3. 由坟冢及瓮棺发展而来的瓮塔 ... 379

  4. 墓林 ... 390

 第三节 香塔 ... 398

 第四节 内塔 ... 408

前　言

中国的塔式建筑一般被欧洲人称作寺塔，凭借其在艺术和宗教上的独特性在中国建筑中独树一帜，也因此值得我们将它单独列出来详细介绍。因此我于1909年结束在中国的考察回国以后，马上写了这本书，以求将我这次行程中颇为关注的宝塔见闻做一个及时赏析，同时也是对中国建筑艺术和宗教文化的一己之见。我的研究领域分为两个方向，分别是中国精神文化在传统佛教思想和在近代佛教思想中的体现，实际上这两个研究方向本身就是紧密联系在一起的，要结合不同的建筑实例才能区别开来。这种基本构想在我于1911年发表的第一部作品《普陀山》和1914年发表的第二部作品《祠堂》中都已经提及，而在这部转而研究中国佛教宝塔的作品中，中国文化会进一步地与建筑研究领域相结合，从而更清晰地勾勒出它们之间的关系。

这本有关宝塔的作品有它独特的故事。实际上，《祠堂》一书已出版很长一段时间，但从结构和宗旨上来讲，《祠堂》都深深地影响了这次的研究。这本书在1914年就已经根据手头收集到的资料完成了大致的初稿，但同年战争爆发，我也因参军搁置了这项工作。在战后的最初几年中，我承担了东普鲁士军士陵墓的修建工作，因此也无法立即继续进行稿件的修改。后来德国从惨重的损失和持续的混乱中走了出来，主流的声音也坚定地希望在重建的同时兼顾文化领域，因此人们重新开始着手接续战前遗留下来的工作，在这些重焕活力的研究中，也包含了我的这本书。在这里我必须感谢德国外交部，他们不仅促成了我1906年至1909年的中国之行，还帮助我出版了前两部研究专著，从1921年到1923年，他们同样大力支持我进一步收集有关中国宝塔的资料，这本书也暂时得以完成。在完善此书的过程中，我发现早前亲自拍摄的照片和观察虽然构成了初稿的核心部分，但不够全面，因此必须很大程度地扩充引用的资料，而这些资料的收集和处理都需要支付一定的费用，在这里，特别要感谢当时新成立的远东联合会的慷慨支持。

彼时世界的格局都已经在"一战"猛烈的炮火之下发生了巨大的改变，东方和西方从外部的交流到内部的文化都较战前缩短了彼此的距离。自我踏上东亚的土地，我就不断感受到东方人民，尤其是中国人民实际上与享受着现代文明的西方人民是平等的。我的书中一直贯彻着这样的观点，即使是看待中国存在的一些问题时也秉承着这样自然的想法。这个时期内东西方之间的内部交流大多集中在经济和政治领域，对文化精神和科学领域却鲜有涉及，在这种不利的情况下，有一部分人仍然坚持继续探索前进，这无疑是十分令人欣慰的。在过去的二十年中，在中国和日本学者的带领下，我们在考古学和文化学方面进行了尤为深入的研究，将中国与西方从原始时期直到今天在各个领域产生过的深层次联系厘清关系，这些研究成果也为欧亚大陆的各国人民带来了深远的影响，同时促进了欧亚之间彼此的交流和发展。中国乃至世界各地的宝塔研究领域在此大背景下得到关注。

在这样的背景环境之下，宝塔的历史研究、功能研究和造型研究及其系统化的研究都扩展到了整个亚洲的范围，因此我必须在此阐明，这本书的真正研究目标仅仅是中国的宝塔。战时国外也出版了许多有关中国宝塔的资料，但这里主要引用的资料还是来自战后的德国同胞——许多研究人员或艺术爱好者从远东回到德国，他们有的在中国因非法活动被囚禁过，有的是违背当地人的意愿通过暴力获取了资料，他们将获取的宝塔照片和记录交给我使用。虽照片的获取方式不够正当，但是这些最新材料与战前数十年德国学者、相关从业人员及游客在远东获得的老照片互为参照和补充，十分珍贵，几乎涵盖了中国版图上所有省份的宝塔，因此也提供了中国宝塔的系统概览，故从文化遗产的角度将这些获取来源有瑕疵的照片一并录之。此外，通过文学上关于历史和宗教含义的原始资料把各种各样不同造型的宝塔进行分类和整理，也是研究中必不可少的方法。在此过程中不仅采纳了欧洲大量珍贵而古老的相关资料，也使用了一些中文相关文献，中文资料主要出自百科巨著《古今图书集成》及中国各省市和寺院的志记。这些资料由精通中文的朋友查阅并翻译成德语，在第一章中对其中较为重要的参考资料作出了解释说明。它们也为全面展示中国大地上的宝塔建筑艺术奠定了极为深厚的基础。

宝塔研究在1923年经过几年的积累找到了新的突破口，在这期间，一些其他有关中国建筑形制的研究得以完成和发表。随着中德两国之间在文化和科学领域日益密切的交流，两国之间的关系变得更为紧密，有关宝塔的资料也不断更新。逮至1928年本书即将付梓之时，宝塔研究的形势又发生了极大的变化，因此稿件也不得不再三改动。

在这些新的研究中，瑞典学者喜仁龙在有关中国艺术的著作中提到了许多之前并未引起注意的宝塔实例；1925年由日本学者常盘大定和关野贞编著的里程碑式著作里同样有关中国佛教建筑，他们在1929年出版的《中国佛教史迹》[1]一书中收录了大量宝塔的照片及相关的中日文本。尤其珍贵的是书中列出了一些新发现的有关宝塔建筑的资料，这里特别要感谢一位精通日语的中国朋友将相关资料为我翻译了过来。补充了这些资料以后，原来的材料也需要重新排序和整合，最终的定稿比原稿的资料翻了一倍，涵盖了十八个省内的550多座宝塔和塔群，并将它们按照形制、所在区域和历史排序，凭此勾勒出了中国宝塔建筑的大致历史走向，也在一定程度上代表了中国佛教的历史走向。事实上这部作品的完篇也标志着中国宝塔史第一次得到系统的梳理，呈现出它的全貌。

虽然在修改的过程中本书的研究内容和材料都得到了扩充，但主要的研究对象仍然是中国土地上各省份的实例，包括来自满洲、西藏甚至新疆的宝塔，也补充了极少数国外的实例，比如位于蒙古、中亚地区的宝塔。另外，印度本土佛教及其规模巨大的宝塔建筑也在本书中有所涉及，相关的研究在先前就已经大量发表了，如今在当地还能看到数量众多的宝塔实例。即便其他国家和地区的宝塔建筑并不是本书的重点研究对象，但书中描述的中国地区的宝塔同样是放在亚洲建筑的发展背景之中来探讨的，它也同样是为将来整理更宏观的宝塔建筑史所做的初步准备。

总的来说，本书在撰写过程中虽然经历了多次中断，但这对书的内容和研究方向都带来了正面的影响。1930年本书上卷的终稿完成，秋天交付进行初次印刷，最终一年后出版，紧接着的下卷在1932年秋天完成。

面对如此宽广的研究领域及无法忽视的550余座宝塔和塔群实例，材料的结构和梳理就显得格外重要。无论简单从空间还是时间的角度都很难找到清晰的线索来将这些宝塔排序：在任何一个时期，中国的宝塔都在风格上有一些重叠和发展，这给系统整理带来了很大的困难。在中国艺术的大部分领域，研究都可能会走上歧途：在掌握足够的对比资料或确定发展顺序之前就急于进行课题和关系研究。为了厘清现有的如此大量的宝塔之间的联系，首先要从宝塔的形制着手，尝试将造型完全相同或近似的宝塔归在一起，从而对宝塔进行形制上的分类。实际上，正是这样的方法起到了应有的效果。各种不同形制的宝塔之间由过渡的造型联系起来，而且显然某些特定造型的宝塔还与某些地区的景观密切相

---

[1] 此书2017年由中国画报出版社出版。——编注

连，且宝塔与景观的联系只出现在特定的某段历史时期。这个发现给本书的结构带来了一种可能性，将每种形制的宝塔按照时间和空间的逻辑关系进行梳理，形成自然的章节和段落，并为之找到相应的实例进行分析和归纳，这样就在介绍每种类别的宝塔时完成了时间和空间上的归类。对于不同宝塔的介绍有详有略，总体来说比较侧重于照片及文献材料丰富的宝塔实例，比如下卷中位于北京的一批宝塔。在上卷中特别有几章专门介绍天宁宝塔、喇嘛塔、金刚塔，并对中国宝塔的含义、造型和历史做一个总结概览。

对中国各省的数量众多的宝塔进行了这样系统的分类之后，才有可能去分析辽阔的中国大地上单座宝塔及塔群之间的相互联系，并为描绘中国宝塔的整体图景打下基础。下卷的最后一章也尝试罗列了有关中国宝塔史的一些研究结果，似乎也可以说，这次研究在一定程度上达成了在这个子域上的目标。但即使这本书已经涵盖了相当丰富的内容，仅凭它也至多不过是为更全面的研究做一些铺垫。书中仅对很少的一些宝塔做出了较为详尽的描述和总结，这也给后面的研究留下了一个很好的方向。中国重要的宝塔众多，这里只能提到一部分，其他不出名的或是本书中仅仅简短介绍的宝塔在各地一定还有很多，很可能蕴藏着极其重要的信息。大概需要把所有这些宝塔及其所属的寺院都以画或照片的形式保存下来，来记录它们和景观之间的联系，再收集当地的有关文献资料，才能完整地将这些信息挖掘出来。本书中引用文献资料的地方不多，但有一本即将面世的有关福建泉州府地区的宝塔专著就是采用了这种方法，艾克博士和戴密微教授[1]为此做了多年的研究与钻研，并在专著中列举了石塔的一些重要特点。只有针对数量众多的宝塔分别进行类似的透彻研究，将来我们才有可能全面地了解这种建筑珍宝的真正意义，并将它的分类与发展并入中国宗教文化史的一部分。

本书给这个领域后来的研究者提供了一个可行的研究方法，但这实际上仍然根植于欧洲的研究模式。未来，将会由中国的学者与专家勇挑重担，带领我们一起摸索前进。他们熟悉这片土地，更了解这些建筑，也更方便收集到相关的文献资料。这样就会产生新的研究方法，将中国与欧洲的论证结合起来。自从清政府垮台以后，中国经历了政治、经济

---

1 戴密微（Paul Demiéville, 1894—1979），法国汉学家。——译注

和社会的阵痛和改革，新时期的中国焕发了新的活力和自我意识，在人文领域的科学研究方面加大了投入，甚至连语言也开始历经一个新的重组过程，对原有的文化造成了强烈的冲击，同时也带来了巨大的进步。我们有理由相信，中国的学者在将来的研究方面会做出最重要的贡献。他们在建筑研究领域如今已经出版了一些有关古老建筑的重要著作，其中也列举了一些著名的古代建筑。可见中国现代的科学也会在不久的未来发展壮大起来，当然首先是在他们自己的中国建筑方面。

在完成本书的过程中有许多同伴给予了帮助，以下要特别感谢其中的几位：将我的照片转换成图片的建筑师卡尔·M.克拉茨；帮助我翻译中文文本的乔尼·海弗特；翻译日文文本的刘奇妮（Liu Cienye）（终稿由我本人完成）。在翻译诗歌时尤其要考虑到原文的词序和韵律，首先就是要注意音步的数量，不仅要保留最准确的原文音步，也要考虑德语诗歌的音律和意义。在许多翻译当中我们达成了完全一致，也证明了即使是最难的中文文本也可以用简洁的语言重现出来，甚至超越它。当然在翻译的过程中必须放弃韵脚，同时也无法对大量的诗化影射做出阐释。文中中文诗歌主要由曾老师所写，还有一些出自硕士工程师程深（音）之手。最重要的文献引用中有一部分是出自《中国佛教史迹》的图片资料，引用都经过了前文介绍过的日本教授常盘大定和关野贞的许可。另外还要感谢喜仁龙、古斯塔夫·艾克、奥托·福兰阁、艾里希·汉尼许、吉奥格·韦格纳、W.林普里希特、伯恩特·梅尔彻斯各位教授的帮助。徐家汇工艺院宝塔模型也给本书提供了重要的基础，现收藏在芝加哥菲尔德博物馆。在这里，我要再次向各位教授以及在图片索引中提及的诸君表示诚挚的感谢。书中并未将各位提供的所有照片都收录进去，部分照片由其他角度和构图更好的照片替代了。同样，翻译的文本也并非全都纳入正文，部分内容与主题关联不大，就进行了一些删减。另一方面，欧洲的一些文献资料在本文中也大多以节选的形式出现，实在是因为这些资料卷帙浩繁，难以取舍，当然很可能笔者在选取的过程中有所遗漏。

中国的文献中出现的宝塔图片也数不胜数，在此我主要选择了完颜麟庆[1]的游记，而并未选取那些经常出现宝塔的中国山水画。如此甄选的

---

1 完颜麟庆：清代学者，生平涉历之事，各为记，记必有图，称《鸿雪因缘纪》，又有《黄运河口古今图说》《河工器具图说》《凝香室集》。——编注

主要原因在于这些数量众多、笔触优美的画作中通常并不重视建筑本身的状态，而更注重绘画纯粹的艺术价值，这就与我的研究背道而驰了。

在图片排版时，我尽量使用双页来展示同一类的宝塔图片，或展示同一座宝塔的不同角度和细节的图片，以便读者更好地进行直接对比。在满足文本与图片的协调比例的基础上，尽量使宝塔及其细部的比例相称，至于手绘的宝塔轮廓、剖面及形制基本都用了1∶300的比例尺。

为了达到文本和图片在排版上的统一，在文中并未加入对图片的详细描述，文中仅提到了图片最重要的信息，部分必要的解释融入到整个介绍的文本当中，更详细的内容收录在《中国建筑与宗教文化之宝塔Ⅱ》[1]末尾的详细地理索引中，这份索引与图片展示的所有宝塔可以一一对应。末尾其他的索引展示了根据宝塔的建造时间、材料及规模大小对宝塔进行的分类。

德文书中对中文的音译参考了奥托·福兰阁的版本。为了保证图文的协调，最大可能地对音标进行了简化，缩写中只标明了声母，而省略了后面的韵母。而同音异义的字则通过不同的拼写方法加以区分，以便西方读者能够轻易地将它们分辨清楚。类似国家、省市、山川河流的名称一般都还有好几种别名，在此就统一为一个词，不再加其他介绍。但比如寺院和湖泊的名称，大部分是由多个不同含义的词语各取一字组合而成，在这里就稍加说明，以便读者理解。可能在将来的研究中可以继续研究，如何将这些固定的表达用多音节的德语单词表达出来。在用这些中文名词进行二格的转换或构成复数时，我尽量减少了"s"后缀的使用，避免造成德语读者的误会。出现不多的梵文名在文中同样没有使用变格变位，而是相对简单地从一而终使用同一个写法，虽然不符合语法，但也避免了理解的偏差。即便如此，我也无法保证本书在语言学上完全准确，还请各位专家对语言的翻译及细节问题多加包容。

最后我还要向德国外交部、德国科学应急协会、柏林东亚艺术协会及这些团体中的部分成员表示由衷的感谢，本书在1930年及1932年的出版依托于他们提供的经济支持。

1　待出版。——编注

第一章　风景与艺术中的中国宝塔

目　录

1. 风景中的宝塔
2. 宝塔实例
3. 艺术与日常中的宝塔

1. 风景中的宝塔

塔是中国土地上最有特色的建筑类型之一。一个游客已游历中国多日，深入内地，非常了解中国建筑的多样性，但当他看到那些或与其他建筑相互映衬，或独自矗立自成格局的塔型建筑后，仍会留下最为深刻的印象。在城市或是人口较多的乡镇，在经过精心设计的景观中一般会有好几座塔。它们通常以塔群的形式出现，但绝少会相邻而建——哪怕是在大城市里也仅有三四座塔，或远或近地围绕着人口密集的中心地区。它们的选址都经过精心安排，意义非凡。你会惊奇地发现，这些塔融入了城市的景观，站在塔上往外看也许不能直观地感受到这种美妙，但如果人们将塔放入整个景观中，就能发现它与景观的内在联系。人们能感知到的这种联系已远远超出我们肉眼可见的、有限的、美丽的城市风光，而是达到了更高的精神层面，这种精神贯彻了每一座塔的建造过程。

这些塔从 18 世纪末起被欧洲人称为"寺塔"，自此这个名称在欧洲渐渐得到了普遍的认同。即使是习惯简单称它为"高塔"的法国人，也开始使用"寺塔"这个称呼。"寺塔"一词并非来源于汉语，而是个来源于梵语的舶来词，另一种说法认为它是源于中文中特指某种塔型建筑的称呼。中文把这种我们现在称作"寺塔"的建筑总称为"宝塔"，意为：存放珍宝的塔。这里说的珍宝即佛教中的"三宝"（梵语 Triratna）：佛宝、法宝、僧宝，也可直接理解成通常存放于宝塔中被供奉的佛教圣物。本书最后一节会确切并详细地阐述塔的不同名称。"塔"在古代汉语中原本形容一种由墙围起的高耸的楼阁[1]，后来兴起的四周有墙的塔型建筑也称为塔，这些都是传统的中国建筑。自佛教传入中国，塔的名称就仅为佛教造塔所用，如今这些塔也因此被统称为佛塔，这就是"宝塔"一词的来源。

仅仅由宝塔名字的意义我们就能窥见塔与宗教，或者说塔与佛教建筑之间的紧密关系。宝塔的设计中包含的佛像和象征元素、宝塔与佛教寺院及大殿的紧密联系、与佛教相关的中国文学典籍、大量艺术作品及编年史中对宝塔的建筑风格和历史发展的详尽阐述，都证明了宝塔与佛教紧密联系在一起。它代表着佛教教义，并以塔的高耸形状尽可能地将佛教的影响传播到远近各处。因此，西方人把它理解为佛法世界的灯塔不无道理。

宝塔一般建造于山峦之中，与周围风景相互映衬，这符合道家及风水学对自然及其力量的观点。紧接而来的却是这些引人注目的佛塔与中国传统观念之间的矛盾。在中国历史进程中，曾发生多次灭佛运动，导致了一些宝塔建造受阻，使宝塔的数量得到了控制。另一方面，佛教与中国传统观念不得不相互适应，和平共处，在建造宝塔时吸纳了道教的思想——自然的和谐美与其内在的活力，并成功通过建造佛塔加强和美化了这种思想。重新发展的佛教教义甚至提出了建造宝塔的完善理论基础：把世界严格划分，每个部分都互为比喻，互为映照，通过艺术象征表现出来。但是，道教为了与之竞争并发展和稳固自身，则用在景观上非常显眼的宝塔作为自身风水体系的基础，使宝塔在此过程中失去了佛教的意义，仅保留了风水方面的作用。很显然，佛教与道教之争及两者在建筑领域上的同化是

---

[1] "塔"字最早见于篆书，造字本义表示用土石砖木搭建的多层尖顶建筑。——编注

长期发展的结果，与之对应的，中国的宝塔风景也随之在历史的长河中逐渐地发展着。

隋朝以前，人们间或能听闻某地在修建大型宝塔，这些宝塔通常是佛教建筑，至于它们与景观的联系还无人在意。直到唐朝，宝塔才被视作景观的一部分。在公元 8 世纪，绘画中已有宝塔入景[1]，更重要的是，大量诗文也把宝塔和山水景观联系在一起。宋朝的宝塔不仅成为绘画、文学和诗歌的主题，还被用在神秘的卜算预言中，例如解梦、志怪传奇等故事中都出现了塔。发展到明朝，宝塔迎来了它的鼎盛时期[2]：宝塔的身影在景观中随处可见，在绘画、雕塑和无数其他艺术作品中也成为了常见的主题。自此直至清朝，宝塔都是景观艺术中不可或缺的一部分。

中国早期关于宝塔的记载出现在公元 3 世纪和 6 世纪，大多与宗教历史相关，而且都仅有这一方面的描述。德国作家汉尼许在 1200 年到 1220 年间写成的游记《中国旅游指南》中，已经罗列了不少宝塔，并记载了当时中国的情况。我们通过书中对南宋贵州、四川地区的描述可以看到，当时有名的宝塔甚至可以追溯到唐朝，也已成了游人众多的风景名胜。而后来出现在县志、省志，以及国家地理志中的关于庙宇的部分，也都收录了描写宝塔的文章，并把它归到地方文物古迹一类。特别有趣的是，在当时山东的地方志中，一些非常有价值的宝塔都没有留下记录，或是仅仅被一笔带过。也许是编纂官们独尊儒术，有意忽略和删减了一些与佛教相关的内容。至今对宝塔最完整丰富的整理和探讨都出于 1686 年至 1726 年编纂的《古今图书集成》，在这本大型类书的"宗教古迹"一章中，详细记录了每一座宝塔的历史与外观，并收录了相关的许多诗文。宝塔内及周围的大量诗文碑刻也被制作成拓片得以流传下来，成为了这些宝塔存世最重要的证据。正是这些诗文，记录了这些寺庙所在的具体位置和周围环境，说明它们如何被视作景观的一部分被建造起来，也解释了宝塔与自然之间的内在联系。这正是它们成为"风水"中重要部分的原因，也因此获得了佛教的重视。为此，这本集大成的类书着重阐释了资料的来源和出处。这些有关宝塔的碑刻得以流传下来，当然也有极少数珍贵的拓本保存在中国的文人墨客和收藏家手里。从事收藏的不仅有得道高僧，也有对佛教产生浓重兴趣的大儒，自唐朝的李白杜甫，宋朝的苏东坡起，文人就开始收藏这类资料[3]。藏品中的文献一经完整公布就大大加深了我们对中国宝塔真实意义的理解，同时展现了宝塔在我们了解中国全貌时所能发挥的重大作用。

很早以前，邻国韩国甚至日本已经凭借中国式的宝塔闻名，他们开始把这种新的主题不断运用到自己的文化中，并加以变形，建造了大量的相似建筑。然而他们对中国宝塔对山水景观的外在影响和内在意义的理解，都远远谈不上透彻，更没有做到宝塔入景。当然他们对宝塔的源头也做了研究，比如 9 世纪时日本的圆仁大师[4]就留下了描绘山西佛教名

---

1 早在北魏、北周时期的中国敦煌壁画中，已有大量的佛塔入景。远早于作者所言"在公元 8 世纪"，盖作者时代史料局限所致。——编注

2 明代并非中国佛教史中的建塔鼎盛期，只是明代留下的塔存量较多，造成作者所言"鼎盛期"的假象。——编注

3 拓本的收藏远早于作者所言的唐宋时期，王国维在《宋代之金石学》中言六朝已拓汉魏石经，此版的李白、杜甫、苏东坡应因名气大，被西方作者虚指为文人代表。——编注

4 圆仁（794—864），日本天台宗高僧。——译注

山五台山及山上寺塔的名句；15 世纪末，日本画家雪舟[1]收藏了一幅画作的多个版本，这幅画描绘了浙江省宁波市著名的阿育王山的景色：高耸的山峰间，属于三座不同寺庙的宝塔围成一圈，自成一景。这种中国的艺术表现手法强调，要把宝塔融入给人宗教灵感的大自然中。

中国宝塔得到了来自欧洲访华者越来越多的关注。马可·波罗在他 1275 年到 1290 年的中国之行回忆录中很少提及宝塔，他对宝塔的关注远远不如已经破败的长城。而正是在马可·波罗着重介绍的杭州西湖畔及泉州等地，当时都已经坐落着一些著名的宝塔。直到 1517 年葡萄牙使团前往中国和 1580 年耶稣会士利玛窦获准进入中国，欧洲才有一些有关宝塔的记述。

第一位提到宝塔的是葡萄牙神父曾德昭[2]，他在 1613 年到 1635 年访华期间提到过南京的"瓷塔[3]"；接着是法国传教士李明[4]，自 1685 年起，他在中国游历了十年，其间也留下了关于宝塔的记录。约翰·尼霍夫[5]在他的游记《荷兰共和国东印度公司大师晋谒中国皇帝记》中对中国宝塔啧啧称奇，这部游记在当时引起轰动，直到现在仍有很大影响。这部描绘 1655 年至 1657 年访华使团的作品中对宝塔的生动描述，及无数铜版画体现宝塔在城市景观和山水景观中的融入，都是绝无仅有的，这种美学表达的意义在后文中还会有详细的阐述。17 至 18 世纪的传教士给我们带来了中国文学艺术生活的第一手详细资料，但他们对宝塔却鲜有提及。自英国传教士前往中国起，欧洲与中国的关系逐渐拉近，对中国国情的研究重新焕发了活力，人们也开始对宝塔投去关注的目光：斯当东[6]在报道 1792 年至 1794 年出使中国的麦卡特尼使团时不断提及中国宝塔，而在 1816 年由阿美士德带领的第二次英国访华使团中担任副团长的埃利斯，也对宝塔偶有详细的描述。从那时起，欧洲对中国内陆的出使络绎不绝，部分来访者出于科学的目的对中国的山水风景格外在意，他们从未忽略宝塔，并不时留下素描或是刻画仔细的版画作品。其中特别需要提及的有：英国摄影师艾略特（Eliot）和阿罗姆（Allom），他们拍摄的中国风景片分别在 1835 年和 1844 年出版；英国人福琼（Fortune），他在 1843 年至 1861 年游历中国产茶地区时对宝塔已有值得称道的观察和记录；1844 年拉萼尼使团中的法国特遣使古伯察[7]和秦噶哔[8]，他们在 1846 年以四川为起点顺着长江而下一路查访；俄罗斯人基里洛夫（Kirilow），他 1830 年到 1841 年对北京及近郊做了详细研究。此后在 1856 年至 1860 年，欧洲对中国的访问日益频繁，

---

[1] 雪舟等杨（1420—1506），日本画家。——译注

[2] 原文为 Samado，根据作品疑为曾德昭或谢务禄（Semedo, Alvare de, 1585—1658），天主教耶稣会葡萄牙传教士。——译注

[3] 指南京大报恩寺琉璃宝塔，见附图1，下文同。——译注

[4] 李明（Louis-Daniel Lecomte, 1655—1728）法国传教士，路易十四时期被派遣到中国。——译注

[5] 约翰·尼霍夫（Joan Nieuhoff, 1618—1672），荷兰画师。——译注

[6] 乔治·伦纳德·斯当东（Sir. George Staunton, 1737—1801），英国探险家、植物学家。——译注

[7] 古伯察（Evariste Régis Huc, 1813—1860），法国传教士。——译注

[8] 秦噶哔，或秦神父（Joseph Gabet）。——译注

直至 1900 年的世纪之交，游记中国的浪潮开始兴起，此间不乏对宝塔的提及和描述。直到今天欧洲人和美国人提及中国山水，仍会马上联想起中国宝塔。

然而，对宝塔真正内涵意义的研究并未与对其外形的关注齐头并进，连从纯粹艺术角度欣赏它的外形也是刚刚开始。开启学术讨论的是 1837 年发表在《中国丛报》上的一篇文章，意在探讨风水与广东地区的宝塔建造与翻修的关系。美魏茶[1]和卫三畏[2]也分别于 1844 年和 1850 年在这本探讨中国科学发展的期刊上发表了相关的文章，前者探讨宁波地区的宝塔，而后者是基于对广东及周边地区宝塔的调查写成的。二人都关注了宝塔在中国的起源，确定了宝塔的佛教用途，佛教相关的知识在当时也得到了普及。1857 至 1859 年，德国人克彭也发表了关于中国宝塔的重要文章。美魏茶还发表了《中国的宝塔》一文，这篇内容翔实的文章于 1855 年发表在 1847 年创刊的新杂志《皇家亚洲协会中国分会议事录》上，在当时受到了极高的评价。当时汉学家中最为出色的要数法国人茹立安[3]，他于 1844 年在杂志《画廊》上发表了研究南京报恩寺琉璃塔的重要文章，此后的汉学家也为中国宝塔研究做出了贡献，然而他们的研究并未形成体系。在这些不成体系的零星研究当中，比较重要的有艾约瑟[4]在 1893 年发表的《中国佛教》和《中国宗教》，文中详述了他的五台山之行。此外，俄国人璞科第[5]也在同年发表了描写五台山的精彩文章。1913 年，来自天主教耶稣会的传教士葛承亮[6]在徐家汇土山湾孤儿工艺院中，按 1∶40 的比例制作了八十三个中国各地宝塔的木质模型，使中国宝塔间系统的比较研究首次成为可能。1915 年，这些宝塔模型被送去旧金山万国博览会参展，卡瓦纳为此撰写了一篇长文，这篇文章于同年发表在《皇家亚洲协会中国北方分会议事录》上。1919 年，高延[7]发表学术论文《浮屠——中国佛教圣物》，其中"浮屠"一词来自梵语中的塔的概念：塔婆（Thupa）或窣堵波（Stupa），他是迄今为止第一位凭借现代汉学和印度佛学知识，多角度阐释中国宝塔内在含义的西方学者，且他引用的文献大多来自中文原文，因此他的文章成为了重要的宗教学文献，在本书中也多次引用。然而他认为，继他的文章发表以后，不必再有对中国著名宝塔的研究，这一论断已被后续发表的作品及本书证为谬误。高延对宝塔外观、艺术价值及内在意义的探究并未考虑宗教、政治和文化的历史发展这些决定性因素，实际上它们对宝塔的发展有着方方面面的影响，而只有通过分析尽可能多的宝塔形制才能厘清这些因素与宝塔之间的关系。宝塔的艺术造型与其宗教和风水的意义同样重要，并且可以通过造型分析理解其中蕴藏的深层意义。因此，中国艺术的研究者有充分理由将对中国宝塔的研

1　美魏茶（William Charles Milne, 1815—1863），英国传教士。——译注

2　卫三畏（Samuel Wells Williams, 1812—1884），美国传教士，汉学家，著有《中国总论》（The Middle Kingdom）。——译注

3　茹立安，或儒莲（Stanislas Julien, 1797—1873），法国汉学家。——译注

4　艾约瑟（Joseph Edkins, 1823—1905），英国传教士。——译注

5　璞科第（1865—1908），俄国外交官。——译注

6　葛承亮（Aloysis Beck, 1853—1931），德国建筑师。——译注

7　高延，或哥罗特（Jan Jakob Maria de Groot, 1854—1921），荷兰汉学家。——译注

究区别于文学研究。

1887年派利罗格[1]完成了《中国艺术》一书,开启了探讨中国艺术的先河,1904年卜士礼[2]的著作里也简短地提到了各种宝塔,然而他并未对其形制和景观的角度多做比较研究。这种比较研究能在更高程度上适用于中国艺术的概要介绍,一般用于建筑史研究中,例如1899年弗格逊[3]关于印度建筑的比较研究,还有1905年弗莱彻的研究及1912年毕罗艾(F.Benoit)的研究,都可归类到比较研究。根据外在形制对宝塔进行分类的概念首先出现在1912年出版的《中国艺术史》中,作者门斯泰尔培[4]在书中汇编整理了大量的中国宝塔;另外,1921年富尔曼[5]的《中国》一书也属此类,然而这些作者均未继续深入探讨。笔者曾经在1924年发表《隋朝和初唐的宝塔》和《铜铁宝塔》,旨在详细比较宝塔形制。在1925年发表的《中国建筑》及1927年发表的《中国建筑陶瓷》中,我对更多宝塔进行了比较研究。此后,日本学者关野贞和常盘大定在1924年和1929年发表了历史性的《中国佛教史迹》,此书文字严谨,拓本照片众多,从历史学、考古学和艺术角度详细介绍了为数众多的中国的宝塔,也为本书的撰写奠定了不可忽略的坚实基础。然而,这部书也局限于单独描述所涉及的史迹,并未对它们之间的内在联系多做阐释。在此期间,喜仁龙也在1925年发表了重要的专著《中国雕塑》,收录了大量由他亲自拍摄的中国宝塔的珍贵照片,其中一部分宝塔按艺术史的时间顺序排列。在1930年发表的《建筑》第四卷《中国古代艺术史》中,他又整理了共四十一座宝塔在形制上的异同,并将部分宝塔按历史进行分类。对中国艺术最新的研究分别来自费舍尔在1928年及库摩尔[6]在1929年发表的文章,他们将宝塔归入普通艺术品的行列,列举了大量案例。在过去的十年中,不断涌现新的研究资料,我也在旅行和后来的研究中获得了大量的补充材料,在此悉数发表,以尽可能填补当今研究的空白。

如今似乎是研究宝塔领域非常恰当的时间节点:人们现在不仅掌握了汉学的基础知识,在其他方面的准备工作也已完成,也是时候着手拓宽这个重要的领域了。另一方面,如今的研究越来越侧重于中国的研究方法,在艺术研究领域也有更多问题有待详细探讨。即使在较为热门的雕塑、绘画及工艺美术领域,许多中国艺术品的年代都无法确定,而大部分宝塔的建造史已经明晰,相关的准确信息正好可以为整理出真正的中国艺术史贡献一份力量。比如中国建筑艺术的重要主题——中式厅堂,它的完整历史的整理也是几乎不可能完成的。而宝塔作为大型建筑,一般都会标明明确的建造时期,研究也可更精确。

此外,直到今天在中国大地上仍然矗立着数千座不同时期建造的宝塔,而且它们一直是民众心中根植的信仰,塔的生命力从它们的艺术造型中就可以看到。整个中国的建筑艺

---

1 派利罗格(Maurice Paléologue,1859—1944),法国外交官,历史学家。——译注
2 卜士礼(Stephen Wootton Bushel,1844—1908),英国医生,东方学家。——译注
3 弗格逊(James Fergusson,1808—1886),英国建筑史学者。——译注
4 门斯泰尔培(Oskar Münsterberg,1865—1920),德国汉学家,收藏家。——译注
5 富尔曼(Ernst Fuhrmann,1886—1956),德国收藏家。——译注
6 库摩尔(Otto Kümmel,1884—1951),德国汉学家,中国文物专家。——译注

术并未随着现代发展的改变而发生改变，宝塔也是如此，这对过去几十年内的宝塔研究十分有利。因此有人认为，中国宝塔即使像现在一样逐年风化，也还可以在未来的一段时间内基本维持原貌。实际上，自19世纪以来，已有一些重要的宝塔未经修缮变成了被遗忘的废墟，甚至有一些完全消失了。当然，在中国一部分地区，佛教重新盛行，并极为可贵地修缮了宝塔，这种奇迹在过去一个世纪不断衰落的中国却是时有发生。在沉寂了一个世纪以后，中国人的精神生活也已发生了变化，是否要重建一些宝塔至今悬而未决。因此我们估计，塔这种在中国宗教史和建筑艺术发展史中不断没落又重新出现的高耸建筑，如今会迎来最终的衰败。因此，我们现在更应该趁宝塔还作为民族特色建筑存世之时，加紧收集和整理材料，否则即使这些宝塔得到了一定的保护，但这些最珍贵的文物也显而易见地在发生变化。

正因为宝塔是宗教文物古迹，属于中华文化中最精致的一部分，它的历史和建筑风格很能显示出其内在的中华民族特性。它不但是宗教精神和佛教历史的重要象征，还体现了"天人合一"的中国传统观念，更是中国政治史观的自然体现。我们通过对大约550座不同宝塔及塔群的有计划的考察和归类，从纯粹建筑和艺术的角度来看，发现了不同地区宝塔间的各异之处，从而使宝塔的发展史更为清晰。通过对宝塔这个领域的研究，我们向整体地理解和阐释中国的最终目标更迈近了一步。

前文概述了本书的研究基础和目的，点明了研究主题，在下面的章节中，我会举出具体范例进一步说明。本章继续深入探讨宝塔在山水间的外部形象，阐释宝塔的宗教氛围及人民、国家和作为象征的宝塔之间价值的重要联系。在此之前，必须正确看待山水的外在景观，才能揭露我们想要研究的内在影响。

我们通常很容易将宝塔与教堂塔楼相比较，这两种形式无疑在建造目的上是非常相近的：两种塔在外形上都很高，因此可以将宗教的神圣意义传播出去，影响着周边地区；两者都是朝圣的建筑，区别仅仅在于，宝塔是建在寺院大殿旁边的独立建筑，有时甚至建在寺院以外，而教堂塔楼自中世纪早期以来就几乎一直与教堂是一体的建筑，仅仅在公元6世纪的意大利——在它刚出现的时期——是紧靠教堂的独立建筑。大家大概已经接受了这种观点，即塔这种意象是由亚洲传到了西洋，然后在这里自行发展起来，成为重要的建筑形式。比如，一种观点认为教堂里的钟是由中国传过来的，但实际上这种教堂的钟塔与中国宝塔并没有直接的联系，中国宝塔里的钟与教堂的钟几乎同一时间出现，且宝塔从未因大钟而闻名，这种大钟较有可能源于波斯或是印度的建筑[1]。

中国与欧洲的塔最根本的区别在于，欧洲的教堂塔是簇拥在教堂周围教区的象征，一般情况下每座教堂都必须有教堂塔，而在中国仅有部分寺院里出现了宝塔，其他的寺庙或是道观都不会配有宝塔。这个区别导致西方城市里教堂塔楼众多，也造就了如画般的独特风景。与此相比，中国即使是百万人口的大城市里也仅有少数宝塔，其他宝塔都在郊外的空旷处。因此，我们的城市景观中教堂塔非常突出，它代表着不同城区中教区的划分，虽

---

[1] 作者此处所言的"大钟"，并非中国传统乐钟，而特指梵钟，源于印度佛教，是寺院标志性法器之一。——编注

然在小小的城市内教堂塔的密度很大，但事实上它们都是景观中独立的个体，相互之间并无联系。而在中国的城市风景中，即使只有少数几座甚至独有一座宝塔，都会给我们一种塔在景观中至关重要的直观感受，它仿佛影响着整个城区甚至周边地区，而且塔与塔之间还有着内在的联系。如果我们离开城市，来到平原地区或是山峦之间，东西方文化的区别就会更加明显。欧洲几乎在每一座村庄都会有一座教堂塔，而在中国，村庄通常较大一些，互相之间距离也更近，宝塔只是零星坐落在它们之间，影响着临近的好几座村庄。事实上，欧洲的教堂塔楼要比中国保存下来的宝塔多得多。另外，教堂和塔楼之间仅有空间上的紧密关系，在建造的时候几乎不会考虑到与风景的融合，因此，教堂塔楼对景观几乎没有特别的意义，少数的例外是圣地教堂和山丘上的小教堂。这种宝塔入景的思想在中国却是造塔的基本原则。宝塔几乎不会接收进香和朝拜，它的意义在于使风景更为灵动，当然，也可以扩大宗教在当地的影响力——它一般是由佛教机构管理的。正是因为建造时考虑到了这个问题，宝塔和它所在的景观常常融为一体，不仅内在意义是如此，外在形式也需要与景观互相映衬。宝塔从结构到细节都必须完全融入它所处的自然风景，因此，宝塔作为独立建筑，在美学上自有一套独特的体系。在中国，我们看到了宗教、美景和与之相称的建筑风格之间的最紧密的联系，这一点中国人的普遍看法最能证明。

在中国各地我们都能注意到，虽然建筑风格多种多样，但各种建筑都能融入周边的景观，建造宝塔的基本要求也是一贯如此。从东北、北京到最南边的广东，从东边沿海地区到西边西藏的山脉，直至西北的内蒙古地区，无一不是如此。在广阔的黄河及长江下游地区，人们特别重视河道、道路和居民区的在整体和区域上的分布，在山区的高山之间有一些小的平原，他们的建筑特点也是如此。山地中稍平缓的地区及山峦间的山谷都经过精巧的规划设计，建造了宝塔，将当地丰富的神话故事、生动的宗教故事或传奇故事具象化。通过佛塔遗址、著名僧人的文章或是得道高僧有关当地环境的回忆录，我们不难找到这个地方佛教神迹的踪影。总之，为景观增添意义才是建造宝塔真正的目的之一。宝塔选址的艺术在各个层面体现了风水学：附近山水、河流、池塘或湖泊的位置都是有利的前提条件。在宗教建筑构成的美妙风景中，宝塔坐落在人们精心选择的位置，将其他环境的元素、未经修饰的大自然、耕种的田地及建筑艺术的作品结合到一起，为全景外观画龙点睛，营造了最终的和谐画面。宝塔的建造和修葺，即使是在美学方面，也有广大人民的共同参与。文献中经常出现这样的记录：人们修改了宝塔的高度和规模，使其与周边环境保持高度的一致。事实上，无论从建筑角度还是从景观角度来看，中国宝塔几乎无一例外地拥有媲美中国山水画中所蕴含的美感。

我们从中国的风景照片中得到的美好感觉，是由我们自己所拥有的艺术品位而产生的。宝塔在风景中处于最恰当的位置，高度恰当，大小适中，造型优美，几乎完美无缺。如果我们试着想象宝塔不存在，把风景照里的宝塔挡起来或者在实景里把它用手直接遮掉，那么，在风景当中就会留下一个缺口，人们必须把宝塔放进去，风景才能变得完整。宝塔的造型与周边的景色有很大差异。首先是建筑轮廓和结构的差异，宝塔令人过目不忘的别致造型甚至能与别具一格的自然景观平分秋色。其次，宝塔的各种建造细节——飞檐、通气孔、塔顶、塔刹，与大自然生动柔和的灵动景色互相交织，这种与自然力量的共振在中国古代建筑上已经不断得到运用。即使我们可见的地形如山脉、平原和水体都在慢慢发生变化，宝塔仍然保持着与风景内在的和谐统一，并成为了道教的象征[1]。老子对宝塔的理解在千百年沧桑后仍然适用，塔的意义不但没有随着时间的流逝而减少半分，反而由于中国佛教从它的造型中找到了象征意义，而变得更为丰富。

中国将宝塔及其他建筑和谐地融入自然的艺术，在其他国家，包括德国近年来的许多糟糕反例的衬托之下，显得尤为高超。我们并没有像中国人那样遵循着自然来建造塔，而是背离了自然。人们想要用自己的建筑来征服自然，然而实际上却摧毁了建筑的灵魂。我们把复杂的建筑放在最显眼的位置，它不规则且毫无生气地耸立在河流湖泊旁、山峦之间，或是突兀地出现在村庄里，与环境格格不入，而不是作为风景的点缀和主题，为景色增光添彩。当然，我们也有与环境融合统一的建筑，城市和小镇中的修道院、教堂等各种宗教建筑，以及城堡、居民区与功能性建筑，不管是独立的还是以建筑群出现，都能勾勒出令人心醉的壮丽美景。但是中国人的技艺比我们更为精湛，他们把自然看作和是人一样有灵魂的生命，并想要在文学艺术中找到明确的象征来阐释自然。这种思想反映在建筑艺术中，人们在建筑结构和装饰造型上由内心深处勾勒出的轻巧弧线，就是对自然最直接的比喻。中国人感知到事物的流动，充分了解万事万物——无论是天然还是人造，都是气韵相连的一个整体，然后在景观中建造宝塔。正是通过这些宝塔，我们能够更好地理解中国人和他们的高雅艺术：人类可以在一定范围内自由地创作，心存感激地将和自然、人与苍穹造化的联系融入到创作中去，这将给人类的创作带来无穷裨益。

2. 宝塔实例

在开始了解宝塔的形制和历史之前，我们有必要通过一些具体实例来说明宝塔在景观中的作用。在目前大量的资料中，我们将仅采用图片材料作为研究对象，在之后的章节中，我们会分析户外大型宝塔及其内部结构，也包括可移动的宝塔摆设和艺术作品中的宝塔形象。这样我们就把研究框定在了一个较为合适的范围内。在部分实例中，宝塔的建造目的与自然环境有着密不可分的联系，我会对这些实例作较为深入的分析，其余一些宝塔会在之后的章节中与同一类别的其他宝塔一起探讨，这里就先作简单的介绍。此外，本章列举的宝塔只是一部分，其余实例及其与自然间的美妙融合会在后续章节中详细探讨。

即使是在低矮的平原，宝塔也有它的无穷魅力，相片并不能很好地展现这种魅力，更多的是提供一个视角的转换，把距离较远的景色一下子放大拉近，将我们的主题宝塔与景

---

1 "塔"是典型的佛教建筑，文中所言"成为了道教的象征"乃作者对中国文化佛、道杂糅产生的误读。请读者注意甄别。
——编注

图1.浙江嘉兴壕股塔，大运河畔

色放入统一的画面中。从这张图中，我们可以辨认出浙江嘉兴的壕股塔（参见图1），它位于古运河西岸，并与当地的风景融为一体。

寺庙向南北方向延伸出去，东南角有一座供奉魁星的塔楼，宝塔就矗立在魁星楼的东南方向，与陵墓、树林与生机勃勃的运河交相辉映。宝塔在河边更加显眼，因为即使它在地势较低的一侧，也可以勾勒出航运与陆地的清晰轮廓。位于江西省中心位置的新干县宝塔（参见图2）就是很好的例子，它坐落在江西的水路动脉赣江畔，白色的多层宝塔每层间隔一致，这种结构是在赣江各个重要地段的各式各样的宝塔中很典型的一种。所有沿着这条路线旅行的欧洲人都提到了这些宝塔，其中记载最详细的是葛承亮，他沿北江一路向北，穿过广东，经过梅岭，经由赣江横穿江西，在沿路的大小城市看到各种辉煌的明传宝塔，他一遍又一遍地表达了对这些瑰丽建筑的惊奇。他把许多宝塔与城市和山脉的关系准确地通过素描勾画了出来，他的画作对宝塔的理解与描绘解释了宝塔建筑的独特内涵，在德国至今无人能及。本书中对他作品中的一部分通过胶印的方式再现出来，收录在附图中，另一部分会在其他章节深入探讨。他的作品都证明了宝塔对于水滨城市的重要意义，即使是在中国东南部的险峻山区也是如此。在他的画作中，宝塔的细节部分都只勾勒出形状，但在主体部分及结构方面与宝塔本身几乎完全一致，另外他对城市和风景的局部勾勒草图也经得起实地验证。

葛承亮对广东省英德县的好几座宝塔都有着十分详尽的记录。据其记载，英德县位于北江上游地区，被"妩媚动人"的群山环抱，拥有能"抵挡滚滚洪流的坚实港口。仿佛自然将要用这样坚实的港湾来弥补这条水势磅礴的河流带来的缺憾一样：在暴风雨天气或发生紧急情况的时候，南来北往的船只就可以停靠在港口，避免各种危险的发生。船只开进港口还能看到一座漂亮的高塔，塔有九层，旁边修建着精致的回廊"。这座宝塔是这个宁

图 2. 江西省新干县多层塔，赣江畔

静港湾的守护者。葛承亮还提到了宝塔防止危险的作用，稍向北去，位于北江支流入海口的韶州[1]"在中国船员中有着相当不好的名声，因为这里水势湍急，还有许多暗礁，经常会有船只在这里失事，特别是有雷雨或风暴天气的时候"。因此人们在河岸边建造了一座庙宇，过往的人会在这里给土地爷献上供品。"在这条河流的旁边我们能看到正对着郊外的小山上，矗立着一座用古老方法建造的五层宝塔，四周的回廊也十分精巧。人们在航行时从船上看到宝塔，就不会撞到岸上。"像这样，人们通过在水上的小岛建造宝塔来警示附近容易发生危险的水域。葛承亮还提到了南雄，这座城市位于北江流经广东的最上游，地处梅岭关南侧，城内有一座宝塔。然而，他却并未在城市的风景画中将这座宝塔画上去。据他所说，为了纪念扩建梅岭关的将军，当地人还修了一个漂亮的寺庙。寺庙旁边"可以看到一座秀美精致的九层宝塔，塔的外形与其他的纪念塔楼别无二致"。这座宝塔使将军的卓越功勋和梅岭关本身的意义都得到了神化。

梅岭关以北的南安镇是位于江西省最南部的城市，地处章水上游，地势略有起伏，这个城镇在宝塔的衬托下更显得风光绝佳。葛承亮在文章中并未着重介绍这座宝塔，却描述了宝塔对面屹立在岩石峭壁上的"精致又富有艺术的寺院——宝塔就因其命名，这座寺院奇迹般地建造在悬崖上，仿佛出自第二个代达罗斯[2]之手"。接着他又提及了江西省江州的几座宝塔，我们会在后面的章节深入探讨。比如吉安的一些可以俯瞰河边平坦城市景观的塔；镇守江西首府南昌的大宝塔——鄱阳湖的西南分流一直延伸到这座城市跟前，常常引发水患；还有鄱阳湖向北支流畔的南康县（参见图3、图4），它的城墙蜿蜒曲折地围

---

[1] 韶州，古地名，现广东韶关市。——译注
[2] 希腊神话人物，墨提翁的儿子，艺术家，建筑师，雕刻家。——译注

图 3. 江西省南康县宝塔，南部城区位于鄱阳湖北岸，参见图 4，摄于 1892 年

绕着鄱阳湖的西岸，向西一直延伸到高耸的庐山脚下。此前城内有清军驻守，随着晚清政权遭到人民的反抗，这座城市遭到严重的破坏，葛承亮游览途经这里时，已到处是断壁残垣，城内建筑不多，空旷而荒芜。在太平天国运动中，九江城再次遭受劫难，不过，九江宝塔仍矗立在城墙内的鄱阳湖畔，回廊九曲，塔尖高耸。他这样描述这座宝塔："往前能看到一座七层宝塔，年代已久，摇摇欲坠。如果进入城墙，从塔内的旋梯拾级而上，就能俯瞰湖景与大片田地。"从湖上看，宝塔成就了城市风景，是"宝塔入景"的绝佳范例。

葛承亮还给出了两张江苏北部的照片做为对比，可以看出风景的不同。沿着运河一直向北，经过了广阔富饶的黄河流域，来到了人口众多的地区，这里一直是高雅文化的见证。葛承亮饱含欣喜地赞扬了扬州——一座见证着京杭大运河汇入长江的城市。一进入这座城市，在东南角"右手边就能看见一座数层高的宝塔，从塔上能把整座城市及周边的农田尽收眼底，人们甚至能看到距离此处不远的雄伟的红山"。这座山位于扬州西面。向北不远处就是沿河中部的城市高邮，城市平坦的地平线上矗立着三座宝塔，景色几乎和德国的城市一样。

本书后面的章节中还收录了来自葛承亮的其他图片，在这里我想先简短说明一下前面已经提到的他的作画方式。他抛弃了在他的时代非常流行的风景画形式，并没有仅仅从几何的角度作画，而是沿用了中世纪时期常用的作画技巧，将远景的风光与前景的宝塔紧密结合在一起，这种技巧在中国山水中也常常用到。通过这种方式，远景和近景都可以画得更大一些，这样，他就将我们对城市的风景和宝塔的回忆，和现实中的图景结合为一体，给人留下我们用几何图形无法做到的一种整体印象。即使是照片也无法还原宝塔对风景的深刻影响给我们带来的感受，我们的眼睛必须很快适应距离带来的问题。另外，为了画出视觉主题的真正内涵，对整个大环境的特点也必须做交代。在葛承亮的铜版画中，他不仅画出了风景的外形，还展现了他游览数日甚至数周后对这些风景的持久印象。他将广东和江西的那些给他留下深刻印象的秀美山峦画在城市近处，将宝塔、房屋和城墙画高，强调

图4. 江西省南康县宝塔，由鄱阳湖北岸向东北眺望，背景为庐山。参见图3，绘于1656年

了屋顶的线条，加深了大街上的招牌，将本就清晰的轮廓画的更为夸张，有时还会将水面画得更为广阔。简而言之，他为画作加上了自己的理解，却向我们描述了更贴近事物本真的一面。

这一切都恰恰符合中国山水画的艺术，山水画也强调把内心的理解带到实际的画面上，来达到与作画对象的统一。空间被压缩了，只能看到远处的云雾和如梦似幻的景色，而风景的灵魂则融入了景色和情境里，如果将二者用长卷画在一起，那么两者的情境就能统一到一起。葛承亮像中国画那样专注于景色的意境，这与他对中国画的了解，以及当时西方的认知有很大关系。

同时，葛承亮的作品中还有另一种源动力，即令人意外的主题，那就是中式建筑艺术带给他的灵魂的震颤，被他通过线条的转变和奇异的轮廓体现出来。建筑的外形专注纯粹的形式感，造型直接取自自然，灵感来源于岩石和土地、流水和树木，内在却仍然来源于宗教信仰。这些建筑反映自然和人心的意义及转变，一开始不为外界的缓慢改变所动，然而在某个节点突然结束这一状态，或是开始新的发展进程。这个节点是改变的开端，力量的主宰，是自然的阐释和象征，将广阔的精神世界概括到建筑这个焦点上来。

这种思想与宝塔的意义联系紧密，在户外风景或是有限的狭窄空间内，宝塔就发挥着连接和主宰的作用。宝塔的根源和目的，一方面有建筑美学方面的原因，比如使景色更圆满，另一方面一定也想在周遭环境之中定义我们的存在，阐释我们存在的意义，同时使我们成为更完满的自我，这也会给我们带来成功和幸福。这就是好的风水的意义，也是建造宝塔的重要意义。对于宝塔的这种特别意义，葛承亮并未给出说明，但在他略显古怪的建

第一章　风景与艺术中的中国宝塔　｜　033

图 5. 石林山多层塔，山东省长清县，玉皇庙脚下

图 6. 江苏省苏州附近光福镇四方宝塔，太湖畔

筑画作中，我们能看出他在自然中感知自我，并把它通过绘画展现出来的愿望，他这种独特的视角在欧洲至今还未有再现之人。在他之后的数十年，我们才出现理性主义和浪漫主义的萌芽，后来这两个流派发展成熟了，就将风景的意境肤浅化了，更背离了中国的内省这一概念。即使是 19 世纪中期，阿罗姆精细的钢板雕刻画也只是展现了宝塔的外在造型。时至今日，我们仍然可以借葛承亮的眼睛来欣赏和认识中国风景中的宝塔。

　　山东省长清县[1]石林山上的多层宝塔不高，却很敦实，仿佛给高山的平顶戴上了一顶

1　现山东省济南市长清区。——译注

图 7. 福建厦门附近的金门塔。坐落在海边

图 8. 福建厦门附近的鸡屿塔遗迹

皇冠。如画般的玉皇庙（参见图 5）坐落在山涧旁，烘托着此处的宗教氛围。在光秃秃的山顶上立着唯一的一座宝塔，是这里辽远起伏的风景中的一个独特标记。与之很相似的是江苏省光福镇上的四方宝塔（参见图 6），光福镇位于苏州西面，有一条河流连接着苏州主城和各个港口，流经各个地区，最后流入太湖，光福宝塔就位于这条河的终点。中国苏南地区丘陵起伏，与山东的风光大为不同，建造宝塔的石料大多来源于本地的山上。这里的宝塔依着高低起伏的山势而建，位置绝佳，造型独特。类似的还有福建省厦门以西岩石岛上的金门塔（参见图 7）和鸡屿岛上的鸡屿塔（参见图 8），后者已经倾塌。它们除了护佑一方风水，无疑还起到了警醒来往航行船只的作用，给船员们带去了神的庇佑。

还有一些宝塔就被建造成瘦高型，从远处看不可避免地会注意到山峦间这个尖尖的建筑。这样的宝塔在各地都有，它们一般都零星分散在各处，仿佛吸收了周边地区所有灵气：

山峰、土地和河岸的轮廓与线条都汇聚在宝塔上，它们上承苍天，下接地气，是天空的使者。在四川省就有很多这样的宝塔，有的矗立在水边，有的坐落在平原上。其中的一座位于川北嘉陵江上游的广元市，立于红色砂岩堆成的柔和河岸线上（参见图12）。在四川省中部，我们能看到许多建造在红色砂岩上的宝塔，再如，重庆与长江边的地标城市成都之间的交通要道上也有很多例子（参见图9），这些宝塔有的在悬崖绝壁之间茕茕独立，有的映衬在远山之间，轮廓显得格外柔和。即便是在最险峻的山峰上，建造宝塔也需要挑选最合适的位置。比如位于广西省昭平县附近的宝塔（参见图11），在桂江下游的一望无际

图 9. 四川省重庆府西部岩石上的宝塔

图 10. 广西省梧州府西江畔的宝塔

图 11. 广西昭平县桂江畔的宝塔

图 12. 四川广元县宝塔，位于嘉陵江岸边山上

的水平线上，它突出的塔顶点明了此处河谷的蜿蜒趋势。宝塔斜对面是魁星阁，这两座建筑互相映衬，不仅护佑了此处的风水，还能保护船只躲避急流。继续顺流而下，桂江在广西境内汇入宽阔的西江，在这群山环抱的壮阔景色之内，梧州宝塔（参见图 10）巍巍立于两江交汇之处，更显得高大而雄伟。

　　有时，大一些的山石也会因为漂亮的宝塔而增添许多趣味。广西省的首府桂林就位于刚刚提到的桂江上游，桂江右岸的平原上遍布着怪石嶙峋的险山，这使桂林成为了世界上最奇特的城市之一。城内的中轴线上，城墙线上，都有许多山石林立。城墙以外不远处的东南方向，在风水上佳的一处，就有岩石沿着河岸向上延伸，仿佛大象的脑袋，象鼻伸入水中，船只可从其中安全穿过。这块岩石上的瓮状塔（参见图 14、图 15）就长期作为城市的守护者屹立于此。与之相近的是江西省最北端鄱阳湖汇入长江处的南康宝塔（参见图

第一章　风景与艺术中的中国宝塔　｜　037

图 14. 广西桂林府象岩上的瓮塔，参见图 15

图 15. 广西桂林府象岩上的瓮塔，摄于桂江上。参见图 14

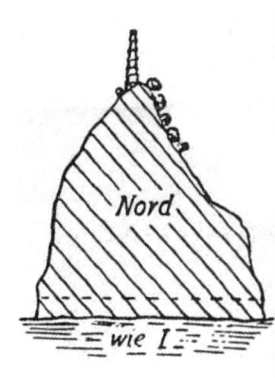

图 13. 江西大孤山鄱阳湖口处的南康宝塔

13），我们已经欣赏过它与庐山之间相互映照的美景，而它所在的大孤山就是位于鄱阳湖内的一座小岛，人们在长江航行时，就能凭借宝塔的远景看到这座小岛，在继续往南的航行中避开它。它的外形很像中国古代妇女穿的鞋，因此得名鞋山，山高七十米，顶上有九层宝塔，塔型瘦高，状若灯塔。现在它既然已经失去了原来警示的作用，还能够保存至今并声名远播，一定是由于宗教和风水的重要因素。

宽阔的水域边常有宝塔建在山顶、悬崖或是小岛上，这样辽阔的景色中就有了一处近景可供欣赏。在湖北省扬子江河谷处的巴东县就有一座七层宝塔（参见图 16），形制与桂江畔昭平县的宝塔相似，只是宝塔规模较小，两岸间距亦窄，江水在此处转向，冲刷两岸，怪石嶙峋，宝塔就立于峭壁之上。在浙江杭州著名的西湖之上也有一座保俶塔，与湖对岸不久前倒塌的雷峰塔（参见图 18）遥遥相对，不仅为远眺的景色添彩，也与附近的建筑、寺庙和桥景互相映衬，格外迷人。后面还会对这两座宝塔做更详细的探讨。与其他建筑关系紧密的还有闽江畔的两座宝塔，它们位于福建省的省会福州市。福州大桥下游十二公里，距闽江入海口二十五公里处矗立着马尾岛宝塔[1]（参见图 17），世界邮政地名称为"塔锚地"（Pagoda Anchorage）。宝塔位于江心岛雄伟的山顶上，共七层，应该与福州城内及周边的大多数宝塔一样，由石头建造而成，其他宝塔我们之后也会详细介绍。罗星山四周均为住宅区，建筑样式现代，形成了江边新的城市中心。即便如此，罗星塔仍然是江畔别具一格的风景。和罗星塔同样知名的是金山岛宝塔（参见图 19），它规模稍小，位于闽江洪山桥上游六公里处，接两江之水，立于南台岛前的一块岩石之上，在周围的寺庙建筑的包围中露出一个塔顶。在这样优美的江景中，宝塔成为了最中心的形象，并且将内在的宗教意义与航船人传说的精灵鬼怪联系到了一起。

宝塔与四周建筑的相互关系自成风景，它们的存在本身也给周边风景增色不少。山顶的宝塔一般都紧邻着它所属的寺院，院落簇拥在宝塔四周，与高耸的宝塔互为补充。比如位于江苏省太湖边无锡县附近的锡山塔（参见图 20）就是一个很好的例子。另一例是江

---

1 指罗星塔，宝塔位于罗星山，后因内航道淤泥冲积，罗星山与马尾陆地联成一片。——译注

图 16. 湖北巴东县宝塔,摄于扬子江上

图 17. 福建福州罗星塔,摄于闽江上

图 18. 浙江杭州府西湖畔的保俶塔

图 19. 福建福州北部的金山岛宝塔，摄于闽江上

西北部庐山上的天池寺宝塔，通过极窄的石阶攀上山顶，才能登上这座石塔，远眺庐山雄伟秀丽的景色。宝塔前方不大的空地上另有石碑，记载着寺塔与明朝开国之君朱元璋的因缘（参见图 21）。可惜的是天池寺宝塔现已倒塌。像这样将宝塔与石牌楼相接合的例子还有北京玉泉山的牌楼（参见图 22），牌楼位于玉峰塔侧的山谷中，是中国传统牌楼式样与宝塔的完美结合。与此类似，四川北部的一个建筑群结构精巧，线条生动，令我们熟悉的四川美景更添风姿。牌楼一侧的四方天宁塔通体白色，体态纤细，轮廓线条柔和，屹立在四周低矮的建筑当中，与造型优美、别具风格的高大牌楼相互呼应，相得益彰（参见图 23）。

图 20. 江苏无锡县附近的锡山塔

图 21. 江西庐山天池寺石塔，塔前为石碑亭

图 22. 北京近郊玉泉山公园内的玉峰塔

图 23. 四川蓬溪县四方天宁塔及近旁的牌楼

我们在前文已经不断强调过宝塔造型与自然景物之间的这种和谐共存的关系，而古塔废墟近旁长着郁郁葱葱的灌木和树丛的独特景象，也从侧面说明了这点。这种情况有时候是由塔旁边的荒木或岩石造成，有时也是因为古塔内部年久失修，有植物自发生长导致的。看到这种情景，人们甚至会有这种建筑艺术是直接从自然中演变发展而来的感觉，因为两者实在难以分割。在福建省南部厦门以西的漳州，有一座野外的砖石塔（参见图24），宝塔结构方正，塔顶生出灌木，别具特色。类似的是浙江宁波附近寺庙里的一座四方宝塔（参见图25），每层高度相同，飞檐已经风化，外墙由石灰刷白，塔身四周长满绿叶，整座宝

图 24. 福建漳州府野外的宝塔

图 25. 浙江宁波四方宝塔

图 26. 浙江杭州灵隐谷中的理公石塔，摄于雪中

塔仿佛一株巨大的植物。接下来，我们要看到的是冬天杭州西湖灵隐寺中的理公塔（参见图 26）：薄薄的一层雪勾勒出宝塔上翘的飞檐，深色的塔身均分成数层，静立在雪中，塔身上盖着的白雪与塔身恰巧形成了白色与深色相间的圆环，与光秃秃的树干和树枝构成了不规则的线与面。还有位于四川西部灌县[1]的多层环形宝塔[2]（参见图 27）矗立在茂密的树林中，高耸入云，令人叹为观止。塔身与理公塔一样纤细，只是通身环绕着厚厚的一层枝叶。

将宝塔及周围的植物和自然融为一景展现得最为出色的就是一些大型的寺庙，它们一般紧靠宝塔，周边风景优美，这几乎是一种不成文的惯例。例如山西省东北部的灵丘县塔（参见图 28），建造在路边的小山丘上，寺内外都掩映着绿树，生机勃勃。同时，植物也使寺院庄重的建筑风格及宝塔底层的回廊显得更加柔和。北方建筑的这种庄重感与其地理环境有关，灵丘境内山峦连绵起伏，被远处的五台山山脉环抱，透过层峦叠嶂能看到蜿蜒的长城。同样被群山围绕的还有山东省著名的灵岩寺（参见图 29），它位于省会济南的东南方向，地处泰山北麓。在险峻的峡谷中矗立着灵岩宝塔，如同寺院正中的一座灯塔，守护着塔内安放的佛宝和它们所包含的历史，同时塔又被山岩包围着，几乎完全被保护在中间。这座宝塔会在后文中详细介绍。

上述例子都已表明，人们喜欢在高耸的岩石或是山顶建造宝塔，来衬托整个辽阔的

---

1 灌县，古地名，现四川都江堰市。——译注
2 根据作者图文描述，此处的"环形宝塔"应指都江堰市的八角六面奎光塔。——编注

图 27. 四川灌县奎光塔

图 28. 山西灵丘县塔

图 29. 山东灵岩寺宝塔

图 30. 北京玉泉山上的四座宝塔，摄于玉泉公园，从左到右依次是琉璃塔、缅甸塔、石塔和层塔

图 31. 北京玉泉公园内的玉泉山及两座宝塔

空间。更进一步的强调则可以通过增加塔的数量来完成，玉泉山就是一个很好的例子。它位于北京颐和园西北的皇家园林——静明园正中央。山上至少建造了四座宝塔（参见图30、图 31），大小不一，造型各异，它们分散在山峰和山腰各处，分别建于康熙年间、乾隆年间和晚清时期。较高的两座宝塔是西山与北京城相交处的标志性建筑，在后文还会分别按其特点做进一步的介绍，两座较矮的宝塔在此处的风景中并不显眼，这里不加赘述。四座宝塔均有其他建筑围绕四周，其中塔身最高的玉峰塔所处位置也最高，处于寺庙建筑群之中，整个建筑群紧靠着山顶附近的山坡，宝塔的位置尤其显眼。登塔远眺，一边是北京城，一边是如画的西山美景。

起先，宝塔只是作为一个独立的高耸的象征，后来随着宝塔建筑的不断发展，它常被建造在耸立的山岩或山谷中，随着山势，仿佛鬼斧神工的大自然的神迹。这种岩石与宝塔互为一体的景象成了一些地方独有的景色，比如在浙江省绍兴的山阴县[1]，就有这样的例子（参见图 32）：在凸出的岩石峭壁中间有座小山庙，与岩石贴合紧密，好像是自然生长出来的一般。人们给这座小庙加了一个顶，使整个庙宇形似一座宝塔。在北京西山的一块岩石上，人们也建了一座小宝塔，使宝塔与岩石形成一个整体（参见图 33）。这块巨大的岩石斜立于街道旁，遮蔽了一半的道路，加上岩石上的宝塔，形成了别致的景观。

---

[1] 山阴，绍兴县古县名，即现在的绍兴。——译注

图 32. 浙江山阴县的两座塔岩

图 33. 北京西山岩石峭壁上的宝塔

中国幅员辽阔，山峦众多，人们一般会寻找最合适的山峰来建造宝塔。在四川、陕西的崇山峻岭或是广西、广东和江西的层峦叠嶂中，要建造与自然平分秋色的宝塔，几乎是不可能的。在山岩陡峭、怪石嶙峋的地方反而很少修建宝塔，连寺庙和其他宗教建筑都不常见。自然已经凭借它无穷的创造力刻画出姿态各异的岩石，因此只有在特别重要的位置，才需要建造宝塔来强调该处的景致。而且这些地方建造的宝塔通常不大，只作为大自然澎湃的协奏曲中一个小小的音符，为其增色少许。例如，山东省济南东南方向的龙洞景区（参见图34），龙洞属于历山，乃泰山支脉，砂岩质地，内有岩洞。龙洞附近应该从古代就有庙宇寺院，因为近期人们才发现，这里早在隋朝时期，就建造有佛像。虽然对当地的宗教历史不尽了解，但人们也开始了解研究这些雕像。正如雕像赋予了岩石生命力一样，人们也在高耸的山峰上建造小型的宝塔（参见图35），为山峦增添生机与活力。正是在这些山峦之中的石窟里有着大大小小的雕像，因此石窟从某种意义上很像盛放圣物的容器，在宝塔和石刻的衬托下更显雄伟壮观（参见图36）。目前在岩壁上能找到的宝塔有三座，均为四方宝塔。较大的一座是多级塔，第二座底层较高，塔体是天宁宝塔的形制，第三座已成为废墟，只有遗址可供参观。

这些在悬崖和岩石上建造的宝塔与文章开始时介绍的平地上的宝塔有许多相似之处：两者都为风景增添了神话色彩，无论是平地还是山峦，都因此被赋予了宗教性。而附近的河流、植被与建筑也都和它们和谐地共存着。无论是从中国的宗教学、风水学还是建筑学出发，都能借助宝塔这种建筑形式来阐释风景的意境，并创造新的象征意义。在这个方面，中国人从未辜负众望，并交出了不断革新的完美答卷。

至此讨论的宝塔实例都是大型建筑，或是在辽阔的风景中能够远远望见的宝塔。其实还有一些常见的宝塔，它们规模不大，只在有限的空间内作局部装饰的作用。我们现在只简单介绍其中的一部分，后文中会对一些实例做更为详细的说明。

小型宝塔中使用最广、最重要的一种是墓塔。人们很早就为守护遗骨或为标记遗骨埋藏的地点而建造墓塔，它们是大型宝塔的前身，坐落在大片墓林、山崖边或是山谷中。与大型宝塔相似，无论是单独的一座墓塔，还是墓塔群，都对周边的风景有重要的影响：人们从远处望去，就能看到墓林中央立着的宝塔。后文中会有一节专门介绍墓塔。

和墓塔相似的还有郊外塔和路边塔，它们有的是单独的建筑，有的以建筑群的形式出现在丘陵地带或是山谷深处，给附近的风景带来独特的魅力。它们一般代表着这片田野或是这条道路的佛事活动所在地，也因此得名进香塔，一般设有一格或多格焚香炉，以供田地主人、旅客和香客进献香火。这样的宝塔在中国随处可见，特别是在当地风水最好的地方及通向寺庙的道路上，人们一定会看到这样的进香塔。此外，它们还会坐落在比如急流、关隘、深谷、陡坡这样险要的地方。一般塔内供奉的是掌管农事的观音[1]，她的画像会挂在塔内的佛龛里，或是绘成壁画，接受跪拜和供奉。建筑群通常是由小佛堂、石柱、幡杆和规模很小的进香塔组成的。有时随之也出现一些塔型石柱，柱子上绘着图案，刻有佛教

---

1 观音并不主司农事。只不过由于观音"千处祈求千处应"，中国在当时又是农业国家，作者误以为观音掌管农事。——编注

图 34—图 35. 山东济南府附近的龙洞，山顶上的两座级塔[1]，参见图 36

1　原文即为中文"级塔"二字，现一般称其为楼阁式塔，此处按原文标明，下同。——译注

图 36. 山东济南府龙洞峭壁上的宝塔。参见图 34—图 35

相关的碑文，一般这些刻有佛经的石柱被称为经幢。除了经幢以外人们还会立一种小型的纪念牌楼。不论是出家人还是俗家弟子，只要是有功德的佛教徒，都会有人在交通要道或是野外的主干道上给他们建立这样的牌楼。除了这些无法计数的牌楼以外，人们还喜欢在中国很常见的道路建筑——桥旁边建造宝塔，我们可以在桥头看到独立的一座塔或类似北方牌楼的建筑，还有在桥两边矗立的成对的塔。福建人民尤其偏好这种造型独特的建筑，出了福建省就很少能看到相似的桥塔。桥塔的建造给周边景观带来很大的改变，但很奇怪的是，这种建筑并不很常见。也许是因为桥在实用意义和内在意义上都是古代中国的象征，与佛教并无内在联系[1]。尽管如此，为数不多的镇桥塔仍然是郊外塔和路边塔中的一个组成部分，与其余众多的建筑一起，给予中国山水以别具一格的内涵与宗教意义。它们为影响范围更大的大型宝塔做了必要的补充与注解，帮助我们更好地理解宝塔的内涵意义。

在山壁洞窟的石佛旁通常也会有小型的宝塔，但一般它们是作为佛造像的附属出现。因此与单独成景的大型宝塔相比，窟内佛塔不仅造型规模要小得多，对景观的作用也是次要的，因此会在本书最后的宝塔历史演变中简要提到。

接着我们要讨论的是更小型的一类宝塔，它们通常作为建筑中的装饰出现，然而却发挥着极其重要的作用。例如在住宅、寺院的进门处，在庭院和花园里，在露台上，都可以见到小型的宝塔；甚至有些建筑的顶部就是宝塔造型，例如在屋脊和屋顶上建成塔顶形制。虽然大型宝塔与寺院有着紧密的联系，但它不像小型宝塔是作为所在建筑的附属装饰，而是更广阔的一片空间中的一个核心部分。这些小型的宝塔一般是为了进香而建，造型类似于放在室内的香坛；另一种是做成塔型的灯托，为了照亮佛像或者铭文；最后还有一种则完全是装饰物。园林塔也十分类似，它们一般会放置在植物、水塘或是假山旁，成为传统园林里的一景。这与日本院落里的小型宝塔非常相似。日本的建筑师借鉴了中国古代楼阁的造型，尤其喜爱在园林中摆放这样的小型宝塔[2]，这也传到欧洲，导致了欧洲人对宝塔的喜爱。尤其在18世纪，我们的公园里能看到许多宝塔的造型。然而宝塔在欧洲仅仅是一种装饰的潮流，并没有像中国人一样领悟其中的含义。中国人把大自然的风景和它所代表的宗教含义融合到宝塔这个小小的饰物中，放进自家庭院，每天都可以在自己的家里感受到鲜活的大自然。因此，直到现在中国人的庭院里还放着小型宝塔，没错，它已经成为造型艺术的一种进入了人们的日常生活。

---

1 根据作者文字描述，此处的"桥塔"应指中国南方的"镇桥塔"，与佛教直接关系不大。镇桥塔其一是出于风水作用，避免水患；其二是具有引航功能；其三，桥上建塔有美学意义，桥横塔竖，反映出中国古代独特的审美观；其四，桥上建塔有避雷作用；最后，塔可用于歌功颂德，借以流芳百世。——编注

2 根据作者描述，此处指日式园林常见的"小品塔"。——编注

3. 艺术与日常中的宝塔

前文我们介绍了许多放在户外的宝塔形象，由大型建筑到小型装饰，接下来要讲的主要是放在室内的宝塔，并且一般是服务于宗教艺术的可移动的装置或是日常使用的器物。例如，香塔就是介于两者之间的一种宝塔类型，类似的还有做成宝塔造型的香炉，它们一般被放置在寺院的大殿或门庭。这些香塔中间部分隆起，用来盛香，上面就是宝塔的形状，一些是砖砌而成，大部分是铜制或铁制的。金属制的香炉一般非常高，但仍然可以移动，后来发展出了各种宝塔形制的佛坛，通常也放在室内。这种放在大殿里用来存放佛宝的宝塔我们有一章专门探讨，除此以外还有一种宝塔的仿制模型也很受欢迎，在佛教兴盛的地区，人们很喜欢宝塔这种独特的造型，于是制作了一些宝塔形状的陈设，放在庙宇里大宝塔的旁边、私人住宅里或是宫殿中。在这些宝塔模型中，人们会存放经卷、画像或其他与宗教有关的物件，把它变成一个家庭供奉的佛坛[1]。其中最有名的是藏式的小铜塔，里面放着小佛像和其他宗教宝物或是纪念品[2]。喇嘛们还会将它们做成礼佛用品贩售，比如宝塔形状的大小各异的转经筒等。更珍贵的是铜质镀金的转经筒，缀有各种饰物，筒身还刻有浮雕。我们在后文中提到五台山上的铜制喇嘛塔，就是其中有名的例子。

将舍利放到宝塔中供奉的一个绝佳例子，就是北京故宫佛堂。明朝初期的皇帝建造了许多宝塔，然而，1536年，明世宗嘉靖皇帝将其付诸一炬，尽数毁去。到了清朝，皇帝又重新在此修建了许多蔚为大观的铜塔和珐琅塔。另一处是承德小布达拉宫的正殿，它融合了其他寺庙与皇家宫殿的特色，由各式各样的宝塔组成：铜塔、铁塔、珐琅塔、瓷塔、陶塔和木塔，不一而足。寺院大殿中藏有大量这样的法身塔或报恩塔，以及诸多小型宝塔，它们由信徒出资打造，供奉在寺院中。

有时，一些佛教徒在建造大宝塔时有过功德，那么，在他们死后，墓里会放一些小的宝塔模型作为冥器。用的比较多的是陶塔或陶瓦塔，在山西省，像这样宝塔形状的小香塔也十分常见。还有一些小宝塔就作为纯粹的饰品流传了开来，成为了各式各样的工艺品，陶瓷、象牙、兽骨、岩石、滑石和木头做成的宝塔摆件镶嵌着石头、金属、珐琅，甚至镶银，应有尽有，被用做日用陈设。

我们的博物馆和展览馆中很早就收藏有许多不同类型的宝塔，涵盖了从皇家到民间的各种门类。虽然这个领域有许多研究的空间，但不在本书的探讨范围之内。但正是这些宝塔在日常生活中的广泛应用，验证了宝塔这一概念在广大人民心中的深刻印记，他们把这种在自然和建筑艺术中高度发展的形象用到了家常中去，赋予了它另一种意义。当然，在宝塔变成文玩、器物一类的陈设的时候，就淡化了原本的宗教意义，增加了服务建筑、绘画、刺绣和瓷器画的装饰功能。但我们也不能把这种转变理解成思想的浅薄化，在我们的文化

---

[1] 根据作者描述，此应指菩提塔。佛教徒视其为佛陀法身的代表，于家中供奉。——编注
[2] 根据作者描述，此应指藏传佛教用品铜式噶当塔，可收纳七宝石、佛经等，通常底部也可打开收纳物件。——编注

中也有将具有象征意义的东西变成装饰和日用品的例子，但是这些东西仍然承载着现实。其实，只有当事物出现在大众的生活里，被他们不假思索地不断使用时，它的深层意义才会变成公共的财富，就像语言一样。

宝塔形象不仅被用在类似陈设这样的造型艺术当中，也是绘画中非常常见的主题。有一种绘画是雕刻在宝塔所属寺院的墙上，或是大宝塔的塔身上，亦或是刻在宝塔边另立的一块碑上，画的旁边会有一段详尽讲述建塔缘由的碑文，一般还会刻有醒目的数字表示建塔的年份。人们会用这些阳刻或阴刻的碑绘直接做成拓片，作为纪念品卖给香客。出现得更多的是木版画，有的是用颜料拓下来以后刻制的，还有一些是临摹后刻制的。这些图片旁边一般有大段的铭文，比如著名的南京大报恩寺琉璃塔的拓片就是如此。

宝塔的这种图样或拓片还有一种特殊的使用方法，就是已经广为流传的所谓"经塔"。高延[1]在他的文章中阐述了宝塔图样对诵经的意义："在需要诵经多遍时，就可以通过数经塔来完成。手掌大小的纸条上写着按宝塔造型排列的粗体'石'字，诵经百遍后在字符中间添加一划就成了'百'。通过这种方法诵经，人们就很容易知道这项虔诚的工作进展到了什么地方。……经塔不仅是一个帮助记忆的工具，它上方的角落里还会印有主人的名字、地址和许愿的内容。诵经完毕后，经塔就会被烧掉，将这些信息传达给上天。"这种自下而上计数的方法就像从底座到塔尖再次描绘了一遍宝塔的形状，象征着他们内心深处把虔诚的祈祷像宝塔一样垒起来直达上天的愿望。还有另一种常见的经塔，它的每一根线条都是由经文组成的，经文就构成了宝塔，反过来，宝塔也成了经文的具象化身。这样的用法也出现在石版画和露天的石柱（经幢）上，比如北京的皇家园林清漪园[2]中就有一块通过六根石柱组成的版画，石柱上雕刻着宝塔形状的经文、佛像和其他装饰[3]。另一个例子是北京附近的天宁寺宝塔图样，上面有超过六十万字的经文。这也可以证明，宝塔的线条本身也可以用经文来构成。经塔还被用做彩绘、刺绣、编织和地毯的图样，藏传佛教中还用金线编入彩色的经塔地毯中，尤为奢华。

宝塔形象也时常出现在其他的绘画艺术中，这时就不需要先刻模板了。一个很好的例子就是本书彩图第一页的江南报恩寺琉璃宝塔彩画，它是画在丝绸上的，高度还原了宝塔的外形细节。还有一些画作中的宝塔，增加了服务于画中情节的作用，类似于梦中的形象或是预兆，通常是在云雾弥漫的景色里，或是出现在天空中。当然，在纯粹的山水画中，宝塔也是受人喜爱的形象，在中国的游记或是编年史插图中，它更是占有非常重要的地位。另外，在彩瓷上也会出现宝塔图形，比如瓷质的餐具上。有时宝塔还会被视为一个地区的标志，比如，山东印刷临时纸钞的时候，就把著名的灵岩寺宝塔印在了上面。

当然，宝塔形象还是在佛教中使用得最多，其中的经塔我们在前文已经提过。佛祖释

---

[1] 荷兰汉学家。——编注
[2] 1860年清漪园被英法联军完全破坏，后重建为颐和园。——译注
[3] 根据作者描述，此处疑指颐和园须弥灵境处的经幢，为清漪园时期大报恩延寿寺的遗物。但目前仅存两根。——编注

迦牟尼和金刚萨埵[1]在铁塔中开悟众生，我们也是经由一幅日本绘画知道这座铁塔的，但这座塔的原型无疑是在中国。与此相似的是，四大天王之一[2]现在只有在日本才会被描述成手托宝塔的形象[3]，在中国传统神话中也有这个神，因此这个形象确是受到了中国佛教的影响。另外，宝塔在绘画中还经常以佛教诸神的配饰出现，比如他们的头冠上经常饰有宝塔；有些佛本身就在宝塔之中，比如多宝如来独坐于宝塔中，或是与释迦牟尼共坐于宝塔中的莲花座上。

宗教中对宝塔的运用几乎在所有造型艺术中都得到了体现，在这样的背景下，叙事文学、戏剧乃至民俗文化和通俗概念中都开始使用宝塔的概念。在这里我们做一个简要的介绍：在小说与传奇中宝塔形象经常出现，最著名的就是《白蛇传》中的雷峰塔。在另一个传说故事中，一对恋人中的女孩死去了，她的坟墓上长出了一座小巧玲珑的宝塔，塔四周的八个角上还缀有风铃，而害死女孩的恶人则要一直守着宝塔。这里的宝塔代表着死亡，也是逝去的人的具象表现。人们普遍将看见宝塔的幻象当作神迹出现的象征，比如元朝时一位皇室宗亲在1315年参拜五台山时就见到了佛光，并能清晰地看到佛光中笼罩着一座七层宝塔。

正如中国人喜欢在土地、山石和树木等大自然中寻找生动的形象及它们的象征意义一样，他们也喜欢将一些形状类似宝塔的植物命名为"塔"，例如柏树塔、黄杨塔，还有一种在中国北方和西部生长的合欢树，因其外形而被叫作塔树。中国的国花牡丹，在山东菏泽开得最好，有一种牡丹花朵硕大，洁白如雪，香气清新，人们就给它取名雪塔。

而"塔"这个名称在民众的口中有着多种多样的用法，只要建筑形状与宝塔相似，人们就会称它为塔。一些特别高的牌楼会被称为碑门塔，而牌楼本身有时也被叫作牌塔。在新版的中文字典中，"寺院"一词里出现了一个有趣的词汇："龟塔"，完整表述如下："余在杭州日，尝见一弄百禽者，蓄龟七枚，大小凡七等。置龟几上，击鼓以使之。则第一等大者先至几心伏定，第二等者从而登其背，直至第七等小者，登第六等之背，乃竖身直伸其尾向上，宛如小塔状，谓之乌龟迭塔。"[4]俗语中也出现了宝塔的意象，例如人们用"胆大吞番塔"来形容喜欢吹牛的人。

从上述来自不同领域的各种例子，我们都能看出宝塔内在的神圣意义，它在庄严场合经常出现。美魏茶指出，每年农历七月三十是地藏王的生日，为了给他庆生，民间就诞生了一个民俗——烧番塔。"孩子们一起立一个砖塔，在里面塞上易燃物和火药，然后在烟火下笑着跳着点燃砖塔。"到了八月十五中秋节，宝塔上会挂上花灯、风铃和旗子，在山

---

1 梵文为 Vajrasattva，音译金刚萨埵菩萨，是佛教密宗极为推崇的圣尊。——译注
2 应为多闻天王毗沙门天。——译注
3 此为作者对中国文化孤闻所见。多闻天王毗沙门天亦有手托宝塔形象，如敦煌唐代佛画《毗沙门天巡视图》中，毗沙门天从左手腾起的赤紫色云上托着宝塔。——编注
4 出自《南村辍耕录》，元代陶宗仪著。——译注

上的空地中央显得尤其夺目。宝塔又被中国人称为"浮图"[1]，大概就是说的这如画一般的景象。当然，这个词汇音译自梵语，但是翻译时的选词令人联想到"飞翔的或是漂浮的图画"，这种把外来词转变成符合中国观念并且蕴含中国文化概念的做法，在中国艺术中经常出现。

1903年袁世凯回到天津时，恰逢外国使团的庆祝活动，当时那一场盛大无比的烟火表演令人无法忘怀，持续了将近一个小时，气氛不断升温，直到最后夜空中出现了一座巨型宝塔，在空中闪烁了数分钟之久，然后渐渐消失不见。

最后，要提到宝塔在戏剧中的重要作用，尤其是在一些与宗教相关的戏剧里，一般都有宝塔的形象。德龄公主讲述过她在皇宫里待的两年中看过一场戏，当时皇后邀请了一批佛门大师参与盛会，一同品尝樱桃和美酒。戏一开场，舞台中央升起一座宝塔，塔内有扮演佛陀的演员唱戏，接着舞台四周升起四座小一些的宝塔，"佛陀"留在舞台上继续表演，宝塔则消失了。我新年时住在苏州，也亲身观看了一出佛教庆典，里面有各种重要的神明、妖怪和道佛两教成仙成佛的人物盛装登场。接着众神穿着神话般的服装，在各色光照下聚在一起，而宝塔在这样生动的情景中当然也并未缺席，成为了舞台的中心。

---

[1] "浮图"一词来自梵语音译，又译为"浮屠"，指佛塔，与"如画一般的景象"没有必然联系。此处为欧洲作者对中国字望文生义的浪漫联想。请读者甄别对待。——编注

第二章　大型宝塔的主要形制

目　录

第一节　级塔

1. 方级塔
2. 多角级塔

第二节　天宁方塔

1. 直隶与河南的四座宝塔
2. 河南与西安的四座大型砖塔
3. 北方省份和四川的八座宝塔
4. 云南省的七座宝塔

第三节　叠层塔

1. 不同省份的六座宝塔
2. 山东的三座宝塔：邹县宝塔、汶上县宝塔、灵岩寺宝塔
3. 山西和四川的五座宝塔

第四节　层塔

1. 北方省份及四川的十座宝塔
2. 浙江、江西、安徽的二十六座宝塔
3. 浙江杭州府的雷峰塔和保俶塔
4. 江苏省苏州府的宝塔
5. 浙江、江苏、湖北的六座宝塔佳作
6. 广州及广东省西江边的宝塔

第五节　外廊层塔

1. 外廊方层塔
2. 外廊八角层塔

3. 金山塔、松江府塔、上海塔
4. 江苏苏州的北塔
5. 杭州与海宁州的宝塔
6. 诗歌

第六节　琉璃塔

1. 河南开封府铁塔
2. 江南报恩寺琉璃塔
3. 临清州和景州宝塔
4. 热河的两座琉璃塔
5. 北京颐和园的五座琉璃塔

第七节　石塔

1. 山东神通寺朗公塔
2. 河南、直隶和山东的其他宝塔
3. 湖南
4. 带角柱的宝塔
5. 杭州府和灵隐
6. 福建福州和福清的宝塔
7. 福建泉州府的宝塔
8. 厦门和潮州的宝塔

第八节　群塔

1. 北京双塔
2. 有关双塔的文学作品
3. 三塔
4. 小型宝塔的塔群

第一节　级塔

中国宝塔最早大都是在平台上建造的，体态纤细，呈金字塔型，人们称之为级塔。后来有研究表明，级塔极有可能是仿照当时印度传入中国的一批宝塔建造的，而建造在平台上则是中亚地区早期佛教建筑的特征。其实这种造型在古代中国的建筑上也有迹可循：古代常有建在平台或高台上且有尖顶的建筑，另外也有多层楼阁式木质建筑，且每层的高度一致。正因为有了这些本土建筑的基础，人们就能很快接受由佛教传入的级塔造型。然而现在存世的级塔并不多，因为它们一般是由青砖垒成，随着岁月的侵蚀，极易倒塌。少数我们仍能看到的级塔，是在多次倾塌以后重建留存的，其中一小部分仍以原来的结构重建，大部分都改变了固有的造型。最有名的一些级塔都是大型宝塔，要复原它们原来的样子，只能通过建造按比例缩小的模型来完成。这里介绍的每一个实例不一定是年代最久远的宝塔，但从建造工艺到美学都是最简单最基础的一种。级塔最开始都是四方形，接着慢慢出现了六角形和八角形，后来又发展出了瘦长的宝塔类型，也是级塔的一个分支。

1. 方级塔

陕西西安府大慈恩寺大雁塔

级塔中最有名的也是最古老的，就是位于西安的四方级塔——大雁塔。与大雁塔同样有名的是中国著名的朝圣者玄奘[1]，他历经十七载，在公元652年完成了西去印度取经的使命，回到大唐长安，翻译了许多上座部佛教[2]的经典并主持建造了大雁塔。在唐太宗时期（599—649）和唐高宗时期（628—683），佛教达到了魏晋和隋朝以来的又一个高峰。虽然许多文人激烈反对，但各地都大兴土木，修建寺庙与宝塔。玄奘所完成的大量佛经译著无疑为当时的佛教注入了新鲜血液。

这座宝塔位于现在西安城以南八里[3]（4.5公里）的位置，离另一座四方天宁塔——小雁塔不远，周边风景绝佳（参见图106）。塔的北面能看到屹立在远山上的城墙和西安城内的宝塔，西安塔的庄严雄伟，可以与北京的宝塔一较高下。塔的周围都是令人惊叹的大大小小的坟冢，或单个孤立，或数个挨在一起，一直延伸到地平线，四周树林环绕，令黄土地的起伏更加明显（参见图42）。向南边看去，远处的高山显出美丽的轮廓，一路向东

---

[1] 别名元奘（602—664）。——译注

[2] 上座部佛教，即南传佛教。——译注

[3] 清光绪时期，1里为576米。——译注

方绵延过去，与险峻的华山相连。山谷中的平地上能看到许多寺庙与宝塔，还能看到一些村落。大雁塔就在一个村庄的旁边屹立着，旁边紧挨着一座古老的寺庙。

关于寺庙与宝塔的历史及它们在城市中的位置，中国的文献中有多处记录。其中大部分文献已译成欧洲各国的语言，以下的段落是精选的一些文献综合以后的结果，而不是某一篇文献逐字逐句的翻译："玄奘法师于贞观三年（629）九月启程去往印度取经，

图42. 从南山看去的西安府大雁塔。绘于1908年

并于贞观十九年（645）一月回到唐都。他带回了150颗如来佛舍利，675部经论[1]。接着他就一直住在洪福寺钻研翻译经书。贞观二十二年（648），太子李治（后来的唐高宗）为了追念他的母亲文德皇后，在皇城以南的晋昌里建造了大慈恩寺，翌年完工后，玄奘便搬到那里继续翻译经文。"即使他还在长安的其他寺庙长期居住过，但他的名字已经与这座最有名的宝刹紧密联系了起来，在文学典籍中他被称为"大慈恩寺三藏法师"。根据玄奘的临终要求，他的棺椁在下葬前短暂安放在慈恩寺的翻经院里。

永徽三年（652）三月，玄奘决定在洪福寺大门以东，慈恩寺正北方建造一座宝塔，来存放他从西方取回的经书和图卷。出于最重要的防火的考虑，宝塔将由石头建成，预计塔高300尺[2]（90米），以展现巍巍帝国的强盛风采，也可以成为佛教最壮观的建筑之一。玄奘呈上奏章，唐高宗认为小一点的砖塔就已足够，恩准修建并全款资助了宝塔和寺院的修建工作。宝塔于652年至654年完成修建，位于慈恩寺的西院。塔的正东面就是专门为玄奘翻译经书修建的寺庙别苑——翻经院，玄奘像工匠一样亲自动手参与到了宝塔的修建当中。宝塔外部由青砖垒成，内部是夯土和石灰。正如它的名字一样，这座宝塔并不是传统的中国宝塔形制，而是仿建印度雁塔的形制。

这座宝塔初建时的结构应该与现在一样都是级塔，不过外形与现在不同，只有五层，但占地面积更大。座基边长约140尺（42米），塔身加上相轮、露盘在内总高约180尺（54米）。当时的宝塔应该与现在一样已经修了楼梯可供登塔，因为每层的中央都建有一个藏经室，有的放了1000册，有的放了2000册，整座宝塔共存放万余册经书。最高层另有一个石室，当时应该是有穹顶笼罩其上。石室朝北面向皇宫的南墙上刻有两处铭文，来自唐太宗与当时的太子李治，他们在公元648年分别为玄奘翻译的前100篇经文撰写了序言。这两篇石刻现在镶嵌在宝塔底层两边的壁龛内（参见图40），更详细的介绍可见《中国佛教史迹》一书。

建塔奠基之日，玄奘自述了皈依佛门的经过及出访天竺的缘由和成果，并感恩太宗父子为他撰写的序言，祝愿这座塔历经无数劫难而屹立不倒。他表达了最赤诚的愿望："巍

---

1 应为657部，疑为笔误。——译注

2 一尺约等于0.33米。——译注

峨永劫，愿千佛同观，氤氲圣迹，与二仪齐固。"

大雁塔的名字，据玄奘自述来源于古印度佛教故事。古印度王舍城内有一座宝塔名叫僧婆窣堵坡。"僧婆"即汉语中的"雁"，窣堵坡就是汉语中的"塔"。每次玄奘去王舍城时，都会去僧婆窣堵坡参拜，就听说了关于这座宝塔的故事，于是回到大唐后就取"雁塔"作为宝塔的名字。另有一种说法认为故事中说的是印度大觉寺，《康熙字典》与美魏茶以玄奘的生平为基础撰写的叙述中对这个地名的说法也各不相同。后来的一些记述也众说纷纭，但基本故事内容并没有太大偏差。"'大雁塔'这个称呼来源于以下这个佛教故事：很久以前，一座寺庙内的和尚信奉小乘佛教，可食三净肉，即大雁、牛肉和鹿肉[1]。一天，和尚看见一群大雁飞过，就说：'如果我们抓住这些大雁，今天就可以吃饱喝足了。'大雁回话道：'尔等对大乘佛教中救苦救难的观世音菩萨供奉不善，在此菩萨意在向尔等展示，何为舍身布施。'说着就有一只大雁从空中坠下，落到大殿的顶上。和尚们抓住了它并送去厨房。一位老和尚理解了大雁的劝诫，并阻止了他们，因为这只死去的大雁是群雁之首。于是众僧也明白了菩萨自我牺牲的意义，说：'我们要将这只大雁舍弃自己的肉身以飨他人的精神传下去，传出去。'于是，他们修建了一座宝塔并将这只雁埋在塔下，雁塔的名字由此而来。……现在玄奘也借用了这个名字。"三藏法师沿用了这个古印度故事中宝塔的名字，意在传播大乘佛教的教义。根据《中国佛教史迹》的考证，大雁塔的名字最初应该来源于位于帝释窟以东的摩揭陀国（位于现在的印度中部）。

然而，玄奘想要大雁塔长存于世的愿望一开始却没能实现，因为初建的宝塔很快由于植物盘错的缘故慢慢倾颓了。到武则天执政的长安年间，大雁塔便倒塌了，于是在701年至705年，大雁塔根据中国传统的式样在原址上重建。重建后的宝塔更为高大雄伟。宝塔加高一层，变成六层。根据记载，宝塔在唐朝时已经有七层甚至十层高。岑参在750年左右的诗中就提到了七层的大雁塔[2]，与现在的塔高相同。然而，章八元的诗中却提到了十层的宝塔[3]。当然，关于这首诗是否意指大雁塔，还有讨论的空间。有可能当时的宝塔已经有着现在的形状，但是尺寸不同。关于此次改建在史书中还提到，宝塔中保存了辟支佛的一颗佛牙舍利，相传牙齿大如升，熠熠发光。

现在的大雁塔（参见图37、图38）屹立在寺院的中轴线上，位于山丘的最高点。塔的基座是一个高5米，边长42米的正方形平台。这个基座的边长与玄奘规划中的宝塔（参见图39）第一层的边长相符，我们可以猜测，现在的这个底座就是原来宝塔的第一层。现在的四方塔塔身最低层边长约25.5米，基座以上的高度约为55米，塔高约60米，准确的尺寸数据尚未找到。从高度来看，上面几层的层高几乎一致，仅有塔底一层最高。宝塔内部结构由四条边的中线起向塔心方向修建厚墙，留出1.8米宽的券门通向塔的中心约6.8米见方的塔室（参见图39）。其他层的结构大致与此相同，只是内部面积自下而上按比例

---

1 疑为作者误解，三净肉应为：眼不见杀、耳不闻杀、不为己所杀。——译注
2 出自岑参《与高适、薛据同登慈恩寺浮图》中的"四角碍白日，七层摩苍穹"一句。——译注
3 章八元，唐代宗大历六年进士，《题慈恩寺塔》一诗中有"十层突兀在虚空"一句。——译注

递减。塔室由木结构组成，通过木梯上下相连。每一层都有一个简单的佛台，通过四面的游廊直通到外面，由拱顶券门通风采光，另有栏杆支撑拱顶。

宝塔的结构与外观极其符合建筑美学，展现了这个年代建筑的雄伟和精美，除此以外，同时代还建造了许多相似的建筑，与大雁塔互相映衬，在建筑史上为砖建筑添上了浓墨重彩的一笔。这座宏伟的级塔由多重檐口分成数层（参见图40），墙面由窄而平的线条分割成数格，最底下的两层墙面由十根方柱分成九格，往上两层由八根方柱分成七格，最上面的三层由六根方柱分为五格。最后，方柱完美地在顶部收尾，与水平的横梁相接，支撑起四面的塔檐。两层檐椽上面有十四根等宽的水平线条，从侧面看，整个塔檐略有弧度，水平叠涩构成的斜面遮住了下面的两层檐口。不管从前面还是从侧面看过去，叠涩线条都极为工整，檐椽仿佛粒粒珍珠，衬得宝塔轮廓清晰，线条生动明快。顶部的塔刹由三颗等大的宝珠组成，下面有状似王冠的攒尖顶支撑，这三颗宝珠就象征着佛家的三宝。

当然，我们面前的宝塔既不是玄奘在652年修建的那座宽大得多的宝塔，也不是武则天时期修造的那座，而是后来修建的。经历自然倾颓和史书中记载过的火灾，历经四次修缮，我们现在能讨论的基本也只有建筑建构了，即使是大体结构其实也已经经过了改建。山西、陕西和河南的许多宝塔都有相似的经历，比如过于茂盛的爬壁植物使宝塔不堪重负，通过

图37. 陕西西安府大雁塔，1906年摄于大慈恩寺。宝塔共七层，高六十米。建于705年

图 38. 西安大雁塔的中轴线。碑文位于壁龛内。参见图 37

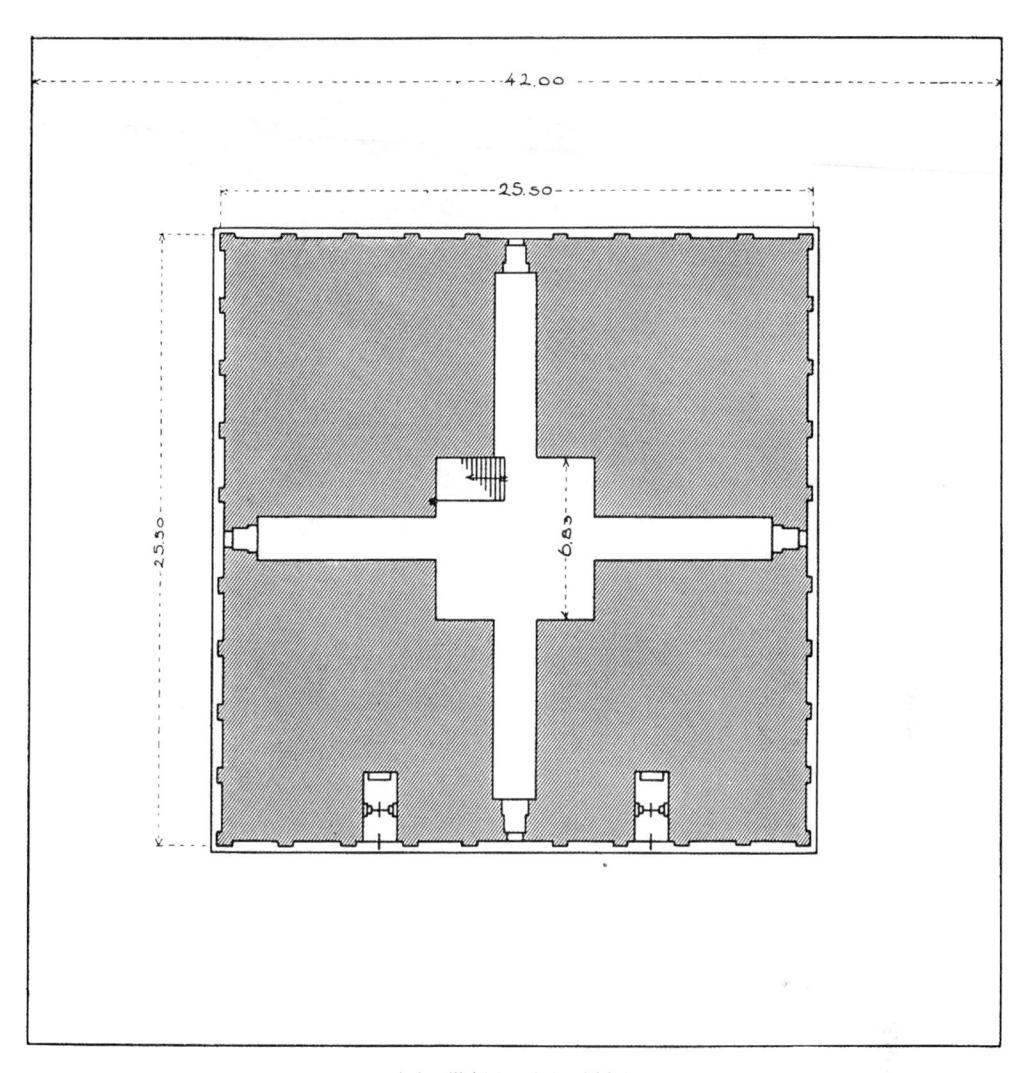

图 39. 西安大雁塔底层平面图。比例尺：1∶300

比较宝塔在 1906 年与 1922 年的相片就可以明显感受到这种改变（参见图 37、图 41）。从现在的大慈恩寺仍能依稀看到其当年有着数十组建筑群的样子，但是从艺术特征上已经很难辨别。此次游览时我发现，寺院内的佛堂荒败不堪，仅有正殿保存完好。在过去十年的浩劫中，西安受到极大牵连，这座寺院包括大雁塔也遭到很大的破坏。值得注意的是刻在寺院内墙上的两块精美的巨型石雕，描述了康熙时平定准噶尔的战争场景。许多院落内都立着为数众多的铭文石碑，有的立在室外，有的镶嵌在寺院的墙中，成了独特的风景。特别是主殿前面沿着中轴线分布的石碑，令人印象深刻（参见图 38）。这些石碑有些可以追溯到寺院初建时期，如果能够翻译过来，那么对研究初唐佛教史将有重大意义。

诗词中的西安大慈恩寺大雁塔

像大雁塔这样在地理位置、历史意义和建筑造型上都在同类建筑中脱颖而出的名胜，

图 40. 西安大雁塔的南大门及两座碑刻壁龛

图41. 西安大雁塔，摄于1922年

一定不乏诗词的赞美。"大雁塔"的名字也流传了出去，广东北部的潮州也有一座同名的宝塔。公元8世纪，唐朝一位名叫牺肇的书生在考取进士时将自己的名字写到了广东大雁塔的塔身上，文人纷纷效仿，这也成为一种习俗，由此诞生了"雁塔题名"这一词语。大雁大概在中国古代文学中已经有很常见的象征意义，但是从玄奘赋予它宗教的意义以后，它才成了文学和艺术中更常见的形象。有趣的是，在公元630年中国刚刚设立科举考试时，宝塔的建造正如火如荼，文人们就开始把这种佛教建筑用到文学的象征中去，可能这与风水思想也有一些关系，由此，宝塔开始与文学产生了联系。雁塔题名后来为何变成了西安大雁塔的特色，这点无从考据，但也许是两座宝塔同名的缘故。从这个意义来说，大雁塔就成为了连接佛教思想和文学思想的纽带。

文学与宝塔之间的另一个内在联系是浩如烟海的诗歌作品，诗人用佛塔这一形象把中国古代的哲学思想与宗教思想糅合到了一起，其中不乏佳作。和欧洲的哲学家相似，中国的大思想家也超越了不同宗教派别之间的斗争与辩论，寻求存在的内在根源，写下意义更深远的诗文，来追求更高层次的美。

《古今图书集成》中就收录了许多描写大雁塔的诗，有几首是来自与皇帝同游大雁塔的诗人。皇帝规定题目与格律，诗人们写出一系列同题的诗，大约都要歌颂皇帝，赞美此地盛景因皇帝的驾临增添了光辉，还要提到皇帝与佛教的深厚渊源。同游的五位诗人中只有两位在历史中有所记载：一位是进士沈佺期，705年至707年官拜尚书，死于开元年间约公元713年；另一位是进士岑参，是李白和杜甫的好友，著名诗人、散文家。

奉和圣制同皇太子游慈恩寺应制[1]

沈佺期

肃肃莲花界，荧荧贝叶宫。

金人来梦里，白马出城中。

涌塔出从地，焚香欲变空。

天歌应春龠，非是为春风。

奉和九月九日登慈恩寺浮图应制

李适

凤辇乘朝霁，鹓林对晚秋。

天文贝叶写，盛泽菊花浮。

塔似神功造，龛疑佛影留。

幸陪清汉跸，欣奉净居游。

---

1 原文诗名为《即四月八日题七级》，有误。——译注

奉和九月九日登慈恩寺浮图应制
李恒
宝地临丹掖，香台瞰碧云。
关山天外出，城阙树中分。
睿藻兰英秀，仙杯菊蕊薰。
愿将今日乐，长奉圣明君。

题慈恩寺浮图
章八元
十层突兀在虚空，四十门开面面风。
却怪鸟飞平地上，自惊人语半天中。
回梯暗踏如穿洞，绝顶初攀似出笼。
落日凤城佳气合，满城春树雨蒙蒙。

与高适薛据同登慈恩寺浮图
岑参
塔势如涌出，孤高耸天宫。
登临出世界，磴道盘虚空。
突兀压神州，峥嵘如鬼工。
四角碍白日，七层摩苍穹。
下窥指高鸟，俯听闻惊风。
连山若波涛，奔凑似朝东。
青槐夹驰道，宫馆何玲珑。
秋色从西来，苍然满关中。
五陵北原上，万古青蒙蒙。
净理了可悟，胜因夙所宗。
誓将挂冠去，觉道资无穷。

西安兴教寺玄奘塔

　　西安以南约二十五公里，靠近秦岭处屹立着一座宝塔，无论从建造时间、建筑风格还是从建塔初衷来看，它都与大雁塔有着紧密的联系。大雁塔是中国佛教的真正创始人玄奘在公元652年建造的，五十年后又改建了一次；而兴教寺塔则是在这位大师于664年圆寂后，人们为其修建的墓塔（参见图44）。公元669年，寺塔在现址完工，玄奘的棺椁就被移至此处安葬。同年在塔旁修建寺庙，后来唐肃宗为塔题名"兴教"，沿用至今。至于宝塔是否与陵墓和寺庙同时进行了翻修，我们不得而知，但这是很有可能的。我们能确定的是，直到公元 828 年寺院修缮时，宝塔最初的形制仍保存完好。

玄奘塔是一座五层四方级塔，座基边长 5.35 米，高 20 米。自下而上每层周长依次递减。塔檐上有浅沟（参见图 45），由两层斗拱与上面叠涩的方砖构成，一切形制都与大雁塔一模一样。唯一的区别是玄奘塔上面四层塔身的外墙由四根线条分隔为三格，而底层墙面则是平坦光滑的整体。塔身的方柱做成八角柱造型，转角处特别厚实，顶部并无柱头，方柱之间用横木和额枋连起，由砖砌而成。日本学者关野贞和瑞典学者喜仁龙认为，这座宝塔的结构是参照唐代木质宝塔的结构而设计的，宝塔上由砖砌成的三足平檐椽就是非常有力的证据。这些檐椽架在檩柱上，墙角也不是对角结构，而是由多边形壁柱和与之相连的斗拱构成的，这也许有从西方建筑

图 44. 兴教寺玄奘塔，位于陕西西安府以南，共五层，高二十米，建于 700—800 年

图 45. 西安玄奘塔，第二层。参见图 44

上借鉴的因素，但更可能是由中国建筑自行发展而来，我们眼前的宝塔结合了建筑学所说的级塔和中国传统楼阁塔特点，在美学意义上使一切建筑细节得到了平衡和结合，更令建筑的整体效果迈上了一个新的台阶。可惜的是，这座令人印象深刻的宝塔现在已经倾颓了大半，塔顶原来是台阶式的金字塔形，上有宝珠，现在已完全缺失。

紧邻主塔有两座较小的三层方形墓塔，底边约长两米，高五米，年久失修，摇摇欲坠，从砖塔的式样上看是仿照主塔所建。塔下安葬着两位玄奘的弟子，一位叫基公[1]，于 682 年圆寂；另一位叫圆测，卒于 696 年，先葬于别处，遗骨到宋朝 1115 年被葬到玄奘塔旁，并建塔纪念。

图 43. 西安府香积寺宝塔。共三层，高六米，约建于 700 年

五座级塔

四方级塔中有一座历史极为悠久的香积寺宝塔，位于西安以南二十四公里处，塔高六米。香积寺建于公元 681 年或 706 年，寺中宝塔现已几乎完全倾塌，仅剩两座，一大一小，较大的一座是天宁式塔，会在下一章介绍。两座均为砖塔，约在公元 700 年左右建造，与寺院建于同一时期。

较小的宝塔底层较高，上方两层间距相对较小，是一座舍利塔（参见图 43），下方用砖砌了开口，显然原本是门窗形制。开口两侧隔开一段距离均雕有佛像护卫。二层的小型护板上也有一个浮雕。阶梯型腰线几乎与墙面平齐，双层腰线之间隔着一层波浪形线条纹饰，顶上仍是金字塔形塔刹，上面缀着宝珠。

另一例结构相似、规模稍小的砖塔是南京的普觉寺宝塔（参见图 48），建于 1050 年。它是一座唐代辟支塔。横脚线线条垂直贯穿整座宝塔，共有三层波浪形叠涩，比陕西省年代更早的一些宝塔更显精致。这种造型在平阳的宝塔实例中得到了借鉴和发展，横脚线的造型也有了进一步的变化（参见图 49）。

级塔的另一个发展方向是层与层间的间距变小，而层数变多，向外伸出的飞檐仍然得到保留。这样宝塔的外形变得较为细高，但级塔的特征仍然清晰地体现了出来。例如陕西西

---

1 指玄奘大弟子窥基，俗姓尉迟，字洪道。因其著述常题名"基"或"大乘基"，所以《开元释教录》始作窥基。——译注

图46. 西安府白塔寺塔，共五层，高二十米，约建于773年

图47. 西安兴平县宝塔，共七层，高三十八米。建于明朝。图为模型

安附近的两座宝塔就是如此。一座是位于西安以南二十五公里的白塔寺宝塔，距兴教寺不远，地处终南山北麓，四周是大片的墓园树林。墓园属于隋朝信行和尚创立的三阶教，信行本人也安葬于此。由于墓园中墓碑众多，白塔寺也被称为百塔寺。白塔（参见图46）共有五层，两层檐椽，金字塔形塔顶，上有铜制宝珠。关野贞给出的塔高数据为六十尺（约二十米），而根据喜仁龙测量的结果，宝塔座基的边长为二十七尺（约8.2米），这两组数据无法得到统一，因为按照日本的度量衡测量，座基边长约五米。另外，喜仁龙根据西安地方志推测宝塔建造时间应是公元773年，而常盘和关野则推测这座塔是宋朝甚至元朝时所建。

另一座宝塔位于西安西部的兴平县，此处只有模型可以考证（参见图47）。它建于明朝1368—1644年，高115尺（38米），共七层，底层有双层塔檐，上面六层是简单的单层塔檐，造型与白塔寺宝塔相似，无疑是仿照后者而建。除了无法得知层间距，我们面前的模型几乎已经可以还原出当年的宝塔了。如果模型可信，从分层方式和塔檐的造型来看，这座塔应该是明朝所建。

这里还值得一提的是宁波的那座小型四方塔（参见图25），它位于一个寺庙的花园里，是很典型的级塔，由于宝塔与周边的景色形成的如画般的氛围，已在第一章做过介绍，此处不再赘述。

图 48. 南京普觉寺塔，高十四米，建于 1050 年

山西平阳大云禅寺[1]宝塔

平阳位于山西南部地区，是临汾市的旧称。平阳在历史上是中国举足轻重的重镇：城南的尧庙是尧帝曾经下榻的住所。现在的临汾破败萧条，城墙倾颓，贸易稀疏，不复当年。城墙的东南角立着一座魁星楼，城内低矮的建筑群中孑然而立的大宝塔则象征着这里曾经的辉煌，同时这座宝塔也是四方级塔的代表建筑之一。

山西地方志里记载，大云禅寺位于城内安道坊，乃唐太宗贞观年间所建。从宝塔（参见图 49—图 53）的位置及大体结构看，宝塔应该建于早年间，但后来又经过了重修。参照同样位于山西太原南部的奉圣寺，可以看出下文中将要详细介绍的细节均出自乾隆年间。宝塔共有五层，连上八角形塔刹，塔高达到了令人惊叹的四十六米（参见图 49、图 53）。每层塔高基本相同，但合围由下而上依次减小：底层外边长 14.3 米，远远大于其他四层的边长。宝塔上面四层间距相等，顶层的佛堂上覆攒尖顶，其他各层都是单坡顶面，四角略向上翘，底层的塔檐弧度最为明显。塔檐上缘相接的的栏杆属于建在一层上方的回廊（参见图 50），整个回廊用瓦建成。宝塔每层的顶部有三层檐椽，上面铺着檐板，下设檐沟，四角也微微上翘，精美无比。檐沟下光滑的墙面又由檐椽支撑，底层的檐椽连为一体，

---

[1] 平阳即现山西临汾，大云禅寺现名铁佛寺。——译注

图 49、图 50. 山西平阳府宝塔。五层塔身，顶部一层小型佛堂，总高四十六米。
建于 627—650 年间，于 1750 年重建。参见图 51、图 52

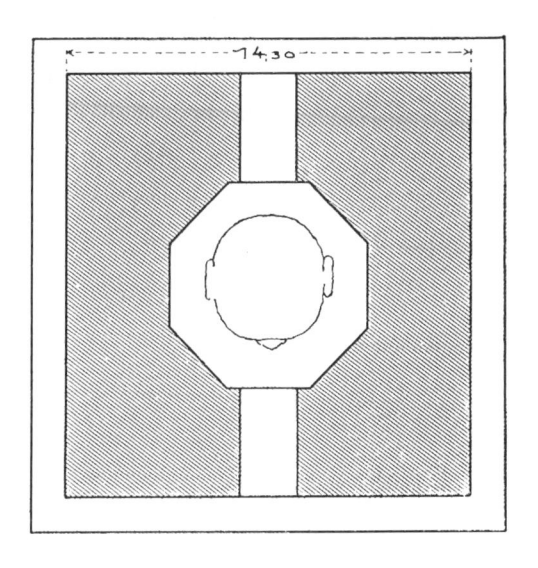

图 51. 平阳府宝塔存放佛头的底层，参见图 49、图 52　　　　　图 52. 平阳府宝塔底层的铁佛头

成为支撑底层的大框架，其他层则仅有几处承重点，由小一些的檐椽支撑，这种不太寻常的结构使宝塔显得造型精巧典雅。整个塔的造型细节也是如此，正如前文所说，宝塔经过乾隆年间的翻修，用了丰富的花纹及人物造型的浮雕装饰，分散在各处的装饰和浅浮雕大大中和了整个建筑过于严肃冰冷的感觉。宝塔第四层每一面都分为三格，用简约的玫瑰藤蔓花纹镶边，中间雕有佛像浮雕，并配上绿色及黄色琉璃。宝塔的主体材料是烧成灰黄色的砖（参见图 53）。塔顶八面形的小佛堂上雕有八卦纹饰，八个角上分别系着三个风铃。小佛堂上的八卦图形令人想起别具一格的山西魁星楼，像这样把佛堂建在塔顶是非常常见的建筑风格。或许我们还能回想起玄奘在西安所建的大雁塔（参见图 41），它的顶部也是这样的一个小佛堂。

特别值得注意的是宝塔的底层，四周竖着厚厚的围墙，内部是八角形，上有拱顶，由小型斗拱结构支撑（参见图 51）。底层的佛堂里藏有一个巨大的佛头（参见图 52），史书记载，"百姓称大云禅寺为铁佛寺，内有一尊铁佛，佛头上建有一座宝塔，高耸入云，张铨有诗可以佐证"。佛头颈以上立于塔内，高 5.5 米，铁佛外有两厘米厚的油彩，并镀有黄金，嘴唇鲜红，眼睛黑白分明，眉毛和头发被刷成蓝色。铁佛的身躯如今保存在河南省陕州[1]。据寺内和尚说，这尊巨大的铁佛在唐太宗年间建庙时就已经一起铸成，但一定有一个特殊的原因，使人们把佛头与宝塔联系在一起。且确实是先有了佛头，人们才在其上建造了宝塔，而不是先有了宝塔再将佛头运入，那么佛头的年份一定比宝塔更久远。这在技术的层面也是毫无疑问的，因为宝塔的券门和拱顶及墙面连成一个整体，而券门比佛头的尺寸要窄得多。

关于这座特别的宝塔的真正建造时间，我们可以确定要比铁佛的铸成时间更晚，但应

1　今河南省三门峡市陕州区。——译注

该也还是在初唐时期，这可以从宝塔基座宏大而精致的拱顶推测出来。整个拱顶造型优雅，维护良好，寺内僧人说在康熙年间重新翻修过，因此很多都是清朝的造型。塔檐的构造、精细而丰富的装饰及它们的分布，包括琉璃的使用，和我们之前介绍过的太原奉圣寺完全一样（参见图92）。奉圣寺塔在后文多角级塔中还会提及，它于1748年重建，塔顶雅致的八边形佛堂就是从平阳的这座宝塔中借鉴而来，可见平阳塔的造型十分超前。但是塔上的花纹应该来自于建塔早期，大家对唐代的兴教寺宝塔上独立斗拱的样式可能还有印象（参见图45），这种斗拱在山西随处可见。至此我们可以看出，平阳宝塔的建筑结构仍是宝塔建造早期遗留下来的，而外部的装饰则来自于1750年左右的翻新。

龙洞、蒲洲、临晋县

山东省会济南的龙洞里有一座宝塔（参见图55），大概建于隋朝著名的砂岩佛像（参见图34—图36）之后的公元700年。这座七层宝塔每层的塔檐较窄，塔身自下而上周长和高度都急剧递减，椽飞清晰，缩减到最上一层自然收顶，塔高达十五米。这种下宽上窄的塔型有许多相似的例子，也衍生出更为复杂的宝塔。例如蒲州有一座宝塔，形制相似，但层数更多；临晋县的宝塔则塔檐更窄，整个塔身轮廓几乎是光滑的斜线。

蒲州古城位于山西省最南端，紧邻黄河，曾是舜帝时的都城。可惜现在城市规模大不如前，且民生凋敝，城中土地上建造的房屋不到1/20。城北的一座土丘上，蒲州宝塔（参见图56、图57）仍保存完好，宝塔体型四方，高四十四米，整个轮廓凹凸有致，塔尖耸立。类似的还有位于蒲州附近的安邑县八角环形塔（参见图146），会在本章第三节着重探讨。两座塔形制相似，塔身都以塔檐分层，塔檐越往上越密。蒲州宝塔是对级塔的进一步发展，十三层的塔身自下而上缩减幅度较小，几乎成直筒型。

根据史料记载，蒲州的方形宝塔收于一个高台之上。这座宝塔名叫"河东蒲坂古塔"，"蒲坂"指蒲州古城，"河东"指宝塔位于黄河以东，这两个地名由来已久，最早出现在春秋时期，而在宝塔修建时期这两个称呼仍在广泛使用。史料称："后秦姚略叔父为晋王。镇于河东。古老传云。蒲阪古塔即阿育王所立也。疑之屡有光现。依掘得佛骨于石函银匣中。照耀殊常送以上略。略乃亲迎睹于灞上。今蒲州东阪有救苦寺僧住立大像极宏冠。而古塔不树云。"[1] 通过这篇史料我们可以了解到，当时的宝塔到了公元400年左右已经被认为是很古老的建筑。因此我们可以比较确定地说，这座宝塔是目前我们所知的时代最久远的一座，大约建于3世纪中期。其他的细节在史书中并无记载。宝塔在史书成文期间已经倒塌，因此现存的宝塔是后来重建而成的，也许塔的尖顶、窄檐等属于更晚时期的形制，是在重建时新加的，但是宝塔的四方造型仍然沿用古塔的形制。

蒲州东北部的临晋县宝塔（参见图54）也是级塔的一种发展，层间距很小。整个宝塔

---

[1] 引自《集神州塔寺三宝感通录》，唐代道宣著。——译注

图 53. 山西平阳府宝塔，高四十六米。参见图 49—图 52

图 54. 山西临晋宝塔。共六层，高十八米。图为模型

图 55. 山东济南府龙洞石塔。高十五米，约建于 700 年

图 56. 山西蒲州府宝塔。共十三层，高四十四米。建于唐朝

图 57. 蒲州府宝塔，位于城北山丘上。参见图 56

第二章　大型宝塔的主要形制 | 077

图58. 河南武安县北响堂山常乐寺。图60中的宝塔位于寺院中轴线上

呈现一个非常尖锐的金字塔形，塔身几乎是一个并未截断的整体。塔高十八米，共六层，每层等距，向上边长锐减。塔侧面饰有砖砌花纹，每层皆有开孔，向塔内望去，可看到塔内有攀高的阶梯。由此可以看到，四方级塔在以不同的方式向更细长的造型发展。

2. 多角级塔

河南省的级塔

河南北部屹立着两座雄伟壮观的级塔，一座位于开封通向长安的大道上，另一座在河南最北部。它们与本书之后将要介绍的另外两座塔一起，组成了这种造型最有代表性的四座宝塔。

河南开封以西，紧邻京汉铁路线有一座开元寺，寺中立着巨大的郑州宝塔，始建于唐朝早期，约713年至742年。虽然基本只剩废墟（参见图59），但由于它体型巨大，气势恢宏，仍然是著名的景观。塔的造型、塔檐的细节、塔身的斜面及叠涩都能分辨得很清晰。通过图片，我们看到，在底部的座基及较高的底层上有十一级塔身，原来应该有十二级，连塔基总共十三级，宝塔高高向上耸起，本应该还有一个塔顶。每层宝塔的四周均有拱券门通向位于宝塔中间的塔室，这是在西安大雁塔的（参见图37）基础上进一步发展而来的。宝塔底层仅有一个正门入口，通向塔内八边形的内室，通过内室由一条狭长的走廊通向另

图 59. 河南郑州宝塔。八角十三级，
高七十米，建于 713—742 年

图 60. 河南常乐寺宝塔。八角九级，高约四十米。
参见图 58。可能建于晚唐

一面的壁龛。底层的另外三面外墙也有壁龛装饰。目前没有塔高的具体数据，按照最初设计预估在七十米左右。宝塔内部为空心设计，站在底层佛堂也能仰望塔外的天空。

另一座早期的级塔是位于河南最北部的常乐寺砖塔（参见图 58、图 60），保存较好，细节清晰。常乐寺位于武安县[1]南部的北响堂山上，毗邻山西省。宝塔立于寺院之外，处于正门中轴线的延长线上。按照《中国佛教史迹》的记载，宝塔始建于宋朝，但宝塔的造型与细节都显示其应建于唐朝，我们根据细节推断采用后者的说法。在围有外墙的基座之上有五层，上面的四层又分别通过更窄的塔檐分隔成两层，因此我们现在看到的是一座九级宝塔。主塔檐由三层较大的半圆形檐椽组成，主塔檐之间的较小塔檐由三层叠涩组成，

---

[1] 武安县原属于河南省，1952 年划入河北省，由邯郸代管。——译注

第二章 大型宝塔的主要形制 | 079

因此，底层远远高于其他的塔层，与其他级塔相似，宝塔层高逐级递减。宝塔外墙每层四面中间都有券门或是浮雕，浮雕一般以券门、格窗或宝塔图形为主题，有浮雕的一层则为存放圣物的佛堂，类似欧洲教堂中的高祭坛。最高一层的塔檐兼有檐椽与青砖叠涩的样式，上面应有塔刹，现已毁坏不见。这座高达四十米的宝塔仍然维持着最早所建的形制，保存较好，是我们研究宝塔早期建筑的重要实例。

开封国相寺繁塔

开封作为中国宋代的首都，拥有两座极其珍贵的宝塔，两者均建于宋代初期，都是砖塔，外部造型不尽相同，分别为国相寺的六角繁塔及八角琉璃铁塔（参见图272），后者会在琉璃塔一章中详谈，繁塔因其令人难忘的级塔造型归类到此章中。值得注意的是，开封城内还有一座名字极易与国相寺混淆的寺庙——相国寺，位于开封府东面。

这座六层宝塔距开封府城东南方向三里开外，所属寺院在我拜访时期已经破败不堪，如今应该完全倾颓了。寺院附近矗立着著名的音乐露台"吹台"，也叫繁台（参见图61）。麟庆在他的游记中详细地描述了后来修建的宝塔及高大雄伟的繁台，繁台掩映在树丛之中，并无墙体包围，平台上建有佛殿及一座楼阁。这种被称为"台"的建筑常见于中国较大的城市中，有时数座"台"建在一起，形成一个建筑群，在古代有着特殊的象征意义，且几乎都有着丰富的历史含义。开封在历史上应该也曾修建过若干个这样的"台"，因为这座繁台也被称为东繁台，说明其他方位应该还有其他类似的建筑。麟庆的描述中仅用"繁台"这个名称，前面并无方位限定。根据他的记录，繁台应该是古代举行音乐演奏的场所，由汉代梁王所建，当时被称为平台。平台上有一座禹庙，以纪念大禹治水之功。禹庙一侧是秦汉时期为治水做出贡献的二十九位官员建造的纪念馆，左侧是为纪念唐朝大诗人高适、李白和杜甫而修建的三贤祠。此处自初建就声名远扬，后来因住在平台边的居民姓繁，又改称繁台，至于该氏族具体做出了什么贡献，并无史料说明。五代的最后一朝后周显德皇帝在公元954年在繁台举行了天清节，后在此修建庙宇，即天清寺，另有白云寺的名号，后来与其他两座庙宇一起归为繁台寺。显德皇帝在天清寺内修建了繁台塔，也叫兴慈塔。这座宝塔存世时间应该不久，也并无详细史料记载。到了宋朝约公元977年，宋太宗赵光义在太平兴国时期于汴京（即现在的开封）修建了我们现在看到的这座雄伟壮观的巨型宝塔。宝塔原有九层，塔身由砖垒成，外表镶瓷砖，目前仅留下部分塔身。原来紧邻天清寺的地方还修有一座寺庙——国相寺。繁塔建起来以后，国相寺也被称为繁塔寺。

这座巨大的宝塔比开封著名的铁塔还要早建十年，这从另一个侧面证明了每一个时代都喜欢在政权初期修建这样宏伟的宝塔，彰显这个年轻的国家朝气蓬勃、欣欣向荣。与宝塔几乎同时修建的还有宋代皇宫，它是我们在开封能看到的历史最悠久的建筑，在国外也享有盛名。据史料所载，公元980年位于开封的太平兴国寺内又修建了一座翻经院，现在普遍认为太平兴国寺、繁塔寺和国相寺三者是指同一座寺庙。

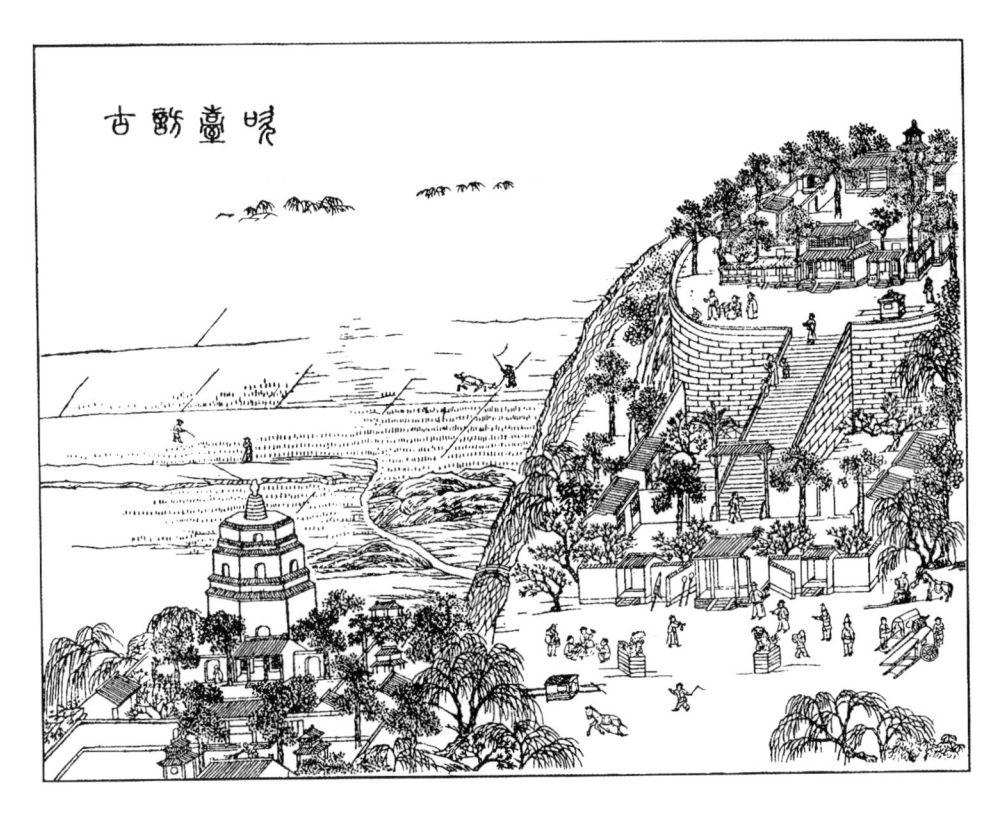

图 61. 河南开封府繁塔，位于大禹庙所在的平台边。参见图 62—图 79。画于 1840 年左右

而当汴梁或者说开封不再是首都时，繁塔寺与繁塔就风光不再，史书上记载了它们沧桑的经历：几经破坏，后又在原地重建。文献资料中最可信的是繁塔寺中的两块石碑，一块是明万历四十五年（1617）所立，另一块是清康熙十二年（1673）八月初立，在同治二年（1863）十月又翻新一次。除此以外，本书还参考了日本《中国佛教史迹》一书中对这两块碑文的详细描述，以及笔者本人的所见所闻。

大约到元末时期的 1368 年，在将近 400 年的岁月中保存完好的寺院和宝塔双双毁于战乱。宝塔仅有小部分留存，原本的九层剩下了四层。到了明洪武年间，僧人胜安扩建了繁塔寺，新寺更为宏伟壮观，当时应该也重修了宝塔，把第四层拆去，在第三层上建了一个金字塔形塔顶，原来的塔顶大概就是相似的形制（参见图 65）。后来宝塔于永乐、天顺、万历年间分别又几经翻新，然而到明末农民起义时再次被损坏。清朝顺治时期，依靠河南巡抚张白德的力量，桂山法师筹措经费重修了宝塔和寺庙，寺院经过修整扩建更显气势宏伟。康熙年间始得名"国相寺"。寺院在 1673 年和 1863 年又历经过两次翻修。

宝塔（参见图 62—图 64）六角形基座的通径为 22.8 米，基座上面的底层围墙通径 20.7 米，底层边长 13.5 米。关野贞给出的塔室尺寸与我根据内径计算出的数据略有出入，根据他的计算，塔高 37.6 米，现存的三层宝塔分别高 14.9 米、7.55 米以及 4.5 米，塔顶高 10.65 米。金字塔形的塔顶直接建在第三层宝塔的顶部平台上，很容易令人联想到兖州的

图62、图63. 河南开封府国相寺繁塔的轮廓与俯视截面图。现高37.6米，
建于977年，于1368年倒塌

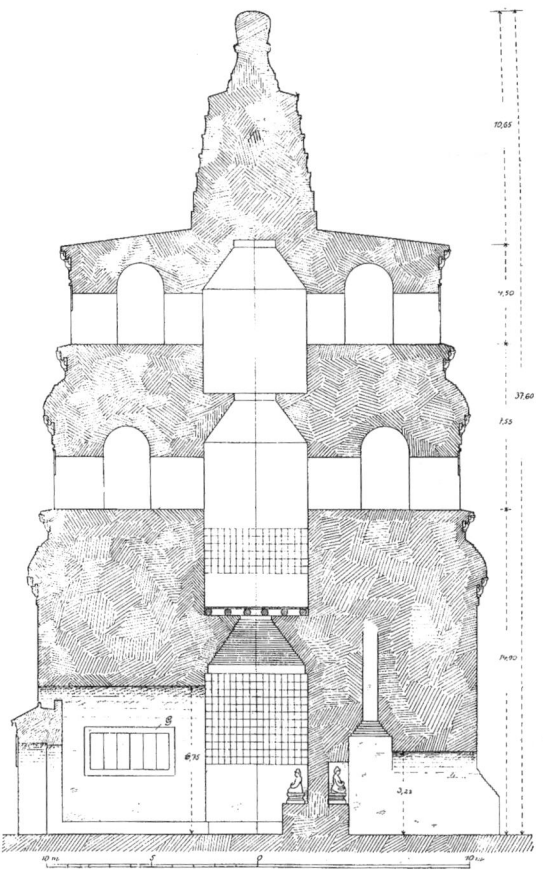

图 64. 侧截面。比例尺 1∶300

图 65. 977 年所建古繁塔复原图，九层塔身及塔顶总高 66.5 米。比例尺 1∶600

图 66. 河南开封府六角繁塔及四周民居，原址上的寺院已消失。图 62—图 65 是根据照片所画

第二章　大型宝塔的主要形制 ｜ 083

图67. 开封府繁塔。六层级塔，高37.6米，建于977年。参见图62—图66。摄于1907年

图 68. 开封府繁塔的浮雕及砖制塔檐。参见图 67

宝塔（参见图 76），后者在后文会有介绍。新的塔顶一方面可能是完全按照公元 977 年初建时的样式来重建的，但更可能的是，当时在重修如此巨大的宝塔时，为了尽快完成这项工程而临时加了一个塔顶。如果说这个金字塔形的塔顶是沿用了老式的设计，那么兖州的宝塔应该就是仿照繁塔来建造的，因为它的建造时间就在繁塔初建后不久的公元 982 年。根据《中国佛教史迹》的记载，这次重建宝塔的高度达到了 66.5 米，上层古朴的塔檐、带栏杆的平座及顶上的装饰都与兖州宝塔完全类似。另有一座相似的宝塔位于河南彰德府[1]，在第四章会详细介绍。

这座巨型宝塔造型独特，恢宏大气。雄伟的基座自下而上形成斜面，阶梯式分层，三层塔身的墙体敦厚，巍巍矗立。层与层之间以塔檐相隔，每层塔檐由上下双层斗拱与中间一层略呈弓形的砖砌叠涩组成。叠涩靠在下层斗拱的上缘，上层斗拱则从上一层塔身的拱券下方伸出。斗拱的样式是最为简单的平板型，从斗的 1/4 处向外伸出，承托上面的额枋，仅有下层的拱部饰有精致的浮雕。

塔身外部通身贴着三十厘米见方的佛像砖（参见图 62），仅留出底层两扇门、六扇窗以及二层的三扇窗和三层的四扇窗不贴砖（参见图 67—图 70）。底层的砖有十五层，每块砖中心掏空一个圆形，中间雕有七种不同式样的佛像浮雕。底层六个侧面都有雕着佛像、

---

[1] 古代行政区划，现河南省安阳市一带，分属河南河北各省。——译注

侧面

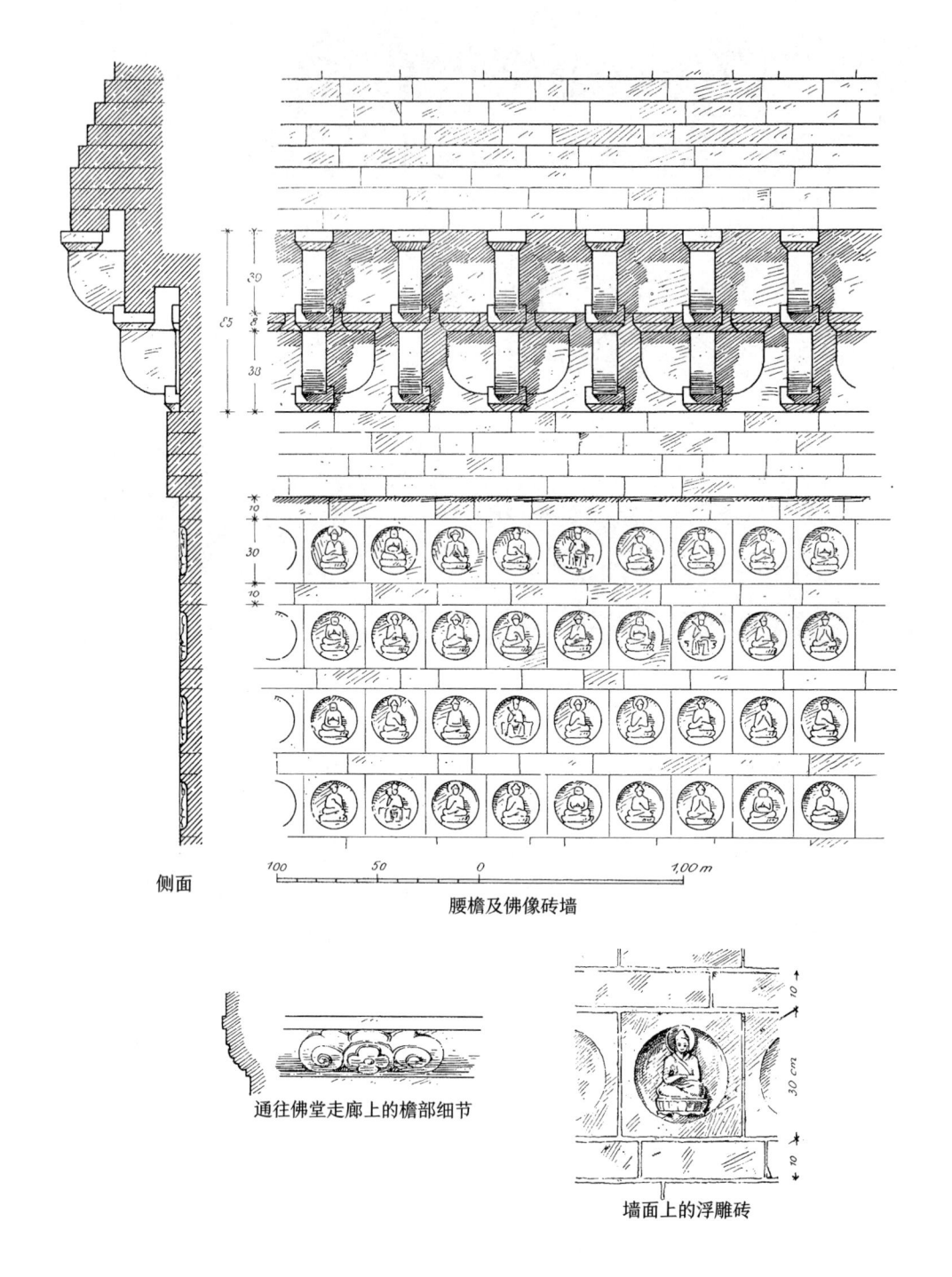

腰檐及佛像砖墙

通往佛堂走廊上的檐部细节

墙面上的浮雕砖

图 69. 开封繁塔细节。参见图 67

图70. 开封府繁塔浮雕砖。参见图69

龙凤、花形与枝蔓造型的带状缘饰。这些缘饰上大部分佛像瓷砖的琉璃已经掉落，但也有相当数量的瓷砖上仍留有部分琉璃。根据关野的观察，整个宝塔原来是覆盖一层黑碧色琉璃的。我们可以想象，公元977年，这座高达六十六米的宝塔通体黑碧色，一定是雄伟夺目，完全超越了在它不久前修建的开封铁塔（参见图272）。但不同的是，铁塔外层的琉璃仍然保存到现在，而繁塔的外部琉璃则已经大部分脱落了，现在留下的仅是一小部分。

宝塔底层的内部是一个位于正中心的六边形佛堂（参见图63），通径5.5米，内置一个砖砌佛台安放主佛像及其他佛像。佛台南面是一条宽2.7米、高6.75米的走道，上有筒形穹顶，走道尽头是通向塔外的拱券，在基座上也特别建造了入口的拱门。走道两边的墙上各镶了六块黑砖，上面凿刻了经文，黑砖周围装饰着花瓣线条。其中两块砖上分别刻着"太平兴国二年丁卯"和"十月初八"，证实了宝塔重建的确切日期。底层北面是一条两米宽的走道，向内通往一个壁龛，内供一尊佛像，立于底座之上。走道的尽头是一个向上通往平座的楼梯，门洞已被墙封住，因此楼梯的结构我们无法得知，只能看到一个四方的井巷，似乎在墙体里面有楼梯向上延伸，通向二层。底层的佛堂仍然是拱顶结构，最中心的顶点处有开口，能看到第二层的佛堂，第二层佛堂与第一层相似，墙面饰有矩形砖板，上面刻有佛像浮雕，更高的几层内部装饰只能通过想象来描绘了。

三层以上由佛龛和一个大型宝珠构成尖顶（参见图64），它既可以看成是整座宝塔的

第二章 大型宝塔的主要形制 | 087

图 71. 河南府宝塔，外墙砖与图 67 中所示相似。六角七层，高四十五米。约建于 1100 年

图 72. 直隶省[1]曲阳县修德塔。八角型，最初有八层，形制类似图 73。如今修成筒形，高约四十五米。建于元代

塔顶，也可以看成塔内三层佛堂的顶。宝塔实际上可以看成中心部分的佛堂及现在的塔顶组成的塔型结构，外部的六边形结构仿佛一件巨大的外套，环于内部的佛堂之外，每层还有通道把中心的佛堂与外部相连。宝塔内部的佛堂就构成了一个较小的塔，原本的塔顶建在最高一层上方的平顶上，四周围有栏杆，自然收成尖顶。现在宝塔残部仅剩三层，上面立着后建的尖顶，造型略显突兀，但也相当别致。而通过佛堂外的回廊，使宝塔的坐围骤然变大，仿佛给一个小宝塔罩上了一件宽大的袍子。

虽然繁塔现在的高度远不及初建时的规模，但它与西安大雁塔并称为中国最大的宝塔，它高大的造型也展现了中国早期宝塔的宏伟和庄严。

---

1 明朝起称直属京师区域为直隶省，相当于现在的北京、天津、河北大部及河南、山东的小部分地区。——译注

与开封繁塔造型一脉相承的还有位于河南与陕西相交地界的一座宝塔，按行政划分，宝塔属于河南省。它是一座六角宝塔（参见图71），外部同样用佛像砖砌成，表面原来很可能覆有琉璃。宝塔椽飞清晰，高度逐级递减，每面都开有挑高的券门，因此门洞显得比繁塔要窄。单层塔檐式样简单，但也由刷白的横饰带及两层斗拱组成，颇有气势。宝塔总共七层，与繁塔最初的层数一致，高度达到将近四十八米，且不含遗失的塔顶高度。当初该塔是仿照繁塔而建，初建时间应该也是宋朝，约为公元1100年左右。这证明了当时繁塔所用的琉璃，在同省的其他地区也得到了广泛的应用。这在后文的琉璃塔一节中会详细介绍。

直隶省和山东省的宝塔

随着宝塔级数的不断增加，宝塔的造型也变得越来越瘦削挺拔，同时塔檐也不再过长地伸出塔身。另外宝塔每一层的高度有所降低，使宝塔整体显得更为匀称。这样的宝塔造型在与河南相邻的两个省份出现较多。

一个典型的例子是直隶省的定州宝塔（参见图73），它位于保定以南的京汉铁路线上，屹立在开元寺中。宝塔始建于宋辽时期，于1600年前后重新翻修。宝塔底层是八角形，宽阔敦实，上面另有十层塔身，加上塔顶与塔刹达到了七十米以上的高度。整座塔造型纤长，比例更接近徐家汇工艺院的模型，由于取景角度的关系，《中国佛教史迹》和喜仁龙的照片上宝塔高度看上去比实际情况缩减了许多。但是宝塔的细节在照片中得到了很好的体现，比如底层上缘丰富的塔檐结构、券门四周的装饰及宝塔整体庄严大方的轮廓，都很清晰。在喜仁龙拍摄的另一张照片中（参见图74），宝塔内部的造型得到了展现：外层塔被打开，内层塔的券门及塔室清晰可见。这类宝塔均为"塔中有塔"的造型，内部宝塔通过券门以及游廊，通向外部的宝塔。连接内外宝塔的游廊就建在外塔的塔檐上，通过斗拱固定在内外两塔的塔檐之间。1875年宝塔东北部的外塔被自上而下地拆除，废砖堆于塔底，自此人们能够一观塔内的景象，不仅看到了游廊的结构，还看到了塔中有塔的奇景。

位于定州西北部的曲阳县，有一座与其相似的宝塔，只是规模稍小，叫作修德塔（参见图72）。这座塔几乎是定州宝塔的翻版，建于元朝时期。修德塔共有九层，上面的八层立于宽阔高大的底层之上，与定州宝塔如出一辙。但是也许当时或在后来明朝嘉靖时期（1540）重建时，下面的四层宝塔被改成了没有塔檐的柱形，塔柱由上到下贴五排浮雕砖块，下方雕有莲花纹饰，砖块上凿刻经文。这种巴洛克式甚至藏式的造型使宝塔兼并了舍利塔的特点，糅合了级塔与天宁宝塔的两种样式。

这种宝塔再进一步发展就出现了级数众多、每层高度相同的宝塔。这类宝塔在广东的珠江流域和西江流域尤其普遍（参见图226—图231），它们就属于层塔的范畴，具有很高的欣赏价值。

图 73. 直隶省定州府宝塔，八角十一级，高七十米。建于 1001 至 1053 年。参见图 74

图 74. 定州府宝塔。外墙已倾塌，露出内层宝塔。参见图 73

山东兖州兴隆寺宝塔

兖州[1]因临近孔子等大儒的故乡曲阜，从古至今在贸易与政治上都享有举足轻重的地位。作为古时鲁国的都城，兖州现在仍有许多楚姓的鲁国后裔。在兖州北部的大片耕田尽头有两面笔直的土墙垂直相交，应该就是原来的城墙。城墙门上的碑文证实城墙建造时间在唐朝，其中有一块小型石碑上刻着李白的诗。到隋朝时期城中修建了兴隆寺，寺内矗立着雄伟古朴的兴隆寺塔（参见图 75—图 82）。兖州城是正南正北的四方形，街道将老城分成各个区，兴隆寺塔就位于东北片区，靠近东面的鲁国城墙。城墙的东南角上还矗立着一座魁星楼，与宝塔遥相呼应。

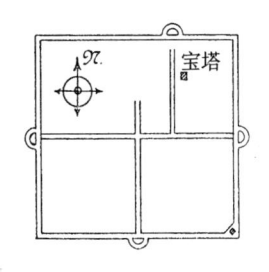

图 75. 山东兖州府规划图及宝塔位置

兴隆寺如今已完全破败，只留下断壁残垣以及上面的一些铭文。从史料上看，除了寺庙的建造时间以外，我们几乎一无所得，山东省的史料几乎完全由儒学家所写，他们经常对佛教相关信息采取忽视的态度，对中国传统及经典则所记甚详。很多佛寺及佛塔都只留下了名字，我们现在遇到的情况就是如此。不过寺庙的建造时间对我们来说是十分重要的信息，因为这证明了兴隆寺塔与其他一大批宝塔同属隋朝时期，可以作横向的比较。《兖州府志》中写道："兴隆寺在北门内大街东，旧名普乐，隋文帝仁寿二年建，太平兴国七年改为兴隆，王禹偁有记《重见龙兴寺三门记》。"在包括北京天宁寺宝塔在内的许多雄伟壮观的宝塔的相关记载中，都提到了高祖隋文帝，他命人同时在各地修建大型庙宇和宝塔，他对宗教的热情也带起了后人不断修建宝塔的风潮。兖州的这座兴隆寺塔很可能也属于皇帝下令修建的一大批宝塔之一，但史料中仅记载了宝塔的初建时间。宝塔脚下的一千根佛像石柱大约是公元 713 年所立，隐约能看出当年的辉煌情景。《中国佛教史迹》中指出，按照山东省省志记载，兴隆寺塔初建于公元 982 年；塔内碑文记录了三次翻修的时间：1063 年、1699 年及 1718 年。根据宝塔结构及部分细节推断，我们现在看到的宝塔与公元 982 年所建的宝塔基本一致，它与之前我们提到的开封六角宝塔在很多方面也有相似之处。然而从宝塔整体的形制来看，它的初建时间应该要追溯到隋朝时期。

现在这座保存完好的宝塔由砖砌而成（参见图 76、图 77），呈八角形，底层边长六米，直径约十五米。宝塔共十三层，总高五十九米。宝塔呈上下两种宝塔叠加的造型，下部七层高 43.5 米，上部六层高 15.5 米。下部七层座落在围栏平台之上，六层之上收以葫芦形塔刹。层与层间以多层塔檐相隔，相当雄伟壮观。整座宝塔内部实心，几乎没有木质结构。

上部的六层宝塔很容易令人联想到开封的宝塔（参见图 62），但这座宝塔似乎最初的设计就是如此。因为如果按照下层的比例继续向上建造宝塔，非常不符合美学的规范，而且现在虽然七八两层由中间的平台隔成上下两部分，但宝塔整体轮廓依然自然流畅。如果能找到其他像这样的"塔上塔"，我们的研究就能有重大的突破。

---

[1] 古九州之一，位于山东西部及山东河北交界处，并非指山东济宁市兖州区。——译注

图76.山东兖州府级塔，曾属兴隆寺。八角七级，塔顶再分为六级。总高五十九米。初建于692年（？），现存的宝塔建于982年

宝塔底层有双层塔檐（参见图78），下方还有一个基座，东南西北四个方向各开一个券门（参见图80—图82），其中三个门洞分别通向筒形拱顶的三个小佛堂，另一个门洞内是宽90厘米的实心台阶，一直通向上一层。阶梯两侧是两个相对而设的暗佛堂。每层宝塔均以这样的阶梯相连，相邻两层的阶梯呈十字垂直相交，这样整个宝塔内部可以沿着阶梯回旋向上直登到第七层。每层还设有一米宽的回廊，上有拱顶，向内在两个佛堂及阶梯前均有开口，向外有东南西北四处开口通向外塔的塔檐处。上部的宝塔为空心结构，因此没有阶梯可供攀登，最上方同样是拱顶结构。同样地，宝塔外部每层有东南西北四个券门开口，位于每层的檐椽上方，与宝塔下部的结构完全一致。宝塔顶部是金字塔形，外部饰以铁制三叉戟造型，再上方则是葫芦形塔刹。

每层斜向的四面墙上均用四方形、圆形或八边形虚窗装饰，这种灵动的造型来自宋代。每扇窗上均有栅栏或精细的浮雕，部分有开孔。第七层宝塔上面的围栏由立柱及雕花的栏杆构成，立柱上的柱头也雕刻精美。虽然栏杆的样式在唐朝就已经出现，但这座宝塔的栏

图 77、图 78. 山东兖州府级塔，高五十九米。参见图 76

杆样式应该来自更晚的时期。

特别值得注意的是砖饰面和塔檐（参见图 79）。塔砖质地坚硬，长四十四厘米，宽二十二厘米，厚十一厘米，整个饰面由十层砖交错垒砌，加上上面的顶砖，共高 1.3 米。砖块之间的水泥砂浆极其坚固，这也对砖塔的保存起到了非常重要的作用。至于这些保存良好的额砖饰面是初建时就有还是后来修葺时增加的，我们就不得而知了。塔檐虽然造型简单，但工艺精湛，结构精巧。下部宝塔的塔檐宽阔，叠涩伸出塔身六十厘米，另有檐椽和雕有叶状纹饰的檐板构成。上部宝塔的塔檐更加精致，在细窄的饰带上方伸出带有沟槽

第二章 大型宝塔的主要形制 | 093

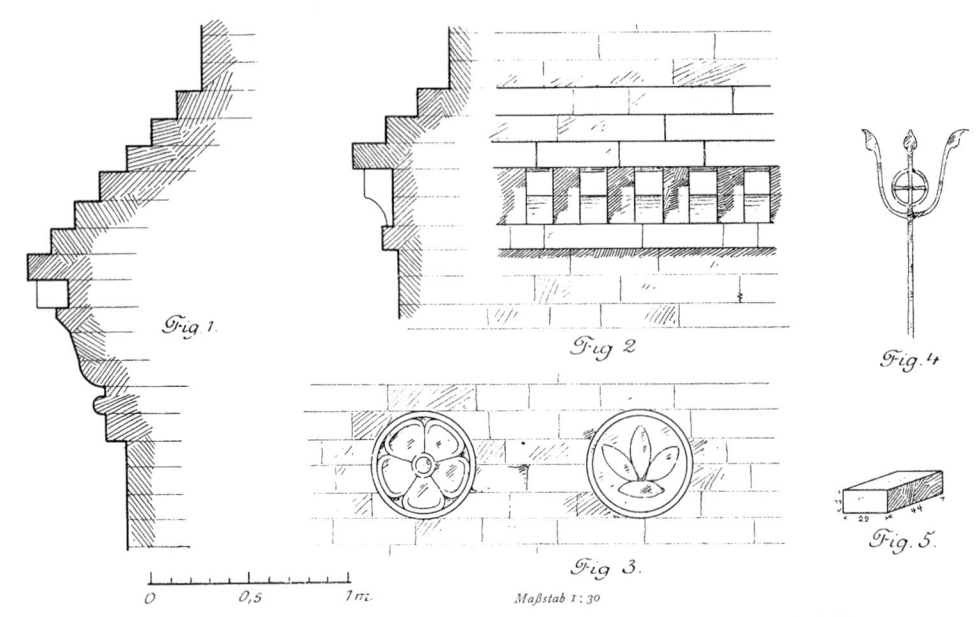

79. Ziegelgesimse Fig. 1, 2, Rosetten Fig. 3, Eiserner Dreizack von der Spitze Fig. 4, Ziegel Fig. 5.

图79.1、2为砖檐叠涩，3为花饰，4为顶部三叉戟纹样，5为砖块式样

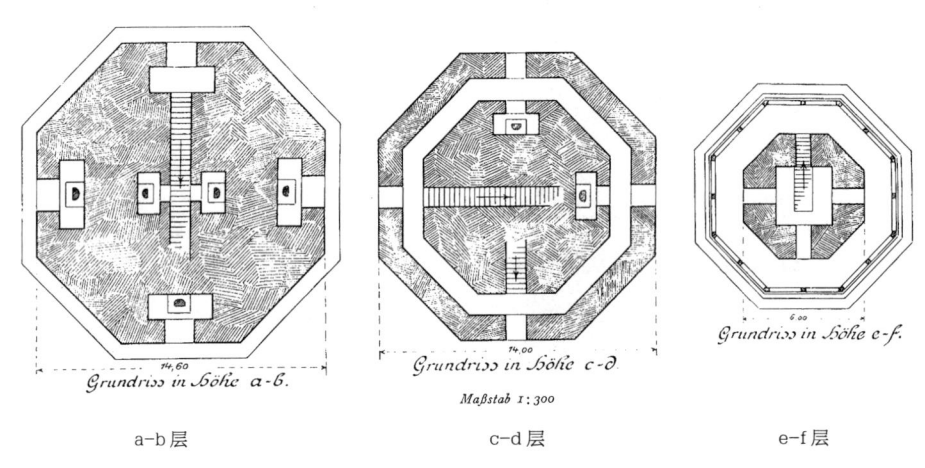

a-b层　　　　　　　　　　c-d层　　　　　　　　　e-f层

图80、图81、图82.山东兖州宝塔各层俯视图。参见图77、图78

的石质斗拱。宝塔的层高自下而上逐级递减，也使整个宝塔外形格外匀称精致。这两种古朴的塔檐造型可以与大雁塔、开封宝塔等更早时期的宝塔塔檐媲美，是实心级塔特有的塔檐结构，我们后文中将要介绍的宝塔也有相似的情况，这种塔檐在构造上一直延续到明清时期，才演变出各种繁复的结构。

底层塔室中，曾有一座一米高的白色大理石坐佛，造型典雅古朴。无头的佛像曾被放置在附近，或被砌入墙里。佛像右肩裸露，衣饰优雅，雕刻出的线条流畅，可推测是宋代作品。

位于济南与定州之间的山东淄川区杨家寨宝塔（参见图83），虽然始建于清朝，但造型古朴，细节简约，颇有古风。该砖塔建于宝塔寺内，基座较高，上缘叠涩挑出，又有两排斗拱伸出塔檐。底层之上另有六层宝塔，以塔檐分层，有的是简单叠涩而成，有的饰以菱角牙子，均伸出塔身不远。宝塔入口是一个高大的拱形券门，其余各面分别以格窗或菱窗作为装饰，与武安县宝塔相似（参见图58、图60）。宝塔整体形制令人联想到同在山东的兖州巨型宝塔（参见图76），两者距离不远，一个在鲁中，一个在鲁西南。两座宝塔外形上的相似应该也不是巧合，首先是宝塔底部均有双层塔檐，其次基座之上的六层宝塔均等分塔身，另外，伸出塔身较窄的塔檐以及窗格的造型，都极其相似。可以断定的是，两座宝塔中一定有一座是仿照另一座而建，虽然淄川的宝塔造型古朴，但应该是两者中较晚建造而成的。

图83. 山东淄川县杨家寨宝塔。
七层，高约三十五米。建于宋代（？），
重建于清代（？）

湖北、陕西、四川和山西的级塔

至今为止学界对级塔的定义都是体型庞大、塔檐或粗犷或平滑及逐层收分明显的宝塔。级塔的基本形制也在稍小的宝塔上得到了应用，因此我们在全中国各地都能发现这种宝塔，它们最初由墓碑和路边祭坛发展而来。级塔讲究重檐与略微倾斜的宝塔轮廓，直到后来发展成楼阁式塔及叠层塔。此处我们介绍的宝塔实例可以证明，从级塔演变和发展的宝塔并没有改变这些基本的形制，而是使塔每层的高度趋于相同，这也是级塔这一类别发展的终点。

湖北省内有数座宝塔都属于级塔发展到后期的例子。湖北沙市是荆州城区东南方向扬子江畔重要的贸易港口，此处的宝塔无疑更具有传播佛法、镇锁江流的积极意义（参见图84）。宝塔具体的建造时期并未有过记载，但根据它的造型可以推测其建造年代比较久远。况且沙市有较为悠久的历史，从周朝起就是楚国的外港，到了唐朝更是声名远播。然而现存的唯一一条对这座宝塔的文献记录却把建造时间确定在了明朝，文献中指出："这座造型独特的建筑由一位明朝时生活在此地的笃信佛教的老夫人捐款所建。在塔顶能看到四周河流和平原的壮丽景色。"宝塔为八角造型，共七层，塔身周长逐级递减，由多层塔檐分层，檐椽分别由一层简单斗拱、一层副斗拱及两层檐口构成，檐椽上原本还有飞檐遮罩，现已损毁。塔身的拱券排列并不规则，每层外墙镶有一到两个佛龛。底下两层还另贴有数排方

图 84. 湖北沙市宝塔，七层，高度未知。建于明代

图 85. 湖北宜昌宝塔，七层，高四十一米。塔下另有级塔造型的墓塔。建造时间未知。参见附图 3

图 86. 扬子江岸边山顶上的宜昌宝塔及周围建筑。参见图 85

形瓷砖，上面刻有人物或铭文。塔身向上收于一个小拱顶，顶上的塔刹由一大一小两个圆球组成，圆球中间横着一个金属圈，上面系着八根铁链分别与最顶层的八个角相连。

在长江上游与中游的分界处，坐落着湖北著名的城市宜昌。宜昌的宝塔（参见图85）与上文所说的沙市宝塔都是七层，宜昌宝塔的塔檐伸出塔身更短，但它层与层之间的界线更为分明（参见图86），很可能在近期经过了重新修整。整座宝塔由砖石建成，总高四十一米（参见附图3）。塔檐刷白，边缘雕有精细的纹饰，由单层斗拱构成，与沙市宝塔的塔檐相比更显秀气；宝塔拱券及塔顶、塔刹的形制都与沙市宝塔相似。这两座宝塔都是结构典型、气质古朴的级塔代表，宜昌宝塔脚下还有数座造型完全相同的小型宝塔，它们一起构成了一幅和谐的图景。

在距湖北千里以外的福建漳州，也有一座形制相似，但规模要小得多的野外宝塔，它由砖和灰泥制成，被植物藤蔓缠绕，与四周的风景融为一体，相得益彰，在本书第一章里已经有过介绍（参见图24）。

在湖北省黄州区的黄梅县[1]高塔寺内有一座宝塔（参见图87），高约五十米，塔基座宽三十三米，共十三层，宝塔建于宋初的1019年，整座塔呈圆锥形，与炮楼造型类似。宝塔的八个面从地面看上去不断往里收缩，非常与众不同。每一层的高度也是逐级骤然递减，更显得宝塔敦实稳重。塔身每一面都有小券门和雕花格窗，格窗很宽而开口很低，仿佛一排排饰带环绕着塔身，给宝塔的水平面上又增添了几分颜色。塔檐由菱花牙子和波浪纹交错构成，十分生动，与江苏南京的江宁四方宝塔很相似（参见图48），两座宝塔相隔也并不远。塔檐下方的斗拱造型全部饰以花纹，每一行都与叠涩保持齐平，完全没有承重作用。塔檐的活泼造型及圆锥形的塔身使这座已经遭到严重毁损的宝塔仍然保持着庄严而生动的感染力。

陕西省西部的乾州武功[2]坐落着一座八角砖塔（参见图88），名叫真身宝塔，建于唐朝，高约五十五米。宝塔的塔檐装饰尤其精巧，青砖饰带也极富特点，这种高超的烧砖技艺在当时的陕西和山西地区特别出名。值得关注的是宝塔半圆形的塔顶，与重庆和宜昌的宝塔非常相似，同样的还有西安大雁塔初建时的塔顶结构（参见图85），这种半圆的塔顶经常被叫作覆钵式顶。这座宝塔是在黄梅宝塔（参见图87）的基础上进一步发展而成的，层数较多，层高很矮，渐渐向叠层塔过渡。同时它也借用了蒲州四方级塔的造型（参见图56），只是浑然一体的塔身及四周狭窄的塔檐被用到了八角塔身上。在宽大平坦的基座上立着十二层周长逐级缩减的塔身，每层宝塔高度同样逐级递减，塔身外部均有拱券或壁龛。宝塔底层尤为高大，上缘饰有精美的塔檐，塔檐之上的二层塔身外围有一圈雕刻精细的石栏杆，这点和平阳宝塔（参见图53）的形制非常相似。底层上的十二层塔身分级清晰，使这座宝塔成为介于叠层塔和天宁宝塔之间的过渡造型，天宁宝塔将在下一节及第四章中详细介绍，其主要特点是由一个较高的基座及其上分层较多的塔身两个部分构成的。

1　黄州区现由湖北省黄冈市管辖。——译注

2　乾州，现陕西省咸阳市乾县别称，武功也属咸阳市，位于现乾县以南。——译注

图 87. 湖北黄梅县宝塔。位于寺门后，十三级，高五十米，建于 1019 年

图 88. 陕西武功县宝塔。十三级，高五十五米，建于唐朝。模型图

　　陕西西安有一座建于隋朝仁寿时期的宝庆寺，后因寺中建造了一座花塔而被百姓叫作花塔寺。喜仁龙认为这座砖陶塔应该是初唐所建，因为寺庙与宝塔中一大批雕塑是初唐时的作品，但宝塔在明朝或者是清早期还历经了一次彻底的翻修，例如宝塔底层和基座上的两条精美无比的腰檐就很符合明清时期的建筑特点。宝塔七层之间椽飞清晰，整体造型瘦削挺拔，自下而上塔檐越来越精巧，也越来越窄，这点与山东兖州（参见图 76）与淄川（参见图 83）的两座宝塔十分相似，显得很古朴。喜仁龙给出了非常详细的特写照片（参见图 90）：下面两层的塔檐由简单的斗拱与其上方的八条叠涩构成，而从第三层向上的塔檐则由两层菱花牙子及两到三层叠涩构成。第二层宝塔屹立于基座之上，环有饰带，重檐挺立，四周塔身还有八个壁龛，中间的佛像经过岁月侵蚀仍然保持完好，栩栩如生，除壁龛外，二层还有一个高大的拱券，四周用石料围起。第四层宝塔周围也有八个壁龛，最上层宝塔也开有一个壁龛，使整座宝塔产生了一种韵律美。徐家汇工艺院宝塔模型中有一座兴平塔，

图 89. 宝塔全景　　　　　　　　　　　　　　　图 90. 三层塔身
陕西西安花塔。六角七级，高二十五米。最初建于唐朝，于清朝重建

建于明朝，高约一百三十七尺，即四十二米。它的形制与这座花塔几乎完全相同，只是兴平塔造型比花塔照片中显得更为敦实一些，但从照片上来看，它应该是六角塔，因此应该就是花塔。

四川省另有一座不知名宝塔，层高极矮，每层均有双层塔檐，由精美的斗拱结构及菱花牙子组成。宝塔外墙的拱券四周饰有四川当地特色的不规则纹样（参见图 91）。还有山西太原南部的奉圣寺宝塔，位于著名的晋祠以南，寺中宝塔各面外墙均开有拱券，其中东南西北四个方向的拱券上还有碑刻题词（参见图 92、图 93）。

根据《中国佛教史迹》的记载，虽然我们现在看到的宝塔较新，但关于它还有一段悠久的历史故事：太原有两座名叫奉圣寺的寺院，我们说的这一座是唐高祖为一位湖北的高官[1]所建，皇帝为其题匾"十方奉圣禅寺"，寺名由此流传下来，另一座寺院也沿用此名。

1　应为尉迟敬德。——译注

第二章　大型宝塔的主要形制　|　099

图 91. 四川双檐宝塔　　　　　　　　　图 92. 山西太原奉圣寺琉璃宝塔，七级，高五十米。初建于唐朝 622 年（？）。现存宝塔建于 1748 年

宝塔原址在 1213—1217 年的宋金动乱中被毁，元初得到重建，1341—1368 年又一次毁殁，直到明洪武年间才又重建了一次。奉圣寺历经沧桑，位于天龙山石窟旁的寺塔也同样几经起伏。现在的砖塔建于乾隆十三年，即公元 1748 年[1]，奉圣寺现已荒芜败落，仅剩一座寺塔独立于此。奉圣寺塔为八角塔，底层造型简单，边长为 3.7 米，塔身共七层，向上周长逐级缩减，高约五十米——关野贞测量的数据为六十米。塔体保存完好，甚至能看到上面的琉璃。塔檐上方土黄色的砖墙上饰有蓝绿色的花纹，底层上方也有丰富的蓝色装饰。塔顶为蓝色，覆盖着金黄色琉璃瓦，顶上有石膏宝塔型塔刹，同样覆有黄色琉璃。塔檐由结构精巧的斗拱组成，与墙面中间连接有额枋，这些建筑细节与平阳的四方级塔（参见图 50）非常相似，两者建造时间也相近。奉圣寺塔虽然保持着级塔的特征，但是它极其精致的塔檐使整座宝塔看起来更像是叠层塔，太原城内就有好几座叠层塔的例子（参见图 147、图 149）。

---

[1] 一说为乾隆十六年，即 1751 年所建。——译注

宽级塔

　　级塔从底座宽大的四方大雁塔开始，经过中间的发展，塔的高度越来越高，到八角形级塔时，宝塔也愈趋近瘦削的造型。另一方面则是演变成塔身宽厚的形制，虽然分级也很清晰，但宝塔逐级向上周长缩减并不明显，顶层与底层的周长相差不多，整个塔身成筒形。这种造型敦实的宽型级塔仅出现在中国北方及西北部，另一个例子位于更北方的蒙古境内，为本书例外采用的中国境外的一则实例。因此我们推测北方这样的宝塔造型是受到蒙古建筑或是喇嘛教建筑的影响，从细节上来看也是各个建筑流派互相借鉴融合产生的结果。朔州和蒙古的两座宝塔几乎完全一样，可以直接断定它们之间有借鉴和参考的关系（参见图99、图100）。

图93. 奉圣寺宝塔。参见图92

　　前文提到的许多宝塔都位于中国西北部的山西省，它同时也是藏传佛教发展最兴盛的地区。在山西的五台山上有一座竹林寺，寺中的八角宝塔就很符合宽型级塔的特点。这座塔（参见图94）建于明万历年间，基座十分宽阔，共五层，高约二十一米。宝塔的下面四层高度相同，最上方的一层较矮，平顶上有耸起的小型塔刹，形制类似藏传佛教的宝塔。宝塔每层塔檐均为重檐，由造型丰富的饰带及飞檐装饰，下面支撑有造型简朴的斗拱。塔身上开有拱券，券门四周的边框雕刻精美。关于寺庙与宝塔的一些史料也表明了五台山与藏式宝塔之间的关系。

图99. 蒙古察汗河畔白塔。高七层，高度约六十米。建于1400—1500年（？）

图 100. 直隶省朔州塔，七层，高度约为六十米。
建于 1400—1500 年间（？）

图 94. 山西五台山竹林寺宝塔。五层，高二十一米，建于 1573—1620 年

图 95. 甘肃平凉宝塔。七层，高五十七米，砖石结构，建于 1457 年。徐家汇工艺院模型图

  甘肃省的平凉宝塔（参见图 95）位于兰州通往西方的古道之上，由砖石筑成，初建时间为 1457 年，高五十七米。建塔的同一年明英宗在被俘七年之后从蒙古[1]回到中原，重掌政权。受到大太监王振的影响，英宗是一个虔诚的佛教徒，敕造了许多寺院。他从蒙古归来以后，不仅更愿意大兴土木建造寺院，还带回了具有蒙古特色的宽大宝塔形制。在高大的基座上立着宝塔的另外六层塔身，总共七层的宝塔顶部平坦，与喇嘛教宝塔结构相似，最上方的塔顶比喇嘛塔的塔顶稍短。宝塔的重檐与五台山竹林寺里的宝塔相似，但宝塔的体型相比后者来说要大得多。宝塔的细节极富设计性，装饰精美，每一面塔身都开有高挑的拱券，外墙上镶的格窗、佛龛及檐角上系的风铃，使整座宝塔在雄伟庄严之外富有灵动之美。虽然平凉宝塔的历史比五台山的竹林寺宝塔（参见图 94）更悠久，但它无疑在建筑结构上较后者更向前发展了一步。

---

1 明朝时称瓦剌。——译注

图 96. 北京丰台宝塔。七层，高约三十米　　　　　图 97. 直隶良乡宝塔。六层，高度未知。建于宋朝（？）

　　下面要介绍的五座宝塔是在平凉宝塔的基础上发展起来的，从外形上看，它们的塔身几乎是连贯成一线的，没有阶梯式缩减塔身。宝塔每一层都等高，且塔檐伸出塔身距离很短，令宝塔造型更显敦实庄重。其中造型最简单的是丰台塔（参见图96），位于北京城东南方向的铁路线上。与它结构完全一致的响堂寺宝塔（参见图98）位于直隶省最南端的广平府磁州县，属于南部的响堂山寺，响堂山上的石窟中还存有北齐时期（550—577）精美绝伦的佛像石刻，宝塔的建造时期应要比这些石刻晚得多，大概初建于元朝。在直隶省还有一座位于北京西南的良乡县[1]宝塔（参见图97），它坐落在通往西陵的铁路线上，只有六层，通过双层檐椽分隔，与这种塔檐形制完全相同的还有另外两座宝塔。

　　在蒙古巴林部希拉穆仁[2]以北290里外的察汗穆仁上游，有一座察汗塔，屹立在大兴安岭山脚下不远处，塔名来自蒙古语中的"白塔"一词。宝塔共七层，顶上有铜鎏金塔刹，通体洁白，坐落在被古老围墙环绕的白塔寺中，寺院南北向长840米，东西向绵延1100米，宝塔位于寺院的北墙内，并不居于正中。宝塔四周散落着一些刻着西藏及蒙古文字的大理

1　今北京市房山区。——译注

2　即蒙古语中的"黄河"，下文中的察汗穆仁即察汗河，蒙古语意为"洁白的河"。——译注

中国建筑与宗教文化之宝塔　|　104

图98. 直隶省磁州县响堂寺宝塔。七层，高度未知。建于元朝

石，可惜并无落款日期。很显然，此处原本是一座古寺的遗址，从剩余的一些地基来看，这座古寺规模相当大。蒙古当地人对这座宝塔所知甚少，但他们却认为寺庙大概是建于唐朝。现址上建着一座较小的喇嘛庙。白塔层数不多，顶上立着一个小型的瓮塔，从成熟的建筑风格来判断，这座塔应该是明早期的建筑，与甘肃的平凉宝塔和接下来要介绍的赵州宝塔属于同时期。

直隶省南部的赵州宝塔（参见图100），位于山西铁路太原方向的铁路线上，形制与之前提到的蒙古白塔几乎完全相同。魏格纳说："赵州的两座石塔均保存完好，外形优美。"按照他的说法宝塔应该有一对。宝塔顶部由数层花萼形塔檐构成，另有双层露盘。宝塔塔身装饰繁复，双层斗拱在垂直平面上基本保持平齐，上层稍凸出一些，将宝塔分成七层。每一层塔身垂直方向由砖砌线条隔开，拱券四周、雕花格窗两边均有石柱。宝塔底层外部延伸出一个平台，开有拱门通向塔内的佛堂和回廊。在最近的内战中，赵州城被北方军队包围，宝塔也遭受了严重的破坏，一侧几乎完全被毁，但另一侧包括塔顶仍然挺立着。

最后介绍的两座宝塔包括与其略有不同的平凉宝塔，共同代表了宽型级塔的最高建筑水平，从它们的地理位置可以推测出中国建筑艺术在中国北部的主要造型特点，当然我们也要意识到整个中亚地区建筑风格对其产生的巨大影响。

第二节　天宁方塔

首先解释一下天宁塔这个名称，在后面第四章我们会介绍多角形宝塔，这个类型的宝塔就以其中最著名的北京天宁寺塔命名。它们共同的特征是底层的塔身特别高大，且具有特殊的意义，一般存放着舍利等圣物，或是佛教中最重要的经卷，因而具有深远的象征意义。在气势宏伟的底层基座上，塔身被间隔较密的塔檐隔成多层，塔身瘦削，向上收成尖顶，这样的造型使得宝塔除底层外的塔身每一层高度都很有限。这种类型的宝塔并没有统一的名字，中文也没有官方的名称，因此我们就以北京天宁寺宝塔的名字来代表与之相似的宝塔。第四章中的实例都是八角宝塔，但是四方天宁塔却是这个类型较早的建筑式样，它与四方级塔之间关系很近，能很好地互相参照和比较。这并不表明四方天宁塔出现的时间比八角天宁塔更早，因为早在隋朝及更早的时期就出现了八角天宁塔，很有可能与墓塔有一些关系，在第三章的墓塔一节中我们会展开详细讨论。本节中将举几座非常典型的天宁方塔作为实例，因为与八角天宁塔相比，这些方塔造型相对简单，没有太多繁复的装饰，因此更容易看出形制上的特点。

1. 直隶与河南的四座宝塔

首先要介绍的四座宝塔体型较小，是由四方形的墓室发展而来，清楚地展示了天宁宝塔形制的形成。在存放遗体或舍利的墓室上方，不用单层或双层的屋顶，而是在墓室顶部继续建造更高的建筑，并用间隔较密的塔檐隔开，形成类似宝塔的造型。

在北京城西南方向的房山县，就有一些这样体型较小的天宁方塔。坐落在房山脚下的云居寺旁有南北两座大型宝塔，在第四章中会有详细介绍。北塔初建于公元700年左右，四周环绕着四座造型相近的小型宝塔，高约四米。在附近的山丘上还散立着一些其他的小石塔，建造时间都在722—727年。它们较高的台基正前方均刻有壁龛，在半圆形的壁龛顶下面开着四方形孔洞，两侧浮雕有护卫形象。通过孔洞往里看，塔身中有些还藏有佛像，内壁也有佛像浮雕，在喜仁龙和《中国佛教史迹》的照片都详细展示了这些细节。立于房山北塔旁的西南宝塔（参见图101）建于712年，台基与须弥座上另有六层塔身，共七层。另有小西天南台塔（参见图102），建于公元740年，在一米高的须弥座上另有八层塔身，整座塔高4.5米，基座半埋入土中。上述两座宝塔的塔顶均由花冠型刹座和一根刹杆组成。关于塔刹会在第三章详细说明。宝塔塔檐均为一式的直线型，由下而上渐渐收紧，这种塔檐显然是由更早的砖塔塔檐发展而来。

在小型天宁方塔向大型方塔演变的过程中还出现了介于两者之间规模的宝塔，比如位于河南中部嵩山上的永泰寺宝塔就是很好的例子，永泰寺中的两座宝塔均为砖塔，外部涂有灰泥，并刷成白色。两座宝塔分别为九层和十二层，高大的底座有一部分已经陷入土中

图 101. 云居寺北塔边的东南塔，石塔。高四米，建于 712 年

图 102. 小西天南台塔，石塔，高 4.5 米，建于 740 年

图 103. 河南嵩山永泰寺内的两座墓塔。六层塔檐，高十六米；十层塔檐，高二十米。建于 602 年

（参见图 103），塔檐均伸出塔身较长距离，式样简洁，线条清晰，轮廓鲜明。塔顶分别由砖砌成柱状塔刹，塔刹外部贯串着相轮，即雕刻精美的圆环。宝塔基座正面都开有券门，作为存放舍利的内室。宝塔的具体尺寸并未有资料记载，较小的宝塔大概高十六米，根据比例推测，较大的宝塔高二十米左右。根据常盘大定在一座宝塔中发现的唐代铭文石刻推断，这两座塔应该建于隋文帝仁寿二年（602）。这一发现对宝塔建造史的确定至关重要，同时也对了解嵩山早期的佛教建筑具有重大意义，就在同一年，嵩山上也建造了年代最早的大型天宁方塔。

2. 河南与西安的四座大型砖塔

距上述两座嵩山的小型宝塔不远处，屹立着一座形制与之相似，但体型大得多的天宁方塔——法王寺塔（参见图 104）。宝塔应该同样建于隋文帝仁寿二年（602），这一年份的重要性我们在上文业已提及。法王寺塔的结构与相邻不远的云台寺的两座较小的宝塔非常相像，而它附近的三座宝塔也系出一脉，因此可以一起比较讨论。法王寺位于嵩岳寺东北方的一个山丘上，而法王寺塔则是中国天宁宝塔中最古老且著名的一座。三国曹魏时期法王寺就已存世，只是当时名为"护国寺"；到了北魏孝文帝时期成为了皇家的避暑行宫；仁寿二年隋文帝命人将各地供奉的舍利送到护国寺中，并修建了一座存放舍利的宝塔，当时人称"舍利塔"。虽然法王寺塔从造型风格来看起码是初唐以后的建筑，但并不能排除它与舍利塔是同一座的可能，只是业界暂时还没有定论，例如常盘大定认为法王寺塔是为纪念一个禅师而另外建造的。寺院在唐朝多次更名,并分裂成五个不同的寺院,直到宋朝才得名法王寺并一直沿用至今。

这些历史典故都记载在《中国佛教史迹》中,也证明天宁方塔的造型在早期就被运用到了大型宝塔的建造上。宽大厚实的基座表面如同其他天宁宝塔一样开有券门,塔身共十五层,塔檐由叠涩而成,并无菱花装饰,远远伸出塔身,轮廓呈一个个的凹面,整体造型优雅简洁。除底层以外的上部十四层每层边缘都有一个小型圆形壁龛。在本章的其他例子中这些壁龛通常是通向塔内的门洞,但此处的壁龛并无通行的作用,因为这座宝塔内部为实心构造,上部中间并无塔室可供通行。它仅仅起到装饰的作用,或作为埋在塔下或藏在塔内的舍利的象征。塔顶有柱形塔刹,根据喜仁龙的测量数据,塔高约三十六米。

我们可以通过宝塔的良好保存状态推测,至少塔檐与部分塔身经过了重建,但如果宝塔整体的造型仍基本保持了公元 602 年初建时的样子,那么天宁方塔的建造时期应该可以再往前推,因为这座宝塔的造型相当清晰流畅,已发展至成熟水平。就在法王寺附近的嵩岳寺中,屹立着中国最古老的八角天宁塔,建于公元 525 年,在第四章中也会有详细介绍。但即使是嵩岳寺宝塔的造型也较为成熟,这说明中国在更早时期的佛教建筑领域仍有相当大的空白亟待填补。虽然无法得知天宁宝塔的前身,但从下面的几个实例,我们起码可以看出天宁宝塔的进一步发展。

在如今河南境内的古都洛阳,坐落着唐代著名的白马寺塔(参见图 105),是四大宝塔中最精巧夺目的一座。白马寺的建造历史和中国的佛教起源紧密相关,然而白马寺塔因其典型的建筑风格和完美的外形赢得了更为广泛的关注。虽然现存的寺塔在 12 世纪末的宋朝时期才建成,但它的造型不仅折射出宋朝的光彩,还能看到初唐的影子。白马寺塔实际上属于齐云寺[1],也被称为东白马寺,因其位于河南洛阳东十五公里的白马寺附近。洛阳在汉代后期(25—220)被选作都城,不少史料及后来的典籍中都提到:汉明帝在公元 61 年夜梦金人,于是派遣十八御使前往西域求取佛法。公元 67 年使者回到洛阳,带回了数名印度高僧并一匹白马,马上驮着秘密带回的佛经。这一形象被广泛用到文学作品及绘画雕塑等造型艺术中,成为了中国百用不厌的主题,白马寺的名称也由此而来。

关于白马寺的起源还有以下记载:汉明帝敕令于洛阳城西雍门外三里御道北兴修僧院。此时诞生了中国最早的一座佛寺——洛阳白马寺。"寺"字即源于"鸿胪寺"之"寺"字,后来"寺"字便成了中国寺院的一种泛称。另一种说法提出寺名的来源与当时驮经的白马及经文有关:在印度有一座名为"招提"的寺院,十分富足。一个贪婪的国王想要毁掉它。还没来得及毁坏,夜里就有一匹白马跑来,绕着宝塔嘶鸣,于是国王下令不再毁寺。后来,人们便把招提寺改名白马寺,其他寺院也纷纷效法。而白马驮经的故事显然比这个传说要晚得多。[2] 除了这个说法以外还有学者对汉明帝的梦提出质疑。尽管有各种猜测与推论,

---

1 文中所指的白马寺塔现在一般称为齐云塔。——译注
2 出自《高僧传》,南朝梁僧慧皎著。原文如下:"外国国王尝毁破诸寺。唯招提寺未及毁坏。夜有一白马。绕塔悲鸣。即以启王。王即停坏诸寺。因改招提以为白马。故诸寺立名。多取则焉。"——译注

图104. 河南嵩山法王寺宝塔。十四层塔檐，高三十六米。建于602年（？）

图105. 河南府白马寺宝塔。十二层塔檐，高三十米。建于1175年

汉明帝向西域派出使者及取回佛经及舍利一事确实存在，与白马寺也有着千丝万缕的联系。

从各种史料中可以断定，经文一经取回就从鸿胪寺搬到了新建成的白马寺中，当时也为藏经建造了印度式样的窣堵坡或类似宝塔形状的建筑。史书记载：装经书的匣子乃榆木所制，放置于城内愍怀太子浮图之中。后来又被送回白马寺中。"愍怀太子"一词指的是心怀慈悲的释迦牟尼。

《古今图书集成》中的一则记录指出第一座白马寺塔并非位于河南东部的现址，而是坐落在河南西部，被称为故都塔，当时位于洛阳城城内。值得注意的是书中把宝塔所在的寺院叫作"故白马寺"："周洛州故都塔者，在城西一里，故白马寺南一里许古基。俗传为阿育王舍利塔，疑即迦叶、摩腾所将来者。降邪通正，故立塔表以传真云云。"[1]

经文被收藏到一座宝塔中以后，又被安置到白马寺新建的宝塔中，可惜入塔的具体时间无法得知。可以确定的是，公元350年，在洛阳共有四十二座宝塔，其中还有不少是大

---

[1] 出自《集神州三宝感通录》，唐道宣著。——译注

型的宝塔，在当时的洛阳，宝塔的建造应该已经兴盛起来。公元494年，北魏孝文帝将首都从山西北部的大同迁向洛阳，在新都不仅兴建了许多佛像及佛寺，同时还建造了大量的宝塔，其中最著名且最古老的则是上文已经提过的嵩岳寺宝塔。按照当时的建塔规模，白马寺中应该不会缺少宝塔。另有史料表明，孝明帝的母亲下令建造了一座高达九十丈，即250米的佛塔，塔身全部由木制而成，塔的高度不排除有夸张的可能。公元6世纪所作的《伽蓝记》[1]中也提到了该寺中有一座宝塔。如果上述史料均属实，那么在东西魏时期，洛阳已有一座体型巨大的宝塔。然而这座宝塔与本节讨论的东白马寺的宝塔是否有直接的联系，还有待考察，因为这座东白马寺与现在的白马寺并不是同一座寺庙，同样也不是古都洛阳城内的那座白马寺。根据寺内一块1175年的铭文石刻推断，这所寺院包括寺中宝塔均建于较晚的时期。铭文介绍这座寺院由后唐庄宗[2]修建，并立一座高150米的九层木塔于寺内。到宋朝1126年，寺院及宝塔均在一场大火中焚毁。后来僧人彦公重建了寺院，并于1175年在白马寺塔的原址上重建了一座十三层砖塔，该塔在清代（1798）又重新翻修。

对现存宝塔的史料中都有较为清晰的年份记录，但它的形制仍有可能效仿了北魏时期的宝塔，因此也可为早期宝塔的研究提供一些资料。当然，新建的这座宝塔造型得到了高度发展，要归功于隋唐时期的建筑工艺，正是在这个时期河南、陕西等地建造了众多璀璨夺目的佛教建筑。

现存的宝塔完全由砖砌成（参见图105），造型简洁，极富天宁宝塔的特色。在高大宽阔的平台之上立着雄伟的四方须弥座，中间的束腰线条清晰可辨。底座之上的十三层间隔紧密的塔檐将宝塔分成十三层，整座塔高约三十米。塔身向上逐渐变细直到收顶，最上一层的塔身四面均有通向内室的佛龛，塔顶由一根刹杆收尾，这样的设计与西安大雁塔的塔顶内室十分相似。宝塔底层四面脚线都装饰有菱花牙子，而底层塔檐则由双层斗拱结构构成，斗拱之间距离较大，下方还饰有方形砖，与平阳宝塔塔身上的装饰非常相似，说明早期宝塔的一个重要特征即是斗拱结构间距较大。塔身上的拱门是初建时所开还是后期修葺时所开，并没有具体记载可以说明，然而拱门的存在说明塔身内部另辟有内室，用来存放舍利或者重要的佛经。其他一些宝塔的有关材料中提到，从拱门进入后，如需向上攀登需借助梯子方能完成。这座宝塔大概就是为了达到这种目的，在每层宝塔中部都留有空间以供架梯攀登。塔檐侧面轮廓呈向上的弧形，由砖块砌成的双层菱花牙子伸出塔身墙面，线条明快清晰，在许多年代更久远的宝塔实例中也能看到类似的塔檐，整体线条成斜纹状，令人见之不忘。

永宁门位于陕西省省会西安的南侧，在这道西安城的南城门西南处，屹立着隶属于荐福寺的小雁塔（参见图106）。这座四方天宁宝塔坐落在著名的大雁塔（参见图37—图42）的东南方向，两者相距四里，隔空相望。两塔以南是山峦，以北是现在的西安城，再往北则是渭河向东蜿蜒，直至汇入黄河。唐朝时期大荐福寺与宝塔不在现址，而是位于当

---

[1] 又称《洛阳伽蓝记》，北魏杨衒之著。——译注
[2] 李存勖，923—926年在位，国号同光。——译注

图 106. 陕西西安府小雁塔。十二层塔檐,高四十米,建于 710 年

时的都城以内,而当时的长安城要比现在的西安城向南延伸出更大的一片地区。史书记载荐福寺建于公元 684 年,寺南有一座浮图院,两者之间相隔一条大街,而后来的宝塔则位于浮图院内。"塔院大门向北开,隔着一条大街与寺院的南门相对。宝塔由太监率钱建于兴隆年间。"公元 705 年,著名的女皇武则天退位,唐中宗继位,710 年中宗驾崩,宝塔在他当政的短短数年内建成,仅比大雁塔(701—705)晚了不到十年。荐福寺与大雁塔所在的大慈恩寺相似,都藏有大量铭文石碑,然而它们与两座宝塔相比仍然黯然失色(参见图 108)。小雁塔是百姓口中流传较广的名称,在史书上它常因袭寺院的名称而被叫作荐福寺塔。

从小雁塔的造型很容易联想到比它早建一百多年的嵩山法王寺塔(参见图 104),两者对比可以看出,小雁塔在古塔的基础上又向前迈出了重要的一步。与拔地而起的法王寺塔不同,小雁塔建在一个边长 20.3 米、高两米的巨大四方平台上(参见图 110),宝塔底层边长 12.5 米,并不很高(参见图 109),但与逐级向上收紧的十三层塔檐的轮廓相连,形成一个圆滑的弧线,比例和谐(参见图 106)。宝塔总高根据边长推算应为四十米左右,塔顶已经缺损。每层塔身正南正北方向开有两个拱券,由内室通向塔外。如今进入底层宝

图 108. 陕西西安府大报恩寺及小雁塔。参见图 106、图 109、图 110

塔有两个入口：南边入口处立有石门牌坊，另有青石踏步通向券门；北边券门外有砖砌门楼，两个券门均通向四平方米的内室。在技术仍不发达的时期，能建造出如此规模的塔身及阔大的塔檐，小雁塔代表了宝塔建筑史上的一个高峰。

西安以南约二十五公里处坐落着香积寺天宁宝塔（参见图 107），寺院及宝塔几乎建在了终南山的山谷处。前文已经提到了香积寺内的一座级塔（参见图 47），而建于公元 681 年或 706 年的香积寺如今已成废墟。喜仁龙认为寺院建于 681 年，而《中国佛教史迹》中对这个问题并未作出说明。如果我们假定建寺时间约在公元 700 年，那么它与小雁塔几乎是同时间的建筑，它们之间也有许多相似之处（参见图 111）。两座宝塔均有一个高度适中的基座及间距较密的上部塔身，两者的塔檐也都有凹弧装饰的砖砌叠涩。照片中高耸入云的宝塔由于距拍摄地点过近，塔身墙面显得略向内倾斜，实际上塔身是垂直于地面而建造的。香积寺宝塔在底座之上另有十层塔身，十一层塔檐，塔身每层四壁正中均辟券门，而塔身上的平行砖砌线条，令人仿佛看到了第二座西安大雁

图 107. 陕西西安府香积寺宝塔。十层，高约三十五米，约建于 700 年

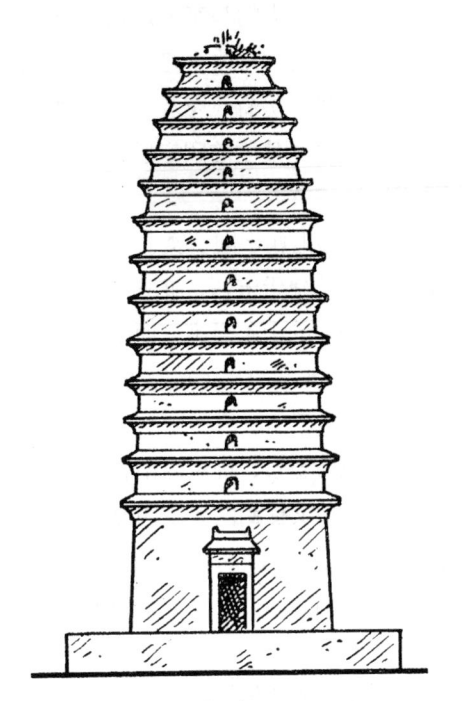

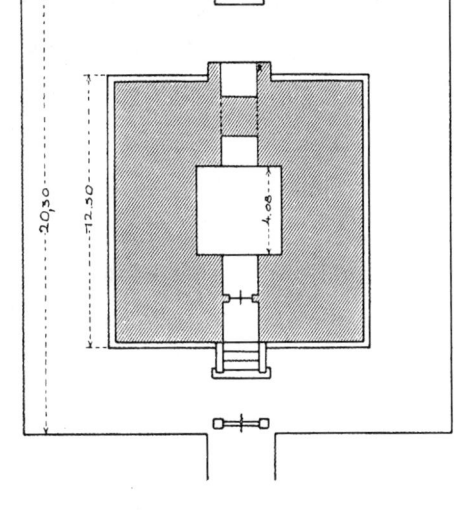

图 109. 西安府小雁塔。参见图 106—图 110。
宝塔外墙垂直地面，并不像图中所示是弯曲的

图 110. 小雁塔俯视面。比例尺 1：300。参见图 106、图 109

塔（参见图 37）。宝塔侧面的轮廓几乎看不出凹凸的线条，整个塔身等比向上收缩，仿佛一个金字塔。根据照片中的比例尺寸，估计塔高仅约三十米，但实际尺寸应该要大得多，因为照片拍摄角度将塔高压缩了一部分。从比例得当和气势雄伟的角度来看，香积寺宝塔并不逊于小雁塔，唯有线条的优美与之相比略有欠缺，虽然香积寺塔体型比小雁塔略小，但整体轮廓并不像后者那样呈弧形，也没有塔顶的圆拱形线条，因此反而显得较为粗壮。塔内是空心结构，通过每层的券门向外都能看到天空。

3. 北方省份和四川的八座宝塔

类似这样底层高大、内藏舍利或经卷、上层塔檐间距很密的宝塔在其他地区也有一些实例。位于直隶省北京以南的正定县[1]开元寺宝塔就是这样一座密檐塔，宝塔外形线条微向内收，几乎呈金字塔型。正定县内有四座精品宝塔，分属不同的宝塔类型，因此在本书不同章节中分别讨论。开元寺正殿以西立着一座九层砖塔（参见图 114），寺中一块 1668 年的石碑上记录着这座宝塔的历史：该塔建于唐初 639 年，1661 年遭到破坏后于 1668 年重建，乾隆年间又投入使用。宝塔仍然保持着最初的形制，然而许多细节是清朝翻新时加

---

[1] 现河北省石家庄市正定县。——译注

上的。宝塔整体由砖砌成，现高四十八米（参见图116），在高大的基座上是九级密檐，上部塔身的宽、高逐级骤减，几乎构成一个标准的金字塔形，陡峭地收于塔顶，顶上有钟形塔刹，上覆攒尖。宝塔底层刻有雄劲有力的力士浮雕，门楣上另有飞龙及花卉雕刻。宝塔整体造型与邻省山西的蒲州宝塔（参见图56）相似，均为体型瘦削的四方塔，但凭借开元寺宝塔高大的底座及间隔较近的塔檐则很容易将两者区分开来。

如果说正定宝塔、嵩山天宁宝塔及西安天宁宝塔在外形上属于同一类，那么位于山东省济南的龙洞天宁塔则与白马寺的宝塔系出一脉，且两者均建于宋朝，唯一不同之处是龙洞天宁塔体型稍小一些。正如前文所述，龙洞位于风景秀丽的山谷当中，而山峰上矗立的四方天宁塔，则赋予景致更多一分生气。同白马寺塔一样，龙洞的宝塔轮廓也呈现弧形，层层向上递减，直至收于顶端，塔高约十五米，造型优雅清丽。

至此举出的四方级塔和四方天宁塔实例大多都来自于北方省份，而在西南省份，如四川及云南地区同样修建了许多四方天宁宝塔，它们的形制与前文提到的典型四方天宁塔大致相同，但造型上更富清冷气质。这些地区的宝塔轮廓线条大多较为陡峭，弧形不太明显，且密檐仿佛仅仅包裹住额枋，并不伸出塔身过长距离，宝塔高大的底座则成为整个宝塔最引人注目的部分。

四川有许多这样令人惊喜的建筑。在泸州以西，位于长江支流沱江畔的怀德镇就有一座以红色砂石建造的十一层宝塔（参见图118），现高约十五米，塔身开有拱券。底层的券门两侧立着壁柱，上面浮雕人像，一侧雕释迦牟尼像，另一侧雕天王像，十分特别。第二层的券门也依此样装饰，两层均有造型繁复的塔檐。由第三层起塔身高度骤降，而塔檐更为精细，整体轮廓线条优雅。宝塔建造时间无法确定，推测为明朝所建。

与此类似的还有嘉定府[1]宝塔（参见图120）。嘉定府位于扬子江（在当地称为岷江）上游与大渡河相交处，宝塔坐落在嘉定城东南处的风水山上，岷江自山脚下流过。这座山被当地人视作风水上佳之地，山上的东坡遗迹远近闻名。这座高达三十五米的宝塔则为此山更添了宗教的神秘色彩，宝塔呈四方形，底座宏伟高大，十五层密檐将塔身隔成十四层，塔身三面开拱券或壁龛，塔身向上逐级收缩，最后收于尖顶，整座宝塔轮廓十分优美。在省会成都北部的新都县[2]坐落着一座与嘉定府宝塔仿佛双子的宝光塔（参见图115），宝塔位于宝光禅寺正殿天王殿后，高约二十米，塔身刷白，底座高大，上有十三层塔檐，每层塔身有三面外墙开有小型佛龛，整体造型略有弧度。

嘉定府地区的另外3座宝塔在第七章中有照片展示：位于四川西部雅江北岸的洪雅县，隶属于雅州府，城内有一座高二十四米的宝塔，微微凸出的塔身由精致的塔檐分成十二层；同样位于洪雅县的一座小塔，坐落在雅江南岸，仅高十二米，共七层，塔身轮廓几乎呈直线。两座宝塔塔身均为白色，塔檐为黑色。嘉定府以南的犍为县宝塔位于岷江江畔，高四十米，

---

1 清朝时行政区域，位于四川中部，包括现在的乐山市、峨眉山市、洪雅县、夹江县、犍为县、威远县、荣县、峨边彝族自治县。——译注

2 现成都新都区。——译注

图112. 陕西西安府小雁塔塔檐细节。建于710年，宋代（？）时重建。参见图106

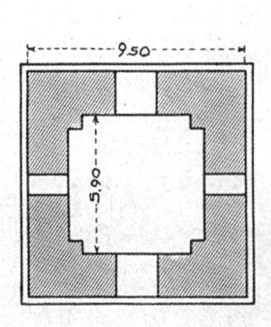

图111. 陕西西安府香积寺宝塔俯视图。参见图107

图113. 河南白马寺宝塔塔檐细节。建于1175年。参见图105

图 114. 直隶省正定府开元寺宝塔。八层塔檐，高四十八米。建于 639 年。参见图 116

图 115. 四川新都县宝光寺宝塔。图为南面入口，门前另有一座香塔。参见图 119

有十二层细窄塔檐，塔身上部轮廓刚直有力，这样的造型与邻省云南的几座具有代表性的宝塔十分相似。

4. 云南省的七座宝塔

位于中国西南腹地的云南省，地域文化常常与中原地区不同，至今仍保留了许多独特的地方生活习惯，但同时也受到了中原文化的多方影响。这在佛教建筑及民居建筑上也得到了体现，云南地区可以见到许多融合了地方特色及汉族传统风格的建筑。这些建筑一部分较为原始简朴，符合当时这片较为贫瘠的土地上人民并不富裕且艰苦的生活环境；另一部分却十分繁复精美，天马行空，富有不断重复的图形，这显然是受到相邻的西藏那热情的富有韵律感的建筑风格的影响。而这个地域较为著名的宝塔造型却很少采用后者这样富丽的风格，它们大多古朴庄严，巍峨耸立，例如大理的高塔[1]位列中国最高宝塔之一。如果要追求建筑独特的风格，那么云南的宝塔即可以凭借其不同寻常的造型给出一些实例。

至今关于云南宝塔的文献资料主要围绕着两处实例：西部大理的三座宝塔及楚雄宝塔，另外还有两座位于大理和楚雄之间的宝塔。

楚雄宝塔为青砖砌成，高二十五米，形制是简单的四方天宁宝塔（参见图122）。整座塔身垂直而立，几乎呈筒形，仅在最上端有一定弧度收于塔顶。高大的基座立于宽阔的平台之上，透过砖砌的窗口可以看到塔身内部的结构，基座之上的六层塔身由七层飞檐隔开，最上方的塔刹为佛龛造型，与塔身的硬朗线条相接，十分合衬。宝塔的建造时间约为明代时期。

云南府内的两座宝塔一东一西，分属两座不同的寺院。东塔（参见图121）高约五十米，建于明成化年间（1465—1487）。巨大的宝塔线条流畅，底座向上微微膨起，在近2/3处的塔身为最宽，向上渐渐收缩，直至塔顶。在高大的基座上立着十一层塔身，每层塔檐微向上翘，十二层塔身的宝塔却是不太常见。塔刹已经损毁，原来的式样也无从得知。西塔（参见图121）的高度根据文献应为四十二米，为明初永乐年间成祖朱棣为庆祝东京[2]之战的胜利所建。战争从1406年延续到1411年，最终以东京和安南[3]的投降告终。关于这座宝塔与这场战争具体有什么联系并无史料说明，且从徐家汇工艺院的宝塔模型来看，这座宝塔无疑也是佛教文物，无论是八环或九环的相轮还是莲花座都可以证明。最特别的是十三层宝塔轮廓呈纺锤形（参见图123），而顶部塔刹的相轮同样呈中间宽、两头窄的纺锤形，通过重复塔身的形状，又一次强调了宝塔的轮廓外形。这样形制的宝塔在四川也有几个实例。

有趣的是，云南府志中记录了1671年及1673年发生的一些离奇的自然灾害，因此在

1　指大理千寻塔。——译注
2　东京（Tonking）为欧洲对越南北部地区的称呼，河内的旧称。——译注
3　安南，也称交趾，为越南古称。这里东京与安南应指越南的不同区域。——译注

图 116. 正定府开元塔模型图。参见图 144

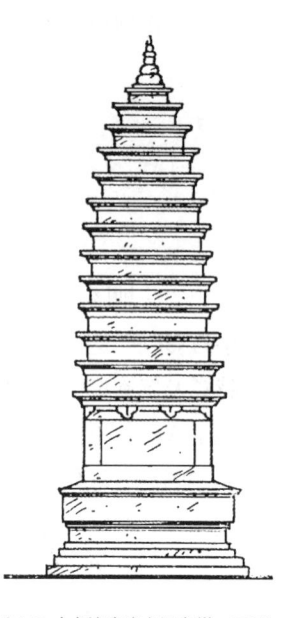

图 117. 山东济南府龙洞宝塔。石质。十二级，高十五米。约建于 1150 年

图 118. 四川怀德镇宝塔。红色砂石质。十一层塔檐，高十五米。建于明朝（？）

图 119. 新都县宝光寺内的宝塔。参见图 115

图 120. 四川嘉定府东南部的宝塔。砖质。十四层塔檐，高三十五米。建于唐朝（？）

中国建筑与宗教文化之宝塔 | 118

图 121. 云南府的两座宝塔。东塔有十一层塔檐，高五十米，建于 1465—1488 年；
西塔有十二层塔檐，高四十二米，建于 1410 年左右（？）

图 122. 云南楚雄府宝塔。六层塔檐，高二十五米。
建于明朝（？）

图 123. 云南府西塔。参见图 121。
模型图

第二章 大型宝塔的主要形制 | 119

西边的宝塔顶上加了一只铜制的仙鹤。徐家汇工艺院的模型却与书中所记不尽相同，宝塔顶部四角各立着一只鸟的塑像，然而不是仙鹤，而是公鸡或大鹏的形象，比如大理府的宝塔顶上就是大鹏展翅的样子。

《古今图书集成》中对位于云南官渡古镇[1]的宝塔有一条记载，称这座宝塔为穿心塔，然而并没有更多详细的记录，因此无法确定这座宝塔是否属于我们讨论的类型，但因其名称来源于云南的地质现象，因此暂把它列入此节。"昔有螺精为患，因此建塔驱除，此处有山，约一里长，由螺壳垒成。尝有居民挖井至二丈，所见皆为螺壳，并无半点泥土。"修建宝塔以后田螺精遭穿心而亡，不再贻害四方。

云南最有趣的塔群则是大理三塔，大理曾是古老国家的首都[2]，直到明朝才最终分隶于大理府。三座宝塔位于大理府城以北 1.5 公里处，与南边的另一座宝塔成合围之势，意在将好运通过建筑的风水带给大理城。然而事与愿违，昔日丰饶富庶的大理接连经受了战火、自然灾害及瘟疫的侵袭，在 1867 年至 1872 年又经历了回民的大规模起义，几乎被屠城，现如今仅剩 6000 居民，再不复当年盛景。然而三塔仍然给这座城市增添了绝美的风景，塔的背后是皑皑雪山，夏天时有小贩将山上的积雪载入城中贩卖，而融化的积雪则流入各条河流，河流两岸架起座座石桥，极富特色。河流一直向东，汇入城东五十公里处的大湖，湖面南北向宽达十公里。

大理三塔中最高的一座高九十九米，另两座高度仅约五十米，三座宝塔均位于一座寺院中，人们称其为"三塔寺"（参见图 124—图 127），寺院在 1925 年的大地震中被严重破坏，几乎已经完全损毁。根据徐家汇工艺院提供的数据，该寺建于 872 年，而《古今图书集成》中记录了更详细的信息：崇圣寺三塔位于太和县城（即大理）城墙西南处，寺中有三座宝塔。一座高逾百丈，共十六级，另两座较矮。三座宝塔皆为金顶，顶上有金鹏展翅。"世传龙性敬塔而畏鹏，大理旧为龙泽，故为此镇之。"关于文中所提到的被镇住的龙，书中另有记载：龙体表有鳞，时隐时现，时粗时细，时长时短，皆无定数。春则上天，秋则入海。据此可以推断，大理此地曾受水患——从"龙泽"之名也可窥见一二，塔上的金鹏则使水患之忧得到缓解甚至消除，而从照片上看，大理确实地势低缓。在《古今图书集成》一书中还提到了崇圣寺中有一座千寻塔，这座塔也许就是指大理三塔之中最高的那一座。宝塔上方有铁制匾额，上书：贞观年间尉迟敬德监造。明英宗正统九年遭遇地震，宝塔罅隙，风雨飘摇，十年后经修缮罅隙得以补全。由各方文献综合可以确定，宝塔建于唐朝，于明朝经历一次重新翻修。

在整体形制上千寻塔与河南（参见图 105）及西安（参见图 106）的两座宝塔相似，均有高大的四方基座，但千寻塔上部有十五层塔身（参见图 124、图 126），一般中文的文献中都把基座算成塔身的一部分，因此一贯将千寻塔称为十六层宝塔，这也不是寻常宝塔的层数。塔顶为金属制覆钵及环绕其外的铁圈，其中还悬有一个水平的星盘，应该是曾

---

[1] 位于昆明。——译注

[2] 指南诏。——译注

图 124. 云南大理三塔，位于三塔寺内。较高的四方塔有十五层塔檐，高九十九米，建于 627—650 年间。
两座八角形塔各有九层塔檐，高四十五米，建于 860—874 年。1925 年均受到不同程度的破坏

图 125. 大理两座八角宝塔之一。参见图 124

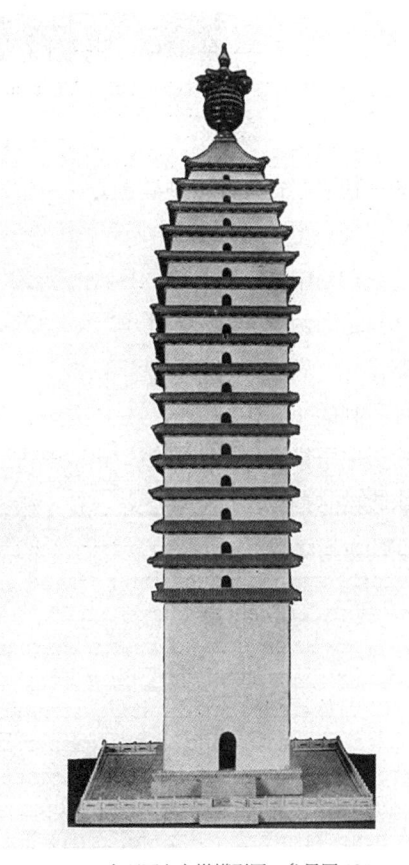

图 126. 大理四方宝塔模型图。参见图 124

第二章　大型宝塔的主要形制 | 121

图 127. 云南大理府三塔。参见图 124—图 126

经的金鹏所立之处。塔刹最上方缀有宝珠一枚。

大理三塔中较小的两座天宁八角塔（参见图 124、图 125）分立于中间方塔的两侧，由于它们与中塔距离较近，因此在此章中先简单提及，但其形制属于叠层塔，在下一章会展开讨论。两塔的基座都很高大，上面的九层塔身比例瘦削，塔顶有顶罩与刹杆，塔檐各边略微向上卷曲。基座包括上部的分层宝塔均可攀登，各面开有窗。我们面前的宝塔正如前面所列的一些实例一样，并不是非常纯粹的天宁宝塔，因为宝塔上部的每层塔身高度并不像天宁宝塔那样矮。两座宝塔的高度均在四十五米左右，徐家汇工艺院给出的建造时间在唐懿宗时期，约公元 872 年，这个数据较为可靠，总之，两座八角塔的建造时间应该比中间的方塔更晚。

第三节　叠层塔

前文中我们已经介绍了每层层高相同的四方及八角级塔，另一方面我们对塔檐间隔相对密集的天宁方塔也比较熟悉，于是人们将这两种宝塔的特征统一到一起，形成了另一种宝塔的门类，即叠层塔。这种宝塔的特点是塔檐像一个圆环围绕在实心塔身的四周，且每层塔身高度均不高，甚至可以称之为夹楼。每层塔的高度逐级向上递减，最底层的宝塔塔身较高，一般配有平座或是挑高设计，这并不是为了宝塔整体的造型考虑，而是给宝塔底层的入口足够的高度空间。宝塔的整体轮廓自下向上逐渐收紧，塔身处呈直线或弧线，收到顶部的尖顶处有一个平滑的圆弧收尾。除这些特点以外，各处宝塔塔檐的大小间距、塔身是否有拱券格窗、轮廓刚劲或柔和、墙体厚实或单薄，均有不同，在较为鲜明的特征基础上宝塔的造型变化多样，而建筑风格也从古朴到华丽，应有尽有。叠层塔的形制也以造型活泼灵动的八角形为主。如果把叠层塔的每层塔身拉高成正常一层楼的高度，那么叠层塔就会变成层塔，而后者也是与叠层塔一样在级塔的基础上演变而来的。通过下面的实例，我们也能一窥叠层塔的发展历史。

1. 不同省份的六座宝塔

众所周知，东岳泰山坐落于山东东部的城市泰安，而泰安的西南面另有两座山峰，东面的山中供奉着地藏王菩萨，西面的山峰则因供奉着掌管文学的魁星而得名文峰。山上屹立着一座魁星塔，宝塔也被称作文峰塔。这座宝塔不是佛教道场，而是一座风水塔，这与中国古代关于泰山地区的传说有关。山上宝塔巍然屹立，令山峰的轮廓更显俊秀挺拔。而宝塔所处的西南方位也是出于风水学的考虑，正如文峰所在的东南方位主管文才教育，因此在此供奉魁星是同样的道理。

魁星塔共六层（参见图 128），底层高一米，总高仅十三米，应该为近代所造。从它向上收缩的形制来看很容易将它归类于级塔，但它首先应该属于叠层塔，因为接近顶部时塔檐距离已经很小，且状似圆环。塔檐由砖叠涩而成，伸出塔身很窄，塔身四周开有砖砌的拱券。底部两层塔身均有相同程度的倾斜，上部塔身则垂直于地面。最顶一层类似神龛造型，塔刹由四颗宝珠堆叠而成。底层四周还围绕一圈上覆平顶的回廊，十分独特。

叠层塔最重要的特点就在于强调塔檐，因此这种塔的造型极富韵律感。我们下面介绍的三座塔就是典型的例子，它们的塔身都从底层开始向内收拢，由成比例的塔檐分成数层。第一个例子是扬子江畔四川省重庆府位于觉林寺内的报应塔（参见图 129），宝塔为八角砖塔，共九层，高四十六米，塔身呈金字塔型，向上周长递减（参见图 134），从徐家汇工艺院的模型看来，宝塔的倾斜度没有照片中这么明显，从这个角度来看，报应塔也可以算作级塔的延伸。宝塔塔身上的拱券并不规则，下面两座形制典型的叠层塔也是如此，它们除底层外每

图 128. 山东泰安府魁星塔。六角九级，高十三米。建于 1700—1800 年（？）

图 129. 四川重庆府觉林寺报应塔。八角九级，高四十六米。建于宋朝（？），模型图。参见图 134

图 134. 四川重庆府觉林寺及报应塔。参见图 129

中国建筑与宗教文化之宝塔 | 124

图 130. 江西于都县新塔。七级，
高 38.6 米。建于宋朝。模型图。参见图 187

图 131. 山东郓城县宝塔。七级，高三十七米。
建于宋朝（？）。模型图

层塔身的层高都相同。位于江西东端赣州府于都县的重光塔（参见图 130）就是其中之一，塔高 38.6 米，建于宋朝。另一座是山东最北端滕州府的郓城县宝塔（参见图 131），离威海卫不远，宝塔共七层，高三十七米，塔檐远远伸出高大的塔身之外，它的规模、塔檐、拱券甚至塔刹的形制都与距其甚远的重光塔极其相似，应该受到后者很大的影响，两者间最大的不同在于北边这座宝塔的塔檐伸出塔身极远，并不符合北方宝塔的风格，很可能是模型有些夸张了。

　　直隶府也有两座形制几乎一模一样的八角砖塔，它们都位于京汉铁路线上，相距不远。宝塔的上部都符合叠层塔的特征，而下部的几层更像层塔的结构。一座是正定府的木塔[1]，高 59 米，位于天宁寺内，寺庙如今已经荒没无踪。《中国佛教史迹》一书对此塔有着极为详细的记录，根据寺内的一座石碑铭文及 1552 年的府志对木塔的描述，《中国佛教史迹》推测木塔初建于唐朝，于宋朝进行过一次修缮，明正统年间（约 1436—1449）重修，到清朝 1552 年又进行一次补修。近代应该还进行过修缮和加固，从 1901 年的一张照片可以看出（参见图 135），宝塔顶部仍然完好，而二十年后已经几乎完全倾颓，这也表明实际上

---

[1] 位于石家庄正定，又称凌霄塔。——译注

图 135. 直隶省正定府木塔。参见图 132。摄于 1901 年

图 132. 直隶省正定府木塔。九级，高五十九米。建于 900 年左右。模型图。参见图 135

图 133. 直隶省保定府北塔。八级，高三十米。建于宋朝。模型图

宝塔进行过许多小型的修缮，而并未记载入史料中。

这座八角九层塔（参见图132）底层高大，边长6.3米，通径15.2米，上面三层夹楼，第五层起塔身只有夹楼的近一半高。关野贞认为，这样与众不同的塔身比例是在重建时改变了原塔的造型而形成的。如果原来每层夹楼中间由一道塔檐一分为二——这在高度上是合理的——那么在底层之上就有十一层塔身，而共计十二层的宝塔几乎没有先例。我认为宝塔底层及第二、三、四层为原本的塔身，初建时宝塔基座上的塔身高度应该每层相同，宝塔应该更为宏伟高大，徐家汇工艺院的模型也显示四层以上的塔身高度开始骤然变矮。那么合理的解释应该是：人们在重修时想把塔身的比例变成1∶3∶5，即一层底座，三层夹楼及五层密檐塔身，层数相加为九，这些数字在唐朝均被称为阳数。或许在唐末公元900年左右重修宝塔时就用了这样的设计，最终建成了这样别具一格的造型。如果建塔时的确是按照这样的数字象征，就可以解释宝塔所呈现出的奇异韵律，虽然这在建筑学上显得有些不合常规。

从宝塔底层的四个砖砌入塔通道及每层相同的四个拱券来看，宝塔外层应为实心结构，宝塔内部无从考证。然而最上面两层塔身已经遭到毁坏，从而露出内部结构，从关野贞及喜仁龙拍摄的宝塔近照来看，额枋及主体结构为木质，可以推测整个上部轮廓均为木结构，青砖及灰浆只是构成外部墙体，这样"木塔"才名副其实。在《中国佛教史迹》中可以清晰地看到塔檐构造也是木质结构。宝塔底部三层支撑塔檐的斗拱十分宽大，四角的斗拱造型华丽，四条边上各有三个样式古朴的砖砌斗拱，最下一层斗拱饰有浮雕。从第四层起，塔檐的斗拱每条边仅有两个，且为木质，关野贞判定其为宋代制品，但其形制与唐朝时期的斗拱也相仿。塔檐主体由木梁搭建，上面覆有瓦片，下面三层塔檐上缘另有为券门建造的平座，第四层塔檐向上则没有这一结构。塔顶的结构在模型中被夸大了尺寸，且弄错了造型。塔刹实际由九个穿孔的铁环围绕刹杆构成。整个相轮轮廓清晰，中间一个铁环最宽，向上向下均向内收拢。宝塔的整体轮廓弧度优雅，线条流畅，虽然经过了修缮，但基本保持了原塔的风貌，应该为公元900年左右所修。

另一座直隶府的宝塔是位于保定的北塔（参见图133），该塔建于宋朝，显然为仿照正定府木塔所建，但与木塔不同的是，北塔底层建于一个独立的平台之上，周围环绕有游廊与栏杆。塔身共有八层，底部两层塔身稍高，上部六层塔身间距很近。如果模型没有问题，那么与最初的1∶3∶5的形制并不相符。两座宝塔单层塔高均不规则，也体现了天宁宝塔向叠层塔发展的过渡阶段。

2. 山东的三座宝塔：邹县宝塔、汶上县宝塔、灵岩寺宝塔

山东中部离兖州府不远处，有三座宝塔，它们造型各异，却都是叠层塔发展完善以后的代表性建筑。前文中已经探讨过的兖州府级塔较这三座更为古老，姑且可以算作是它们的前身。

图136. 山东邹县宝塔。九级，高四十米。建于650年左右。
参见附图4、图144

图137. 山东灵岩寺宝塔。九级，高51.6米。建于742—756年，
1050年重建。参见图139—图143

  邹县位于兖州东南方向，曾叫作邹城，是孟子的故乡，也是山东省内重要的文化古城。史书中对于坐落在邹县西北部的这座邹县宝塔有以下记载：邹县北门内有重兴寺，寺内古塔于明正统六年（1441）重修。如果在史料中这座宝塔被称为古塔，那么它的初建时间应该最晚在唐朝时期。根据宝塔的形制，我们初步判断它建于初唐时期，约公元650年，《中国佛教史迹》中将其定为晚唐时期的建筑，这座十分有趣的建筑未能有更详细的年代标志，实在令人叹惋。

  从形制来看这座宝塔应于较早时期修建（参见图136）。关于宝塔尺寸唯一的记载来自于《中国佛教史迹》，上面记载宝塔底层的边长仅为3.3米（参见附图4），疑为已经严重风化的底座边长。实际上底座边长约为4.5米，即使按照较为低矮敦实的宝塔比例，即1∶3来估算，这座宝塔总高约四十米。现能辨认出宝塔有九层，间距极小，周长向上不断缩减，层高递减的幅度不大，仅有底层层高较高。塔身东南西北四个方向均开有拱券，或为圆弧顶，或为尖顶。塔檐保存较好，能清晰地看到底层塔为重檐结构（参见图

中国建筑与宗教文化之宝塔 | 128

图 138. 山东汶上县宝塔。十三级，高约三十米。建于 936—947 年

144），双层塔檐下支撑着两行结构相同的大斗拱，而从第二层塔檐开始则为叠涩出的多层菱花牙子，在立面上叠涩的结构形成了一种国际象棋棋盘式的强烈光影效果，造型宏伟，与陕西、河南等地更古老的宝塔十分相似，与相邻的兖州府宝塔也有一脉相承的意思。所有塔檐都挑出塔身很远，上面铺瓦，形成双层檐口。檐角略微向上挑起，塔檐与斗拱之间另有两道砖砌线条加强阴影效果。塔身的棱角处经特殊处理也以圆弧状向外凸出，经塔檐下的两道线条固定，使宝塔塔身与塔檐之间光影交错，界线分明。圆角的处理显示出级塔和天宁塔中较为早期的特点，这也是将邹县宝塔定义为初唐宝塔的重要原因之一。它的结构当然可能是来源于其他砖塔，而转角处的木柱也极有可能来源于古代中国的木质楼阁结构。宝塔底层的方形格窗四周由砖砌成佛龛的式样。

邹县宝塔不仅是早期宝塔辉煌的代表性建筑，也在造型上对更前期的宝塔做出了改进和发展。同样能够代表山东建筑艺术较高成就的是灵岩寺宝塔（参见图 137）。灵岩寺坐落在泰山北麓，建筑时间稍晚于邹县宝塔，造型更为优雅灵动，但同时保留了庄严与韵律感。灵岩寺宝塔同为九层塔，塔檐也相当宽阔，但层次更为清晰。塔底通径与包括塔刹在内的塔高比例为 1∶5，更显挺拔。灵岩寺宝塔虽然在造型上更向前发展了，但仍然在形制上符合叠层塔的标准。下面我会用比较长的篇幅来介绍灵岩寺宝塔，但在这里先介绍叠层塔继续发展的实例，即山东第三座叠层塔——汶上县宝塔（参见图 138），希望能将叠层塔的特点尽可能系统完整地展现出来。汶上县[1]位于兖州府的西北部，县城呈四方形，

---

1 现属山东省济宁市。——译注

在城墙的东南角仍完好地保留有一座堡垒，上面矗立着魁星楼。就在这座堡垒的对角线位置，即城市的西北角上，一座挺拔的叠层塔立在池畔，与魁星楼遥遥相望。当地人相传这座宝塔建于五代后晋年间（约936—946）。宝塔共十三层，和前面两座宝塔一样，汶上县宝塔塔身周长也自下而上成比例递减，轮廓呈现些微弧形。十三层塔檐全部由简单的双层斗拱组成，与灵岩寺宝塔一样，底部两层为重檐结构。顶部显然是临时搭建的，每层低矮的塔身四面均有开向东南西北四个方位的拱券，而均匀且细窄的塔檐则令整个宝塔显得十分典雅清秀。

山东灵岩寺及寺塔

灵岩寺位于长清县东南部，地处泰山西北角，距长清县城三十五公里。从寺院出发向西步行数小时就能到达贯通济南与泰安的要道。灵岩寺以优越的地理位置、悠久的历史及曲折动人的故事长期位列山东五大名刹之一，至今仍是山东重要的佛教寺院。寺内有一座盛唐时期修建的宝塔，重建于宋朝鼎盛时期。虽然史料中并没有关于灵岩寺的详细记载，但我们仍然找到了一些关于寺庙环境及建筑的文献。

我的游记中记载了从济泰路到泰山探访的经历，即使是这一小段路程中也有许多细节值得探讨。去泰山的路上，我在张夏村稍事歇息，卸下行李，仅带上导游踏上了去灵岩寺的路，预计将耗费三个小时。大路通向玉符河河谷，沿着河向上游方向走，就进入了群山环抱之中，两岸山石嶙峋，时有横谷越过河流。我们翻过村子南边一个名叫馍馍山的小山丘（也叫馒头山），又经过几座小村庄，村前都有令人印象深刻的牌楼或门楼；接着穿过好几座跨越河谷与山沟的桥，来到了宽大的主河谷面前，此处的岩石都低垂下来形成尖尖的拱顶形状，桥上的石栏杆有部分已经破损。途中还经过了一个名叫青阳出的大村子，村里宽大的山墙上装饰着明代的浮雕，非常有名。另一个名叫靳庄[1]的村子出入口都立有门楼，这一天正是集市开集的日子，十分热闹。接着我们离开了大路一直向东，穿过两座相对的山峰，进入到灵岩寺所在的山谷中。山谷北面的山顶上石块散乱地堆叠在一起，形成三个紧挨着的高高耸立的塔型乱石堆。南面的山上由石块堆起一个圆柱形的山顶，从各面看形状都相同，这个圆柱仅由下部的一小部分与山体相连。两座山屹立在山谷的河口处，两座顶峰仿佛护卫镇守着这个险要关口。走到河谷的尽头就看到了灵岩寺。开始时我被告知寺前的山名叫鸡鸣山，史料中将这些岩石比作宝塔，认为岩石中空且有佛光，因此这座山谷又被称为塔宝谷。山谷所在的村庄为道人靳八公的故乡，因此这里的风景也被出生于此地的名人赋予了宗教的色彩，这种现象在中国非常常见。入谷约步行半小时以后，相对较窄的道路一下子宽阔了起来，经过一个牌楼来到一个峡谷，两侧是陡峭高耸的岩石，高处几乎与地面垂直。又走了大约一个小时，就真正进入了寺院所在的地带，迎面看到了一座白色宝塔（参见图139）。它处于明孔山山脚下山石林立的怀抱之中，仿佛高高的山脊在峭壁之上打开的一扇窗户。要靠近这座宝塔，还需经过一座长长的石桥，桥头立有一座牌楼，

1　现山东省济南市长清区张夏镇靳庄村。——译注

图 139. 灵岩寺山谷中的辟支塔。参见图 137、图 140—图 143

上书：黄茅洞。这个名字来源于此地无数的墓穴，在第三章中我们会举当地详细的例子展开讨论。"灵岩寺地理位置十分险要，由于地势的关系，这里成了兵家必争之地，也因此多次被战乱破坏。"环绕在寺院旁的山因其四方的结构被称作方山，与《水经注》中所记载的玉符山应该是同一座。山上有六条山泉，其中之一就流经灵岩寺。

灵岩寺的历史

灵岩寺所在的地区早在东晋时期（317—419）就与北方封建割据政权的宗教事件联系到了一起。据传来自西安的僧人朗公[1]于公元 351 年在现在的灵岩寺附近修建了著名的朗公寺，也叫神通寺，当时修建的规模非常大。这座寺院及其寺塔会在本章第七节详细介绍。当时朗公应该也去了灵岩寺所在的山谷讲经说法，现在那里还立着一块岩石，状似低头参拜的沙门[2]，神态悲悯。关于朗公还有如下的传说：朗公为传播佛法，来到泰山北麓的一处峭壁下为众人讲经，猛兽都伏地聆听，数千听经者都见到周围的岩石点头。朗公听闻此事，说："此山，灵也，为我净也，不足为怪；它时涅槃当归于此。"因此这块石头又被称为朗公石。在灵岩寺宝塔以南的鲁班洞里确实有一座朗公墓，连听经时点头的灵石也仍在附近。正因为这个传说，这座山才得名"灵岩"，意为有灵性的山峰，中国人用"神能为灵"

---

1 竺僧朗，人称朗公，西域高僧佛图澄（232—348）的弟子，中国北方有名的高僧。——译注
2 沙门，原指印度佛教哲学，这里指僧人。——译注

图 140. 山东灵岩寺及辟支塔。参见图 139

来解释这个传奇的故事。

另有史料提出，灵岩寺于北魏时期由法定禅师修建，且按照法定最初的设计，寺院的规模必然相当宏大，因为到宋朝时灵岩寺还与金陵栖霞寺（润之栖霞）、天台山国清寺（台之国清）及湖北荆州玉泉寺（荆之玉泉）三座寺院并称为"天下四绝"[1]。其他三座寺庙中的宝塔也将在本节与下一节中分别介绍。长清县志中对法定禅师也有一些记载：他的故乡景城郡，即现在直隶省的河间府[2]，相传为观音转世。他于方山北面距离现在的灵岩寺步行约半小时处修建了一座神宝寺，现在已荒没无寻。在方山南面又建造了一座寺庙，后来由皇帝赐名"灵岩寺"，按照这种说法，法定才是灵岩寺的真正初建者。

其他文献中还有更早时期的一些记录：当年印度高僧祖士来到此处意图修庙传法，两只老虎驮着经卷走在前面，另有一条青蛇带路。选址之时，他们来到一处绝壁，无法翻越。正当祖士在方山的南山顶上踌躇不决、望壁兴叹之时，一道阳光直射过来打在石壁之上，直接洞穿了岩石，红光照耀出近一里远。于是祖士跟着光束攀上了石壁。也有传志记载，我们前文中提到的朗公为了百姓的福祉建造了灵岩寺，至今已有八百多年。方山上还有摩崖石刻来纪念他的功绩。

---

1 唐代李吉甫编纂的《十道图》中把这四座寺庙称为"域内四绝"。——译注
2 现河北省沧州市。——译注

图 141. 山东灵岩寺宝塔。参见图 142

　　根据寺中僧人所述，灵岩寺最奇特的故事发生在汉代，这也将寺院初修的时间大大提前了。寺中有两棵古柏，树干已经裂开枯萎，然而树枝却仍然绿意盎然郁郁葱葱，成为所有游客津津乐道的奇观。大的一棵植于正殿前，传说与中国最著名的僧人、朝圣者、佛经翻译家——玄奘有着密切的关系。他在公元 629 年至 645 年远赴印度取经归来后在西安主持修建了大雁塔（参见图 37—图 42），据传玄奘在出发之前曾在灵岩寺做过短暂停留，在与弟子们分别之际，他手抚柏树枝说："吾西去求佛，教汝枝西长；归时东向，使吾门弟子知之！"在十六年后玄奘回到大唐的国土之时，他的弟子通过树枝生长的方向获悉师父将要很快回来。在另一个版本的故事中，这棵柏树即为唐僧赠与灵岩寺的。柏树四周用石质围栏保护起来，另有御笔亲题——摩顶松。这里用"松"字来指这棵柏树。树前除了

第二章　大型宝塔的主要形制　|　133

这块题字石碑及一幅柏树临摹外，还有另一块题字石碑，碑上还有乾隆皇帝命人题的字："顶自称摩松自安，底须唐史检重看。"赞叹了古柏所蕴含的传奇故事，认为灵岩寺也因此景更添颜色。寺院内到处都能看到唐代的碑刻，有些散立在院落内，还有些直接刻在寺院墙上，部分书法碑刻出于名家之手。

灵岩寺经隋文帝（581—604）时期翻修过后，在唐朝达到了兴盛的顶峰。唐太宗时期寺院两次重修，第一次是开元十三年（725），有梁昇卿[1]的摩崖石刻为证；第二次在天宝年间（742—756），此次修缮规模较大，由僧人慧崇主持。慧崇在当时已经极负盛名，为寺院的建造贡献了重要的力量，有多处史料提及这次修缮历史及建筑过程，其中也提到了五百尊彩塑罗汉像，现仅余四十尊。这些塑像有可能出自一个名叫鲁藩[2]的工匠之手，或是他的徒弟以他的名义在明朝1506年至1522年间制作而成，梅尔彻斯对此有较为深入的研究。关于寺院及其相关的离奇神迹，我们在丛书的另外一卷中有机会具体讨论，此处还值得一提的是《中国佛教史迹》指出，灵岩寺在1070年时对所有佛教徒开放，公元1073年起开始接收禅宗的僧人，而后又面向其他教宗的僧人，极其包容。到了元代，灵岩寺与位于河南嵩山的名刹少林寺建立起相当紧密的联系。

灵岩寺游记——麟庆，《鸿雪因缘图记》，1816

古丙子九月，吾父因公赴省，侍行过湾得镇，邀幕客李闻泉策马往游。遥望一山，其上有孔，南北相通，询名明孔。东抵一坊额曰"灵岩胜境"，过坊松杉夹道，阴霭如云。日光穿漏如碎金，人行其间，衣袂尽绿。下马小憩，听万壑风声如洪涛澎湃，与涧底泉声相应答。有诗纪游曰：

转入灵岩境，

阴生十里松。

断山丛树补，

古寺乱云封。

白挂岩前瀑，

青抽雨后峰。

幽深少人迹，

溪午一声钟。

灵岩寺辟支塔

这座通体雪白，轮廓精致的宝塔（参见图141）在我们进入河谷的瞬间就抓住了我们的目光，它赋予了山谷更多意趣，梵呗萦绕，佛意盎然。宝塔位于寺院的西北部，即千佛殿的西北边。古代文献中不断提及宝塔的具体位置：山峰上有一个镜池，紧邻池塘是藏书阁及一座凉亭，向西与叫做和尚林的墓林相连，墓林中间就屹立着这座辟支塔。辟支佛是指无师友教导，依凭自己的智慧悟道而成之人，他们还没有最终成佛，但在中国有许多辟

---

[1] 梁昇卿，生卒年月不详，曾任广州总督，有作品《东岳朝觐颂》《御史台精舍碑》传世。——译注

[2] 原文为鲁藩，应该是鲁班。——译注

支塔，是为了这些具有传奇色彩的得道高僧而建造。部分史料把这座辟支塔叫作僧慧崇塔，即以建塔寺庙者来命名。

宝塔的初建时间应为公元742年至756年，根据《中国佛教史迹》中的记载，宝塔在宋仁宗嘉佑年间（1056—1063）还经历了一次彻底的翻修，也有可能是重建。宝塔内部一块石刻铭文上刻着"1041—1048"，另一块刻有修建者的落款及年份"1057"。而宝塔各层的三组三身佛像大概出自宋朝或更晚的时期。至于现存的宝塔整体是否还保留了初建时的结构，暂时还没有足够的证据可以断言。与前文所介绍的邹县宝塔（建于650年左右）相比，灵岩寺宝塔造型更瘦削挺拔，轮廓优美，这是宋朝时期建筑的特点。事实上根据塔檐等其他细节推测，灵岩寺宝塔应该建于1050年左右，鉴于史料中并无宝塔倒塌及重建的记载，文献中只提到了僧慧崇塔，它的结构与框架符合唐朝时的建筑设计。《中国佛教史迹》提出，宝塔起码是极少数保存完好的宋代建筑，而史料中详细记载了宋朝以后对宝塔的历次修缮及改动。对这些资料分别进行研究和梳理应该会对这座宝塔的历史有更进一步的了解，现在我们只能通过照片对其外观做一些详细介绍。

宝塔为正南正北的九层砖塔，塔刹最上方是铁制刹杆（参见图142），整座宝塔高达51.6米。宝塔内部有阶梯可以攀登，相邻两层间的阶梯呈垂直角度，四周环有回廊将向上及向下的阶梯串通起来，另外两侧也保留楼梯口，通向高大的壁龛（参见图143，图例1），壁龛成半圆弧形，内有一尊较大的佛像及数座小佛像。而这座八角宝塔除去东南西北四个方位以外的四面墙上也分别开有一个小型壁龛，里面并未供奉佛像。每层宝塔内部的游廊在东南西北四个方向分别有一段陡峭的台阶通向外部的拱券，券门从下一层宝塔塔檐平台的上缘起，向上形成一个圆拱状门洞，券门中间位置到底部有扶手栏杆保护，向内另有造型别致的肋拱支撑。除去开有券门的墙面，其他外墙均有方形雕花窗，一些是几何形窗格，一些是与邹县宝塔相同的栅栏窗格，上有雕花纹饰。宝塔底层仅有四个拱券，其余各层均有四扇花窗、四个拱券，装饰精美。

各层宝塔的周长与高度均由下而上成比例递减，主体结构比例适中，塔檐挑出塔身之外，使宝塔整体轮廓显得雅致而清秀。下面三层塔檐为重檐，其余各层为单檐，塔檐造型相当简单，均为平板铺就，水平环绕在塔身之外，与高耸的宝塔形成鲜明的映衬效果。塔刹极为高大，和谐地融入了宝塔整体的轮廓，而铁制的刹杆上贯串着由七层铁环构成的相轮，由塔顶笔直向上，高耸入云。宝塔顶部常见的仰月结构和宝珠均未在灵岩寺宝塔上出现，仅有八根铁链从相轮顶端垂下，由塔顶八个檐角上向外伸出的铁制金刚承接。

特别值得关注的是灵岩寺宝塔砖砌的造型，首先来看塔檐的构造。宝塔所用的青砖长三十厘米，高七厘米，宝塔二三层拱券及窗框外的侧面图轮廓清晰（参见图143，图例4、5），类似哥特式造型。塔檐的构造从内部回廊上最容易看清楚（参见图143，图例1—3）：拱券顶部两侧有突出半圆形砖、斜向支撑及方头组成的结构，四面贴砖，形成很窄的门洞，在顶部贴上装饰精美的盖板。转角处的塔檐贴合着宝塔的八边形修造，做成最传统的式样。斗拱造型古朴，采用与前文介绍的繁塔及国相寺宝塔（参见图62—图68）类似的砌砖技术建造，这种建造方法与中国传统的木质斗拱结构有着紧密的联系。发展完善的塔檐结构

纵剖面

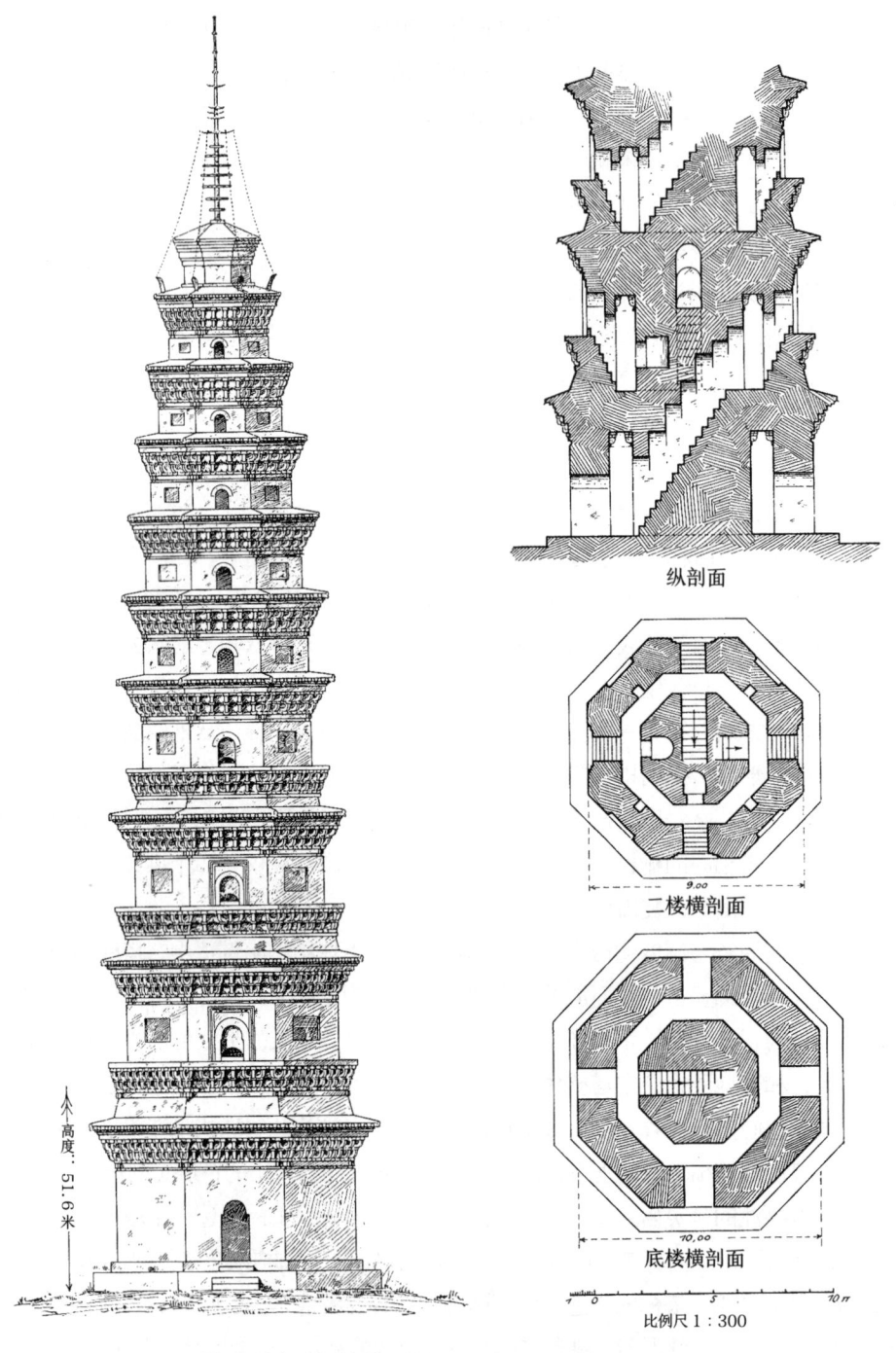

二楼横剖面

底楼横剖面

比例尺 1：300

图 142. 山东灵岩寺宝塔。建于 742—756 年，1050 年左右重建。
参见图 137、图 139—图 141、图 143

中国建筑与宗教文化之宝塔 | 136

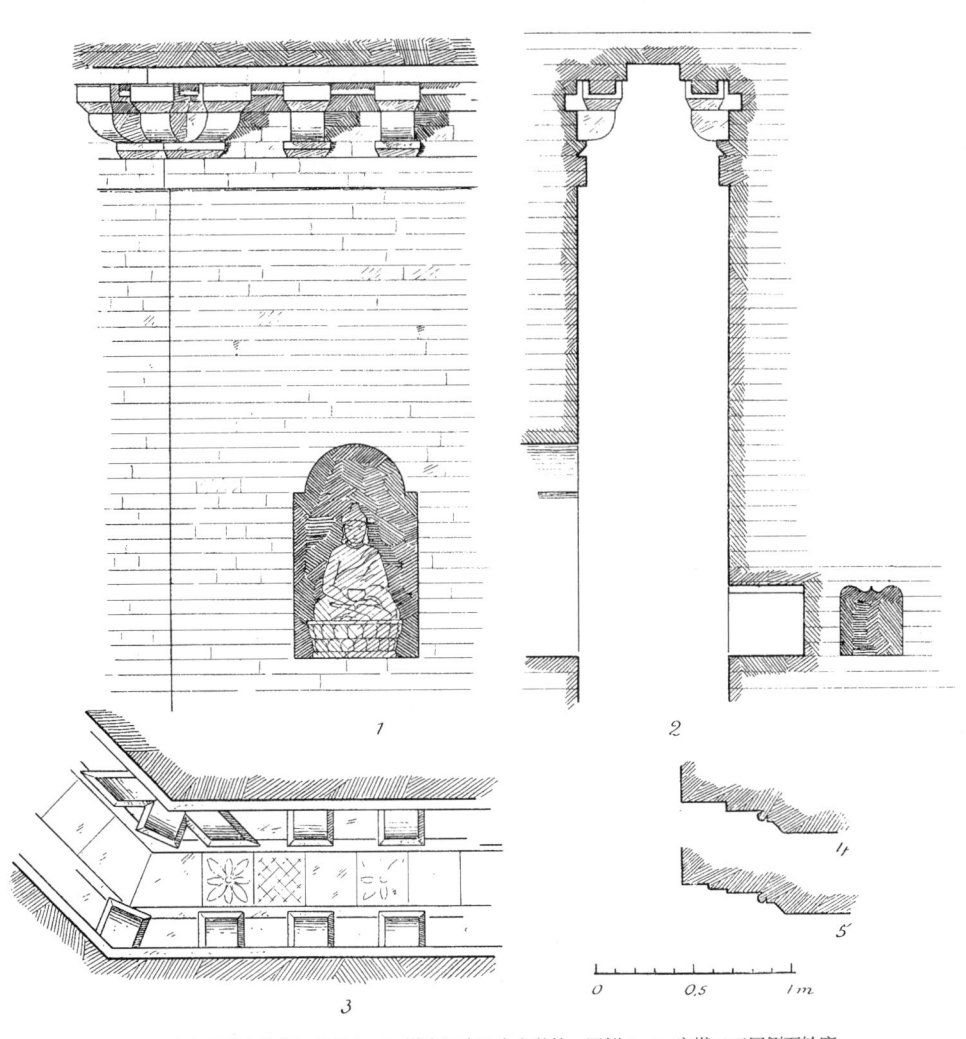

图 143. 山东灵岩寺宝塔。图例 1—3：塔内回廊及上方装饰。图例 4、5：宝塔二三层侧面轮廓。
建于 742—756 年，部分细节为宋朝改建。参见图 142

图 144. 山东邹县宝塔。下部及上部塔檐。建于 650 年左右。参见图 136、附图 4

在邹县宝塔及太原府的宝塔中都得到了体现（参见图 144、图 145），在《中国佛教史迹》中也详细记录了这两座宝塔塔檐的细节构造。

灵岩寺宝塔流畅的外形是中唐时期建筑艺术的重要特征，这也是我们花费如此篇幅来介绍这座宝塔的原因。

3. 山西和四川的五座宝塔

至今为止介绍的实例都体现出了叠层塔的主要特点：塔身上部由密檐分隔，塔身轮廓几乎没有凹凸的弧线。接下来的几座宝塔清晰地展现了这个建筑风格。

第一座宝塔[1]坐落于山西东部的安邑县[2]。安邑县位于著名的潞村[3]盐湖附近，以悠久的历史闻名，县城东部的禹王城传说就是大禹曾经的宫殿所在。安邑县内并无纪念禹帝的庙宇，但留下了许多纪念牌楼及古都城。安邑宝塔就位于车马繁忙的主城大街上，见证着这里的漫长历史，也被看做这段历史的标志。宝塔不远处则是古城墙，现在这里临时修建了防御工事和高大宏伟的城门楼。城内建有一座孔庙及许多两层楼房。

从形制与传说来看这座宝塔的历史应该相当久远，《山西通志》中记载：太平兴国寺

---

1 安邑县的这座宝塔一般被称为太平天国寺塔，或南海塔。——译注
2 古代都邑名，夏朝都城之一，现山西运城市盐湖区。——译注
3 运城市古称。——译注

图145. 山西太原府双塔中1611年所建宝塔的塔檐细节。参见图149、图151、图152

位于城内东北方，建于宋嘉佑八年（1063），明洪武年间（1368—1398）在寺内设立僧会司。寺内有十三级宝塔，高260尺，塔顶有黄白相间的宝瓶，相传宝塔为鲁班所造。嘉靖乙卯年地震，宝塔从中裂开，后来又经一次地震，宝塔竟又合而为一。《古今图书集成》中的记载几乎与其一字不差，但将宝塔高度记载为360尺，这个数字应该不准确，因为古时的度量衡中一尺的距离比现在要短，我预计塔高应为270尺，约四十六米。现在宝塔上的裂纹还清晰可见，因此我们采纳《山西通志》中的说法，即宝塔建于宋仁宗在位的最后一年，1063年。

宝塔由砖砌成，造型极其修长（参见图146），塔顶顺着塔身的弧线向上耸起，使宝塔更显挺拔。十三层塔檐将宝塔分成十三层，底层相对较高，与上文所提到的山东的叠层塔相同。塔檐的斗拱由砖砌成，造型简单。每层塔身在东南西北四个方向开有格窗。整座宝塔形制非常符合较早的叠层塔结构。安邑县的这座宝塔现在已经极其破旧，摇摇欲坠。鉴于它可观的高度，急需采取有力的措施来保护和补救，但可惜穷困的山西人民并无力筹措修缮需要的经费。

第二座宝塔是山西太原府的北十方院宝塔，它位于太原西北城门以北3公里处，恰好与东南方的一对双塔斜穿过太原城遥遥相对，这对双塔也属于叠层塔，会紧接着另作介绍。北十方院有另一个相对更出名的名字，叫作千寿寺。住持十分年轻，却道行很高，待人谦和。寺院处于黄土平原上，并无特别的景致，寺内建筑现状不佳，仅有部分拱顶建筑保存完好。宝塔（参见图147）共九层，每层宝塔层高较一般叠层塔要高，且每层几乎等高，已经渐渐向层塔的方向发展。

图 146. 山西安邑县宝塔。十三级，高四十六米。
建于 1063 年左右

图 147. 山西太原府北十方院宝塔。九级，高约三十米。
建于明朝（？），参见图 148

山西太原永祚寺双塔

　　至此本书已经介绍过一些成对出现的宝塔，在下一节中我们会特别探讨双塔。但太原府的这对双塔（参见图 149）具有非常典型的叠层塔特征，因此更适合放在这一节来介绍。

　　双塔位于太原东南方向距离城内不远的巽峰上，巽正是八卦中的东南方位，而这座山峰从太原的东南角向西北的城内延伸，直到双塔所在的寺庙位置。巽还有谦和、高贵之意，代表风和木。

　　在我的游记中记载了游访双塔的过程：那是一个温暖舒适的春日早晨，阳光很好，道路旁的树上已经出现了第一抹绿色，草地上四处是鲜花。丁香花开了，是和家乡的丁香一样的味道。整个城市和它长长的城墙已经沐浴在曙光中，波光粼粼的护城河后面是巍巍远山。微微起伏的黄土路从山的断面之中穿过，又越过峭壁，就来到了山丘上的一片平地，这里就是寺院所在。寺院由两处建筑连接而成（参见图 154），双塔位于主建筑内，而永乐寺则在主建筑之外，坐南朝北而立。一进入主建筑就能看到一个近乎四方形的院落，四周围着七个内厅，向里还有三进万历年间建造的内堂。这些厅堂都是砖砌建筑，造型在山西地区非常常见，从大体的结构装饰来看是明朝时期的建筑。主厅有两层，偏厅为单层建筑，在拱顶小佛堂里供奉着佛像与观音像，庭院中间有一座韦驮亭。寺院已经无人打理，

图 148. 太原北十方院及寺内叠层塔。参见图 147

荒废倾颓，仅有几个坍塌的塑像守护着废墟，其中之一能辨认出是僧人塑像。

双塔所在的塔院朝向城市的西北方向，八卦当中"巽卦"指东南方向，与寺院所在位置恰好符合，因此塔院的朝向无疑也是出于风水的考虑（参见图 150）。史料文献中也记载了宝塔在中国传统意义上的作用——利于功成名就。风水学上说：巽峰上的宝塔有文昌之用，宝塔既成，当年应试学子纷纷高中，或可为佐证。除了带来好的风水，这两座宝塔自然还是佛家道场。

寺院的守卫称现存的一座已略微倾斜的宝塔建造于唐朝，这很可能是指曾经屹立在此的一座古塔。现存的一对双塔均出自明朝时期，史料中也有相关的说明。寺院在明朝万历年间（1573—1620）由释福登[1]奉皇命主持修建，皇太后也曾为工程捐资支持。寺院大殿中的一块铁刻铭文中提到，双塔建于公元 1611 年，高耸入云，俯览全城，并称宣文塔，这也表明这两座宝塔与求取功名的愿望有关。然而当地人将两座宝塔合称为双塔。福登和尚在双塔中藏有收集到的舍利，寺内另有一块苏维霖[2]作品的碑刻。顺治十五年（1658）宝塔进行了一次修缮；史料记载，在康熙五十九年（1720）八月，塔顶出现车轮大小的一团蓝绿色光芒，许久才散去。

寺院的纵深很长，约 125 米。在入口院落的断壁残垣之后还有三座建筑排列在主厅的中轴线上（参见图 154），两座宝塔就位于三座楼台中间（参见图 155、图 157），中间的建筑较为高大，前面还有一个平台，前后两处建筑均为砖木结构的楼阁。最后一栋建筑叫作三教殿，殿内端坐着三座佛像，下有莲花座，头顶佛光。佛像画在一块厚木板上，边缘

---

[1] 释福登，又称妙峰禅师，明末著名禅宗僧人。——译注
[2] 苏维霖，字云浦，号潜夫，明万历二十六年戊戌进士。精通佛学。——译注

图 149. 山西太原东南部的双塔。均为十三级塔，高五十四米。西北塔垂直地面，东南塔有倾斜。
建于 1611 年，斜塔内部塔身也许更古老。左为附近的永乐寺正殿

有简单的线条勾勒，另一面上画着一条造型独特的龙。

　　双塔中的北塔仍然垂直屹立着，根据精确估算，其底层通径为 11.3 米（参见图 153），边长 4.65 米，塔高达到了五十四米，与南塔的高度几乎相同。两座塔在现在的城市景观中仍然相当醒目，人们因此把它们所在的寺院叫作双塔寺。两座宝塔形制几乎完全相同，均为十三层密檐塔，底层稍高一些，然而塔的入口券门却不甚显眼，也并无特别之处。其余各层塔身八面均开有券门，这种追求平衡与对称的建筑风格出现在较晚的时期。

图150. 太原府东南方向的巽峰，对着西南方向的城区。图为巽峰上永祚寺双塔

飞扬的塔檐（参见图151、图152）使宝塔的轮廓看上去极为灵动，它们由斗拱交叠而成，造型相当独特（参见图145）。北塔底层塔檐上另设有平座，南塔则没有这层结构。另外一个不同体现在两座宝塔的顶部：在几乎完全相同的拱顶之上，一座塔的塔刹是实心的宝珠造型，另一座的塔刹则由较高的刹座与上方的三层葫芦形刹身组成。两座宝塔所用的砖为浅灰色，高7.2厘米。另外，双塔塔心中空，每层的外壁与内壁之间都修有回廊，廊内设阶梯可供攀登而上。

南塔现在有较大程度的倾斜（参见图145），现有的资料中并未对此有任何阐述与解释，我们只能猜测宝塔在初建时就有轻微的倾斜。从城内看，两座宝塔距离极近（参见图150），这种安排并不常见。有可能当时先在山上修建了离城内较远的南塔，建成后人们发现它略有倾斜，这对太原府的风水反而有不好的影响，因此紧接着在南塔前修建了第二座垂直而立的北塔，来平衡南塔对景致与风水的影响。西方也有像南塔这样因为技术原因造成具有一定倾斜度的建筑。由于两座宝塔建造时间不同，造型也略有差别。年代较早的斜塔塔身收分不明显，而年代较晚的北塔塔身则逐级向上收紧，呈现出较为瘦削的轮廓。因此虽然南塔的塔檐及拱券和北塔都建于1611年，但南塔内部构造的年代应该更早。

四川灌县叠层塔（参见图159）是一座造型更向前发展了的叠层塔实例，塔高四十五米，层数达到了十七层。灌县宝塔的平均通径与塔高比达到了1∶6，使整体造型显得相当颀长。宝塔的塔檐由砖叠层而成（参见图160），轮廓整齐划一，在角檐处微微上扬（参见图161）。塔身每一面外墙均开有窗口，在优美的风景中显得有些古板，但能给人留下相当深刻的印象。在第一章中我们已经提到这座宝塔还与一些植物相互缠绕在一起，颇为奇特（参见图27）。宝塔附近的其他建筑较为低矮，屋顶平滑，边缘向上翘起，长长的外墙上开有造型精致的小门，与高耸的宝塔映衬在一起，相得益彰（参见图158）。

图 151. 北侧垂直而立的宝塔回廊，塔檐细节参见图 145

图 152. 山西首府太原府双塔，位于永祚寺内。参见图 149、图 153—图 157

图 153. 垂直宝塔有回廊一层的俯视面。比例尺 1：300

图 155. 垂直的宝塔及大殿。由永乐寺正殿后方拍摄

图 156. 三教殿

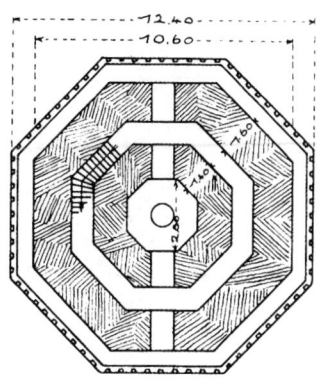

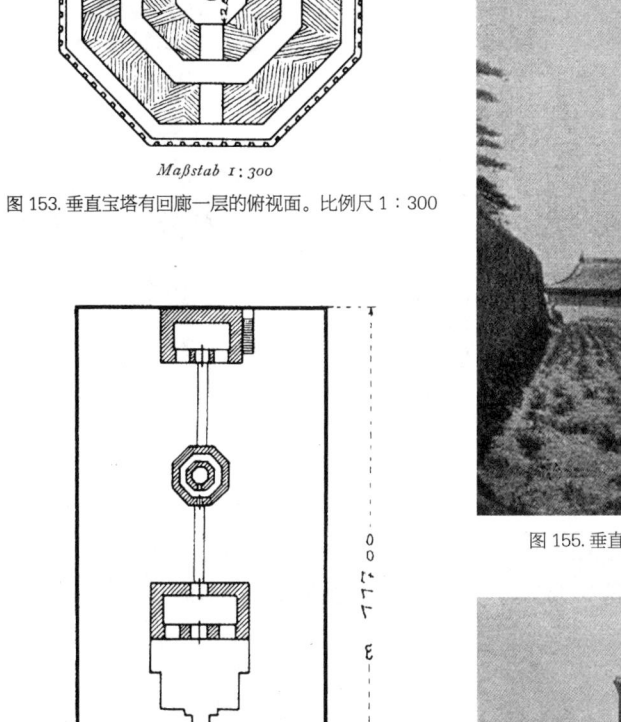

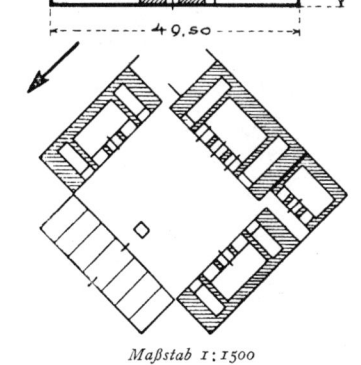

图 154. 上图：寺院内三大殿及双塔平面图。下图为大门入口前永乐寺平面图

图 157. 从寺内看入口大殿

第二章　大型宝塔的主要形制 | 145

图 158. 寺与塔

图 159. 十七级塔

图 160. 底层

图 161. 塔檐

四川灌县大宝塔。十七级，高约四十五米。建于明朝（？），参见图 27

第四节　层塔

经过第三节的讨论，我们可以看到叠层塔的发展趋势：单层塔身越来越高，且每层塔高趋于相同。而通过本章第一节的描述可以看到，八角形级塔的演变也是如此。另外中国传统的木质楼阁结构也为宝塔的发展提供了基本的思路。这三种发展最后汇集在一起，形成了一种新型的宝塔形制——层塔，它也是这个发展方向的终点。层塔在建筑造型上简洁大方，是分布区域最为广泛的一种宝塔，它最主要出现在中国中部及南部地区。较早一些的中国游记中就不断出现这类宝塔的文字描述与照片，那时的实例应该比现存的更多。比如尼霍夫在出使中国期间留下的大量影像几乎全部都是层塔的照片。

然而层塔这个大类之下又可以细分成两种，一种层塔的塔檐形式简单，而另一种在塔檐之外还环有回廊。第二种宝塔相对复杂，是发展至后期的造型，我们在下一节中具体介绍。这种造型要求更繁复的塔檐以及造型更复杂的塔身，对宝塔整体轮廓也有相当大的影响，会让人有完全不同的印象。与之相比，我们之前介绍的宝塔大部分在塔身外仅有规则或不规则排列的拱券和格窗，回廊则设在宝塔内部，围绕内塔旋转向上。这种差异非常明显，我们几乎一眼就能辨别。两种层塔的相似之处在于它们的外形轮廓一般收分不明显，虽然层塔同样自下而上周长递减，有些甚至递减幅度相当激剧，但总体来看，层塔仍然是几乎垂直向上矗立的造型。为此，层塔的塔檐一般并不宽阔，但其构造一般仍有斗拱和其他装饰结构组成，且造型相对繁复精致，由椽木和瓦片构成，在檐角处向上扬起。这种类别的塔檐极少有悬于塔身之外许多的情况，也不会有弧度很大的飞檐，这是外廊层塔常用的造型。

厘清两种层塔的区别之后，我们还是能够在相距很远的不同地区发现塔身与塔檐符合上述层塔标准的实例。层塔出现最频繁的地区是长江流域及中国东南部地区。比如浙江就有许多层塔的杰出代表，大部分为石塔；在福建乃至更南方的广东的西江畔也能找到实例。北方的实例则展现出由叠层塔向层塔转变的发展过程，因此我列在最前面介绍，这样可以与南方的层塔区分开来，并找出其中的相同之处。南方的层塔造型比较纯粹，然而我并未拍摄许多照片，因此这部分我将采用其他出版物中的图片资料，最主要引用《中国佛教史迹》中收录的长江流域省份的宝塔照片，它们都是发展成熟的层塔，且造型典雅秀丽。本节将不仅单纯从造型的角度来分析宝塔，同时还引入了建筑史与宗教史的角度，得出了更为全面的研究结论。从整体来看，层塔主要的代表建筑大多来自长江流域，特别是浙江省的宝塔，它们大多修建于宋朝。当然，我们看到现存的一些宝塔后期都经过了修缮甚至重建，只能推测出其初建的时间，还有许多实例现在仅存废墟，但从建筑特征我们仍能推断出其仍为较早时期的建筑。北方的层塔则大多为琉璃塔，在之后的一节中我们会详细介绍。另一种材质特殊的层塔是在中国南部及东南地区经常出现的石层塔，其中不乏艺术精品。

1. 北方省份及四川的十座宝塔

锦州双塔之一就是从叠层塔向纯粹的层塔过渡的一个很好的例子。这座宝塔建于辽代，也可能是明代，塔高六十七米，为八角形塔（参见图162）。宝塔底层较高，塔身向上逐级收分，收至塔顶，攒出一个葫芦形塔刹。它与太原府的双塔很相似，但塔檐由椽木支撑，上面铺砖瓦。宝塔模型显示塔身有丰富的绘画及石膏花饰。宝塔轮廓微现弧度，比例得当，造型优美。

陕西西安以北的泾阳县也有一座宝塔，高达七十六米，全砖制成，部分覆有琉璃（参见图163）。它同时也是在级塔的基础上发展而来的，与前文提到的唐朝武功县宝塔（参见图88）一样，塔高逐级递减。略有不同的是泾阳宝塔的外形轮廓呈平滑的斜线，收分不明显，而塔檐则围绕在塔身四周。宝塔底层相较之前介绍的宝塔更低，用重檐提升了视觉效果。

特征更明显的有两座位于甘肃北部的层塔，它们距长城很近，屹立于黄河以北，所处的绿洲是用灌溉的办法从荒漠中人造而成。其一是位于凉州的八角宝塔，建在一个庵堂附近，宝塔掩映在树丛中，与周围的屋舍倒映在湖面上，构成了一幅如画般的风景（参见图167）。宝塔共十二层，底部的五层均设重檐，上部的七层为单檐。高达五十米的宝塔自下而上急剧收紧，高度也大幅下降，再加上塔檐的变化，整座宝塔极为修长瘦削，几乎呈针型矗立在地面之上，直插云端。与之类似而风格更为强烈的宁夏南塔，屹立于黄河与长城交汇的富饶土地之上，八角形的塔身每一面都开有券门（参见图166）或格窗，十一层塔檐造型优雅简单，轮廓毫无弧度，呈直线向上收缩，达到四十米左右的高度，以倾斜的塔顶及塔尖收尾。它与下文将提到的汾州府宝塔造型非常相近。它们大巧若拙，雄伟华丽，将自然与艺术完美地融合在一起。后来在宝塔处新建的寺院也同样为整个景观增添了色彩，宝塔立于寺院的中轴线上，与脚下的白杨一起倒映在池塘里，颇有意趣。宝塔的建造时间可以推断为明朝或清初。在徐家汇工艺院的模型中我们能看到另一座位于甘肃的层塔（此处并未有图片资料），即巩昌府[1]的雁塔，它位于兰州的东南方向，建于公元1700年，高22.5米，仍保留有部分级塔的特征，外墙上有浮雕装饰。

在与甘肃凉州府几乎处于同一纬度的山西汾州府也有一座发展较为成熟的层塔，塔高七十米，为八角造型，位于首府太原的西南方。宝塔共十三层，方尖塔的造型与甘肃宁夏的宝塔（参见图166）类似，但体型要修长得多，塔檐也更为精美，由小型斗拱托起，略向上扬。塔身各面均开有小型拱券。宝塔的建造时间与甘肃的两座宝塔相近，大约在1500年到1600年之间。喜仁龙将它列为明代造型精美的砖建筑实例，给出了以下说明：宝塔内外墙由坚固的拱顶及阶梯连接起来，阶梯间不大，垂直向上贯穿内外壁之间的空隙。每层均用青砖铺设，外墙的拱券呈半圆形，从塔中看去八个拱券呈现放射状，由塔心通向塔外。外表的贴砖非常规则，只有水平与垂直两种贴法，每四层更换一个式样。塔身并无灰

---

1 古行政区域，下辖陇西、安定、会宁、通渭、宁远、伏羌、西河、岷州、洮州。——译注

图 162. 锦州宝塔。十二级，高六十七米。建于辽/明朝

图 163. 陕西泾阳宝塔。十三级，高七十六米。建于明朝（？）

图 164. 山西汾洲宝塔。十三级，高七十米，建于 1500—1600 年

浆或其他装饰，每层仅有一座菩萨木雕，配以不同坐骑，例如麒麟、龙、牛、马、虎、狮等。根据雕像推测宝塔建于明朝后半期。

汾州宝塔极其瘦长的造型令人想起山西特有的一种风水柱，这种柱头一般很细，高可至 25 米。而凉州的宝塔（参见图 167）很可能也是从甘肃的风水柱寻找到其建筑灵感的。

发展较为成熟的层塔一般摈弃了金字塔形的收分方式，各层塔身几乎等高，收分不明显，塔身外墙近乎垂直地面。这种造型的宝塔在山西非常常见，比如距离上述汾州宝塔不远的介休县宝塔，从素描来看（参见图 165）塔身由砖砌成，共七层，上有圆顶。

图 165. 山西介休县宝塔。七级

在直隶省有另一个十分有名的实例，即皇家园林静明园中的玉峰塔（参见图 168），宝塔屹立在玉泉山上，位于北京城西北约二十公里处，离万寿山上的颐和园不远。静明园占地面积巨大，园中有寺院等各式建筑，几处池塘及湖泊点缀着园里精心规划的景致，而玉峰塔则处于整个园林的中心位置。玉泉山得名于山上清澈的玉泉，这个名字不仅寓意着如玉一般

第二章 大型宝塔的主要形制 | 149

图 166. 甘肃宁夏南塔。十一级，高四十米。建于明朝（？）

图 167. 甘肃凉州宝塔。十二级，高五十米

珍贵，更贴切的解释是形容泉水发出的如玉相击一般清脆的声音，泉水就从玉峰山上如玉一般叮叮咚咚蜿蜒而下。汉尼许还提供了另外一种解释：人们把玉峰山叫做玉风山，形容风撞击玉石发出的声音。

玉峰山有两座山峰，中间通过一道山脊连在一起（参见图22），山上有寺庙、岩洞及四座宝塔，在第一章中我们已经介绍过（参见图30、图31）。其他三座宝塔会在本书的其他章节做详细介绍，因为从形制上来看，这几座宝塔属于不同的类别。在北面山峰上的妙高寺中矗立着一座缅甸式瓮塔，宝相庄严；在更高的南面山峰上则是我们现在要介绍的香严寺宝塔（参见附图5）。

宝塔建造的具体时间无法确定，但从各种流传的故事以及宝塔造型和细节推断，香严寺宝塔应建于康熙年间（1662—1722）或乾隆年间（1736—1795）。宝塔基座为四方形，底边线条流畅地向上延伸，自然地承接上方的八角形塔身。宝塔共七层，塔檐十分精细，上覆瓦片。塔身外墙交杂着开有券门和格窗，一直向上达到了三十五米高，塔顶尖细，转角柱为3/4露柱。拱券由琉璃镶边，塔檐上也覆有琉璃。这座外表清冷孤高的层塔立于山峰最高处，与山中其余三座造型各不相同的宝塔交相辉映，也与遥遥可见的万寿山宝塔构成了和谐的图景。它们在北京城的西北部与相距不远的西山隔空相望，通过建筑艺术给自

图168. 北京静明园玉峰塔。七级，高35米。部分琉璃质。建于18世纪。
参见图22、图30、图31、附图5

然增添了一份宗教的庄严。登塔远眺，人们能欣赏到近处的颐和园，看到绵延的万寿山及山上的宝塔，亭台楼阁、湖泊小岛、花园曲桥尽收眼底。远处还有大片的农田、树林、村庄和古迹，中间点缀着芦苇荡和水稻田。远远地还能瞧见北京城内大大小小的门楼、宝塔及城内的景山。走到宝塔的另一侧向外看，西山上茂盛的树林仿佛就在眼前，几座宝刹也掩映在山中。从这里望去，可看到各式各样的北方建筑，就仿佛看到了其中蕴藏的壮阔历史。

四川是多山的地区，在山峰河谷处经常能看见宝塔，其中最常见的就是层塔，此处我们只举两个例子。位于沱江上游的富顺县地处泸州西北，这座小小的城市周边环绕着十三座宝塔，我们要介绍的就是这十三座之中的一座。沱江五十米高的河岸上立着一座巨大的佛像，佛像由三块红色岩石堆叠而成，衔接却非常流畅自然，浑然一体。佛像双手合十在胸前，长袍搭在下臂上。富顺宝塔就位于这尊佛像上方的山峰上，由石料制成，高约四十米（参见图170），九层等高塔身的外墙有丰富的装饰，塔檐活泼地上翘着——这也是四川宝塔的特征之一。在四川重峦叠嶂的自然环境中，富顺宝塔静穆祥和地矗立在沱江畔，宝相庄严，给此地带来了浓重的宗教氛围。与之类似的还有距离不远的重庆宝塔（参见图169），它同样是九层的砖塔。

第二章 大型宝塔的主要形制 | 151

图 169. 四川重庆宝塔。九级，高四十米。砖质。建于清朝（？）

图 170. 四川富顺宝塔，城内十三塔之一。九级，高四十米。砂石灰泥质。建于清朝（？）

2. 浙江、江西、安徽的二十六座宝塔

我们从北京及四川的三座层塔中已经清楚地知道了层塔的造型特征，实际上纯粹的层塔在长江流域及中国南方出现得最多，这里正是层塔以及廊塔的发源地。我们总结这些宝塔的特点，基本上都是七层塔或九层塔，外形有的瘦削挺拔，也有的敦实，甚至还有细长的针型和仅有五层的矮塔，当然大部分层塔都介于两者之间，比例适中的七层塔最为匀称美观。

在此我们要感谢奥托·福兰阁[1]，他于 1892 年 5 月游览了浙江钱塘江上游地区并带回了四座宝塔的珍贵照片。在前文中我们已经提过的美魏茶和福琼在 20 世纪 40 年代也提到了这些宝塔。从外形来看，它们都是六角形宝塔，各层层高几乎相同，塔檐窄而坚固，基本在每一面外墙都开有拱券或格窗，部分宝塔的拱券分布不规则。宝塔的轮廓几乎没有弧度，呈斜线向上收紧或近乎垂直于地面。照片中的兰溪县[2]就位于三江交汇于钱塘江之处，城内两座高达四十米的宝塔分别屹立在名山之上，直插云霄。其中之一叫做能仁塔（参见图 171），共九层，塔身每面均开有一个券门或三个拱窗（参见图 173），中间的拱窗比两边的稍高一些，这种不规则的分布使宝塔显得格外灵动。塔顶较平，上面是粗壮的六环相轮，整体造型与塔身造型相似，仿佛宝塔的缩小复制品，最上方缀有宝珠。能仁塔旁另有一座同仁塔（参见图 172），共七层，宝塔外墙面均开有简单的拱券，塔檐轻微向上扬起。秀气的塔顶上是一根细细的塔刹，为这座造型秀丽的宝塔完美地收尾。

造型更为清丽的是位于钱塘江上游的两座宝塔。第一座是龙游县[3]的状元塔，它位于曲河右岸的山脚下，距沙土平原上的龙游县城不远。宝塔附近是一座年代已久的坟冢遗址，也许曾葬着古代某朝状元，宝塔无疑就是为了这个坟冢的风水所建。直至今日状元塔所在的山峰仍然因其绝佳的风水远近闻名，宝塔的名字也显然是民间流传的别名。修长的宝塔周长渐渐收缩（参见图 175），塔身由不太明显的塔檐分隔开，檐角处略向上扬。塔身上方为平顶，塔刹由六环相轮贯串在刹杆上，看上去完全是风水塔的形制。第二座宝塔是位于浙赣交界处的常山县宝塔，西北方向三里之外就是常山县城。宝塔屹立在三官殿内，"三官"指道家所说的天官、地官、水官，因此三官殿是一处道观，而观内的宝塔也显然受到了道家思想的影响。塔檐的线条高高扬起（参见图 174），刹杆相当纤细，上面穿有六环相轮。两座宝塔的部分外墙开有拱券，第二座宝塔在无拱券的外墙上另开有壁龛。

绍兴·宁波·台州

浙江以及邻省江苏自古就是文化繁盛的地区，在这里我们发现了大量层塔。一些建筑特别出色的古刹已经为众人所知，但其中许多都遭到了严重的损毁，比如本书中要着重介

---

1 奥托·福兰阁（Otto Franke，1863—1946），德国汉学家。——译注
2 现浙江省兰溪市，位于钱塘江中游。——译注
3 龙游县，位于浙江省衢州市。——译注

图171. 浙江兰溪县能仁塔，位于三江汇入钱塘江河口处北侧。六角九级，高约四十米。建于明朝。
摄于1892年

图 173. 浙江兰溪县能仁塔西侧。参见图 171

图 172. 浙江兰溪县同仁塔，位于钱塘江上游。六角七级，高约四十米。建于明朝

图 175. 浙江龙游县状元塔，位于钱塘江上游。高约三十米，建于清朝

图 174. 浙江常山县宝塔。位于钱塘江上游，六角七级，高约三十米。建于明朝

绍的苏州和杭州，城内就有许多倾颓的宝塔。江浙的宝塔外形大部分秀气挺拔，塔身收分明显。如果把塔檐和斗拱结构都去掉，瘦削的塔身就仿佛剑形的方尖塔一般。塔身上均匀开设的拱券更加深了整座塔对称一致的风格。

绍兴府位于杭州东南部，城内水路四通八达，人口众多，地处富饶的平原地区，经常与苏州这座在公元前500年左右就被当作吴越都城的城市相比较。这里无疑是中国最尊崇佛教的地区之一，佛教很早就传入了杭州湾以及长江三角洲。绍兴城内的三座宝塔虽然并无详细史料记载，但基本可以断定为宋代建筑。其一为大善寺宝塔，现宝塔仅剩部分残余，部分外墙开有拱券和格窗（参见图176）。墙面及转角处的开裂原本是斗拱所在的位置，然而宝塔的整个木结构已经全部断裂毁损。这座七层宝塔现存的塔身高三十米，应该与绍兴其他两座塔一样均为六角宝塔，关野贞误把它记作了八角宝塔。绍兴北部的戢山上原本也有一座宝塔，现仅余底部一层。另一座保存完好的宝塔位于塔山上，会在本章的其他小节与相似形制的宝塔一起介绍（参见图217）。

图176. 浙江绍兴大善寺宝塔残部。六角七级，高三十米。建于宋朝

图177. 浙江宁波天封塔。六角七级，高五十五米。原建于250年或700年（？），经过多次损毁和重建。参见图178

第二章 大型宝塔的主要形制 | 157

与绍兴塔山寺塔相似的遗址还有一处，但因历史原因要有名得多，那就是天封塔。浙江甬江畔有一座璀璨的港口城市——宁波，天封塔就位于宁波的东南角，靠近南城门，自古以来守护着宁波城，具有重大的象征意义。城内数条已经破败了的水道以及繁华一些的大街都通向宝塔的方向（参见图178）。天封塔是典型的不断被毁坏又被重建的宝塔，根据口口相传流传至今的故事，其源头可以追溯到公元3世纪，是佛教最初传到吴越之地时所建。天封寺的僧人告诉我，宝塔应建于梁武帝时期（502—549）；初唐时期宝塔经历了第一次修缮。美魏茶与常盘大定则推测建塔时间为唐朝武后执政时期，当时的年号为万岁通天（696—697），也叫万岁登封，也许宝塔现在的名字就是从这两个年号中各取一字而成，天封塔这个名字由1010年开始沿用至今。1107年宝塔遭到严重破坏；1221年皇帝命人将塔整体拆除；1285年又重建；1326年宝塔倒塌；1330年妙寿法师重建宝塔；1410年宝塔遭到雷击，塔身仅剩三层；1411年再一次修缮；1547年塔顶被台风吹断，当地官员组织重建；1621年至1633年又被破坏；1659年重建宝塔；1731年官员筹措募捐又进行了一次翻修。美魏茶于1843年画下了当时宝塔倾颓的景象，并预测它不久即将完全倒塌；如今，宝塔又经过了表面的修葺，且内部恢复了正常使用。宝塔历经如此多次的重修，而且这些过程都被详细地记录了下来，证明了这座宝塔对于宁波及其历史的意义，或许可以猜测，它与佛教在中国最早的历史有一定的联系。

天封塔为六角宝塔（参见图177），高五十五米，底层已经发生一米的倾斜，进入塔中仍能通过150级旋转阶梯一直登至塔顶。塔身四周的拱券极高，镶边处现在已经刷白，墙面上通过垂线与横饰带分隔成几格，与长江下游的许多宝塔风格一致。由残余的塔檐可以看出，木制塔檐由中间的两个斗拱及转角处的两个斗拱支撑——斗拱的椽木在砖墙上留下了孔洞。塔顶堆叠着一组厚实的柱状塔刹。由于登塔远眺的视野极佳，游客们络绎不绝地来到这里参观。美魏茶以及后来的马伯乐[1]都描述了登至塔顶远观的绝美景色：一边是重峦叠嶂的远山，另一边碧海青天中点缀着数座小岛。"在我游览的时候，宝塔中点起了灯，每一个窗口都挂着一个灯笼，充满了节日的气氛。"

宁波以东约二十五公里的太白岭是杭州湾南部的一座山，山谷中有许多寺院及部分遗址，其中之一就是著名的天童寺。寺内有一座锁蟒塔，也叫镇蟒塔。约公元300年，在天童寺的现址附近就有一座小寺院，但于公元400年被毁，现在的天童寺初建于公元757年。后来当地出现一条大蟒，为祸乡邻，幸而一位高僧降服了这条巨蟒，杀死它并焚毁了尸体，最后修建了一座宝塔来镇压四方。这个故事当然有宗教神话的色彩，发生在公元841年至847年，即唐朝后期。《中国佛教史迹》中收录了两张极富研究价值的珍贵照片。一张是拍摄于1918年的宝塔遗迹（参见图179），展现了初建于宋朝的宝塔在历经各种磨难之后遗留下来的样貌；另一张是新建的镇蟒塔照片，拍摄于1922年（参见图180）。从照片上很容易看出，新修的宝塔基本保持了原塔的造型，仍为垂直于地面修造的五层塔。宝塔底层较高，上面等高的四层稍矮，由底层的重檐隔开。塔身的拱券较为修长，拱顶上方饰有

---

[1] 马伯乐，（Henri Maspero, 1883—1945），法国汉学家。——译注

图 178. 浙江宁波天封塔。位于一条水道的尽头。参见图 177

图 179. 浙江宁波天童寺镇蟒塔残部。六角五级，高度未知。初建于 845 年左右，重建于宋朝。摄于 1918 年

图 180. 重建后的镇蟒塔。摄于 1922 年。参见图 179

图 181. 江西庐山西林寺宝塔。六角七级，高三十二米。建于 1044 年，后多次重建

梅花型装饰。塔身外墙由线条隔成数格，与前文提过的台州宝塔十分相似。塔身转角处是坚固厚实的砖砌斗拱结构，斗拱间又用砖加固。转角斗拱之间的塔檐由小而精致的斗拱结构支撑，中间饰有浮雕，这些重要的细节帮助我们推断宝塔的建造时间应该为唐朝。近代的改建工程把宝塔的轮廓修改得更为清秀，同时加强了塔檐和角檐的弧度，为了加固塔身，原来的塔檐结构包括木框架都砌进了墙体，原本的浮雕现已无法看见。仅有塔身转角处的突出线条，浮于新砌墙面的表面。顶部的第六层塔身之外另设平座，平座之上的塔檐庄严大气，使宝塔整体显得更为精致。由此可见，宝塔的许多细节都在翻修时完全改变了原来的风格，这也提醒了我们，修缮过程应抱着最为谨慎的态度去思考，对初建时的形制要在什么样的范围内进行改动。值得注意的是，尽管历经了战乱，但包括附近普陀山上的宝塔都在受到破坏后得到了重建。然而重建时人们并非按照古迹的原型再现古塔，而是按照当时流行的风格重新建造了造型相对简单的新塔。

同在浙江的台州市位于宁波以南 120 公里处，地处灵江上游，台州城内的巾山横亘在灵江南部，成为天然的屏障。山有东西二峰，山峰上各矗立着一座宝塔（参见图 183）。两座宝塔都是八角五层砖塔，均建于南宋孝宗时期（1165），康熙时期（1662—1723）进行过一次翻修，同治年（1865）秋进行了重建。宝塔虽然与新修的镇蟒塔一样造型相对现代，但在整体上仍然保留了古塔的特点（参见图 180），例如塔身用线条分格——券门下方的三层线条应该是新建的。券门上方是裂片状的拱形，塔檐则由叠涩而成，下面支撑着造型简单的斗拱和菱花牙子，塔刹为带盖的宝瓶型。两座宝塔整体收分不明显，建筑风格简约

图 182. 台州巾山上的东塔。八角五级，高二十四米。建于 1165 年，重建于 1865 年。参见图 183

图 183. 浙江台州巾山上的东塔、西塔和中塔。参见图 182

大方。关野贞测量了两座宝塔的尺寸，其中东塔底座边长为 2.8 米，总高 24.5 米，底层西面开有入口，内部有旋梯可供人攀爬；西塔形制几乎与东塔完全相同，比东塔稍小一些，底层边长为两米，并无入口可进入宝塔内部，显然是一座实心塔。

在台州还有另外两座宝塔，从图片中能看到巾山山腰处的中塔（参见图 183），然而关于这座宝塔并没有太多资料。另一座宝塔位于巾山中峰的山脚下，叫作千佛塔。宝塔本来矗立在千佛寺入口处，也因寺院而得名，但现在寺院已经完全毁殁无踪了。宝塔又叫作天宁塔，根据《中国佛教史迹》中一幅清晰的照片（参见图 184），我们能够看到这座砖塔共七层，底层边长为 3.6 米，八角形塔身笔直地屹立于地面，现在留存的高度为 21.5 米。底座东面开口，内设台阶，可以拾级而上，登塔远眺。塔檐均由斗拱支撑，如今木结构已经腐烂消失，只有砖结构留存了下来。从第二层起塔身每面的尖顶券门两侧各有三行浮雕佛像，每行四个，因此每一侧就有 4×3=12 个，一面外墙上则有 12×2=24 个佛像。这样算来，除底层外的八角形六层塔身上共有 8×6×24=1152 个佛像浮雕，千佛塔的名字也因此而来，它是中国中南部地区用青砖浮雕大面积装饰塔身的代表性建筑。从塔内二层的一块墙砖铭文来看，元大德三年（1299），一位僧人重建了这层塔，说明宝塔初建时间要比这个时间更早，从造型风格与形制来看，它应该初建于宋代，大概是南宋迁都到杭州的时间，即 1130 年左右。

图 184. 浙江台州千佛塔。八角七级，高二十一米。外部是陶土佛像浮雕。建于 1130 年（？）

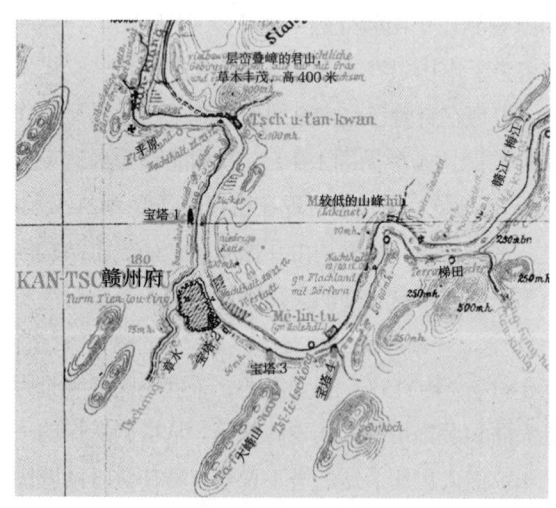

图 186. 江西南部赣州府的四座宝塔。位于章水汇入赣江的河口

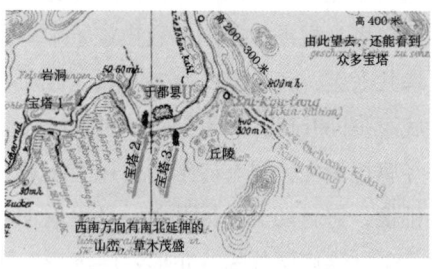

图 187. 江西南部赣江边于都县的三座宝塔

图 185. 江西赣州大宝塔,位于城内东南角。六角九级,高达七十米。建于 1522—1567 年

江西省

从浙江稍向北就来到了江西省,这里有我们非常熟悉的大孤山宝塔(参见图 13),它位于鄱阳湖汇入长江的入江口处,在第一章我们已经介绍过。宝塔建于 1522 年至 1567 年,倒塌后于明初的 1650 年重建。除此之外本章之前也介绍过造型优美的能仁寺宝塔。像这样每层塔身层高相等的筒形层塔中最出色的建筑则是位于著名的庐山上的西林寺宝塔。庐山东临鄱阳湖,自古以来因同时被道教与佛教视作道场而闻名遐迩。根据文献记载,庐山上有建于 1804 年的宝塔、东林寺的三座宝塔(1244)和西林寺宝塔,其中西林寺宝塔在《中国佛教史迹》中有照片与介绍。宝塔为六角七层砖塔(参见图 181),从几块古老塔砖上的铭文能看到建塔时间为 1044 年,于 1623 年至 1643 年进行了修缮。塔身外墙饰有拱券或者线条勾勒的四格装饰。塔檐由三层互相分离的斗拱支撑起来,中间的木结构几乎已经无法辨认。

第一章中我们已经提到了贯穿江西南北的赣江,以及在江畔矗立着的许多宝塔(参见图 2、图 3、图 4):南康宝塔、南昌宝塔、新干宝塔及吉安宝塔(参见附图 2)都符合层塔的形制,其中有几座还带有回廊。特别值得介绍的是江西南部的赣州府宝塔,赣州府位于章水[1]汇入赣江的入口处(参见图 186),老城面积约三公里见方,宝塔就屹立在城区的东南角,共九层。根据吉奥格·魏格纳在 1906 年的描述,赣州府宝塔高大雄伟,通体雪白,与尼霍夫在 1656 年提到的是同一座宝塔。当时尼霍夫途经赣州府并极力赞扬了这座城市的美丽和富饶:城市的南边坐落着一座秀丽的宝塔,塔顶直入云霄,塔身周围环绕着九层造型精致的塔檐,轮廓曲线优美。登上宝塔,整座城市尽收眼底,远处的景色壮阔而秀丽,城内的民居相当多,然而布局合理,造型各样。其中县衙府邸自然是雄伟大气,但最为气派的还是知府官邸。根据魏格纳画的地图,宝塔紧靠东南角的城墙而立,这种说法在下面埃利斯的描述中也得到了证实。在城墙外人们还能看到高大的天楼亭。魏格纳如同尼霍夫在 250 年前一样,登上宝塔并为眼前的景色感到兴奋和激动,但他批评尼霍夫所绘制的图中天楼亭与宝塔的相对位置发生了错误。然而这个批评有失偏颇,因为尼霍夫图中的视角是站在章水汇入赣江的河口向北望去(参见图 185),因此两座建筑在图中的位置都是正确的。埃利斯记录了他 1816 年 12 月 11 日的所见所闻:"我们将船停靠在章水西岸,然后步行穿过城门进入了赣州府,穿过城来到位于另一边城墙边不远处,看到了这座独特的赣州府宝塔,它是我们在旅途中见过的除临清州宝塔之外最为惊艳的建筑。它是一座六角九层塔,底座比其它层要宽大,从底层起宝塔向上渐渐变细,上面八层的外墙刷成深灰色,底层为白色,十分相称。伸出塔身的塔檐也围成一个六边形,角檐处装饰有少见的瓷雕。塔顶上方为铁制椭圆形宝珠,最后以尖细的刹杆收尾。这座宝塔初建于嘉靖时期(1522—1567),至今有三百年历史,但经过多次修整,近期也进行了翻修。"各种资料里都没有提到这座宝塔带有外廊,因此我们就将它归类到层塔当中。如果有较为清晰的照片或结构示意图,就可以进行更为深入和准确的研究了。魏格纳的游览地图中还画了另

---

[1] 章水,即章江。——译注

外三座赣州附近的宝塔，一座位于赣州城以北约3公里处，另外两座则在东南方，三座宝塔均矗立于赣江向东北方向转折的河湾以西，共同扮演着城市守护者的角色。然而宝塔的具体造型并没有具体文献提及。类似的情况在于都县也有实例（参见图187）。于都县位于赣州以东直线距离约四十五公里处，也有三座宝塔镇守着这个县城：古塔坐落在城市东南边的一个小山丘上，现在只剩部分塔身留存，它与于都县城隔着梅江相望，梅江继续向东奔流汇入贡江[1]，在"丫"字形交汇口就能清楚地看见远处的宝塔。另外于都新塔则紧邻于都县西南段的城墙而立，继续向西就是第三座宝塔——西塔。其中雄伟的新塔已经在叠层塔中提及过（参见图130）。在江西，还有一座较有研究价值的层塔，位于信丰县。信丰县是赣州下辖的一个县城，位于江西省最南端，地处信丰河[2]上游。根据徐家汇工艺院的模型及数据，这座雄伟的宝塔高达四十九米，有一些级塔的特点，塔檐不规则，塔身间距较小，共十层。在公元238年至公元356年期间经过翻修，当时中国处于东吴和东晋时期，可以推测初建年代应该更早，因此这座宝塔可以算作中国最古老的宝塔之一。而这里提到的公元258年又称赤乌元年，是佛教史上重要的一年，也是因建造宝塔而铭记于历史的一年，因此我们就暂将信丰县宝塔的初建时间记为公元238年。如果这个推测是准确的，那么不管现在这里的宝塔废墟是当年古塔的遗址，还是后来经过重建的新塔遗址，都是这座历史悠久的宝塔留下的印记与证明，它矗立在这条由广东经过江西通向扬子江的干道上，或许可以回答一个意义重大的问题：佛教究竟是由南方流传至各地，还是沿着长江传至南方的？如果对这一问题进行更深入的研究，相信会得到非常有启示性的成果。

安徽省

我们再向北回到长江流域，前文介绍了浙江北部的一些造型优美的宝塔，其实这一带自古以来还有许多造型雄伟或者清丽的宝塔。比如在安徽省就有两座敦实雄伟的宝塔。其中一座位于长江下游南岸的太平府[3]，依偎在群山环抱当中，在长江干流的河岸边矗立着，七层塔身在平坦开阔的河岸边显得相当雄伟（参见图188）。太平府内的三座宝塔在尼霍夫的游记中也有记载，会在本章第八节《塔群》中详细讨论。位于太平府上游与其紧邻的芜湖县，是一座商业重镇，在江岸近郊的屋舍中间屹立着芜湖县宝塔（参见图189），它是相当重要的航运标志，也是镇守江畔的风水宝物（参见图190）。

现存的宝塔残余部分共七层，高三十四米。塔身每面开有拱券及方形壁龛，塔檐为宽阔的重檐，檐下支撑的斗拱以及顶盖已经完全毁坏不见。根据宝塔废墟的形制推测，这座灰棕色的宝塔应该建于宋代。它是这座城市的标志，同时也有着中国宝塔遗迹典型的命运。"在灰棕色的塔身上长出了洋槐，我们无从得知这座宝塔得到了怎样的管理和维护。人们从狭窄的水道经过，以这座宝塔为航标，驶向太平府内，但很快就会迷失方向，虽然总能

---

[1] 贡江，又称贡水，是赣江的东源。——译注

[2] 信丰河，又称桃江，赣江源头之一。——译注

[3] 太平府，今安徽省马鞍山市、芜湖市一带。——译注

图188. 安徽省太平宝塔，位于扬子江畔，七级。建于明朝（？）

图 189. 安徽芜湖宝塔，位于扬子江岸边。参见图 190

图 190. 安徽芜湖宝塔，涨潮后的扬子江边。七级，高三十四米。建于宋朝。参见图 189

看到前方的宝塔，但绕了一圈又一圈，仍不能到达它的脚下。中国的商人将商店开设在宝塔旁边，从一些狭小的院子里就能看到这座庞大的建筑。从前的宝塔入口处现在是一座酒庄，然而店主在通向宝塔的方向建了一堵厚厚的围墙。"

3. 浙江杭州府的雷峰塔和保俶塔

杭州是中国南宋时期（1127—1279）的都城，在它的西城墙前就是经常出现在诗文中的西湖。在西湖岸边的山丘上坐落着许多寺院、庙宇和宫殿，环湖还有无数花园、树林和田地，给整座杭州城带来无限的生机和魅力。到这里的游客无一不为它令人惊叹的美景而大加赞赏，马可·波罗则是第一位来到西湖的欧洲人。他看到了西湖及杭州——他称杭州为 Quinsai [1]，发出了对他来说极其少见的诗意感慨。而最近一次游览西湖并留下资料的是帕金斯基[2]。中国人，特别是文人，都将杭州视作美景、宗教、艺术、历史与文学的完美融合，我们也对它的丰富内涵感到十分崇敬。在这样一幅美丽的城市画卷中，有两座宝塔起到了举足轻重的作用，它们矗立在西湖岸边，与山中的众多其他宝塔一起，装点着西湖的景色。它们就是杭州最引人注目也最出名的雷峰塔与保俶塔。

两座宝塔矗立在西湖东岸一南一北的两座山丘上，像两根风水柱一般紧靠着城墙（参见图 191）。杭州城完全夹在两座宝塔之间，面向西湖的广阔水面，城市的气息仿佛一直沿着西湖向西延伸，到达西岸的山峦以及山峦间的寺庙处，才找到美学及精神的边界（参见图 193）。

可惜的是当我们来到杭州之时，两座宝塔都不复完整，仅剩废墟了。然而它们仍然屹立在原址上，散发着昔日夺目神采的余晖，直到雷峰塔于 1924 年 9 月轰然倒塌。这座闻名遐迩的重要建筑的倒塌与当时中国国内的动荡[3]同时发生，因此浙江军阀卢永祥就将雷峰塔的倒塌称作不祥之兆，就在这一年，他与江苏军阀齐燮元之间爆发了江浙战争，而且最终以失败告终。

两座宝塔的历史正如同这杭州城与西湖，历经波折，满目疮痍。它们有着辉煌的过去，梵呗声声，生机勃勃，然而到了新的时期却仅剩废墟，甚至完全倾塌，徒留回忆。非常奇怪的是，中国特别光辉灿烂的两座城市——杭州和苏州，都有着相同的命运——城内的宝塔均遭到了严重的破坏。苏州城中以及周边的宝塔原本为数众多，现在也仅剩城中的北塔仍然保存相对完好，或是由于它在风水上对整座姑苏城相当重要吧。出于类似的原因，杭州城内的六和塔作为纯粹的风水宝塔，也仍然状态良好地矗立在城内。苏州城内外的其他宝塔均已损毁严重，无法继续使用。

---

1 Quinsai，南宋时杭州被称为"行在"，Quinsai 为马可·波罗对行在的音译。——译注
2 帕金斯基（Friedrich Perzynski），德国探险家。——译注
3 其时是军阀割据混战的时期。——译注

图 191. 浙江省会杭州府总规划。西边是西湖及湖心岛，北面穿湖大堤由白居易于 822 年左右主持建造，西面由苏东坡于 1070 年左右主持建造。湖岸边有两座城市风水塔，南边山丘上是雄伟的雷峰塔，北面的山上是瘦削的保俶塔，两塔都建于 975 年。西面的山上还有众多寺庙，其中有四座最为著名。西湖西南边钱塘江流经处是六和塔。参见图 192、图 193

中国原地图 64 厘米 ×61 厘米。东西跨度 9.7 公里，南北跨度 9.3 公里

    杭州两座宝塔凋敝的命运也象征着这座城市内部力量的垮塌。在如今混乱的局面下，中国人自己失去了对这两座美丽宝塔的尊重，更破坏了西湖周围的风景与山水。沿西湖东岸而建的杭州府城墙也已倒塌，被一条宽阔的现代街道所取代，灯红酒绿，热闹喧嚣，古老的静谧感荡然无存。更可怕的是新建的欧式高楼，完全抛却了传统的建筑风格，张牙舞爪地矗立着。由诗人白居易建造的白堤旁都是外来企业家修建的冷冰冰的宫殿，而另一条由宋代诗人苏东坡修建的苏堤连接了西湖的南北两岸，现在已不再通向幽静的花园与寺院，而是去往喧嚣的工厂与新时代。当然古老的寺院和宫殿的遗迹仍然安静地立在原地，西边的山峦中也掩藏着许多寺院，高高的山峰及上面矗立的宝塔俯视着全城，向东看远处就是有名的龙井茶山和龙井泉池。看到这些，我们就可以暂时忘却杭州城现在的样子，再一次

沉浸在过去的景象中。两座宝塔不仅在风水层面上成为整个景观的点睛之笔，而且对附近的环境也有着重要作用。南面雄伟的雷峰塔矗立在西湖东南角的雷峰山（也叫南屏山）上（参见图192），成为西湖的天然屏障（参见图193）；北面修长的保俶塔屹立在宝石山的东北角上，传说宝石山是从天上掉下来的一块石头。雷峰塔的脚下坐落着几座小寺院（参见图195），比如以所处山峰平台上的景色命名的夕照寺和万工池南边的净慈寺。保俶塔所在的山峰上坐落着数量众多的寺院、庙宇、岩雕佛像以及亭台楼阁，山脚下还有一座大佛寺。

雷峰塔

雷峰塔建于宋太祖开宝年间（968—976）。忠懿王钱弘俶于947年登基为吴越王，这座宝塔就是他为其妻所建，同年他将土地与王权自愿移交给宋太祖。宝塔原名黄妃塔，以忠懿王妃娘家姓氏命名，后来才取所在山峰的名字更名为雷峰塔。在起初的设计中，宝塔应为十三层，后来由于经费短缺降低到七层，后又传此地风水不宜建过高宝塔而降至五层。这其实应该主要是出于美学上的考虑，因为过高的宝塔会破坏这里整个景致的平衡。因此雷峰塔最终成为了一座五层砖塔（参见图196），现在仍能在残留的塔身上较为清晰地辨认出塔层。宝塔雄伟壮观，高约五十米，修建经费达到六万美元。在这座八角形宝塔的废墟之中，我们还是能发现许多有趣的建筑细节。

塔身每层都照例有一个塔室，在塔内应该环绕着围廊，因为塔内曾经应该有一个较大的内室，在很早以前就倒塌了。现在风从各个拱券的洞口穿进遍是孔洞的内室，拱券也出现了大幅的垂直开裂，裂口一直延伸到墙体。塔身由宽大的重檐分隔开来，外墙还饰有八角半露柱和水平的石枋。每个塔檐由两层水平排列的砖砌斗拱和略有倾斜的顶面构成，以前应该还在每层塔檐下有一层砖木结构的单坡屋顶，因为现存的砖结构中到处都留着为搭木梁而造成的孔洞。拱券上方的圆弧完全由突出墙面的砖砌成。外墙面有建筑线条略加修饰，表面刷成白色和黄色。巨大的塔顶现在仅剩部分残余，外墙的颜色也大部分脱落了，露出里面的砖结构和岁月冲刷出来的沟壑。幸好这里的气候较为温和，宝塔才能矗立如此长久的时间。另一方面民众其实也造成了部分的破坏，由于广为流传的传说和神话，人们将整块或部分塔砖敲下带走成为了一种约定俗成的习惯——他们认为将砖磨碎后撒到田里就可以求得好的收成。经过这样的破坏，宝塔的底层变得十分脆弱，仅剩薄薄的几处着力点支撑着巨大沉重的塔身。前段时间为了防止宝塔倒塌，人们在底层堆起刷白的木块帮助支撑塔身，这层木块搭成的墙体被打磨得极其光滑，防止再有人攀登上去破坏宝塔。经过加固的宝塔底层边长约为10.5米，这是我们听到的唯一一项针对宝塔所做的安全措施。然而塔体本身在不断被萌芽的植被侵蚀，严重地影响了它的保存状态。在底层加的木块墙体倒塌以后，宝塔沉重的塔身压在原来孱弱的外层墙体之上，仿佛在踩高跷，最终支撑不住，轰然倒下了。

在宝塔相关的传说中，最著名的是白蛇的传说。这个故事在全中国有数个不同的版本，也成为了广受欢迎的戏曲题材。白蛇与青蛇是两个亦正亦邪的妖精，她们正在杭州修炼变幻成不同人身的法术，然而来自浙江扬子江畔金山岛的法海和尚将她们制服并镇压在了雷

图 192. 西湖和北岸一瞥　　　　　　　　　　　　　　右接图 194

图 193. 由城内塔山向西看，城区、城郊、西湖以及远山上的寺院

左接图 192 　　　　　　　　　　　　图 194. 西湖东岸和杭州城

图 195. 由东面眺望雷锋塔

图 196. 雷峰塔，浙江杭州西湖畔。五级，残部高五十米。建于 975 年，于 1924 年完全倒塌。摄于 1909 年

图 197. 宝石山上的保俶塔，位于浙江杭州西湖北岸。参见图 192、图 198

峰塔底。在这个故事中糅合了广为人知的神话传说的元素，富有深层的象征意义，这才是它在中国如此有名的真正原因。根据传说，后来到了明朝，白蛇、青蛇与法海都化作青烟从宝塔顶端升上天空，真正得道成仙去了。

另一个传说讲述了两个沉睡在宝塔附近地下的巨大妖怪，它们不停地发出如雷般的呼吸声，一旦人们听到就必死无疑。这可能与"雷峰"这个名字有关，建造高大雄伟的宝塔与发出巨大响声的怪物之间的联系让人联想到也许早年间此地发生过火山活动。按照这个线索寻找资料，可能在孔子时期这个地方就已经矗立着一座宝塔。雷峰塔倒塌以后人们在清理时发现了底下的地宫，其中埋藏着也许在初建时就放入地宫的经卷。地宫口的石板下面是大量空心砖块，中间藏有卷轴，上面写着如下文字："天下兵马大元帅吴越王钱弘俶造。此经八万四千卷，舍入西关砖塔，永充供奉，乙亥八月。"乙亥即公元 975 年，经文有八万四千卷，也符合阿育王修造宝塔的数字，我们以后还会不断遇到这个特别的数字。这些经卷宽约四十厘米，长一米，已被爱好者收藏。

保俶塔

公元 1 世纪时，在保俶塔的现址可能就已经矗立着一座宝塔了（参见图 197），然而直到开宝年间（968—976），前文提到的修建雷峰塔的吴越忠懿王钱弘俶的下属吴延爽才在旧址上新建了一座九层宝塔（参见图 198）。后来一位眼盲的和尚[1]通过重修这座宝塔发下誓愿，最终重见光明，因此他用自己的名字给塔命名"保叔"，后来文人将这个名称改成了更文雅的"保俶"，更编造了吴延爽修造宝塔来为忠懿王钱弘俶祈求平安的故事。宝塔曾历经多次磨难：在元朝最后一个皇帝元顺帝至正年间（1341—1370）的战乱中，宝塔完全被起义军砸毁。后来一位名叫慧炬的和尚重建了宝塔，但建成时仅有七层，因为当时人们认为从风水学上来说"九"过于重要，宝塔无法压住这个数字。站在巍峨的保俶塔前，我们获得了与观赏雷峰塔一样的感觉：宝塔的高度完美地契合在这一整片美丽的风景中。这次重建之后宝塔又历经了许多次波折：成化年间（1465—1487）被大火烧毁；又在弘治年间（1488—1505）重建；在随后的一场暴风雨中宝塔被雷击中，几乎完全倒塌，又在 1514 年重建一次；到了嘉靖年间（1522—1566）再一次被毁坏，紧接着于 1544 年重建，这次重建是由一僧一道共同主持的。至今宝塔仍保持着当时的七层形制，只是外墙到现在又已经慢慢剥落，只剩巨大的塔身仍然屹立着，上面的塔顶依然保持着繁复的造型。至于宝塔原来的造型，学界还没有办法复原。徐家汇工艺院的模型也无法帮助我们还原宝塔原来的设计，因为老照片上的宝塔另有飞檐的造型，中国关于宝塔原貌的资料只能呈现出飞檐的木质结构。宝塔从造型上看应该是宋代建筑，这一点在《中国佛教史迹》收录的照片中能清晰地看到，比如转角结构为圆形；塔身侧面用线条分成数格；每一面均开有九格窗，每格中饰有砖刻浮雕；塔檐下有双层斗拱支撑，这些都是宋代宝塔的特点。而宝塔瘦削的造型可能来自更早期的建筑特点。塔高大约四十米，最底下的几层确定可以攀登。

图 198. 杭州西湖畔的保俶塔。
共七级，高 40 米。建于 975 年左右。
参见图 197

4. 江苏省苏州府的宝塔

苏州府作为江苏的首府[2]，与浙江的首府杭州共享有"上有天堂，下有苏杭"的美誉，在中国无数的大城市中脱颖而出，这不仅因为苏州城丰富璀璨的文化，还由于它是中国历史上最古老的城市之一。早在公元前 525 年，苏州就是当时吴国的国都，城池由当时著名的大

---

1 指北宋咸平年间被称为"师叔"的永保和尚。——译注
2 本书写成之时辛亥革命爆发，苏州为中华民国军政府江苏都督府府所，相当于省会建制。——译注

臣伍员伍子胥奉公子光阖闾之命而建造[1]。现在的苏州城仍然位于当时古老城池的旧址之上，很大可能还维持着最初的城市设计。经研究显示，在公元前初建城池之时就设计了天与地在城池中的象征关系：城内设置了水陆城门各八座，以八卦的形式分布，而四方的城墙则代表了土地。苏州地理位置优越，湖光山色，风景秀丽（参见图199）。城市的周围是一望无际的平原，城内有四通八达的水路通向各个方向，在东南方则是广阔的太湖。在太湖与苏州城之间是连绵不断的山脉和分散的山丘，几乎构成一个环形，远远地围绕着苏州城。难怪这样的景致会使中国人联想到风水，继而在山峰之上修建佛寺和宝塔，并把它们与城市和景致的气质融为一体。城外山上的三座宝塔承载着古老的历史，与山峦、庙宇、池塘、洞穴以及碑刻、树林、岩石一起构成了城市的外部景观，它们与城内的宗教寺庙、政府建筑等景观遥遥相望，特别是与城内的四座宝塔交相辉映，一起构筑了苏州城的整体风貌。这七座塔代表了苏州的骄傲与辉煌，直到今天仍然是苏州最美的点缀。然而在太平天国运动中，它们几乎都遭到了严重的破坏，甚至成为了废墟。更重要的是它们都有着悠久的历史，其中就有中国最古老的宝塔。最终唯有北塔仍然保存完好，它是一座外廊层塔，在下一节中会详细介绍。其他六座宝塔均为层塔，与中国中部的其他更早时期的层塔类似，它们都是城市景观和自然景观中独特的风景线。

虎丘山上的云岩禅寺

虎丘位于苏州城西北方向（参见图199），从城内步行需要一到两个小时，它虽然不高，但在周围平坦的田野中仍然十分醒目（参见图200）。水陆各有一条通道从苏州城内通向虎丘，从历史的角度看，苏州与虎丘的关系则更为密切，虎丘上的一山一石、一水一池，包括山上的陵墓和建筑，都能追溯出久远的历史故事（参见图202），而虎丘上巍然屹立的宝塔更是佛教历史的见证（参见图205）。这要归功于这座山与佛教很深的渊源，同时它也被视作苏州城重要的风水宝地，在这一点上，只有灵岩山得到了与虎丘同等的地位。

历史上虎丘是由于吴王阖闾陵墓所在而得名的。据传在公元前495年，海峡中出现了一座由于海浪不断冲刷而形成的土丘，渐渐地变成现在的山丘形状。切柏[2]根据苏州府志中不甚明晰的资料推测出了阖闾陵墓所在山丘的位置，很大可能就在虎丘边不远处。当然这无法说明虎丘本身是如同宝塔一样的人造工程，它更有可能是由岩石堆叠而成的。"虎丘"这个名字的来源还要追溯到一个古老的传说：在阖闾下葬后不久，出现了一头白虎，它守护着阖闾的墓穴，并守护着这座山、这座城乃至这个国家。虎丘不仅象征着春秋时期的历史，而且它位于苏州城西南角，还恰巧符合传说中白虎出现的方位。后来秦始皇来到南方想要打开阖闾墓，以取得天下闻名的两把宝剑之时，就遭遇了白虎的袭击，他用自己的宝剑砍向白虎，但并未命中，而是刺入了旁边的一块岩石，直到现在还能看到这一击留下的剑痕。其实我们很容易看出，这整个故事都是一个极富象征意义的比喻。秦始皇并未找到

---

[1] 当时的苏州城名叫阖闾城。——译注

[2] 切柏（Tschepe，1844—1912），德国汉学家。——译注

北寺塔

双塔

瑞光寺塔

上方山宝塔

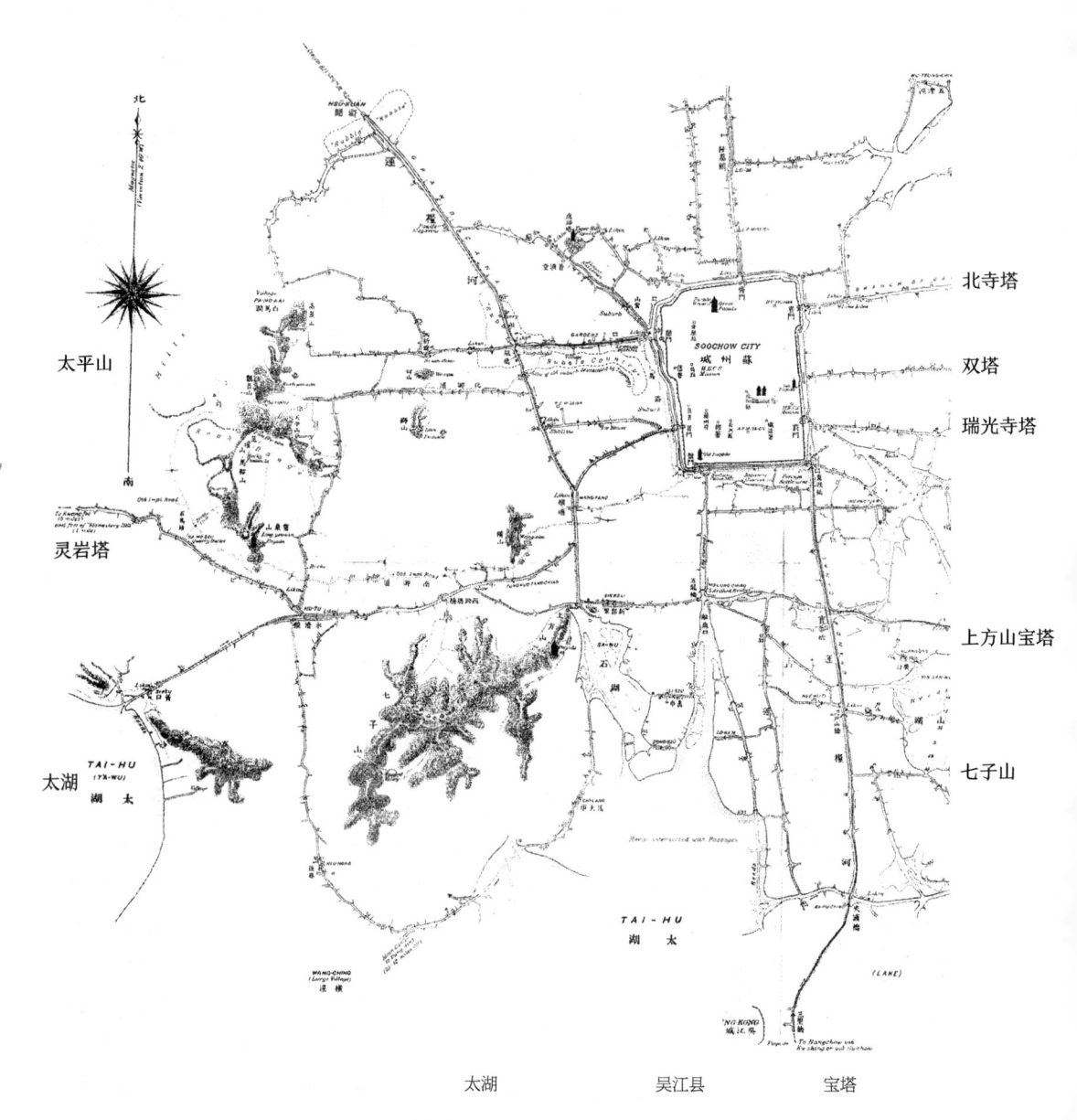

七子山

太平山

灵岩塔

太湖

太湖　　　吴江县　　　宝塔

图 199. 苏州府平面图，运河贯穿，太湖畔。
测绘了 3.7 公里 ×5.3 公里的城区。城市建于公元前 525 年。
城内有四座宝塔及一座墨塔。城外西面的丘陵上有三座宝塔

图 200. 虎丘上的虎丘塔,位于苏州西北部。西南方向是天平山和灵岩山。参见图 202—图 205

图 201. 上方山宝塔,位于苏州西南部,向东看是太湖。参见图 207

宝剑——在另外的传说中宝剑有三把,而这些宝剑则象征着古老吴国的气韵。这个传说有许多版本,口口相传的版本错误地将虎丘与阖闾的儿子、吴国的最后一任君王夫差联系在了一起。在虎丘庙中有一个被许多诗文歌颂过的剑池,关于它我还听到了以下的传说:剑池是夫差建造用来冷却锻造好的宝剑的,两把宝剑分别叫莫邪和鱼肠。然而宝剑的铸造一直失败,直到铁匠将他的两个儿子投入融化的铁水中才最终成功。吴王一直将两把宝剑随身携带,即使是晚上睡觉时也从不离身。一旦有危险靠近,两把宝剑就会发出铮鸣警示夫差。后来越王勾践夺得了宝剑,并攻下吴国,夫差自刎。这个传说的用意非常明显,就是将虎丘的历史意义与昔日吴国的辉煌联系在一起,也给如今的苏州城沐浴上了历史的光辉。另一方面,虎丘很早就被赋予了宗教的意义。东晋(317—420)初期,虎丘上坐落着王姓贵族[1]建造的农舍、祠堂及有名的戏台。他们在公元 327 年舍宅为寺,将自己的屋舍改为寺院,

---

[1] 指东晋时王珣王珉二兄弟。王珣(349—400),东晋书法家,官至尚书左仆射;王珉(351—388),东晋学者,善行书,官至司空。——译注

并交给了竺法汰[1]最年长的弟子道一和尚。寺边还立着一块点头石,这块石头也有一段传奇的故事。建寺时竺法汰的另一位弟子竺道生[2]也在此讲经,经文艰深,但周围的石头都随着道生讲经的节奏点起了头。现在这块石头还立在寺前剑池边的旧址处,上面刻着生公讲经的故事。这让人联想起山东灵岩寺拥有相似传说的点头石,而那个传说中的朗公讲经也就发生在道生讲经后不久的公元351年。南朝梁国时期(502—557),虎丘寺经历了一次扩建,很快在原来戏台的旧址上就矗立起了雄伟的虎丘宝塔(参见图202),位于如今寺院的最后面,也是虎丘的最高点。

高大的虎丘塔初建于隋高祖仁寿时期(601—604)。当时高祖下诏在全国各地修建宝塔,来分别存放舍利,虎丘塔就是其中一座。因此它不仅在建筑史上意义重大,在宗教史上也有着不可动摇的重要地位。我们期待着能有更清晰的照片和更为详尽的文献资料,以供学者对这座珍贵的建筑进行更加深入的研究。

在宝塔的建造和奠基过程中发生了好几次神迹。在挖地基的时候人们发现了许多宝物,其中有一尊镀银的佛像,大概是放在一个陶土烧制的容器当中。人们就把这尊佛像及其他宝物嵌入了宝塔的基座之内。当皇帝派人送来的舍利靠近建造宝塔的地方时,整整两天都能听到流水发出的轰鸣声,或许是在表达对神圣的舍利以及奉皇命护送舍利的高僧的敬畏之情。到了奠基之日,山中突然涌出一条新的泉水,山中风雨大作,闷雷阵阵,仿佛佛陀现身一般。然而很快阳光就又重现,且更加闪耀。这是寺院历经的第一次繁盛时期。

此后虎丘寺与虎丘宝塔的命运就开始遭遇波折——苏州所在的地区政权发生频繁的交替。在公元960年,虎丘塔毁于建立宋朝之前的动荡之中。宋朝开国皇帝当即下令重建宝塔,然而直到宋仁宗时期(1023—1063)宝塔才重现恢宏大气的面貌,迎来它的第二次繁盛。根据《中国佛教史迹》一书记载,紧接着的一次修缮时间为1077年至1136年。元朝覆灭前不久,最后一任皇帝元顺帝还关心过虎丘的情况。时间到了明朝,皇帝们对虎丘的规划也极富热情,他们一心想要重建虎丘寺以及虎丘宝塔。明太祖朱元璋在起兵反抗元朝统治之时就曾率兵从虎丘围攻苏州城长达一年,最终攻占了苏州城。公元1380年的一场大火过后,明成祖在永乐年间又命人开始了重修工作,然而1430年第二场大火迫使重修工作不得不暂停。此后重建虎丘寺及宝塔成为所有人心中的头等大事,经过百姓以及英宗本人的共同努力,在正统年间(1436—1449)完成了规模宏大的修建工程,其中应该也包括了虎丘塔的修造。工程一直从1437年春天进行到1438年秋天。奠基时又有神迹现世,一大群仙鹤落到高高矗立着的塔顶之上,仿佛上天也为新塔的落成送来了祝福,后来人们就将仙鹤养在了虎丘寺中。这是宝塔的第三次兴盛时期。在之后的几个世纪中,寺院又历经了更为频繁的火灾与修缮。皇帝经常驾临虎丘,登塔观景:光明朝就有英宗、神宗和万历三位帝王到此游览;清朝时康熙帝与乾隆帝也曾到过虎丘。他们都留下了碑刻铭文,其中不少是由皇帝亲自书写的,另外还赠与寺院许多佛教经卷,并提供保存的详细指导和说

---

1 竺法汰(320—387),东晋著名高僧。——译注

2 竺道生(355—434),东晋、南宋时著名僧人。——译注

图 202. 苏州虎丘山顶，云岩寺废墟和倾斜的虎丘塔。参见图 200、图 203

明，其中还另行规定了保管失误需要受到怎样的刑罚。公元 1860 年大祸来临，在太平天国运动中寺院完全被毁，只余宝塔依然矗立着，直到最近几十年才有一些建筑又被重新翻修使用。

如今的虎丘塔虽然损坏严重，但外形依然高大雄伟，细节也十分繁复（参见图 203）。值得注意的是，它是一座倾斜度很大的塔。八角形塔身渐渐向上收紧，在内塔与外墙之间有楼梯旋转而上。宝塔收分明显，外形轮廓很像级塔的形制，但由于层高相同这个特点我还是将它划入了层塔的范畴。每层塔身均开有八个拱券，互相以重檐隔开，塔檐下方支持的拱券造型十分精致（参见图 204）。底下几层的塔檐上覆有瓦片，上面几层的塔檐则直接与上一层的拱券下层相接，没有平座与外廊。像这样的重檐结构几乎在所有苏州的宝塔上都能看见，其他长江流域，包括浙江的宝塔也有这样的重檐。宝塔整体结构中的棱角处都用圆柱连接，形成圆角。它的整体造型应该还维持着隋朝初建时的样子，但结构和细节则很大可能是 1100 年左右，在宋朝的鼎盛时期所建，或者是在第二次重建（1438）时所建。砖砌的塔身大部分还能辨认得比较清楚，能看到外墙被线条分隔成数格且刷成白色，部分塔檐也还看得到刷白的痕迹，拱券上方的线条呈梅花形。斗拱之间均有较大间隔，造型丰富，使宝塔的外型轮廓极富韵律感，同时也与高大的塔身十分相称。宝塔脚下不远处，在点头石所在的池塘旁有一个小小的石亭（参见图 205），亭子前有一根建于 985 年的八角分层经幢，它的附近还有另一根经幢，造型类似于小型的四方级塔。四周的岩石假山上都刻有铭文与岩画，提醒着我们这是一处历史悠久的所在。

第二章 大型宝塔的主要形制 | 181

图 203. 苏州虎丘塔。七级，高约四十五米。初建于 605 年，新建于 1100 年，1438 年重修。参见图 202、图 204

图 204. 苏州虎丘塔局部。形制出自 1100 年。参见图 203

图 205. 苏州虎丘塔脚下的纪念碑亭

苏州灵岩寺宝塔

苏州城向西约三小时的距离，是向南北方向延伸的连绵起伏的山脉，最高处约有 180 米。每座山峰都有不同的名字，但相同的是，山中都有寺院、陵墓和许多奇形怪状却富有宗教意味的岩石，且各个山峰均有悠久的历史。山脉东部的一座高峰叫作天平山，山上有一座建于公元 826 年的白云寺，寺前的碑刻上显示白云塔是一根宝塔型的经幢。向西南方向走一个小时就是灵岩山最有名、风景也最秀丽的南部山脉。灵岩寺这个名字与山东长清县叠层塔所在的那个寺庙重名了，以示区分，我将苏州附近的这座山叫作吴灵岩山，"吴"代表前文提到的古老的王国，直到现在，长江以南的地区还经常被冠以"吴"这个名字。山上坐落着吴王阖闾和夫差的行宫，《中国佛教史迹》中提到该行宫中有一座崇报禅寺。山峰上有一座宝塔巍然屹立，据传就叫砖塔，现在已经倒塌，仅剩废墟了。根据宋代一位姓孙的文人记载，这座宝塔建于宋太平兴国三年，即公元 978 年，在七十六天的工期内建成了九层塔。当时孙承佑建造这座塔是为了纪念其姐姐——吴越的王妃孙氏[1]。一百年后，大约在 1078 年至 1085 年，寺院被改成了禅寺，并更名为秀峰寺。公元 1600 年，

---

1 孙太真（？—976 年），吴忠懿王钱弘俶的妃子，被封为贤德夫人，后钱俶向宋太祖称臣，太祖封孙氏为吴越夫人。——译注

一次雷击引发的大火将禅寺中所有木结构全部烧毁。如今宝塔还剩八层高度相同的塔身（参见图206），外墙每面均开有券门，塔顶呈圆锥形，占据了原本最高一层的位置。上面的六层宝塔收分明显，成比例向上收紧，内塔和阶梯均已经毁没不存，仅剩一个圆柱形空壳。

苏州上方山宝塔

苏州城西南方向约半个小时路程的地方矗立着七子山，它几乎被太湖环抱其中（参见图199），因山上的七个高峰而得名。其中东北方的山峰叫作上方山（参见图201），顶峰上的寺院已经完全倾倒，但在废墟中屹立着一座造型秀美的宝塔，它与虎丘宝塔以及灵岩宝塔相似，都对苏州城的风水起到决定性的作用。登塔远眺，远处的平原、交错的水道与河湾、湖泊和远山，包括苏州城都尽收眼底，十分壮观。这样辽阔的视野在苏州仅次于能够环视四方全景的虎丘。

上方山宝塔的初建时间与虎丘宝塔相近，大约是隋炀帝四年，即公元608年。但是很难相信它当时就是现在这样纤细甚至可以说小巧玲珑的造型（参见图207），它的形制也不像隋文帝仁寿年间所造的那些雄伟壮观的高大宝塔。具体的修造日期无法得知，根据宝塔结构来推测，现在我们看到的宝塔应该建于宋代以后，还经过了多次修缮和改动。

图206. 苏州以西灵岩山上的灵岩寺塔。曾有九级，高约三十米。建于978年

宝塔周长收缩并不明显，在底座上有六层塔身，共七层。上面的五层宝塔周围环绕着重檐，重檐下面是精致繁复的斗拱结构——转角处和每条边中间的斗拱都饰有精美的浮雕。塔檐高高地向上翘起，仿佛花环围绕在塔身四周。上层精致的腰檐伸出塔身，与交错排列的拱券一同构成窗台，塔身外墙由线条分格成数格。整座宝塔由于均匀而精致的重檐结构显得灵动无比，与苏州其他的宝塔一样生机勃勃。塔顶较小，塔刹部分竖起了高高的刹杆，上面贯串着相轮、华盖和宝珠。四川省纳溪县[1]有一座宝塔就是仿照上方山宝塔建造的，在第七章有具体的介绍，在高大的塔基之上有五层塔身，从结构到轮廓几乎都与上方山宝塔完全一致，唯一的区别在于纳溪宝塔的塔檐并未上扬。

1　现四川泸州市纳溪区。——译注

图 207. 苏州上方山宝塔。六级，高约二十五米。初建于 608 年，如今的宝塔建于宋朝之后。参见图 201

图 208. 江苏松江府佘山宝塔。七级，高二十米。建于宋朝

苏州瑞光寺

在苏州的西南角距盘门不远处，有一座高约 50 米的八角七层宝塔（参见图 210）。它是中国最古老的宝塔之一，应该初建于公元 241 年。历史资料中给出了这个确切的年份，因此在那个时期这里就已经矗立着一座宝塔。那时的宝塔有十三层，现在仅有七层。苏州地方志中提到，现在的宝塔建于宋徽宗宣和年间（1119—1125）。显然这座新塔是在古塔的遗址上重新建造的。志书中写道：宝塔位于开元寺以南，吴国赤乌四年，即公元 241 年，孙权为报答母恩而修建十三层舍利塔。当时的僧人性康就居住在宝塔所在的普济禅院。唐代天复二年（902），智明和琮远二位僧人重修了宝塔，令宝塔放出五彩光芒，并将皇帝赏赐的一块铜牌放置于塔顶。元丰二年，即公元 1079 年，宋神宗命人在此讲经，宝塔又现五彩佛光。其时"堂下法鼓自鸣，池中白龟出听，庭下竹生合欢，塔现五色光"。由于出现了这四种祥瑞之兆，之后人们就将讲经的处所叫作四瑞堂。到了崇宁四年（1105），宋徽宗下令重修宝塔，宝塔又一次放出五彩光芒，因此得名"天宁"。宣和年间（1119—

1125），人们募捐资金重修宝塔，改建为七层。天启三年（1623），圆净法师在四瑞堂原址修建了七佛阁，楼阁修造完毕之时，天空中又现佛光，王珙还写文记载了佛光之事，此后宝塔之上常现佛光。晚上舍利塔点起灯后，距塔十五公里开外的太湖中的渔民就再也打不到鱼了。根据当地人的解释，太湖中的鱼看到瑞光寺塔反射出来的光芒，就不会跳入渔网中去了，但是相隔十五公里的距离还是太远了一些，这一传说也显得不太可信。然而这是非常典型的佛家思想，认为发出光芒的宝塔可以保护生灵避开有意的捕杀。

本文开头提到的开元寺位于宝塔北方，建于梁武帝时期（502—549），现在已成废墟，仅剩一座保存完好的雄伟的两层楼阁，名叫无梁殿，这种建筑在中国各地都相当常见。大明万历三十八年（1601），开元寺进行了最后一次规模较大的修缮工作，无梁殿大概就是建于这一年，当时它是寺院的藏经阁。瑞光寺塔就建在无梁殿中心轴线的正南方。宝塔底层较矮，上面另有六层塔身，底层塔檐已经消失。底下两层塔身开有八个券门，上面的五层分别开有四个间隔分布的券门。塔身外墙的壁柱和额枋上都饰有浅浮雕，包括墙面都刷成白色。塔檐受损较为严重，由两层斗拱结构支撑，底层有瓦片覆盖，上面几层均是苏州地区宝塔常见的样式。塔顶的檐沟高高耸起，屋脊呈弧线型，最上方是圆形柱顶。

苏州府的官员十分重视瑞光寺塔对他们命运的影响，从衙门向外能远远地看到整座宝塔。19世纪末，一场台风折断了塔顶的刹杆，一位官员筹集了资金着手修复宝塔，以期为他生病的母亲延续生命。然而由于款项不够，不得不中断修复。官员的母亲很快就去世了，官员悲痛之余还要遭受一笔巨大的损失，因为他必须丁忧去职。后面宝塔应该还经过了多次的修葺，根据杜博思[1]所说，1880年的修缮花费了五万两白银，但也并未完工。

苏州双塔

苏州东部靠着南边城墙有一片灌木丛中的废墟，废墟之中屹立着两座形制完全相同的宝塔。虽然塔檐均遭到了严重的破坏，但塔身从塔底到塔顶都保存完好（参见图209），结构也清晰可辨（参见图211）。可惜宝塔所属的寺院已经荒废无踪了。

根据庄延龄（Edward Harper Parker）和《中国佛教史迹》的记录，我们也获知了一些有关双塔的历史典故。这里的寺院原来叫般若寺，建于晚唐，而双塔则由王文罕奉宋太宗之命于雍熙二年（985）所建，在宋神宗熙宁年间（1068—1077）应该有一次重修。此后宝塔不断经过修整和翻新，最后一次修葺是在1822年。

这一对宝塔在苏州的宝塔中规模最小，两者造型几乎一模一样：底层塔身之上均另有六层塔身，收分明显，塔身由下而上逐层收缩，整体轮廓呈笔直的两条斜线，最上方的塔刹由刹杆穿过自下而上渐次变小的相轮，高高地耸立着，相轮上方悬着一个较大的圆环，上面以塔尖收尾，这是相当典型的相轮造型。上面几层的塔檐均用重檐，这是苏州地区宝塔的特点之一，塔檐下层架在斗拱之上，微向上扬起，上层则是造型简单的腰檐和平座。仅有底层的塔檐并无下层的飞檐，重檐结构因此不太明显。每层塔身高度很低，因此宝塔

---

[1] 杜博思（Hampden Coit Dubose, 1845—1910），美国传教士，中国禁烟协会创办人。——译注

图 209. 苏州双塔，位于城东，参见图 211

显得更像是叠层塔的外形。宝塔每层的外墙开有四个拱券和四个矩形壁龛，壁龛内是格窗或者碑拓，门窗错落分布，外墙用框架分隔成数格，转角处做了圆角处理。

　　自古以来，双塔就被文人视作能带来吉祥征兆的建筑，他们认为宝塔能振兴文运，可以帮助他们提升自己的考运。风水师发现，双塔矗立于考场的西边，导致掌管西方的白虎气息过强，为了平衡，必须在东方修造一个高大的建筑来提升东方的青龙之气。因此人们在靠近东城墙的地方修建了一座文昌阁（参见图 199），它同时还是城市的钟楼。1589 年文昌阁初建完毕，在康熙年间（1662—1722）又大规模地修缮了一次。这次修缮工作显然是由文人主张进行的，因为"文昌"是中国古代主持文运功名的星宿。此外，人们还用这些建筑作了一个文雅的比喻：双塔好像两支缺少砚台的毛笔，因此人们修建了四方形状通体墨黑的文昌阁，故而在民间文昌阁也常被称作墨阁。文昌阁更详细的内容可以参考魁星阁的相关文献。关于双塔，人们还编造了许多小故事，可能是它们成双成对出现的情况在当地并不常见，因此人们展开了无伤大雅的丰富联想。像这样把建筑物比作文房用具的情况还有其他的例子，比如湖南和湖北的孔庙中牌楼的立柱就会特地做成毛笔的样子。双塔的建造完全将佛教思想融入了中国风水学中，苏州地区的其他宝塔也是如此。这里一共有七座佛塔，还有一座文昌阁。其中最大也是最重要的苏州北塔（参见图 262）也符合这样的中国传统思想，它的形制符合外廊层塔的特点，我们会在下一节中介绍。

　　从地理位置角度和建筑风格来看，与苏州双塔都非常接近的还有松江府双塔。松江府位于苏州和上海之间，双塔坐落在松江西南部的佘山脚下，应该是宋代建筑，现在在它的旧址边上建了一个天文观测站。双塔中的一座在 1914 年左右倒塌，原本二十一米高的宝

第二章　大型宝塔的主要形制　｜　187

图 210. 苏州西南角的瑞光塔。七级，高 50 米。始建于 241 年，
如今的塔身建于 1126 年

塔已经荡然无存；另一座虽然损坏严重，但仍然挺立到了今天，外形结构也还较为清晰。宝塔的塔刹由相轮、刹杆和露盘构成（参见图 208）。宝塔高二十九米，共七层，外墙拱券间隔分布，塔檐下由双层斗拱结构支撑，初建时的外部造型和苏州上方山宝塔的原型很相似，只是比例要修长得多（参见图 207）。遗留下来的椽木很长，可以推测斗拱上方的塔檐伸出塔身较长一段距离，这与苏州瑞光寺宝塔相似（参见图 210）。

5. 浙江、江苏、湖北的六座宝塔佳作

我们前面介绍了长江附近省份的许多层塔，虽然它们的地理位置和部分历史故事已经给了我们较为直观的感受，但是这些宝塔大多都损毁严重，甚至只剩废墟，无法清楚地辨认出最初的造型，因此也无法从纯粹美学的角度去评判了。然而这些地区其实还是有一些层塔保留了较早时期的造型，另一些虽然经过翻修但保存十分完好，它们能给我们相当完整的审美体验。总体来说，这些保存相对完整的宝塔大多还是集中在长江下游一直到浙江地区。我们之前就介绍过钱塘江上游的层塔（参见图 171），并概括了中国中部层塔的特点（参见图 175），现在刚好可以接下去介绍。目前看到的层塔都宝相庄严，从造型到细节都与周围环境融为和谐的一体，建造技艺十分精湛。在这些造型相似的层塔中，天台山的九层宝塔因极其瘦削的造型显得相当与众不同，这是一座九层宝塔（参见图 215），底

图 211. 苏州双塔。七级，高约二十五米。初建于 985 年，1070 年左右重建。参见图 209

层造型繁复，上面的六层塔身外墙每面均开有券门或是壁龛，在层塔中是最精致繁复的一座。

按照宝塔的初建时间，较为古老的一座宝塔是位于天台山东面的国清寺砖塔。天台山是浙江名山，坐落在台州以北。值得注意的是，这里除了这座雄伟的大型宝塔以外还有一些其他的宝塔：在其他两座寺院中各有七座小一些的宝塔，另外在赤城山山峰上还有一座四方级塔。天台山是浙江最古老的佛教名山之一，历史可以追溯到 4 世纪中叶。

山中除了古老的道观以外，也开始修建寺院。有许多名人曾游访过天台山，比如著名的画家顾恺之在公元 400 年左右就曾踏足过天台山，但其中最著名的还要算智顗和尚。智顗大师生于公元 538 年，于 598 年圆寂。他历经了梁武帝时期佛教在长江下游的迅速发展，而后成立了佛教天台宗，并设立了 12 座寺院，然而至今只有一所寺院仍然信奉天台宗。但从此开始，天台山上佛教就大为盛行，一直到隋文帝仁寿年间（601—604），正如前文多次提到的，全国开始同时修建大量宝塔存放舍利。而据目前所知，国清寺宝塔初建于隋炀帝大业年间，因此它与仁寿年间那次大规模的宝塔修建工程应该有一些关系，而且从时间上看也可以对应得上。隋炀帝命司马王[1]为"智者大师"修造宝塔，智者大师就是智顗和尚的尊称。文献中并未提到这座宝塔是单纯纪念智顗所建，还是作为他的舍利塔而建，但现在智顗和尚的墓塔位于天台山的另一座寺庙中。无论如何，我们现在看到的这座极其瘦削的九层宝塔从细节造型来看绝不是当初建的那一座，更有可能建于宋代，因为在造型上它与许多著名的宋塔非常相

图 215. 浙江天台山国清寺大砖塔残部。六角九级，高七十米。初建于 610 年左右（？），现塔建于宋朝，后期有过重修。
参见图 213、图 214

---

[1] 一说为司马王弘。——译注

近。宝塔矗立在寺院大门东南方向约 500 米的位置，它是一座六角形宝塔，根据《中国佛教史迹》中的数据，它的底层通径为 9.3 米（参见图 214），高度达到令人惊叹的 230 尺，即 70 米。底层外围有四个供奉着佛像的 1.3 米 ×0.9 米的壁龛，塔内中央有一个六角形小佛堂，通径仅 3 米，有游廊通向南北两边的券门。塔内似乎并无阶梯可以向上攀登，上面八层塔身外墙也有部分开有券门，其他则是完整的砖墙面。整个塔身完全由砖砌成，收分不明显，自下而上渐渐收紧。由于如今环形塔檐的木质结构部分已经完

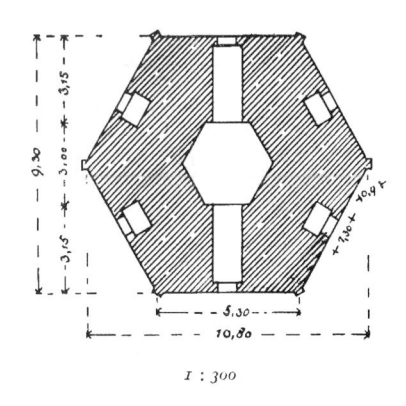

图 214. 国清寺宝塔俯视图。参见图 215

全消失，砖砌斗拱也完全裸露在外，整个塔身显得尤其瘦削，令人联想到西亚的尖塔。从福兰阁的照片中我们能清晰地看出（参见图 213），日本人的照片让人误会宝塔塔身的每一层都是下宽上窄，而其实单层塔身是垂直而立的。由此我们可以推断，有许多看上去轮廓是倾斜的宝塔其实都是垂直而立的。国清寺宝塔是层塔发展成熟之后的建筑作品，且外形与其他层塔有很大区别，类似的还有位于宁波的阿育王寺塔（参见图 216）。国清寺塔的塔檐下面由双层斗拱支撑，上方有瓦片，再上方又有一层简单的斗拱，之上还有一层腰

图 213. 浙江天台山国清寺山谷内的大宝塔。摄于 1892 年。参见图 214、图 215

第二章　大型宝塔的主要形制　| 191

檐，与上一层塔身上的券门下沿相接。关野贞猜测可能存在的平座，或者说外廊，在这样的结构之下是不可能存在的。宝塔底层仅仅有一条简单的塔檐线条与二层隔开，外墙面也由线条隔成几块，在转角和券门边缘处雕有梅花形纹饰。宝塔的整体构造和轮廓都显示出高超的技术和绝佳的艺术审美。

这些宝塔遗迹真正的样子可以在阿育王寺塔上找到端倪（参见图212）。阿育王寺位于历史悠久的佛教名山阿育王山上，已经临近海边。阿育王寺的历史可以往回追溯到公元390年之后，那时许多僧人都住在此处讲经，其中尤其著名的是惠达和尚，有些地方写作慧达，他的俗名叫作刘萨诃[1]。人们在此处发现了一座著名的舍利塔，于是将舍利移至寺院中，寺院的正殿就叫做舍利殿。当它完工的时候已经是东晋时期的公元405年了。寺院当时距离现址约三公里，坐落在发现舍利的一个荒谷中，那里现在还矗立着一座纪念塔。这座纪念塔的初建时间据传是公元405年，另一说法是424—442年初建，后者指的应该是搬迁到现址的时间。公元6世纪时这里有两座木塔，经过不断地修整，到公元10世纪时被实心的宝塔所替代。《中国佛教史迹》中记录的一篇中国的志记中写道，元顺帝时期（1333—1367），人们建造了一座宝塔，底层通径7米，高17.3米，是宽大而并不高的一座级塔，塔内有楼梯可拾级而上。底层有佛陀、罗汉和神仙的画像。宝塔整体的造型就无法想象了。这座宝塔在元代的文献中被叫作"下塔"或"西塔"，位于寺院正门西南方，应该指的是经过部分重修的宝塔。这个位置现在是一个荒废的花园。现在的宝塔毋庸置疑是建于宋朝（参见图216）。底层边长为3.6米，通径约为7米，关野贞给出的塔高为36.6米。宝塔为六角形，共七层，塔内应该有可以攀登的楼梯。宝塔底层较高，进入宝塔的入口已经被砖封住，其余各面的拱券也被封住，改成了佛龛式样。塔檐保存状态相当良好，重檐的下层由斗拱结构组成，每两个转角斗拱之间排列着两个距离相等的斗拱，上面架有木结构，至今仍能在塔身上看到部分残余的椽木。塔檐上层和下层隔开一段距离，同时与上层拱券的下方平齐，环绕在塔身四周，塔身则由线条分割成数格。这座宝塔清晰而强烈的韵律感、精致的建筑风格很容易令人联想到苏州的宝塔，也基本可以确定这两座七层宝塔是宋朝时期的建筑。这个地区还有数座类似的精美宝塔，但这个类别中最为出色的还是位于长江中游的武昌宝塔（参见图221）。

阿育王寺中的第二座宝塔叫作"上塔"，或称为"东塔"，它矗立在寺院后的山峰上。各种文献中关于寺庙并无特别的描述，但这座寺院与寺中的数座宝塔却勾勒出了一幅非常难得的古风画卷。上塔的建造者及其中的舍利都非常有名，在第三章中会详细介绍。日本画家雪舟在1470年左右到中国游览了阿育王寺并画了一幅著名的画作，但至于这幅画是在旅途中还是回程以后所作，保存在日本的是原作还是仿作，并没有文献能作出说明，但这幅画仍然是相当有参考价值的。它展现了三座造型相同的七层外廊层塔，顶上都有高高的相轮型塔刹。前景的两座宝塔间左边的一座位于正殿——佛舍利殿的西南方，标上了"西塔"字样；相对的位于大殿右侧的宝塔被标上"东塔"字样，在巍峨山峰的映衬下显得不

---

[1] 刘萨诃，法名慧达，又称利宾菩萨。——译注

图212. 浙江宁波以东太白山麓阿育王山阿育王寺。日本画家雪舟在1470年左右的画作。

参见图216

图 216. 浙江宁波以东太白山麓阿育王山上的阿育王寺西塔。六角七级，高 36.6 米。建于 980 年左右，1368 年重建，后又经过修缮。参见图 212

图 217. 浙江绍兴府塔山上的应天塔。六角七级，高 36.6 米。建于宋朝，在 1532 年及近代进行过修缮

那么高大，与西塔分列正殿的东西两侧，但正殿从画上看并不位于两塔正中的位置，且要稍靠后一些。位于更高山峰上的第三座宝塔则可能是为找到舍利而建的纪念塔，距寺院现址 3 公里，当时与其他的建筑连成一片。但这座宝塔不可能有画中这么高大，形制来看也不太符合，整个建筑群都画得离山下的两座宝塔较近。马伯乐认为这第三座塔的形制是小型四方级塔，称作舍利宝塔。塔身一面刻有铭文，其余三面凿有佛像。雪舟还站在这个位置画了另外两张画，但宝塔的位置和第一张没有什么不同。至于他是完全按照实际的位置作画，还是事后根据记忆创作，而画错了宝塔的造型和位置，已经无从考据了。在此我仍然要感谢库摩尔帮助我得到这些画作。

在前文中我们已经提到了浙江绍兴府的两座宝塔（参见图 176），现在我来介绍这里的第三座——塔山寺宝塔（参见图 217）。塔山自古就非常有名，《山水经》中将这座宝塔比喻成龟壳，因此它最早叫龟山。此外它还被称作飞来山、宝林山或怪山。越王在公元前 496 年至 465 年就在它的山脚下修建了宫殿，并开始建造都城，然而在公元前 473 年越国迁都苏州，因此修造工作不得不停止。当时山顶上有一座观云用的灵台，旁边还有一座三层的楼阁式宝塔，灵台的高度据传有 465 尺，即 140 米，应该是被夸大了。现在这个位置坐落着一座倾颓严重的古清凉寺遗址。而宝塔则保存完好，被叫作应天塔。塔身为六角形（参见图 217），底层边长为 3.1 米，总高 36.6 米。高大的底层曾经环绕着一圈围廊，现在围廊处仅存几根立着的石柱。底层之上的六层塔身由塔檐隔开，现在塔身上仍能看到为架设斗拱而开的孔洞，塔檐已经完全被岁月侵蚀了。而抹有灰泥的垂直面和上部的腰檐都证明了这座宝塔原来的经典造型。

每层宝塔外部的转角处都立有壁柱，每个侧面有一至三个券门或壁龛，券门和壁龛顶端是梅花形装饰。这种细节的装饰给宝塔整体相对严肃规则的外形带来了一些变化与不同，与造型独特的兰溪县的能仁塔有些相似（参见图 171）。塔刹仅剩一个覆钵形刹座，顶端的部分已经缺失不见。宝塔初建时间是宋朝，当然后期还经过了多次修缮。根据马伯乐的记载，宝塔二层有一块嵌入砖墙的铭文，上面记录了 1532 年宝塔重修的过程。太平天国时期，宝塔在 1855 年遭受严重破坏，在重建之后于 1904 年被大火烧毁。

与应天塔不同，江西省九江府的能仁塔每面塔身外墙均开有券门（参见图 218），双层塔檐线条非常清晰，宝塔为六角七层塔，外部轮廓线条清晰可辨。收分明显，应该是宋代建筑，但似乎后期经过了重建。塔檐每条边下方支撑着三个斗拱结构，七层塔身上方为不甚明显的攒尖顶，上方是由五颗宝珠构成的塔刹，每颗宝珠高度相等，自下而上渐渐变小，最后收至塔尖。攒尖顶与塔刹的高度形成了鲜明的对比。长江流域还有一座与能仁塔相似的宝塔位于鄱阳湖湖口处（参见图 219），同样在九江府内，无疑是仿照能仁塔而建的。这座宝塔收分相当明显，共七层，这种造型在江西宝塔中达到了发展的顶峰（参见附图 6），但其具体地址已经不可考。

这组宝塔中最后一座，也是成就最高的一座（参见图 221、图 222），位于宝通寺内（参

图218. 江西九江府能仁塔。六角七级，高约38米。
建于宋朝（？），近代又重建

见附图7），宝通寺在湖北省会武昌，坐落在长江南岸。它位于宾阳门[1]以东约一个半小时的路程外，坐落在洪山脚下，洪山原来叫作东山，直到宋代末期才更名为洪山并沿用至今。洪山向西继续延伸，一直穿过武昌城，绵延至长江，城内这一段被叫作蛇山。蛇山顶的平台上曾经矗立着名满天下的黄鹤楼，它面临长江，与宝通寺宝塔（参见图220）遥遥相对，在景观上形成了相互照应的效果。古老的宝通寺建于明朝，当时规模很大，有着数不清的佛殿，在成化年间（1465—1486）改名为宝通寺并沿用至今。

汉尼许从中文文献中摘抄下了一些记录，我在此转录如下：洪山位于武昌衙门以东十里处，原名东山。此处自古以来就有一座黄鹤亭，就是后来的武昌黄鹤楼。刘宋时期（420—479）始建寺，唐贞观年间建宝通塔寺，称作弥陀寺，面南，山门西向。1234年，金兵南进，随州陷落。名将孟珙[2]将随州西南方五十公里处的大洪山寺院及寺中僧人迁往140公里开外的武昌，避入当时的东山中。后新建寺庙并称其为洪山寺，以纪念随州大洪山。随后将东山改名为洪山。元代至元年间（1264—1294），寺院进行了最后一次重建，宝塔于1270年完成，因信奉佛教临济宗得名临济塔。1280年一位僧人筹资再建宝塔；1322年宝塔又经翻新，有尺寸记录：塔身高133尺，即40米，底围112尺，即34米（相应八角形底座通径为10.8米，边长4.25米），塔尖高13尺，即3.9米（总高约44米，符合如今宝塔的大小比例）。1485年，明宪宗为宝塔更名为宝通寺；康熙年间（1662—1722）大司马及布政司捐款增修；太平天国起义时寺院及宝塔完全被毁坏，仅余断壁残垣，僧人四散。起义军用寺院和宝塔坍塌下来的石块在宝塔不远处的两个湖泊之间建起一条壁垒，以便攻防。

僧人于1856年方回返此地，在残破的寺院之中重建屋舍，艰难度日。1865年开始慢慢重建寺院；1872年在总督带领下捐款重建宝塔；1873年宝塔封顶；1874年宝塔顺利完成，

---

1 武昌城的东城门。——译注
2 孟珙（1195—1246），南宋军事家、名将。——译注

图 219. 江西九江宝塔。造型参见图 218

距开工已有三年。修建工程由修造师林定高主持，他来自武昌西南边的江畔城市嘉鱼县[1]。另有汉阳石匠叶德坤参与修建。重建时宝塔增高 5 尺（1.5 米），塔顶铜扣重 13000 斤（约 7.8 吨），似乎有夸大之嫌。修造用去白银 9650 两[2] 7190 钱，共计费用约五万马克。寺院的佛殿也经过扩建，据文献记载，有元代黄潜为寺庙写下的碑文，碑刻记载了更确切的细节。

像这样记载了寺院包括宝塔一直到近代的详细建造情况的文献十分罕见，而在此文献中还能找到许多其他宝塔的具体建造情况。宝通塔如果在太平天国时期完全被毁殁（文献中叙述的口气并不非常确定），那么现在的宝塔则完全是在 1872 年到 1874 年之间建造的。然而即使实心的内塔未被完全破坏，保存了下来，宝塔外部的建筑构造也完全是近代的新建筑。但人们在重建宝塔时有意保留了古塔的特点，从宝塔结构和造型来看，它不是唐代早期的风格，而应该是 13 世纪七八十年代，即宋晚期的建造风格。整座宝塔设计精妙，比例完美，外形优雅，代表了中国 19 世纪 70 年代的高超建筑艺术，也因此吸引了大批游客络绎不绝地前来参观。事实上这座宝塔是江苏和浙江一带最杰出的层塔之一。和其他同类宝塔一样，这座宝塔同样也是八角七层塔，塔檐为重檐，外墙每面都开有券门，其余墙面由浮雕线条分格成数格，所有细节的比例都很得当。宝塔高约四十七米，收分明显，轮廓略呈弧线形。塔身由鲜明的塔檐分成七层，每层高度略有递减。

图 220. 洪山山坡上的宝通寺宝塔，参见图 221、附图 7

---

1 嘉鱼县，位于湖北省咸宁市。——译注
2 两，质量或重量单位，十钱等于一两，旧制十六两等于一斤，后改为十市两等于一市斤。——译注

图 221. 宝塔上部六层　　　　　　　　　　　　图 222. 宝塔模型图

湖北武昌宝通寺宝塔。七级，高四十七米。初建于 627—649 年，第二次建于 1270—1280 年，在 1872—1874 年完全重建。参见图 220、附图 7

最高一层的塔身穹顶上方是由刹座和三颗宝珠构成的塔刹，宝珠上面还有一个宝瓶型塔刹。雄伟的宝塔轮库有着微微向上的弧度，上面矗立着高耸入云的塔身，仿佛能够无限接近碧蓝的天空。塔身券门之下是我们已经非常熟悉的双层塔檐，根据《中国佛教史迹》中的图片和徐家汇工艺院的模型（参见图 222），塔檐上的卡槽证明塔外原来可能有回廊，但因为没有栏杆，因此这座宝塔仍然属于层塔范畴。《中国佛教史迹》中的图片相当有参考价值，从图中可以看到，塔顶的攒尖上也用了双层塔檐。宝通寺宝塔绝对属于中国宝塔建筑史上的一颗明珠。

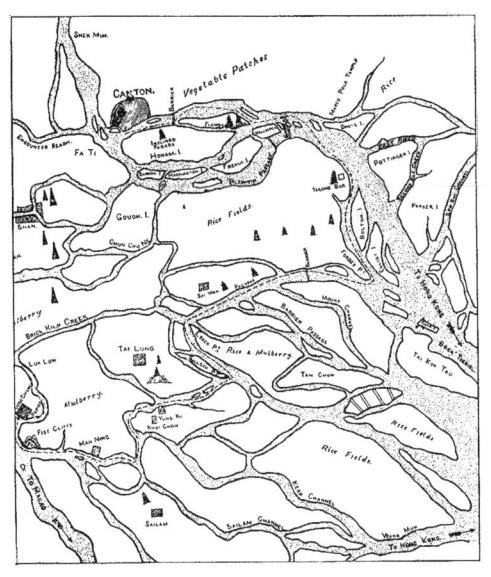

图224.珠江在广州下游东边的三角洲地区及17座宝塔

6. 广州及广东省西江边的宝塔

层塔的一个发展分支集中在前文介绍的长江下游及浙江地区，这个地区的宝塔大部分为七层塔，较为敦实；而另一方面，层塔在中国最南部的广东省发展出截然不同的另一种形态，它们大多为九层，且相对更修长瘦削。从照片和文献描述来看，令人印象深刻的首先是位于广州和西江边的宝塔的数量之多。西江源于广西省，源头在梧州以南，流经广东，穿过广州、澳门等经济发达、人口稠密的三角洲地区（参见图224）。顺江而下，在岸边能看到许多高高瘦瘦的宝塔，光赫尔利在广州和德庆县沿江一带就画出了十八座宝塔，标明了它们所在的地点（参见图223）。这个地区内的宝塔一般都为九层，高度适中，收分明显，但每层宝塔的塔身均垂直立于下一层之上。塔檐为重檐，但并无斗拱结构支撑，仅以砖块叠涩出檐，且塔檐伸出塔身距离很小，几乎没有打断塔身的轮廓曲线。这些宝塔在造型上非常相似，它们都有着券门、壁龛或是几乎完全平滑不带装饰的外墙面；它们的底层和其他各层高度都相同；塔顶及塔刹均不高。这些宝塔一般都被当作地标建筑或是风水塔，而文献记载中也确实较多将它们与风水联系起来，介绍佛教渊源的并不多，虽然它们当中大部分都是由僧人建造的。宝塔所属的寺庙基本都已经荒废无踪，而宝塔大多建于明朝或清朝。

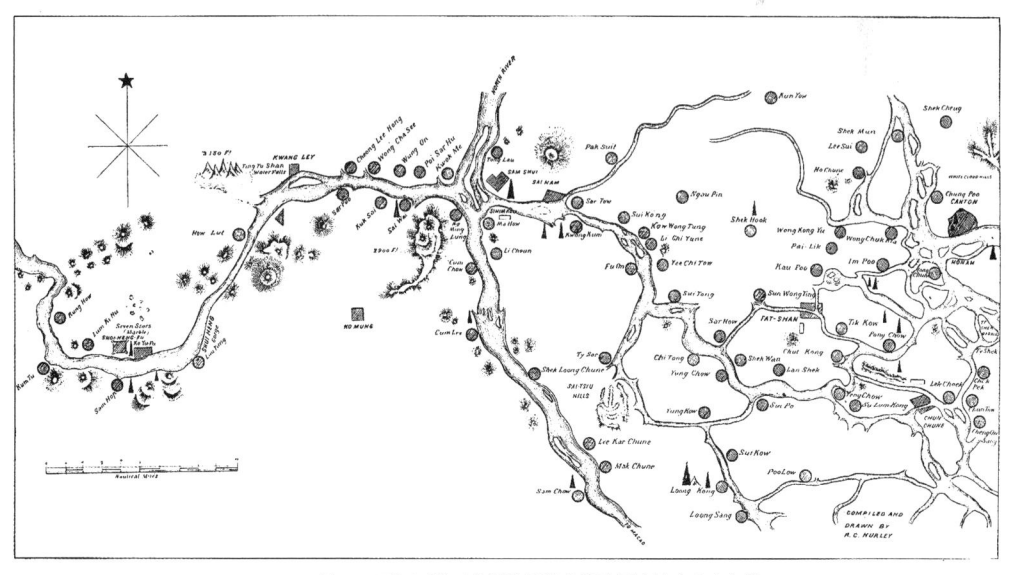

图223.西江下游三角洲地区的广州及周边的十八座宝塔

第二章　大型宝塔的主要形制 | 199

游览西江上游的游客可以坐着蒸汽轮船一直到广西梧州，在这里就可以看到风景中格外引人注目的梧州宝塔（参见图 10），这座在第一章就提到过的宝塔也属于层塔。在整个顺江而下的航行过程中，游客一直能看到两岸石灰石或大理石构成的嶙峋峭壁，这样的景象在中国南部绝大部分地区都很常见。高低错落参差不齐的岩石形成了罅隙和洞穴，在许多地方这样的地貌都被看作是神力造就的结果，是会带来好运的象征。与此相似的是长江上游两岸，自宝塔传入中国以后，人们就会在这样的山上建造宝塔，此处也是如此，尤其是西江两岸。其实景致中若有奇山怪石，一般就已经自成风景，极少再建宝塔添色。在河流下游，水流充沛，才会修建许多宝塔，将宗教的影响带给附近的居民。一般宝塔的建造地址都是经过精心选取的位置——河弯处的山丘之上，掩映在树林之间，映衬着远山。比如德庆县宝塔（参见图 230）就坐落在较为低矮的一处山丘上，倒映在水中；在著名的北江汇入西江的交汇口，三水[1]宝塔也是如此矗立着（参见图 229）；在这两条河流相交的冲积平原上有许多这样的宝塔，比如水形宝塔就屹立于乱流中的岩石山峰之上（参见图 227）。

　　西江流域最有名的宝塔都位于珠江边的广州。珠江又名粤江，从欧洲人入侵中国开始，尤其是英国发动鸦片战争以来，这里见证了许多中国最重要的历史事件。从久远的古代开始，佛教就从海上传入了广东，然而我们从卫三畏摘抄的中文文献中得知，直到明朝末期这里才开始修建宝塔。

　　从海路来广东，首先会通过虎门，它是珠江真正的入海口，旁边是虎岛，然后途经几个较大些的岛屿，接着就到达了第二个沙洲。沙洲西边南北各有一座宝塔，南边的塔叫沙洲小塔，北边的塔叫莲华塔[2]，也叫石砺塔，英国船长们称之为二沙洲塔。这座塔并未留下照片或画作，但卫三畏生动形象的叙述就仿佛还原了它的样貌。鉴于他在 1850 年发表这篇文章的杂志现在已经很难获得，在此我将他的见闻转录如下，以供参考。

　　"宝塔立于西江西岸的红色砂岩山丘之上，山丘靠江的一边是笔直的峭壁，有一条小径通向峭壁顶端。山上很多地方都有采石场，走到宝塔脚下，就能远眺山下的秀丽风景。宝塔独自矗立着，旁边没有居民住宅存在的痕迹，仅在附近看到一个古老的堡垒。我们进入塔内，通过楼梯登上宝塔的最高层，向四周眺望，风景极其壮阔秀丽。伶仃岛就位于西江河口的东南位置，接近香港，向西北望去就能看见广州城。黄埔和广州的宝塔仿佛城市的守卫高高矗立着。向东望去，东江水势汤汤，在这里宽约 1.6 公里，被称为狮子洋。向南望去是光秃秃的山丘，山丘的西边和西南边是一眼望不到尽头的稻田、树林中的村庄和纵横交错的运河和溪流，远远地只能看见桅杆和风帆的船只来来往往，见证着人民的勤劳和富足。向北望去是山峦和与其相接的平原，一百多个村庄散落其间。"

　　卫三畏摘录了志记中详细讲到风水的一段文章：石砺由水从四面冲刷而成，河流下游叫狮子洋，因东安一块形似狮子的奇石而得名。它与其他四块动物状岩石一起，镇守在此，

---

[1] 现广东省佛山市三水区。——译注

[2] 或为"莲花塔"之误。——译注

保护上游不受海啸影响，因此此地对省会的风水相当重要。明朝时期一些利欲熏心的文人伙同其他人在山里到处开设采石场，伤了地脉，给周边地区带来了不幸与灾祸。1566 年，五位举人要求官府严禁采石，于山顶修造九层宝塔，人们因而称其为石砺塔。宝塔立于黄埔岛和虎岛之间。1665 年，为抵挡国姓爷[1]的攻击，沿岸全民向内陆回撤，这座宝塔就是弃守土地后的最后一道防线，当时的堡垒上还设有烽火台。1630 年起，采石场就屡开屡停，采石一直在秘密进行，官员收受贿赂后扣下了举报。长此以往，大坝下的洞窟越来越大。直到乾隆年间的 1765 年，一位凌举人以及其他官员立起两块石碑明令禁止采石，一块竖在堡垒中，另一块竖在广州府府衙内。

从上文中可以看出，建造宝塔最初是为了保护此地的岩石，而这些岩石对于保护内陆不受海啸冲击有着重大的作用。而这个作用后来被升华为宗教目的，其中文人也起到了一定推动作用。

宝塔完全由砖砌成，塔檐上覆盖着琉璃瓦。一根支柱贯穿整座塔，支撑着刹杆和刹座，为了"集上天之灵气"。全塔高 150 尺，即四十六米。宝塔也并非无人看守，据说距塔不远的岩石洞穴里有一位高僧隐居于此。1841 年 1 月 27 日，鸦片战争开始，清廷一位大臣请英国指挥官艾略特及其部下在莲花塔附近的庙宇共用了一顿早饭，宝塔也因此声名远播。

继续溯流而上，到了广州以南约十五公里的黄埔，这座岛屿将水流一分为二，在岛上最关键的位置屹立着两座宝塔：黄埔岸塔矗立在珠江北岸；十分有名的海鳌塔[2]则是黄埔岛的象征，预警水流在此转向（参见图 225）。鳌是传说中巨大的龟，是将大地驮在背上的海中巨兽，这座宽阔的岛屿就被比作鳌的背（参见图 231）。卫三畏在此处也有记录：海鳌塔在景观中相当突出。它是一座八角塔，与莲花塔和二沙洲塔一样，均为砖砌而成。不同在于海鳌塔的外墙更坚实，塔内阶梯并不是直接向上，每层的阶梯从不同方向通向上层，互相交错。塔室的地板已经完全消失。宝塔底层是巨大的石基座，上面八层宝塔的外墙点缀着象征伏羲的图案——八卦。塔内的空间呈圆形，并不像宝塔外部的八角形。塔高约 180 尺，即五十五米。广州府志记载：广州以南三十里处，河心一岛上有三座山峰相连，形如琵琶。1598 年，一些官员参奏获准，在水中岛上修建宝塔，以增添风光，宝塔得名海鳌塔。宝塔北方为上帝宫[3]，一侧是海鳌寺。这些位列权贵的官员对于宝塔的修建做出了极大贡献。卫三畏 1850 年来到此地时，这些建筑都已斑驳甚至倒塌，仅有宝塔似乎未历沧桑，没有留下岁月的痕迹。

接着向上游探究，在广州东南方约五公里处的河中心，有一座向南方和东南方延伸的岛屿挡在广州城前，它叫作河南岛。河南岛北岸矗立着我们游经的第五座宝塔，同时也是广州东南部的风水塔。它与城中的花塔和北山城墙上的五层塔楼——武僧楼各占一方，遥相呼应（参见图 241）。进入广州前的这第五座宝塔就叫作赤岗塔，它也被很多欧洲人称

---

[1] 国姓爷（Koxinga），指郑成功，清朝时期在东南沿海抗清。——译注
[2] 也称琶洲塔。——译注
[3] 应为北帝宫，北帝为广东一带民间信仰的道教神祇，全称北方真武玄天上帝。——译注

图 225. 珠江沿岸广州南部的黄埔及海鳌岛，两座宝塔参见图 231

图 226. 广州东南方的赤岗塔,珠江畔。参见图 228

图 227. 北江汇入西江江口上游的水形塔

第二章 大型宝塔的主要形制 | 203

图 228. 广州东南部的赤岗塔。九级，高五十五米。建于 1621—1628 年，参见图 226

图 229. 北江汇入西江江口处的三水宝塔

图 230. 粤桂交界处的德庆宝塔

图 231. 广州以南黄埔岛上的海鳌塔。九级，高五十五米。建于 1598 年。参见图 225

第二章　大型宝塔的主要形制 | 205

为半程塔，因为它正巧位于船只下锚的港口城市黄埔和广州的中间。宝塔所处之地一望无垠，满是水路交错（参见图226），朝着广州向南或是向东南流去，因此赤岗塔也成为了城市的地标之一。卫三畏当时的描述与现在的情景也别无二致：红岗塔位于河流南岸，坐落在广州东南方向十里之外的狭窄河道处。它被田野和民宅包围着，与其他两座宝塔相比保存现状较好，但也可以看到部分剥落和遭到毁坏的痕迹。塔内阶梯的样式与高度和黄埔宝塔一样。志记中写道：赤岗红如丹砂。风水学认为，丹砂中生有宝物。因此唐朝时有一个安南人[1]欲以高价买下这座山，然而当时的广州刺史拒绝了他，因为这座山丘守护着广州城的南方。1621—1628年一位文人带头在山上修建了一座宝塔，以保护广州城及周边地区。曾经在宝塔附近有一座佛寺和一座魁星楼。文人雅士常聚于此处读书写字，只是如今这些附属的建筑均已消失不见。

至于人们为何一定要在广州的东南方位修建宝塔，一份1837年的倡议书或许可以给出一些说明。这份倡议书是由广州的文人、官员以及商人共同发布的，旨在为重修倒塌的宝塔而号召城内百姓捐款：

> 吾辈乡邻！会城东南之地因其河道于居民民生大有影响。据旧史所记，黄埔琶洲塔及其所属海鳌寺建于万历二十五年，赤岗塔及所属文星庙建于天启年间，均可福泽四里，兴昌文运，增添农收。然风雨无情，塔尖毁折，庙宇倾塌，地基摇动，现状堪忧。今需重建寺塔，再获福泽。城北有五层红塔，亦需修缮粉刷。工程已获官府准许，即时可动工修葺。现有谏言，望百姓多方捐资，以助完工。此事既为光耀乡邻，亦与各位切身相关，因此吾等竭诚期待，各位乡邻公民携手同心，不论多寡，施以援手，以期重建工程尽快开展，昔日光华得以重开。继而上天感各位诚心，显其声名，彰其功德。

赤岗塔的九层塔身几乎完全等高，总高约五十五米（参见图228）。宝塔造型是典型的广州及江西一带的风格，我们已经在前文介绍过其特点。宝塔结构线条清晰，细节精美，通过重檐、拱券、壁龛和光滑的外墙面及线条装饰，整座宝塔雄伟而庄严，几乎没有更多的修饰。极其瘦削的塔身和明显的分级令赤岗塔看起来很像湖北的宜昌级塔（参见图85）和沙市宝塔（参见图84）。另一方面，宝塔的重檐结构再向前发展就可以在上面加设外廊，也是从层塔过渡到外廊层塔的特征。比如广州城里的花塔就是由周边的其他宝塔自然发展而来的外廊层塔（参见图241），因此它会在下一节中作为新的宝塔类型展开介绍，与它一同讨论的还有广东东部邗江边的潮州府宝塔，它们是广州这些瘦削的层塔进一步发展的结果，也是东南沿海地区非常常见的石塔造型的进一步发展。

1　安南，即越南的古称。——译注

第五节　外廊层塔[1]

　　宝塔塔身外部如果有带有扶手与廊檐的回廊，那么腰檐就一定要远远伸出塔身，才能保证登塔参拜的游人在回廊上免遭日晒雨淋。一般回廊都建在伸出的斗拱结构上，斗拱下方是下一层宝塔的塔檐，与塔身垂直相交，塔檐、与塔檐相交的塔身和回廊构成一个整体。建造回廊的前提是每层塔身高度必须足够，当然塔身可以由下而上在高度上略有递减，但整体必须保持相同的比例。这个条件在建造没有外部回廊的层塔时就不必遵守了，它们可以在层高上做较大幅度的改变，若层高相差过大，就变成了叠层塔的形制。然而叠层塔的塔檐溢出塔身很少，且塔檐结构相对简单，所有塔檐紧密排列，发展到极端就是矗立在中国北方的造型冷峻的密檐叠层塔。与之相比，外廊层塔的每层塔檐都必须建造得相当宽大，远远地伸出塔身，中国传统建筑中活泼的飞檐、檐沟和屋脊结构，都体现在塔檐上，仿佛花环围绕在塔身四周。因此，外廊层塔也常被称为真正能代表中国风格的宝塔，结合了基础结构的严格规则和充满想象力的轮廓线条和细节勾勒。这种风格在中国中部地区尤其常见，外廊层塔与中国特有的多层楼阁建筑也具有相似的特点。因此我们不难发现，这种宝塔几乎仅在中国中部省份出现，从长江下游往南一直延伸到南方，这些地区也恰好是中国文化生活最精致和活跃的地区。在拥有最灿烂文化的杭州和长江入海口附近，我们能看到发展最成熟、最优美动人的宝塔造型，外廊层塔也正是发源于此。起初的回廊是环绕在宝塔底层四周，上面覆盖着宽大的环形廊檐，回廊与底层宝塔融为一体，共同支撑着上层的塔身。上层一般有六层或八层四方塔身或八角塔身，最上方以造型复杂高耸入云的塔刹收尾。而在古老的政治、宗教和文化中心——南京，明代早期就建造了这种宝塔中的杰作——著名的南京瓷塔。它从造型到用材都展现了最为华丽的一面（参见图282），由于它使用了琉璃，我们将在下一节"琉璃塔"中详细介绍它。

1. 外廊方层塔

　　外廊层塔这一类别在构造上同样由方塔开始，演变为较为紧凑的八角形塔，最后变为形制自由活泼的现代式宝塔。但是它们似乎并不是严格按照建筑史的发展顺序来排列，起码从最有名的这些宝塔实例中我们无法得出规律。然而在此我们还是以这个发展顺序来进行梳理，因为建筑师在设计中不断地积累宝塔外形和建筑史方面的知识，获得更加丰富和成熟的建筑技巧，后期才可能设计出造型较为古朴的宝塔。因此，我们在早期的外廊层塔中能看到一些后期的风格，反过来看，在后期建造的宝塔中也能看到早期的风格。首先，我们凭借五座外廊方层塔来讨论这类宝塔早期的风格，这五座著名的宝塔均来自位于长江

---

[1] 现在一般称外廊为平座。——译注

图 282. 南京报恩寺琉璃宝塔。宝塔基座上方并不是九级塔身，而是八级。绘于 1656 年。参见图 280

图 232. 江苏青浦县宝塔。七级，高约三十米。建造时期无法确定。重建于 1743 年（？）

图 233. 江苏常熟县宝塔。九级，高五十九米。现存的宝塔为新建

图 234. 江苏省嘉定县南翔宝塔。七级，高约三十米

三角洲江苏南部的苏州府。苏州的这几座宝塔造型同属一类，且在其他的地区并未见到同样的类型。这也证明了中国人喜欢在较大的一定范围内修建同样风格的本土建筑作品。第一座外廊方塔位于上海西北方的松江府内，第二座位于松江西北方的青浦镇，苏州东北部的常熟也有一座，另两座都位于商业发达的集镇——上海西面的南翔县[1]和苏州太湖边的港口光福镇。这些宝塔的基本造型完全一样：塔身高大，基本轮廓呈四方形，层与层分隔清晰，内部的空心塔室内有楼梯盘旋而上，塔身周围环绕着漂亮的腰檐，对角线方向由自由立柱支撑。宝塔底层扩展出一条方形封闭回廊，廊檐很宽。回廊宽阔的顶部和廊檐与笔直的檐沟形成对比，宝塔有的高七层，有的共九层，整体造型极尽优雅，但向上翘起的檐角又化解了一些严肃，加上了活泼的气息。在攒尖顶之上以高高耸立的刹杆贯穿相轮及一串宝珠收尾。

1　当时的松江、青浦和南翔都隶属于江苏省，现属上海市。——译注

图 236. 江苏松江府宝塔。九级，
高约四十九米。参见图 237

图 235. 江苏苏州光福镇宝塔。高约三十米。
参见图 6、图 238

    位于青浦的万寿塔如今已成废墟，仅余笔直的塔身还屹立在原地（参见图 232）。它被重檐等分为若干个立方体，侧面由券门、壁龛和线条构成。塔檐还有几根椽木突出塔身之外，说明原本应有远远伸出的腰檐架于椽木之上，现在已经完全剥落消失了。根据留存的宝塔部分我们可以看到上方几层的塔檐紧紧堆在墙面上，而且也无法判断这些塔檐上是否曾架设过回廊，但下方的塔檐可以肯定曾远远地伸出外墙面，位于常熟的宝塔轮廓与万寿塔几乎完全一致，可谓是后者的姐妹塔。外层的木质结构与塔檐、立柱和扶手仿佛一条长裙，包裹在实心的内塔之外。这样的结构在徐家汇工艺院模型展出的江西南康八角形梯云塔上展现得最为清楚（参见图 247）——底层宽阔的回廊之上修建了另外两层木质回廊结构，仿佛中国传统的楼阁建筑，十分有趣。类似的结构让人联想到常熟和松江的方塔（参见图233、图237），它们的外廊都清晰可见，高高的栏杆上有繁复的网状花格（参见图236），八层塔檐远远向外延伸，檐角均高高扬起，很好地代表了长江下游这种精致繁复的宝塔造型。同属此类的还有位于南翔县的宝塔，它是造型相对简单的一座外廊层塔，矗立在运河与精致的小桥旁，构成一幅漂亮的风景画（参见图234）。光福镇宝塔则位于苏州河通向太湖边的高山上（参见图235、图238），同时也守护着太湖（参见图6）。这些宝塔的建造时间至今仍然是一个谜，有关青浦宝塔仅有1743年这个重建的年份被记录下来。至于初建的时间，我们只能推测在宋朝或明朝一直到18世纪之前的那一大段时间内，但从高高扬起的塔檐推测，宝塔应是更晚时期的风格。松江和常熟的宝塔应该在过去的几十年内才刚刚翻新过。

图237. 江苏松江[1]府宝塔，参见图236

图238. 江苏苏州光福镇宝塔。七级，高约三十米。参见图6、图235

---

1 松江当时属于江苏省，现属于上海市。——译注

2. 外廊八角层塔

前文提到的南康府梯云塔是一座相当典型的外廊层塔（参见图 247），所有栏杆的角柱都演变成了粗壮的独立立柱，辅助支撑远远伸出的沉重塔檐。然而下面我们要介绍的这一种外层廊塔则没有这种独立立柱，它们的外廊就简单地架设在下层塔檐上，塔檐也并不很宽。最能清晰地体现出这种过渡的代表是广州的花塔和安徽省安庆府的禅风塔，虽然它们都不在外廊层塔发展最成熟的长江下游地区，但非常完美且完整地展现了这种宝塔的特点。这类宝塔最丰富且出色的代表出自金山、松江、苏州、上海以及海宁州[1]，杭州的六和塔则占据了一个特殊的地位。这些宝塔将在下面分别详细介绍，它们的共同点在于底层宝塔周围显眼的封闭式回廊，它不仅在建筑结构上是支撑上层回廊的必要组成部分，而且回廊扶手栏杆上丰富的宗教图案也十分有趣。

广州与安庆

花塔位于广东省会广州西北部，我们在第四节已经提过，它与珠江边河南岛东北边的风水塔——赤岗塔遥相呼应。花塔是层塔向外廊层塔过渡时期的产物，同时也与西江边及珠江边的宝塔同出一脉，但发展得更进一步且造型更为复杂。它旁边的寺院叫作青慧寺。据传公元 526 年，第二十八代达摩来到广州，在如今宝塔矗立的位置过了一夜。在之后的 536 年，正值崇尚佛教的梁武帝执政时期，昙裕法师在此初建了花塔。唐朝时宝塔应该经历了一次重建，而现在的宝塔应该建于 1080 年，即宋朝。1737 年，宝塔的木质结构被大火焚毁，随后不久就又被重建了起来。到了 1859 年，宝塔的状态已经岌岌可危，从 1880 年拍摄的照片来看，那时宝塔已经成为了废墟。1900 年，宝塔又历经一次较大规模的修整，据传花费了一万块银元。我在 1909 年来到花塔脚下的时候，它已经又被重新扩建了。值得注意的是，现在中国的外交官梁士诒[2]是一位资深的宝塔专家，他从文献资料中得出结论，早在公元 200 年至 300 年，宝塔就已经存在了，然而我们并不知道他参考了哪些文献，因此也无从考证。花塔的名字来源于宝塔外墙的装饰与壁画，因为类似的联想而得名的还有位于上海附近的龙华塔。

花塔为八角九层塔，塔高 270 尺，即 82 米（参见图 240）。在宽大的宝塔底层周围环绕着一圈开放回廊和独立的立柱。底层之上的塔身层高略矮一些。塔身外墙由线条分格，每一面都开有券门。宝塔塔身收分不明显，轮廓呈一定的弧度，十分好看。宝塔的塔身和额枋均刷浆成白色，仅有墙面线条呈深色。宽大的塔檐呈环形围绕在塔身四周，檐角几乎看不到上扬的弧度（参见图 241），塔檐之下看上去很平滑，由一层简单的斗拱和三层青砖叠涩成

---

[1] 现浙江省海宁市盐官镇。——译注

[2] 梁士诒（1869—1933），光绪进士，清末及民国时期的政治家。——译注

图 239.1880 年时的废墟　　　　　　　　　　图 240. 建于 1900 年的新塔

广东省广州花塔。九级，高八十二米。建于 1090 年，1900 年重建。参见图 241、图 242

的菱花牙角支撑着。塔檐之上又连着两层叠涩，再向上就是外廊的花格扶手。向外伸出的檐椽不仅在向上斜拍的照片中非常清晰，在正拍的照片中也很容易辨认。因此可以推测，在修葺时塔檐按照原本的设计应该向外延伸更长的距离，然而最终还是决定不要太宽的塔檐。而过长的檐椽大概是在后来重修回廊的时候被削去了（参见图 240、图 242）。塔顶由三层塔檐叠加而成，与武昌宝塔非常相似。塔顶上有一根高高矗立的刹杆，上面自下而上贯穿着一个覆钵和十个渐次变小的钟碗。在塔刹最高处垂下几根链条，系在塔顶的角檐处。

　　花塔一直都承载着广州城的富足辉煌和低落叹息，对城市的意义十分特殊。民间有一种说法，如果塔刹断裂，那么广州城就会有灾难。事实上这个流传的预言还有两个应验的条件，一种情况是有人失职失察，另一种情况是有人亵渎神灵。宝塔在 1900 年进行最近一次翻新时又重新竖立一根造型优美的刹杆。距离花塔不远的地方矗立着光塔的残垣断壁，

第二章　大型宝塔的主要形制　|　213

图 242. 花塔模型

图 241.1900 年所建的宝塔上层。拍摄视角较为倾斜，实际上上层宝塔外层游廊应看起来更远一些。摄于 1909 年

广东省广州花塔。参见图 239、图 240

它的初建时间甚至可以追溯至汉代，大约在公元 200 年左右，无疑是中国最古老的宝塔之一。现在我们能看到的宝塔据传建于公元 650 年，另有说法是阿拉伯人于 900 年左右所建。1468 年，宝塔重建为一座下宽上窄的尖顶宝塔，自此与花塔一同矗立在广州，成为广州的宗教地标。中国的阴阳风水师将这座城市比喻成一座帆船，两座高高的宝塔就是船的桅杆，立于北山城墙之上的五层宝塔则构成了船的尾部。

振风塔位于安徽的首府安庆府，坐落在东城门前，扬子江畔，是城市的骄傲，航运的标志。宝塔的名字似乎寓意着振兴城市的文化，提升城市的运势。自从南京的琉璃塔倒塌之后，安庆的这座宝塔就享有"万里长江第一塔"之名。能与之相比的仅有武昌城内山上的宝通寺塔（参见图 221），但它位置偏僻，与城市的景观结合并不像振风塔与安庆府如此紧密。

图 243. 建筑中间的振风塔　　　　　　　　　图 244、图 245. 从扬子江上看振风塔

安徽安庆府振风塔。七级，高 73 米。建于 905 年，最后一次翻修于 1985 年左右，参见图 246

  这座塔中之王保得极其完好，即使仅看徐家汇工艺院中的模型，我们都能感受到它的美（参见图 246）。宝塔底层环绕着一座四周开放的回廊，转角处支撑着独立的立柱。廊檐之上的六层塔身收分不甚明显，塔高约 240 尺，即 73 米。塔身外墙平滑，开有券门（参见图 243），另外还凿有较小的壁龛，在节庆之时用来点灯照明。塔檐高高向上扬起，但伸出塔身距离很短，下面是造型繁复的斗拱结构，塔檐上方是同样的斗拱结构，直接与外廊的平座栏杆相连。塔檐为相当雄伟的重檐，导致下面几层塔身在它的映衬下反而不那么瞩目。这样的造型似乎过于封闭和严肃，但精巧的比例和活泼的细节又平衡了这种庄重感，使整座建筑富有特殊的魅力。底层宽大的廊檐与相邻的重檐以及上层的回廊扶手虽然形成了三层重叠的平行结构，但共处得相当和谐（参见图 246）。塔顶上布有特别的弧棱，攒尖顶上的塔刹高高耸立着，为这座比例极佳的宝塔做了完美的收尾。每层塔加上重檐和外墙的高度达到了八米，使这座宝塔更显得雄伟挺拔。与其他类似的宝塔相同，振风塔的每处檐角都系着风铎。

第二章 大型宝塔的主要形制 | 215

可惜我们并没有查找到有关安庆宝塔更加详细的建筑结构和细节布置的资料，仅能对宝塔的历史做一点粗浅的介绍。徐家汇工艺院的资料显示宝塔初建于唐朝，约在公元 10 世纪；明朝一位安徽的官员主持重建了宝塔；在 1850 年至 1864 年的太平天国起义中，宝塔被毁坏，安徽臬司署巡抚吴坤修多次主持重修，宝塔脚下原有这两位负责主持修建宝塔的官员立像。民众将这座宝塔看作城市的桅杆，而城市则被视作下锚在江岸边的帆船，正是因为这个原因，宝塔外墙上放置着两个巨大的船锚。在选拔官员的时候，一般不用名讳中带"篷"（即风帆之意）字的人出任巡抚，不用名讳中带"桨"字的人出任县官，因为百姓认为这会给城市带来危险，他们认为如果违反了这个不成文的规定，那么有一天城市会滑入水中，这意味着城市会被涨起的潮水淹没。

盖洛[1]在他的文章中对振风塔的外形进行了非常详细的描述，特别是在它对景观的特殊作用上着墨许多。同时他还提到了许多有关宝塔的诗歌，这些诗歌部分来自瞿理斯的翻译，他搜集宝塔内部墙面上由游客写下的诗歌铭文并进行翻译，共 105 首。这种在宝塔内部墙上题诗的行为相当常见，比如在本节提到过的杭州六和塔（参见图 267）的墙上就有许多题诗。盖洛认为安庆宝塔上的题诗大多都文雅易懂，它们基于中国传统文化，内容大致都是描述宝塔周围的美丽景色或登塔远眺的辽阔视野，每一首都富于风雅。一些游客还写下了身体健康等美好心愿，祈求神灵满足他们的愿望，大部分是以骈文的形式展现。这里摘录如下以供欣赏——虽然杨亿（974—1030）的这首诗歌并没有直接说明与安庆宝塔有关，但也可以展现登塔之人的心境。

图 246. 安徽安庆宝塔，模型图，参见图 243

登楼

杨亿

危楼高百尺，

手可摘星辰。

不敢高声语，

恐惊天下人。

---

1 威廉·埃德加·盖洛（William Edgar Geil，1865—1925），20 世纪初美国著名旅行家，英国皇家地理学会会员。——译注

中国建筑与宗教文化之宝塔 | 216

3. 金山塔、松江府塔、上海塔

广州和安庆的宝塔在形制上仍然非常相近，它们外廊的扶手距塔身很近，且不高。在它们的基础上继续发展，宝塔的塔檐和回廊都变得更加宽阔，回廊扶手变得更高，加入了独立的立柱来支撑上方远远伸出塔身的沉重塔檐。同时宝塔的整体轮廓也随之改变，屋脊和檐角的弯曲弧度可以变得更大，而内塔则演变得相当细，仿佛一根粗壮的立柱，外面挂着架构繁复的木质结构，好似大衣挂在衣帽架上。宝塔的整体造型各式各样，有的雄伟高大，有的瘦削修长，轮廓的韵律也随着塔身和塔檐的比例而各不相同。从建造的难度和设计的艺术来看，位于松江府（参见图259）和上海（参见图260）的两座宝塔显然是同类宝塔中的杰作。它们代表了更为新颖的建筑艺术，同时是相当典型的发源于长江下游的八角外廊层塔。同时我们还将介绍金山和苏州的宝塔，以便大家对这种别具一格的宝塔造型有更加生动和全面的理解。

为了清楚地掌握这种外廊层塔的结构，我们先来看江西的一个宝塔实例。通过这个例子，我们能很直观地看到宝塔结构复杂的外部木质结构和实心的内塔之间的关系，这座宝塔我们前文也已提过，它就是位于江西北部鄱阳湖附近的梯云塔。根据徐家汇工艺院的说法，这座宝塔位于南康府，而拍摄了照片的盖洛则称这座宝塔位于南昌。这座高三十六米的宝塔应该建于1090年（参见图247），即宋哲宗时期。当然这个时间点是指内塔的建造时期，模型展现的则是1912年左右宝塔的状态，与盖洛的描述完全一致。木质的塔檐、塔顶及栏杆就像轻轻披在塔身上的外套。文献中记载宝塔多次发生火灾都与这层外表的木质结构有关，而里面砖石结构的内塔则没有大碍，因此，人们在重修时可以采用或新或古朴的不同设计。也正因为如此，我们在推测宝塔的原来模样时需要格外小心，如果没有更多材料证明它的原貌，那么宝塔的外部结构就有可能已经经过多次的改变。

金山塔位于远近闻名的金山岛上（参见图253），矗立在长江南岸附近，东南方七里之外就是镇江府，也称丹徒，现在是江苏省的省会[1]。金山岛又被称为"浮玉"，于1842年经冲积与陆地相连。在年代久远的志记中对金山岛有以下记载："此山大江环绕，每风涛四起，势欲飞动，故南朝谓之浮玉。镇江以南十里外有山横跨西南，名五洲山。山势延伸至下鼻浦，突入江中，为金山，至高处为金鳌峰和妙高峰。山之东有日照岩，下有妙空岩，又有一朝阳岩，一龙洞。西面有一头陀岩，据称为公元7世纪一位裴头陀驱蛇之处，人们又称之为裴公洞。北方有黑衣洞、飞云洞，东麓有信矶、善才石，南方一峭壁立于水中，东面为云根岛，相传此处有一文人墓，正对一座三石山，名为笔架山。"

康熙于1703年南巡时来到金山岛，题下了"江天一览"，并给山上的寺庙赐名"江天寺"。他在阳光照耀下的山峰上写下三个大字"送风石"，在正阳洞题下"云峰"二字。乾隆皇帝在1751年下江南时命人在金山上修建了一座宫殿，写下诗文纪念。在后来1755年、1765年、1780年和1784年的四次南巡中都来此停留并留下了诗文。

---

[1] 民国时期，镇江市为江苏省省会。——译注

图247. 江西南康府鄱阳湖湖畔的梯云塔。实心塔身之外环绕着一圈木结构。七级，高三十六米。建于1090年，图中残塔是1912年时的情景

早在西晋和东晋时期，金山上已经修建了最早的寺院。金山寺建于后面的南朝梁、唐和宋。大中祥符五年，宋真宗做了一个梦，梦中他来到这座山上散步，因此赐名"金山"。南宋初期的1137年，金山寺被大火焚毁，现在的寺院全部是清朝时的建筑，正殿大概是1892年之前刚刚重建的。寺名江天寺，意指银河，也叫天河，地上与天河相对的就是扬子江。如今的宝塔旁边有一座亭子，文献中也有记载，它位于扬子江畔，坐落在金山东南方向的五洲山山顶。登上亭子向外远眺，能一览海上的景色，因此它便得名"吞海亭"，意思是能在此看到江流汇入海中，仿佛被吞入了一般。奇怪的是，在清朝的地方志中并未出现金山寺里任何一座宝塔的记载。也许宝塔的起源要追溯到宋朝前期，可能与宋真宗的一个梦有关。寺院中据考原本有两座宝塔，但现在均已不见踪影。它们分别是建于宋朝的慈寿塔和建于明朝的多宝塔。1472年，日本人雪舟创作了一幅金山岛的画作（参见图248），画中山峰上环绕着寺院建筑群，在半山腰处矗立着两座宝塔，应该都是古塔。其中一座宋代宝塔所属的禅院叫作龙游禅寺，这是一位僧人（于1098年圆寂）与苏东坡进行著名的对谈的地点。苏东坡当年还赠予寺院一条玉腰带。不久之后，宝塔毁于1137年的大火，但很快得到了重建。公元1290年左右，马可·波罗将金山岛称为佛教中心，其中自然包含着宝塔的影响。在1472年的这幅画作中，宋塔旁边就是建于明代的宝塔，两座宝塔应该双双毁于明代末期，因此之后清代的地方志中就没有出现宝塔的相关记载。

现在的宝塔显然建于清朝，然而确切的年份无法确定。在1844年阿罗姆制作的版画中，它的保存状态十分理想（参见图249），位于最高峰吞海亭的下方位置。与雪舟1472年所画的两座宝塔相比，则是位置不同的另一座新塔了。在汤姆森[1]于1870年拍摄的照片及福兰阁在1892年拍摄的照片（参见图250）中，它都已呈废墟状态，而寺院在1892年完全翻新，随后宝塔应该也得到了重建，1895年至1900年，它应该就已经被重建成了现在的样子（参见图251、图252）。

金山的外廊层塔是一座八角形七层塔，高约五十米，外形敦实，造型十分优美（参见图255）。瘦削的实心内塔向外开有不规则分布的券门以及与券门上方拱券等大的窗格。塔内有阶梯一直通到塔顶。宝塔底层矗立在八角形塔基之上，周围环绕着开放的木质回廊，回廊外部围有扶手栏杆。塔檐远远伸出塔身，徐家汇工艺院的模型虽然总体上还原得较为精准，但对塔檐的造型略有夸张的因素（参见图254）。在以迅疾大风闻名的扬子江畔，将塔檐设计得如此繁复，实为大胆之举，而呈弧形的檐沟和高高扬起的檐角更是冒险。在考虑宝塔的安全性时，修造者放弃了常见的斗拱结构，而是通过极其粗壮的横梁来支撑回廊，主梁贯穿了整座宝塔的宽度，通过下方的线条进一步固定支撑，最终向上翘起的造型让人联想到象鼻。架在横梁上方的檐椽将檐角束成一个坚固的整体，来支撑更上方的额枋和宽大且扬起的塔檐。回廊扶手由轻巧的木结构制成，装饰有垂直的细木条，下方是实心的横饰带。回廊角柱的后面通过短小的圆钢与上方的梁相连，通过这个结构，整座宝塔的塔身得以稳固地连结在一起。宝塔上方的攒尖顶固定得很牢，最上方的两层房梁结构向中

---

[1] 约翰·汤姆森（John Thomson，1837—1921），英国摄影家、地理学家、探险家。——译注

图 248. 金山上的两座宝塔。根据雪舟 1472 年的画作所绘

图 249. 金山上的一座宝塔。阿罗姆绘于 1842 年左右
江苏镇江府金山,扬子江畔

图 250. 侧面看新建的江天寺，宝塔与楼阁蔚为大观。摄于 1892 年，另一侧参见图 252

图 251. 从寺院背后的中轴线上望向山中凉亭和宝塔。摄于 1892 年，另一面参见图 253
江苏镇江府金山，扬子江畔。宝塔已成废墟。参见图 248、图 249

第二章　大型宝塔的主要形制 | 221

图 252. 从侧面看寺院、宝塔与楼阁。摄于 1913 年。另一侧参见图 250

图 253. 山上的亭台与宝塔。摄于 1910 年。另一面参见图 251

图 254. 宝塔模型图

江苏镇江府金山，扬子江畔。新建的宝塔共七级，高五十米。始建于宋朝 1012 年左右，新建的宝塔于清初所建，在 1654—1700 年左右，于 1895—1900 年翻新。参见图 255、图 257

间汇聚，支撑起巨大的铜制塔刹。刹杆最下方贯穿着一个露盘，向上是七个悬空的相轮，轮廓呈纺锤形，再上方还悬着一个单独的铜环，直径最大。这个铜环上伸出八个系着风铃的悬臂，悬臂上各垂下一根铁链，与攒尖顶的八角檐角相连。金属线绷得很紧，应该也能起到一部分支撑固定的作用。塔刹的最上方是又一个露盘和两颗宝珠。

金山宝塔形制相当现代（参见图 257），是外廊层塔的代表作品，能从外表的美观上

图 255. 江苏镇江府金山宝塔。于 1900 年左右翻新。参见图 254、图 257

图 256. 上海龙华塔。底层及上面的三层。摄于 1913 年，参见图 260

与之匹敌的只有松江府的宝塔和上海的龙华塔（参见图 260），但它所处的环境比后面这两座宝塔更为开阔大气（参见图 253），也因此在景观的效果上更为出色。它是江流中的一处标志性建筑，也为镇江的风水发挥着重要的作用。在山上远眺，能看到运河在此汇入长江，看到江中来往的船只，看到北岸的风景，也能看到乾隆皇帝曾令人建造的五园及旁边现在已无人居住的瓜洲[1]。

松江府的宝塔我们已经介绍过好几座，西林塔（参见图 259）也坐落于此。它的造型比上海的那些轻巧修长的宝塔更显沉稳。塔檐远远伸出塔身之外，并呈弧形向上弯曲，塔檐下方支撑着独立的立柱，与高高的回廊栏杆共同营造了灵动而令人印象深刻的水平面造型。西林塔高四十五米，共七层，其中底层环有完整的回廊。关于宝塔的历史并没有非常详细的文献可供参考，而上海的宝塔历史则从佛教传入的早期一直绵延到如今，从未断绝。

在上海以南，黄浦江西岸的龙华村屹立着一座龙华塔（参见图 260），它以龙华教寺（参见图 419）得名。这座宝塔是外廊层塔的绝佳范例，同时也是欧洲人最熟悉的宝塔之一，且保存相对完美（参见图 260）。历经了多次战乱，几经翻新和重建，度过了近 1700 年的岁月留存至今，当然这也要归功于它初建很早。民间的说法与常盘大定和关野贞的推测不同，称宝塔是由古代吴国的孙权大帝（229—252）所建，具体时间为赤乌十年，即公

---

[1] 位于江苏省扬州市，与镇江金山寺隔江相望。——译注

图 257. 江苏金山宝塔。参见图 254、图 255　　　　　　　图 258. 江苏苏州北塔。参见图 261—图 266

元 247 年，百姓们对这个传说都深信不疑。赤乌时期对佛教传入中国沿海地区及长江下游地区具有相当重要的历史意义，在这个时期内人们修建了许多著名的宝塔，比如苏州北塔（参见图 262）和南京的瓷塔，这两座宝塔我们在后文中还将做深入了解。

龙华塔以及所属寺院的历史在《中国佛教史迹》及上海地方志中均有记载，其他一些文献中也有提及。寺院的大殿建于公元 684 年，时值唐朝嗣圣时期，也有文献记载为 688 年，然而后来大殿被毁。五代十国吴越时期（907—978），忠懿王乘船来到黄浦江，并在船中过夜，看到天空中的一道光芒，于是下令重修宝塔；宋英宗御赐寺名为"空相"；元朝 1367 年，宝塔和寺院均被毁坏，于 1403—1424 年明永乐年间重建；成化十六年，即 1480 年，寺院进行了翻新；1564 年嘉靖执政时期再次重建宝塔；后来寺院正殿被严重破坏，但在万历二年，即 1564 年又得到了重修；在明末的 1643 年又一次重建宝塔；清朝第一位皇帝顺治执政时期，寺院和宝塔在 1647 年全部重建；康熙年间（1662—1722）寺塔又经历了多次修缮；然而在 1860 年的太平天国运动中，这片建筑又一次被毁，修建与翻新工程一直持续到了 19 世纪末，现在的寺院则已变成一座兵营。

一般认为，龙华寺多次倒塌又重建的曲折命运也是宝塔命运的体现，因此它那瘦削的实心内塔到底在何种程度上保持了初期样貌暂时是无法确定的，但可以肯定的是，宝塔现在的大部分结构都是明朝永乐九年，即 1411 年重建的。内塔外面包裹着轻灵而风姿优雅的外衣：高高扬起的塔檐，外廊和塔顶的造型都符合清朝时中部省份的造型特点，显然是最近几十年才新建的，时间不会早于 1900 年。这座八角四层塔（参见图 256）高度为 38 米，

中国建筑与宗教文化之宝塔　｜　224

图 259. 江苏松江府西林塔。七级，高四十五米。最近于 1900 年左右改建

图 260. 上海龙华塔。七级，高三十八米。始建于 247 年。最后一次改建于 1900 年左右。摄于 1907 年。
参见图 256

底层围绕一个宽阔的回廊和围墙，上面的六层塔身略向内收缩，高度也略有递减。塔身外墙用前文介绍过的的饰带隔成数格，其中交错设置了券门。回廊栏杆很高，栏杆之间是雕刻细致的花格，底座很是宽阔。角柱很细，支撑着上方高高扬起的檐角，檐角之间的檐沟形成一条长长的弧线。塔顶的比例极其精巧，以一根高高耸立的刹杆收尾，刹杆上贯穿着相轮。如果我们仅从美学的角度去将这些宝塔和欧洲的建筑做比较，那么从风格上来看，我们需要注意它们呈弯曲的线条、平面和不规则的间隙，同时也要看它们结构的韵律和超前的理念，这和后期的哥特风格及巴洛克风格都很相似。内心的宗教生活其实就是我们对现实存在的不可解的投射，而为了表达这种不可解，人们发明了这种建筑形式，在细节上不断有节制地重复，而在高度上向上延伸，接近天空，在高耸的塔尖上得到完全的释放。

4. 江苏苏州的北塔[1]

著名的苏州北塔（参见图262）位于苏州城北城门附近的报恩寺内。报恩寺又名北寺，现在建筑已经倒塌。北塔雄伟地屹立着，是整个城市景观中的亮点。它在最近又进行了大规模的修缮，如今又焕发出耀眼的神采，算得上吴中最出色的宝塔建筑之一，值得在此节中用较大的篇幅详细地描述和分析。关于宝塔的外形及建造的历史，我们查找到了一篇描述详尽的文章，由王世贞（1526—1590）所撰写。王世贞是苏州东边的太仓州人士，也因此对这座宝塔有极大的兴趣。他的这篇《吴郡北寺重修九级浮屠记》及其他描写寺和塔的文字都来自《古今图书集成》一书，加上庄延龄的文章引用以及《中国佛教史迹》中的简短描述，我将它们整理成如下的资料：

宝塔全名报恩寺塔。

塔的历史。 汉明帝时期（57—75）摩腾和尚[2]在河南洛阳为佛教竖起了旗帜，孙吴之初，一位叫作"会"的粟特僧人宣称在江左讲经说法。"汉明之季，则摩腾标帜于洛阳。孙氏之初，则康会著祥于江左。古语所述：经来白马，教胜赤乌。殆非虚也。当是时，孙之乳母陈有宅于吴郡城之艮隅，拟舍为寺，而仲谋信心方炽，大捐国帑以成厥功，郁作雄刹。后有僧正慧者，别创窣堵波十一层于殿之右方。"[3] 根据《中国佛教史迹》的记载，这件事发生在902—922年，大约是唐末五代梁国之始。

史料中提到过更早的一座宝塔，但那座宝塔叫阿育王塔，它其实应该是一座较小的宝塔型舍利佛龛。庄延龄在他的文章中写道：在西晋建兴元年，即公元313年的一个夜晚，太湖岸边一个叫沪渎地方的一些渔民在松江府方向的水面上看到了神光。之后他们又在白天的太湖水中看到两座石像，显然是水怪。这些渔民向石像抛出了祭品，石像就游走了。不久以后苏州百姓听说了这个神迹，于是许多僧人和尼姑都赶往沪渎[4]。他们找到了石像，并把它们带回了苏州，放置在寺院中——就是后来北塔所在的寺院。石像发出的神光七天七夜方才消去。这个苏州附近湖中石像的故事来自《法苑珠林》，后来在《佛教真传》中有一幅精美的插图也描述了这个传说，并给出了这个事件确切的时间：西晋愍帝建兴元年，即313年。到了建兴四年，即316年，渔民在同样的地方发现了一个青金石碗。他们想将它作为日常盛鱼的器皿时，碗的外壁上出现了一个佛像。显然这个碗与前面的两尊石像系出同源，因此它也被带去了苏州的寺院中。之后不久，一些外国僧人来到苏州讲经，讲到他们的故乡流传着一个预言，称东方会出现两尊石质佛像与一座阿育王塔，现在这个预言真的成真了。

---

1 北塔，即苏州俗称的北寺塔。——译注

2 应为摄摩腾，中天竺人，与竺法兰一同被尊为中国佛教的鼻祖。——译注

3 原文见《弇州续稿卷六十二》。——译注

4 吴淞江沪渎口。——译注

继续回到王世贞的文章，他讲到宝塔保存了超过一千年未倒，最终毁于一场大火。这里指的可能是一座古塔，甚至可能是那座阿育王塔，当然也可能是指稍晚建造的一座，但绝非后来（902—922）建造的那座十一层塔。至于这次大火何时发生，我们并无从得知，但可以确定的是，到宋神宗元丰年间（1078—1085），人们才决定重新翻修宝塔，并将宝塔改为九层。由于被舍利的祥瑞之意所动，诗人苏轼（即苏东坡，1070 年左右在苏杭任职）为修塔捐出了所藏的古铜龟，并写了一篇长文纪念，这篇文章也收入了《古今图书集成》。之后的数十年之内，宝塔都是当地著名的风景名胜。然而在 1130 年，寺院和宝塔又毁于大火。绍兴（1131—1162）末期，游僧金大圆重建了宝塔，仍建成九层形制，经推测重建年份应该为 1160 年。这座新建的宝塔似乎保存的时间较长，但塔身应该还是受到了岁月的不断侵蚀，因为明朝弘治十二年（1499），地方官曾下令，命德昊和尚修缮宝塔。重建四百年后，宝塔于 1160 年又一次被大火焚毁。1567 年至 1573 年寺院和宝塔再次被烧毁。万历年间（1573—1620），人们想要彻底翻修宝塔，然而费用不继，有一位山僧名性月，独自承揽下了重修的任务。修建外墙时，工人无赖加价，致使重修工程陷入停滞。万历十年（1582），有一游僧名如金来到此地，绕塔顶礼。性月与如金早就相识，于是说道："事济矣！请一切受署如金。"事情对如金来说并不难办，他更换了架构的工人，用不到原来价钱的十之二三就雇到了新的工人。他将任务布置下去，自己则讲经说法，并展现了神迹。工程共历九年，于 1590 年完工。虽然九层宝塔建造得与之前完全一样，但是新塔一改颓势，造型壮丽庄严，俨然要揽着登塔的游客，向碧天而去。如金又使其余力造出丈六高的能仁金像，及圆通妙像。做完这一切，他的名声就远远地传播了出去，再也无法隐于闹市。如金感到很为难，由于他不想承受盛名之累，便称有微疾而离开了。

到这里王世贞的文章就结束了，他亲身经历了这次规模较大的修缮，因此描写得相当详细。在 1590 年的重建以后，虽然中间还经历过一些较大规模的修缮，但宝塔的造型似乎就一直保持到了如今。据美魏茶的研究，在道光皇帝早期，约在 1821 年之后，宝塔又进行过一次较大规模的修葺，所费甚巨，先后有三位出资者参与资助，一位官员、一位富贾和一位琉球岛的诸侯，富商在此期间散尽家财而破产。整个建造过程持续了六十年，这也相当合理，因为修造工作在 19 世纪中期前后遭遇了战乱和天灾，不得不屡次停止。最后一次彻底的修缮工作在 1903 年进行，从那时起，宝塔的全貌就出现在许多新拍的相片中，将这座宝塔的风姿展现得淋漓尽致，也吸引了大批游客前来参观。我们必须承认，这座傲人宝塔的绝大部分结构，包括内塔中心的结构，都是宋朝建造的新塔保留下来的，因为 1590 年的翻新中重建了与早期一模一样的造型和结构。但宝塔外部的结构及大部分细节雕刻都是 1821 年至 1903 年翻新的结果。

塔的外形。参观宝塔时我测量了一些大体的数据，更准确的测量数据则无法找到，但我们手头的建筑结构图（参见图 266）画得还是比较准确精细的。这座八角形砖塔由外层墙体和一座内塔构成，从底层起外墙和内塔之间就有封闭的回廊隔开，回廊顶部与上一层地板连成一个整体。回廊中设有向上层攀登的阶梯，呈顺时针向上旋转，这样登塔时就可以按一个方向一直到顶，且手臂一直保持在宝塔的中心线，正如佛教典籍中所写的仪式一

图 261. 苏州北塔模型图。参见图 258、图 262 模型错误：塔型过于纤细，塔刹过高。底部回廊的墙体被做成了窗，因此不封闭

图 262. 江苏苏州北塔。九级，高七十米。始建于 300—400 年（？），新塔在 902—922 年间为九级，1080—1160 年左右为十一级。现今的宝塔建于 1582—1590 年，于 1903 年翻新。参见图 258、图 261、图 263—图 266

样。北塔塔身向上收缩的幅度比大部分其他的宝塔都要小得多。底层的八角形外墙通径为 17.50 米，最高一层的外墙通径为 14 米，而内塔的通径则由底层的 7.40 米仅仅收缩到 6.90 米。外墙的内面似乎是垂直的，墙体的厚度由 3.55 米逐渐变薄，最上方厚 1.56 米。内部回廊的跨度则从 1.70 米变宽至 1.97 米。内塔中每层均有一个四方塔室，四面凿有壁龛，从回廊上有一个或多个入口通向内室。最高层的内室中央竖立着一根圆柱（参见图 263），粗 55 厘米，钉着长长的竹片，支撑起上方攒尖顶的中心及更上方的铁制刹杆。宝塔的高度通过以下的办法来计算：宝塔基座高 1.9 米，基座之上的九层塔身从最下层的 7.0 米向上递减，最高层塔身高 4.5 米，这样来算基座之上的塔身共高约 52.0 米（参见图 258）。塔顶和塔刹的高度约为最高层塔身的 3.5 倍，即 17.0 米，徐家汇工艺院的模型中将高度夸张化了（参见图 261）。这样计算出的宝塔高度约为 70.0 米，算是中国的名塔中较高的一座。庄延龄、杜步西[1]和徐家汇工艺院的模型都给出了 250 尺（76 米）的塔高，但此处我还是坚持采用

1　杜步西（1845—1910），美国长老会派往中国的传教士，定居于苏州。——译注

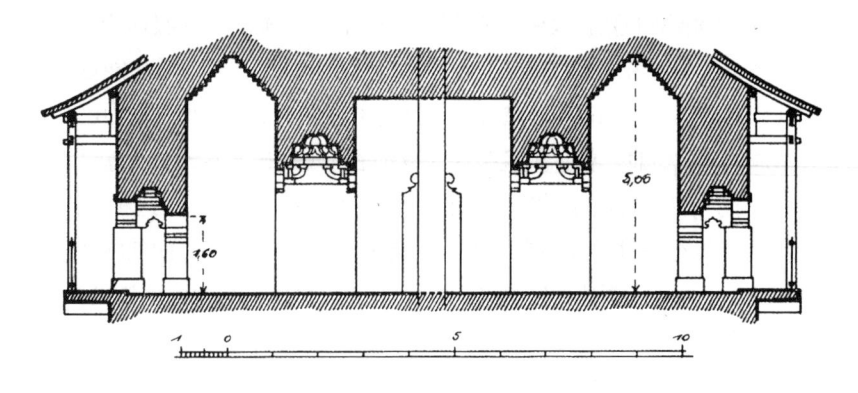

图 263. 顶层回廊及塔室横截面。比例尺 1∶150

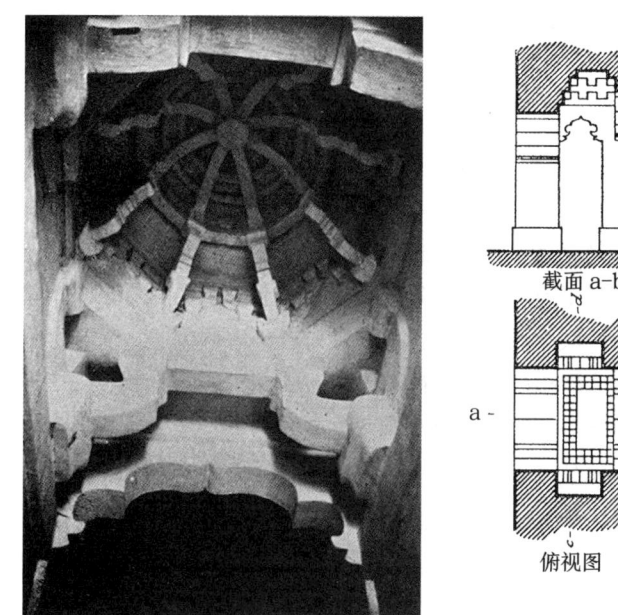

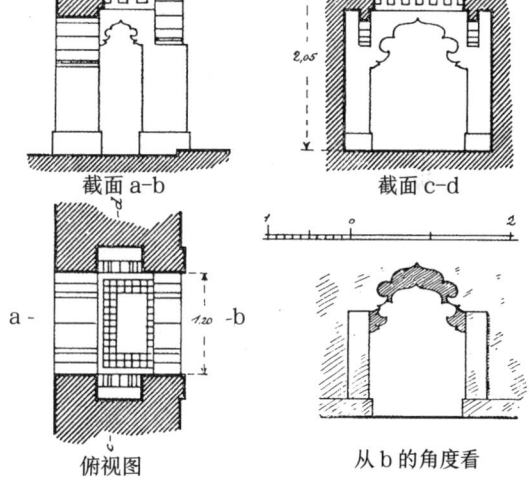

图 264. 内部的一个塔室。拱顶由陶土所制

图 265. 顶层外部塔室构造。比例尺 1∶75

苏州北塔。九层部分构造。建于 1590 年，于 1903 年翻新。参见图 262、图 266

70 米的塔高数据。

上面几层塔身的外墙都开有八个不封闭的拱券，通向外廊。外墙面则由转角线条、两根中间的垂线以及水平横梁构成方形。从内室通向券门的墙体中央也形成一个小空间，空间上方由突出的斗拱和一个平面支撑（参见图 265）。这个结构承托在内建的拱顶扶垛和更宽大一些的拱肋上，拱肋在外部比内部建得更高，侧面轮廓看上去是梅花形，顶端呈尖瓣状。回廊的顶很高，呈斜面向中间攒成尖顶。走道中通向内室的小空间虽然不大，但却处处精美（参见图 264）。在低处的梅花拱形之间是四个转角斗拱，上面是八角形足环，上方攒成真正的拱顶结构。屋脊由轮廓清晰的斗拱及上方延伸出来的浮雕共同构成，继续向上有八根拱棱收至中心的圆环，圆环中间是一个小小的顶片。圆顶下方及中间斗拱的大小对比强烈，线

第二章 大型宝塔的主要形制 | 229

条和平面间变换出清晰的光影效果，圆顶自成一体，庄严辉煌，共同营造出令人惊叹的效果。精心设计的墙体门窗使塔内光线十分充足，建筑细节也清晰可辨。首先能看到的就是无数佛像的石雕或青砖浮雕，它们遍布在墙面上、壁龛中、供桌上及内顶上，为这座蔚为大观的建筑增添了浓厚的佛教气息。根据美魏茶的计数，塔内现有佛像共约500尊。

回廊底部的平台下需要承载力强的独立斗拱（参见图262），这种斗拱结构在苏州的其他没有回廊环绕在塔身四周的宝塔中也很常见。回廊扶手由高而细的栅栏式栏杆构成，底部的斗拱下方直接与塔檐相接，塔檐线条均为直线型，在转角处呈弧线，檐角高高扬起。每个角檐上都系着一个小风铎，共有8×9=72个。

北塔的一个特色是它底层宽大的八角形回廊。这条7.5米宽的回廊环绕在塔身四周（参见图266），回廊内侧有四个开口通向中间的阶梯，外侧每边开有五扇格窗，东南西北四个方向正中开有券门。外廊层塔特有的外墙形制在北塔上体现得淋漓尽致。而徐家汇工艺院的模型则错把北塔底层的外墙制作成了实心的墙面（参见图261）。

塔顶是高高耸起的攒尖顶和塔刹（参见图258）。塔刹的造型相当繁复，高度可观（参见图261），很符合中国中部及南部宝塔的造型特点。七环相轮的周长从中间向两边递减，呈纺锤形，上方是一个有裂口的花冠，伸出八个悬臂，从悬臂上垂下八根链条与顶层的角檐相连——这个结构可以辅助固定塔刹。这个相轮结构的上下各有一个柱头，上方的柱头也呈多层环状，上面是尖顶的宝珠，最上方的刹尖高耸入云。至于这个多层塔刹的象征意义，我们会在后文中与其他塔刹进行比较之后详细阐述。塔刹对于宝塔具有十分重要的作用，同时它的造型也会与宝塔的整体造型相搭配来设计。

这座塔中明珠凭借其高大而壮观的外形吸引了许多中国人来此游览，并写下了许多著名的诗词文赋。而宝塔本身也以其成熟的新式造型给苏州及人口稠密的周边地区带来了好运（参见图199）。它也代表了苏州在艺术与宗教方面的悠久历史——强盛的吴国为佛教传入此地打开了大门，而佛教也在这片土地上生根发芽，开出了繁花。另一方面北塔也对苏州城的风水起着决定性的作用。城内由北向南贯穿一条主街，叫护龙街。这条名字中带有"龙"的主干道是苏州的灵魂，龙头卧于城南端，此处修建了一座孔庙，孔庙附近有两汪清泉象征着龙的眼睛。而龙尾则在城北，就是我们介绍的北塔，它庄严地矗立着，也因其龙尾的地位得到了完好的保存。正是因为北塔对苏州具有特殊意义，这里常常举办一些大型的庆典活动。庄延龄描述了一场规模浩大的宝塔点灯活动，共持续了三个晚上。宝塔的六面各层都点上了灯笼，每层有八位法师诵经绕塔，各层同时进行。这场法事是一位富户为纪念去世的亲人而出资举办的。

这座雄伟的建筑最令人印象深刻的还是它极其精美的外形。由于宝塔由下而上渐渐收缩，宝塔上的细节也需要按照比例变小，那么就要求更为精细的工艺。从底层开始，人们就要计算细部结构的大小和距离，来保证上层具有等比缩小的相同细节，包括门、塔室、栏杆、塔檐都要考虑到位。中国人能从这种建筑的艺术中感受到呼吸和灵魂，如果游客是一名佛教徒，那么这种效果就会更加明显。从底层拾级而上，他相信他正一步一步接近上天，而世俗的生活随着他的攀登慢慢远去，尘世的烦恼也随着眼界的不断开阔而变得微不足道

北塔九层俯视图

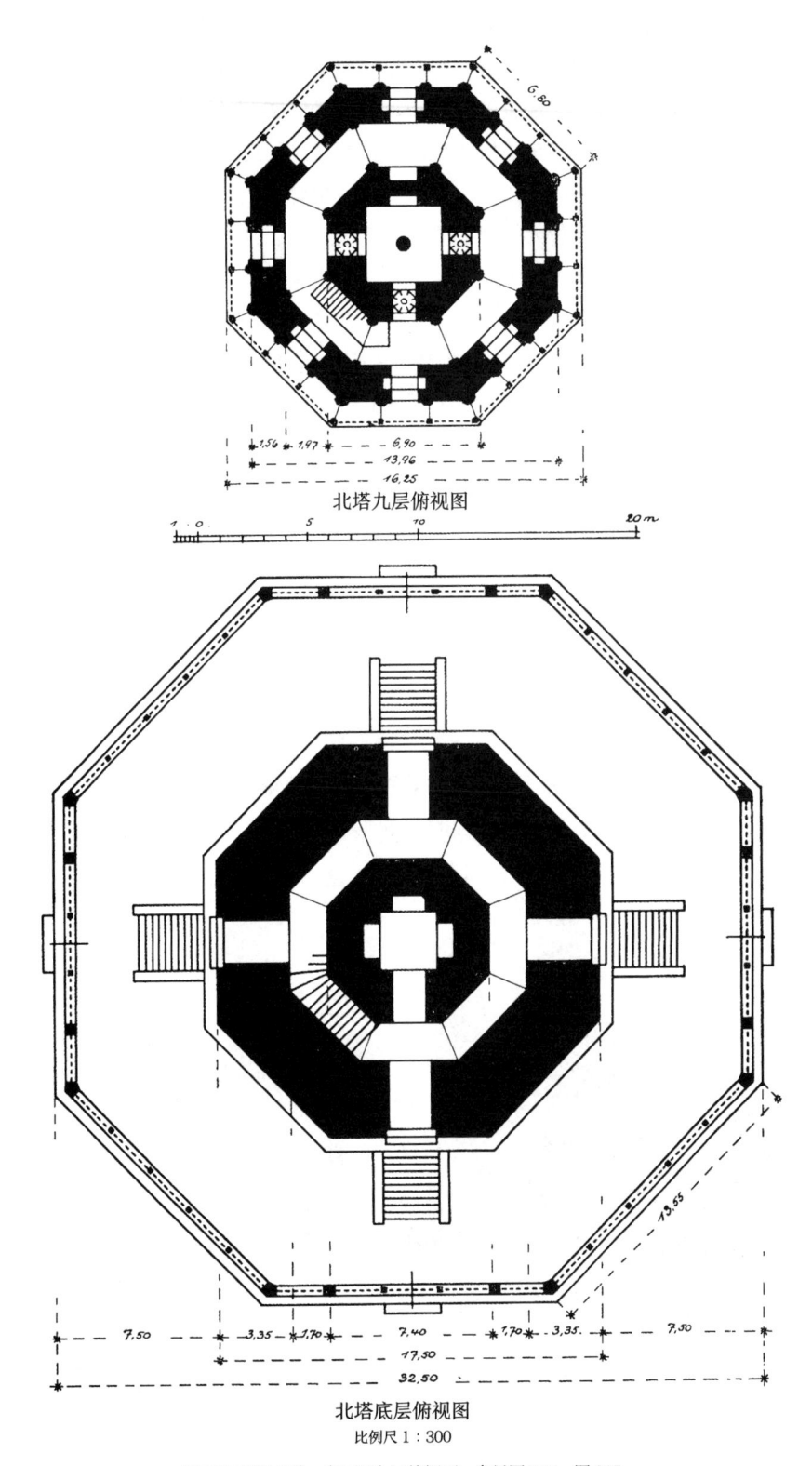

北塔底层俯视图
比例尺 1∶300

图 266. 苏州北塔。底层和九层俯视面。参见图 262—图 265

第二章　大型宝塔的主要形制 | 231

了起来。中国的文人墨客留下的诗歌和文章中不断提及，俗事可以消散在宗教世界和精神世界中。即使是没有形而上思想的欧洲人，来到此处也会抒发出这样的感慨。比如在苏州居住多年且相当熟悉当地的杜步西就形容过这种感受："环绕围廊，俯视城市。护龙街一直向南延伸至孔庙。西北方向是繁忙的城门，西方是广阔的湖面、连绵不绝的山峦和屹立在山巅的优美宝塔。平原上遍布着村庄。向南也能看到一座宝塔，那里就是吴江。目光跟随波光粼粼的运河一直向东，一座远山映入眼帘，那是昆山。山脚下向东北三十里，坐落着拥有十万人口的常熟。沿着大运河继续向西北三十里，则是惠山，它属于坐拥十五万人口的无锡市。宝塔周边方圆三十里还有数百个一千人到五万人的市集及成千上万座村庄，大约共五百万人口。"

北塔是苏州城内四座宝塔中最为重要的一座。另外三座宝塔——苏州城中央的双塔（参见图 209）和最南端的瑞光塔（参见图 210）已经在第四节中做过介绍。它们与另外三座苏州西面的宝塔——虎丘宝塔位于西北（参见图 203）、灵岩寺宝塔位于西部（参见图 206）、上方山宝塔位于西南（参见图 207），互相呼应，在苏州城南北轴线终点的北塔的引领下，共同为苏州城以及周边地区的风景增添了亮点。

5. 杭州与海宁州的宝塔

杭州六和塔

在与同苏州并称苏杭的浙江杭州也坐落着一座与北塔相似的宝塔（参见图 267），它位于钱塘江畔。这座城市有享誉国内外的西湖（参见图 191），其中两座宝塔——雷峰塔

图 267. 月轮山上的六和塔

中国建筑与宗教文化之宝塔 | 232

（参见图196）和保俶塔（参见图198）均在第四节介绍过。这些建筑几乎是同时期建造的，选址考究，给杭州城带来了相当好的风水。

位于开化禅寺的六和塔是为了一种特殊的自然现象——江潮而建造的。在钱塘江流入杭州湾的海宁州，大约在杭州下游130里处，每天有两次大潮奔腾而过。根据中国民间的说法，海宁州江潮与"雷州换鼓"和"登州海市"并称为三大奇迹。海宁州江潮就是说的杭州附近的钱塘江潮；雷州是广东南部与海南岛相对的一个半岛，因雷声而得名；登州[1]则位于山东的北端，传说能看见已经过世的人的鬼魂。这三个可怕的自然现象来自三种元素：中国最南端的气、中部的水和北部象征着地下世界的土。而且这三个现象发生的地名中都有一个"州"字。

江潮每天都可以达到数米高，宽阔无垠，然而每月在新月和满月之后的两次江潮是最大的，在春天和秋天最大的潮头高度可达到十米。如果涨潮时持续刮东风，再加上大雨带来的河水暴涨，那么就会带来无法挽回的巨大灾难。人们不断与水灾做斗争，这让人回想起历史上将镣铐扔进大海想要将其锁住的薛西斯[2]的故事。唐末的钱镠（852—932）创立了五代十国的吴越古国，包括现在的苏州、杭州和宁波，自公元907年开始，他就成为了独立的吴越王，命人在钱塘江岸建造了石坝。曾经有一次特大的江潮逼近大坝，险要关头钱镠命令士兵将箭射入江中，后来潮水真的退去了，一切归于平静，这种退潮的现象一直延伸到杭州上游的地区。另外为了预防灾害，人们还采取了一些宗教方面的措施，建造宝塔就是其中一种。海宁州的钱塘江口就有一座这样的宝塔，另外一座是杭州附近江岸处的六和塔。

六和塔位于杭州南城门——凤山门西南方向约一个半小时路程的位置（参见图191），屹立在钱塘江北岸，在这里江水转了一个弯向北流去。宝塔所在的山峰叫月轮峰，属于卧龙山的一支。月轮峰北边是荔枝山，据说它们的特殊用途就是镇江潮，即防止洪水带来的灾祸。登塔远眺，四周群山巍峨，奔涌的江流带起巨浪，一直延伸到江口。历史上有关六和塔也有许多记载：

公元713年至741年，唐玄宗开元年间建成六和寺。

970年至976年，宋太祖开宝三年，即970年，当时吴越国最后一位王是钱弘俶——吴越国开国君主钱镠之孙，他于976年自献封疆于宋朝，并受命修建了这座宝塔。他令延寿和尚将宝塔建在第二位吴越王钱元瓘（钱镠之子）的花园中。当时建成的宝塔高九层，高度根据记载为525尺，这个高度极为夸张，自然应该是笔误。宝塔底座为六角形，到顶端几近圆形。每层宝塔各面均开有券门，外面环绕回廊。

976年至984年，宋朝第二位皇帝宋太宗太平兴国时期，寺院更名为开化寺。

1122年宋徽宗时期，宝塔毁于杭州的一次起义，片瓦无存，很快当地就发生了骇人听闻的大洪水。

1143年至1153年，南宋第一位皇帝宋高宗绍兴时期，宝塔从1152年开始重建，此次重建宝

---

[1] 登州，古地名，即现在的山东省蓬莱市。——译注
[2] 薛西斯一世（约前519—前465），波斯帝国的国王。——译注

图 268. 上方不等高的塔身，塔檐为木质　　　　图 269. 塔身及下层外围开放式回廊。模型图

钱塘江北岸的六和塔，位于杭州西南方向。外层共十三级，高八十四米。始建于 970 年。如今的宝塔建于 1152—1156 年，经历多次修缮，最近两次为 1894 年和 1901 年。参见图 270

塔形制为七层塔。工程并无间断，到 1156 年完工，其间智昙和尚做出了极大的贡献。同时北塔在苏州也进行了重建。到后来的元朝以及明朝，宝塔各被大火严重损毁过一次。

1735 年，雍正皇帝下诏大规模修缮宝塔，并从国库调拨大量资金。

1736 年至 1796 年，乾隆皇帝多次游览宝塔，并留下无数碑文，其中一篇 1751 年的诗文被刻在寺前的石碑上。他又命人在承德的园林中按照六和塔仿制了一座宝塔，然而仿制的宝塔被大火焚毁，似乎后来就没有再重建。

1862 年，宝塔在太平天国运动中被严重毁坏。

1894 年，经当时在吏部任职的朱敏生[1]上书，皇帝命人重建宝塔。从此至今当地再无洪水或火灾发生。

1901 年，宝塔又一次扩建，当时仅苏州的财政官员就捐出了十五万经费。

六和塔由一个巨大的塔身和外层封闭的木质结构构成（参见图 268）。底层塔身呈八边形，外围边长 9.8 米，底层下的基座边长为 14.6 米（参见图 269），四周环绕着一圈开放式回廊，由立柱撑起。每边有四根立柱，最外侧两根立柱间的距离为 12.9 米（参见图 270）。宝塔的

---

[1] 朱智，字敏生（一说茗笙），浙江钱塘人，历任工部主事、军机处章京、通政使副使、大理寺卿、太仆寺卿等。——译注

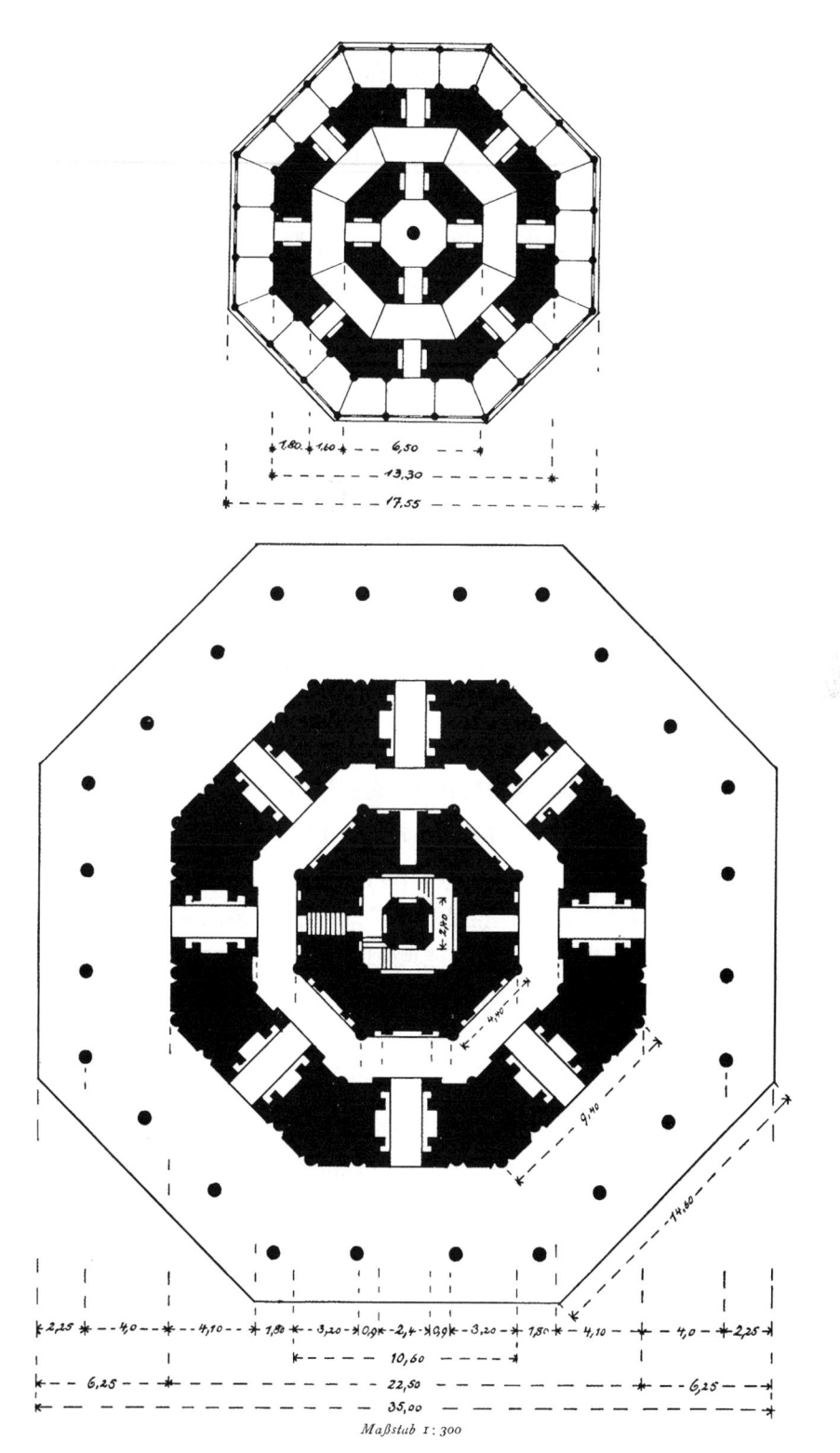

图 270. 钱塘江畔的杭州六和塔。底层和最高层俯视面。比例尺 1∶300。参见图 267—图 269

第二章　大型宝塔的主要形制 | 235

正面朝南，但在底层的八个方向均有 1.6 米宽的走廊穿过 4.2 米厚的外墙进入内部的回廊，这条内回廊在南面又通过阶梯穿过 3.1 米厚的墙体进入中心的方形塔室，仅在底层的塔室中央有一根巨大的柱子。这根柱子四周环绕着旋转楼梯，可一直通向上层。走廊及内塔的墙壁上都凿有许多大大小小的壁龛，中间是《四十二章经》的石刻，每一章都用了不同的字体雕刻，并配有一张观音像，这些石刻都是宋朝绍兴二年（1132）的作品，也许是在南宋初期重修宝塔时雕刻的，后来又被安置在 1152 年至 1156 年新建的宝塔中，并保留至今。

据传塔身一直建到六层之上，宝塔的通径从底层的 22.5 米收缩至顶层的 13.3 米。每层宝塔外层的八个走廊、内部回廊通向内室的四条走廊、塔室壁龛、回廊完全相同，塔内的阶梯也保持同向旋转通向上层，内部的塔室造型也完全一样。然而宝塔外部的造型和实心内塔的造型却不完全相同。内塔周围环绕着的完全是木质结构，架设在底层的回廊上方。每层并不等高，是一层高一层低交替着。与内部的阶梯出口相对应，外部墙面每边开有三个方形孔洞，下方的塔檐檐角处微向上挑。宝塔外部的轮廓与内塔一致，均为下宽上窄的金字塔形，外部的木质墙面也向上收缩，到最上方收至造型简单的攒尖顶，上面缀以细窄的宝珠。宝塔就这样呈金字塔形屹立着，间距极近的塔檐使宝塔看上去很像中国传统的楼阁，也有几分天宁宝塔的味道。宝塔的高度达到了八十四米。徐家汇工艺院的宝塔模型中这些细节均有错误，在塔高的计算上也有夸大的成分，但这里还是将模型图展示了出来，以便大家对宝塔外形有一个直观的感受。

在中央的塔室中供奉着神像的祭台。底层供奉着龙王——他也掌管着江潮的涨落；二层以上分别是如来佛、释迦佛和掌管冥界的地藏王。在每年的四月初八、七月三十和十二月初八宝塔上都会点灯。四月节的时候会有成千上万的香客来到这里。宝塔旁边的寺院里矗立着两座七佛台，是根据普陀山和天台山著名的七佛寺仿造的。它由一个基座和须弥座构成，上面还有平台可放贡品，一座台上放菜肴，一座台上放酒水。因此这两座佛台也被叫作饭台和水台。在佛台的侧面，七层分别雕刻着七个佛陀的名字，与普陀山上的形制完全一样。也因为这个原因，这样性质的佛台也被叫作七如来宝塔。

海宁州宝塔

钱塘江在海宁附近汇入杭州湾，在前文介绍六和塔时已经提过，这里是著名的观潮地点，每天可以看到两次巨大的江潮奔涌向前。江岸边是八至十米高的宽大堤坝，分成四个台阶。最上层台阶上修建了一条路，宝塔就位于这条路旁，用宗教的力量守护着堤坝不受危险的江潮的侵袭。许多纪念碑和其他建筑物也将这种自然现象和宗教的神奇力量结合在一起，比如这里自古以来就建造了许多亭台楼阁，其中一座皇家亭台在太平天国时期被毁，另一座题有"大观"二字，仍然矗立至今。公元 1730 年，雍正下诏令魏氏浇筑一座两米长的铜牛，立于大坝之上。以求永保大坝平安。这里有一间小普陀禅寺，名字来源于杭州湾前舟山群岛最东边的普陀山，山上的寺院要大得多。禅寺仿佛是抵抗大潮的一个前哨，起码从宗教的意义来看是如此。禅寺的正殿中立着观音大士像，两边各有六个大愿菩萨或圆觉菩萨的雕像。

然而大坝上最重要的佛教建筑还是一座七层六角形宝塔（参见图271），它四周围绕着鲜明的塔檐，檐角高高扬起，券门不规则分布在塔身各层，外部环有回廊，栏杆很高，侧面饰有木质网格。塔顶高高矗立的塔刹几乎是苏州宝塔塔刹的翻版（参见图258），造型完全一致，只是在尺寸上要小得多。宝塔的建造时间已经不可考证，似乎在海宁城内的一座庙宇中有一处铭文可以作为参考。庙宇是为纪念唐朝时一位杭州的官员而建，上文提到的钱镠命他的军队射箭入江，以击退江潮。这位官员的造像立于正中，左边是钱大王像[1]，右边是伍

图271. 浙江杭州湾北面大堤上的海宁州宝塔，位于钱塘江口，钱塘江大潮观潮胜地。六角七级，高约四十米。建于1732年

子胥像，他是古代吴王阖闾的著名臣子，被苏州地区的百姓奉为圣人。在正殿后面的亭子中有乾隆手书的碑文，根据碑文所写，雍正之前此处并无堤坝，洪水肆虐，常有灾荒。后来雍正皇帝募银十万两，于雍正十年，即1732年再次修建堤坝和寺庙，宝塔可能也是当时所建，或者起码经过了翻修，修成了现在我们能看到的形制。杭州的六和塔在同时期的1735年重建过一次，同样也是雍正皇帝治下。因此我们暂时将宝塔的初建时间记为1732年。

6. 诗歌

描写宝塔的诗歌数不胜数，本书从《古今图书集成》一书中选取了三首从描述来看应该是关于外廊层塔的诗。郭钰的诗描述了雨后宝塔宛如沐浴圣光的景色，没有直接写明是哪座宝塔，但讲到了栏杆以及高达十三层的宝塔层数；另外两首分别来自唐朝刘长卿和李

---

[1] 钱大王，民间对钱镠的称呼。——译注

白的诗都描述了扬州府的宝塔，这座著名的古老城市位于长江北岸，京杭大运河就从这里经过。直到今天，位于扬州大东门之外的宝塔仍然庄严矗立着，在中国享有盛誉。可惜虽然这座城市位于船只往来穿梭不息的扬子江畔，但我却并未找到关于这座宝塔更详细的记录。这两首诗里描述的西灵塔和栖灵寺塔是否为同一座宝塔，我们无法判断。尼霍夫画了一幅宝塔画像，并简单描述了这座高大雄伟的宝塔以及登塔远眺的辽阔景色。

秋日登扬州西灵塔
李白

宝塔凌苍苍，登攀览四荒。
顶高元气合，标出海云长。
万象分空界，三天接画梁。
水摇金刹影，日动火珠光。
鸟拂琼帘度，霞连绣栱张。
目随征路断，心逐去帆扬。
露浴梧楸白，霜催橘柚黄。
玉毫如可见，于此照迷方。

塔顶
郭登

塔顶新晴独自登，画栏高倚十三层。
不知眼界高多少，地上行人似冻蝇。

登扬州栖灵寺塔
刘长卿

北塔凌空虚，雄观压川泽。
亭亭楚云外，千里看不隔。
遥对黄金台，浮辉乱相射。
盘梯接元气，半壁栖夜魄。
稍登诸劫尽，若骋排霄翮。
向是沧洲人，已为青云客。
雨飞千栱霁，日在万家夕。
鸟处高却低，天涯远如迫。
江流入空翠，海峤现微碧。
向暮期下来，谁堪复行役。

第六节 琉璃塔

　　琉璃塔与我们介绍过的其他宝塔主要的不同在于造塔的材料，区别于我们至此介绍过的砖塔、石塔和铁塔；另一方面则是它与众不同的外形，它和墓塔一样有较早的起源，但随着时间的流逝，继续发展成不同式样，因此有一部分琉璃塔会在下一节"墓塔"中详细介绍。同时本节也会介绍琉璃这种材料给整个景观带来的独特效果，包括宝塔结构的巨大变化以及建筑群崭新的布局方式。同时也会简单介绍琉璃塔的变体宝塔，它们外形更为小巧，但同样极富魅力。实际上一些小型的纪念碑也有许多层，形似宝塔，因此将中国的建筑艺术放在佛塔这个较窄的框架下去探讨，似乎能够得到一些新的结论。

　　大型砖塔只是宝塔灿烂发展历史中的一步，作为大型建筑首要保证结构的牢固性，另一方面才是材料。只要砖塔外部使用彩色琉璃装饰，整座宝塔就会显得格外富丽壮观，对于高楼来说同样如此。像这样在砖塔外面覆上琉璃的宝塔式样我们简称为琉璃塔，琉璃塔的造型主要是前文介绍的叠层塔或层塔。如果宝塔的形制特点远远超过其用材特点，比如北京的天宁宝塔或者承德的喇嘛塔，这些琉璃塔就会归类在介绍对应形制的章节中。

　　直到宋朝，中国才开始在建筑上广泛使用琉璃这种材质，但它无疑在唐朝时期就已经开始被当作建筑材料。然而目前我们并不知道任何现存的唐代琉璃建筑，只能通过文学作品看到它们在当时的灿烂形象。在建筑史上具有重大意义的是，中国从宋代初期就在当时的新都城开封府建造的宝塔上大规模地使用了琉璃，963—967 年建造的铁塔（参见图272）以及 977 年建造的繁塔（参见图 67）上都用到了琉璃。后者的琉璃后来因风化和改建而掉落了，也因为它较为突出的级塔造型，我们已将它放在级塔一节中介绍过了。而琉璃塔最为典型和精美的例子，是已经倾塌的南京瓷塔，它建于明初，后期有几座较小的宝塔应该就是仿照它的式样修建的。琉璃塔得到大规模的兴建要到 18 世纪康乾时期，现存的著名琉璃塔也多建于这个时期。在这个时期建造的宝塔中，经过重建或翻新的宝塔比明朝初建时的琉璃要多一些。其中有一些已经在前文中介绍过，比如山西的奉圣寺宝塔（参见图92）和平阳府宝塔（参见图49），另一些宝塔我们在本节中会介绍，比如承德园林中的宝塔（参见图291），它只有一部分覆有琉璃，和它位于南京的榜样形成对比，后文中我们会进行具体分析。

1. 河南开封府铁塔

　　在宋朝古都开封府的东北角屹立着一座高大的宝塔（参见图272），它位于古老皇宫的东北方向，作为城市的标志性建筑，与远处东南方向城墙上较矮的魁星楼遥相呼应。宝塔所属的佑国寺曾经占地很大，远近闻名，但很早以前就已经仅剩残垣断壁，如今则完全荒芜无踪了。宝塔初建于繁华昌盛的宋初时期，前文讲过的开封相国寺宝塔也是同时期（参见第 62 页）的建筑，仅仅比铁塔晚了十年。两座宝塔都是宋朝皇帝为了显示国力强盛而下令建造的大型建筑。下文提及的铁塔及其寺院的历史来源于河南府志、《中国佛教史迹》以及《鸿雪因缘图记》，而第三部文献显然也有对其他史料的引用，将宝塔的初建时间误写作 1041—1048。以下是我对这些材料整合以后的记述：

这座宝塔全称铁色琉璃宝塔（参见图 272），呈铁褐色，建于宋代乾德年间（963—968），宝塔位于河南甘露寺内，寺院最初建于后晋天福年间（936—942），当时叫等觉禅院。到乾德年间寺院才转移到现在的位置，并更名为甘露寺。同时人们在寺中修建了一座宝塔，这座寺院就以宝塔的名字得名铁塔寺。到元末 1368 年，寺院毁于战火，直至明代洪武十六年（1383）才得以重建。也有史料称这次重建时间为 1395 年。明英宗第二次登基后的天顺时期（1457—1464），寺院更名为现在的佑国寺，而另一处史料记载，寺院直至乾隆治下的 1750 年方才更为现名。在明世宗嘉靖三十二年或三十三年，即 1553 年或 1554 年，宝塔历经了一次大规模翻修。到了明末，寺院毁于一场洪水，仅有宝塔留存了下来。清初顺治二年，即公元 1645 年，一位高官募资将寺院重修一新。在乾隆 1750 年御驾亲临之后，寺院又修葺了一次；根据麟庆的文章，最近的一次修缮是在 1831 年。沙畹[1] 带回了一些宝塔的照片，其中有一个落款写着建于 1383 年，即寺院被战火毁坏后重建的时间。《鸿雪因缘图记》的作者则误将现存的宝塔当成了初建时的宝塔。根据当地人的口述，洪武年间宝塔经历了一次修缮，他们认为宝塔是宋代的建筑。宝塔外墙浮雕的细节确实与明代风格比较相近，但许多雕像特别是琉璃大佛，肯定是宋朝时期的作品。我们在一些佛像、浮雕和铭文上发现了不同的日期，分别有正德七年（1512）、嘉靖八年（1529）、嘉靖三十二年（1553）、嘉靖三十六年（1557）、万历十八年（1590）、万历四十二年（1614）、乾隆四十年（1775），这些年份都是捐款建塔的时间，其中有一处提到，一位皇子下令建造了四十八尊阿弥陀佛琉璃像。这又回到了饱受争议的宝塔的保存问题上，史料文献中将古塔直接称作铁色琉璃塔，并给出了确切的建造时间。而宝塔几乎不可能在公元 14 世纪遭到毁坏，否则地方志或其他史料中一定会有或至少会有简单的记述，因为其他的修缮和翻新都有文字记录留存。既然文献中找不到重建的信息，那么我们仍将宝塔的初建时间记为 963—967 年。

这座八角宝塔极其修长（参见图 273），而中国人在画作中把这种瘦削高挑表现得更为夸张（参见图 279）。宝塔底层边长为 4 米，边到边的通径长 9.75 米，而两边回廊间的通径则为 10.5 米，塔高约为 48—50 米。喜仁龙估测的高度为 56 米，显然过高了；关野贞测量的 70 米以及徐家汇工艺院模型中的 72 米则更不可能。宝塔底层上方是一层相当厚实的腰檐，看上去十分古朴，上面另有十二层塔身，自下而上高度急剧减小，除第一层外的塔檐均为重檐。从塔檐结构上看，铁塔的形制非常接近叠层塔，一般也确实将它归类于此。八角形塔身的外墙仅有东南西北四个方向开有券门，向内通向一个小小的四方形塔室。一到五层的塔檐伸出塔身不远，由两层最简单的石质斗拱支撑，上下两层正对交叠。下层斗

---

[1] 沙畹（Emmanuel-edouard chavannes，1865—1918），著名法国汉学家。——译注

图 272. 十三级宝塔，高五十米。建于 964—967 年。
摄于 1911 年。如今塔边寺院已经消失

图 273. 模型图

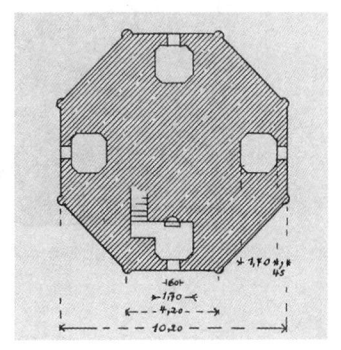

图 274. 底层俯视面。比例尺 1∶300

河南开封府铁塔。参见图 275—279

拱下方是紧密的窄条木椽构成的塔檐，每条边都有一条略微向下的弧度。六层到十层的塔檐下只有一层斗拱结构支撑，而到了最上方的两层，塔檐则完全略去了斗拱结构。贴紧塔身的塔檐结构使整座宝塔直立的轮廓十分流畅，几乎没有凹凸的弧线。像这样修长且紧凑的宝塔，顶部攒尖一般弧度并不明显，而塔刹也通常为简单的宝珠造型。底层宝塔中有四个 1.7 米见方的小型内室（参见图 274），从正门进入的内室有一个宽仅 70 厘米的狭窄阶梯，一直向上，中间设置了许多半平台。沿着阶梯攀爬，绕着中间六米厚的内塔盘旋而上，周围几乎不见亮光。阶梯由砖和石灰岩制成，经过多年的使用已成黑色，被磨得很亮。陡

第二章 大型宝塔的主要形制 | 241

图 275. 河南开封府铁塔底层及二层。塔身通体覆盖琉璃浮雕。
建于 963—967 年。参见图 272—图 274、图 276—图 278

峭的阶梯隐藏在拐角的后面，通向下一层宝塔。十二层的阶梯尽头是一尊铁佛，再无通向顶层的阶梯。

　　宝塔的制造工艺极为精湛，砖砌、琉璃和浮雕都十分精美（参见图 275）。塔砖高七厘米，砌得严丝合缝，轮廓清晰，在造型复杂的部分也通过完美的技艺顺利完成了设计的要求。细长券门上方的拱形由打磨成半圆形的砖块砌成，而且表面还雕刻有精细的多层纹饰浮雕。由正门进入的内室高 2.2 米，顶部是八角形尖顶，轮廓清晰。方形内室的转角处设计了悬空的三角形衬石，使内室呈现为一个边长七十厘米的八边形。棱线由平滑的瓷砖砌成，与九层隆起的砖结构紧密相连，塔顶在九层砖结构之上又多加了两层。

　　宝塔外墙整体覆盖着琉璃和华丽的浮雕（参见图 276），大部分塔身呈现铁褐色，中间有锯齿状的绿色和黄色，甚至有些淡青色和黑色的部分，塔顶则覆盖着明黄色琉璃。墙面由二十至三十五厘米宽、二十厘米高的琉璃砖砌成，每块砖上都有一对佛像壁龛，壁龛

图 276. 开封府铁塔的琉璃浮雕细部。塔砖高七厘米，浮雕琉璃砖高二十厘米或三十五厘米。参见图 277

上沿儿以双层类似哥特式拱顶收口，基面则饰有佛像、飞天、龙以及其他装饰图案。这些琉璃砖四周是四厘米厚的青砖构成的方形饰带。横饰带上雕有植物枝蔓、卷须以及莲瓣，垂直饰带上每块砖都雕有一个姿态优美的人像，高约二十厘米。两种造型的饰带砖交替出现（参见图 277）：一个身着甲胄，手持细棒，置于面前，叫作韦驮天将，是佛的护法神，在佛殿中一般都位居前列；另一个人像身着宽袖长袍，竟然被称作张良，这位汉代的名臣在这里以八仙之一的身份出现，我们很难将这两者联系起来，很有可能是民众将这位吹笛退兵的张良与善音律的佛等同起来了。旧的琉璃有许多地方都脱落了，其他的部分都保存得非常好。

从《中国佛教史迹》中展示的一幅巨幅照片上我们可以清楚地看到，与苏州和长江下游其他地区及浙江在宋代建造的宝塔相比，铁塔的底层要高大得多。实际上不仅开封附近的郊区常发洪水，开封城内也频发水患，因此当地的土层经屡次冲刷比原来变高了，看上去宝塔好像陷入了黄土中一般。如果对地质层的变化做更详细的研究和实地探查，应该会给公元 967 年的这次土地层变化带来很有趣的启示。宝塔的正门入口仅六十厘米宽，现在

第二章 大型宝塔的主要形制 | 243

图 277. 塔身正面浮雕奏乐人像，高二十厘米

图 278. 黄色琉璃佛像。高一米，位于底层塔室中

河南开封府铁塔。参见图 274、图 276

的高度仅 1.5 米，地表下面应该埋着通过台阶进入正门的平台，或至少有一个塔基。入口的券门上方是四层叠涩，下方还有一个少见的云状浮雕。整座宝塔的转角处都用砖砌成宽大的圆角，且仅稍微探出墙面少许。砖面上雕着龙、狮等纹饰图案。这种砌砖的工艺与之后才出现的哥特式砖建筑有着令人惊奇的相似性。

宝塔底层正殿的侧面是琉璃砖砌成的佛龛，其中首先是接引佛爷[1]，佛龛正中的基石上立着一尊一米高的佛像（参见图 278），通身覆有黄色和白色琉璃，从佛像身上的服饰线条形制来看，是宋代的风格。在阶梯半平台侧面的墙面上，甚至是阶梯旁边的墙面上，都镶嵌着一些小方砖，上面雕刻着极其精美的佛像和图形，覆有黄色琉璃或黄铜，有些方砖独立分布在不同位置，有些则被砌在一起。

铁塔建造得极为坚固扎实，但同时造型又极为修长冷峻。它属于宝塔建筑艺术中最美也是最完整的实例之一，虽然几经翻修，但仍体现了中国北方宋代宝塔建筑的重要特点。

至于中国文人是如何看待及理解这种建筑的，以及如何将佛教思想及中国传统的思想结合在一起，在宗教的世界与现实的世界寻求平衡，在原型与映像之间寻求信仰的，麟庆的《鸿雪因缘图记》中有一篇文章（参见图 279）或许能给出一些答案，因为他在文章中

---

[1] 接引佛爷为民间对接引佛的尊称，即阿弥陀佛。——译注

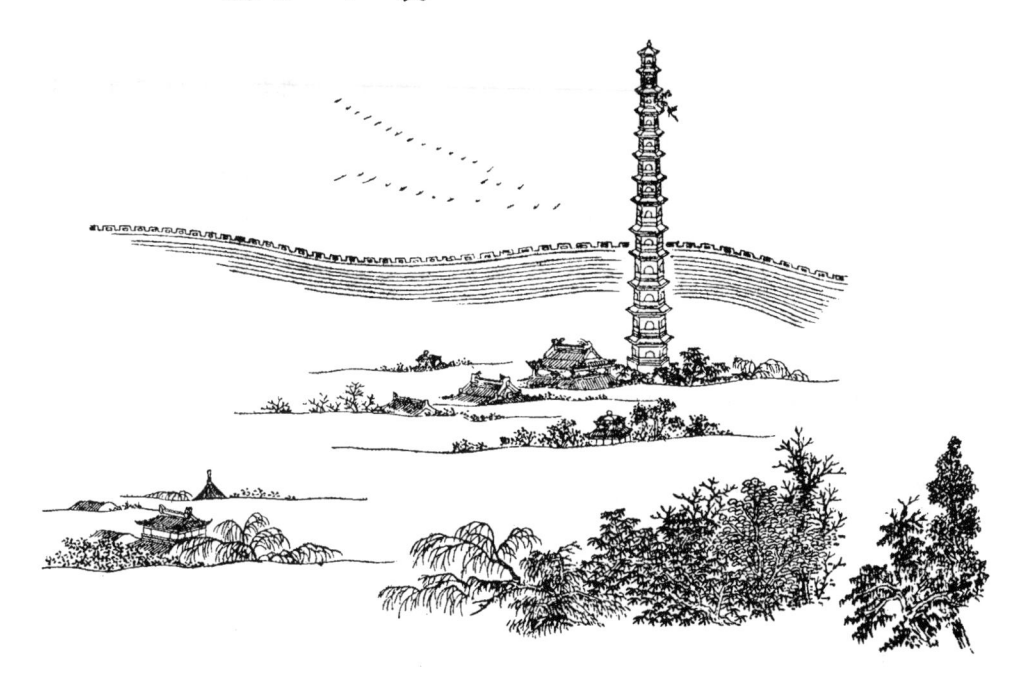

图 279. 河南开封府铁塔。出自麟庆于 1830 年左右所写的《鸿雪因缘图记》插图。
参见图 272

对这座佛塔的内在意义也作出了阐释。文章的开头写的一些事件与本书前文介绍的宝塔历史有一些重复的地方。

铁塔眺远

乾隆十五年高宗临幸,敕赐今名。独是僻在省城东北隅贡院之后,游踪罕至,香火冷落。岁庚寅,杨海梁先生助捐重修贡院……九月杪亲往查验,顺道过寺,则见塔峙钟残,殿荒僧老。寻径至塔院,仰视十三层,层各一门,其十一层有树倒垂,蔚然苍古。乃开塔门燃炬入,则见塔心中实,磴道盘旋,悉以铁琉璃瓦为之。规制与他塔异矣。振衣而上,登三层,近指贡院。号舍翼张,堂轩鳞次。五层见城内公署市阛,人烟繁庶。七层见城外平野菜畦,谷陇相间,有堤横亘西北,宛宛相属。九层遥望黄河如带,近俯雁字,进退离合,若相离,若相背。余神凝其间,几忘其事。登十二层,天为之宽,地为之阔,目力所及,直接青霭。十三层有铁佛据门,不可登,乃循级而下。至院回视,夕阳在山,落霞森射,琉璃辉映,黝色变金。俄而西山化碧,又闪为紫。归白吾母,闻殿宇难庇风雨,发愿庄严逾岁竟复旧观矣。

2. 江南报恩寺琉璃塔

前文中已经提到过，这座著名的瓷塔（参见附图1、图280—286）坐落在南京，这里是管辖江苏、安徽、江西的两江总督曾经的驻地，是明朝第一个都城，也是现在重新统一的帝国的新都城。许多欧洲人都将它视作世界奇观，虽然在中国人眼中只有长城占据如此的地位，但实际上欧洲人常常将这两处景观相提并论。琉璃塔建于1412至1431年，在太平天国运动中完全毁坏。如今一些琉璃残部陈列在伦敦的维多利亚和阿尔伯特博物馆，其他部分也应该散落在欧洲的收藏家手中或是掩埋在南京当地的瓦砾堆中。我本人并未到实地参观过，也没有找到近景和细节的照片。然而如果对这座已经消失的伟大建筑的来源和大致的历史进行梳理，应该会从另一个角度还原这座独一无二的宝塔的部分样貌。本书中对中国宝塔进行列举和梳理，若跳过了南京的这座琉璃塔，那么将会留下一个无法忽视的漏洞。通过分析中国的史料以及欧洲人的描述，我们不仅可以了解到比其他任何一座中国宝塔更详细的造型以及细节，帮助我们了解它的意义，更能通过对这座宝塔建造前后历史的了解，得到中国宝塔建造历史和发展的重要线索。也正是因为文献十分浩繁，在本文中也不可能罗列有关南京琉璃塔的所有文献。这些零散的文字有重复和矛盾的地方，下文是我对这些文献进行整理后的综述，大部分仍然尊重原文的表述，同时也借鉴了一些早期的文献整理。

地理位置

报恩寺和寺塔位于南京南部，南城门聚宝门之外，聚宝山以北。城门与山的名字至今没有更改，它们所在的村庄叫长干里，得名于长江南岸绵延不绝的地形，后来这里修建的第一座寺院就沿用了村名，叫作"长干寺"。紧邻着长干里是著名的雨花台。梁朝第一位皇帝梁武帝时期（502—549），一位云光法师在此讲经时，天上下起了花雨，雨花台因此得名。仅仅长干里、报恩寺及琉璃塔和雨花台就在金陵四十景中占了三席。金陵是南京的旧称，是由楚王在周朝所建。

建琉璃塔前报恩寺的历史

东汉（25—220）。将近一世纪末，佛教开始传入中国，吴地最早迎接了许多来自印度甚至是罗马帝国的访客。汉末时期，孙权建立了吴国，在公元207年左右于南京和苏州设立了一些佛教徒聚居地，当时也建造了第一所寺院，以所在的长干里命名为长干寺，寺中矗立着一座三层阿育王塔，它的历史则更为悠久。

吴国（222—280）。这个时期在第一座寺院倒塌后的原址上又重建了一座寺院，它是史上明确记载了建造时间的第一座寺院。文献中对它的细节描述并不统一，比如对于康居国[1]僧人会来到金陵的时间就有三种说法，一说为赤乌三年（240），也有文献记载为赤乌

---

1 康居国，位于中亚，现在的哈萨克斯坦南部地区及锡尔河中下游。——译注

四年（241）或赤乌十年（247）。这位僧人在金陵建造了尼姑草堂，或称精舍，也可叫作寺院。康僧会在寺中陈设画像，讲经布道。这是吴国第一次出现僧人。有些文献提到，可能此地有更早期的佛教徒聚居地。高延曾详细记录了这里发生的一系列戏剧性事件：康僧会将真正的舍利进献给了吴王，舍利发出明亮的五彩光芒，一个铜瓶在其光辉照射下碎成数片，未经捶打即开裂毁坏了。240 年之后，孙权就为存放舍利修建了一塔一寺。一些其他文献中称他只是扩建了原来的寺院，并将之前高三层的阿育王塔又加高了三层，改建成六层宝塔，将新建成的寺院命名为建初寺。此乃江南塔寺之始，从此佛教就开始繁荣了起来。然而到了孙辰[1]短暂治理南京时期，佛教被禁，寺院与宝塔也同时被毁。

西晋（265—317）。太康时期（280—289）长干里的舍利又重新被发掘出来，人们重修了寺院，将舍利重新放置在寺中。此时寺院又重新被民众称为长干寺。但提到这段历史的这篇文献很有可能讲述的是东晋或更晚时期的事。

东晋（317—420）。第一位皇帝晋元帝中宗在位时几乎从未越过长江，并将都城定在南京。他下令重修寺院和宝塔，寺塔重焕生机，光彩更胜从前。建文帝（271—372）将寺院更名为集庆寺，下诏令僧人安设计建造一座新的三层宝塔。建筑工程刚刚开始，僧人安便圆寂了。另一位年轻的僧人显接续了未完的工程并完成了宝塔的建造。建成的宝塔规模应该相当宏伟，且不止三层。因为公元 384 年孝武帝时期，在塔顶上又放置了冠顶，甚至加上了承露和贯串着相轮的刹杆。最初的舍利于 373 至 376 年才被一名叫作慧达的僧人找到，他俗名刘萨河，当时来到南京，在阿育王塔原址找到了舍利，并在建文帝敕造的宝塔对面建造了另一座仅有一层塔身结构的宝塔，于公元 391 年改建为三层。文章同一段还描述了后来在梁武帝时期建造的寺院中举行的一次大型集会，其间出现了无数神迹，出现了舍利，并进行了庄严而隆重的活动。从各种资料来看，当时的寺院中似乎真的有两座同时期的宝塔，虽然也许只是短暂并存了一段时间。但是较为可靠的确切记录一般指的都是古老的阿育王塔，而后来阿育王塔实际上指的是收藏了真正的阿育王塔的琉璃塔。以下有关宝塔在梁朝时期的记录完全来自高延的翻译，我并未做出任何改动。

南朝梁（502—557）。第一任皇帝梁武帝（502—549）相当推崇佛教，在 537 年的八月重建了寺院和宝塔，在舍利中还发现了佛发，并虔诚地供奉了起来。为了修建寺院和宝塔，当时进行了大规模的募捐，大量的群众都参与到了捐款中来。寺院成为了当时最高规格的佛教圣地。

唐朝（618—907）。高宗显庆年间（656—660），寺院大规模扩建，并更名为天禧寺。

宋朝（960—1279）。太祖乾德年间（963—967），人们重建了已成为废墟的寺院，并将其改名为慈悲旌忠寺。祥符年间（1009—1016）新建了一座宝塔（也可能是旧塔翻新），名叫圣感塔。1017 至 1022 年，由于原来的宝塔叫作天禧塔，寺院又将名字改回天禧寺。

元朝（1271—1368）。最后一位皇帝元顺帝年间，大约在 1341 至 1368 年，寺院被大火完全烧毁，包括宝塔在内的建筑都不复存在了。因此一般认为这座宝塔与之前的许多宝

---

[1] 孙辰，吴国摄政王，于 258 年发动政变，旋即失败下台。——译注

塔一样，应该为木塔，至少大部分结构为木结构。

报恩寺琉璃塔的建造与历史

明朝（1368—1644）。在元末明初的战乱与动荡中宝塔完全没有重建的可能，这种情况一直持续到明朝政权得以稳固才开始改变。永乐年间（1403—1424），政治和宗教都得到了长足的发展，琉璃塔也正是在此时建造的，它也成为了国家乃至时代的象征。宝塔大量使用了琉璃砖和瓷，底层周围环绕的回廊形制也代表了明朝之后中国宝塔建筑的一个重要特征。18世纪建造的一些宝塔与南京的琉璃塔有着千丝万缕的联系，在本节后文中还会一一介绍。从公元15世纪初起，喇嘛教在中国北方开始广泛传播，后来影响力不断提高，这座宝塔一定也受到了它的影响。更详细地来看，当时建造的许多佛教或喇嘛教的建筑中，首先要介绍的是一座纯粹的密宗式五层塔——五塔寺塔，它与南京琉璃塔是同时期的设计，但要到15世纪末才在北京开始动工建造。从历史角度来看，两座宝塔之间有着密切的联系。在明朝早期永乐年间，中原皇帝和当时属于蒙古的西藏关系更加紧密。在后文介绍纯密宗建筑——北京五塔寺塔时，会更加详细地阐述这一历史背景。因此南京这座壮观的宝塔也应受到了西藏方面的影响，况且两座宝塔的设计出自同一个部门。这样的联系也赋予了宝塔底层的双层回廊重要的历史意义。

明朝第三位皇帝明成祖在永乐十年（1412）下令在早年建初寺的位置建造一座大型宝塔。这就是著名的南京瓷塔，直到19世纪中期它仍然巍巍矗立着。高延写道："这座宝塔可能是中国历史上最为壮观的代表，它的建成首先要感谢成祖皇帝对佛教的积极态度，他可能继承了他父亲的一些精神——这位明朝的创立者曾经是一位僧人。太祖定都在江宁[1]，而当成祖迁都北京时，他将曾经的首都更名为南京，意为南方的都城。"1406年至1421年的这段时间，正是明朝的都城从南京迁向北京的时间。在官方记载中，北京于1421年正式成为新的都城。1412年6月15日，宝塔正式动工。十九年后，1431年8月1日，宝塔竣工。其间成祖于1424年驾崩，此时距离迁都北京仅仅数年时间。南京宝塔的建造由继位的仁宗继续主持进行，而正式完工则要等到明朝第五位皇帝明宣宗宣德六年这一年。

宝塔动工之前工部侍郎黄立恭奉皇命建造九层琉璃宝塔，宝塔设计出自大内，共用五色琉璃砖。"尽甄工之能者，造五色琉璃，备五材百制，随质呈色，而陶埏为象，品第甲乙，钩心斗角，合而瓷之，为大浮图。"陈沂[2]写道。工程总共花费2485484两白银，约等于现在的750万金马克[3]。当时寺院的主持叫作陶休，寺中850名僧人皆为他的徒弟；带领石匠工人的是另一位来自镇江的陶休，而木匠的领头人则是来自江西的侯畅。寺院整体占地九里（约五公里），横向比纵向稍长一些。周围的地产共有770摩尔干[4]，界限描述得

---

1 明朝时称南京为江宁府。——译注
2 陈沂（1469—1538），明代画家，著有《报恩寺琉璃浮图记》。——译注
3 金马克，第一次世界大战前德国的货币。——译注
4 摩尔干为欧洲旧时度量衡，约为0.25-0.34公顷。——译注

很清晰。向南有226摩尔干土地，以一间大米仓和两户人家的田产为界；向东有234摩尔干，以河神庙、一条通向庙宇的大路和一处私人地产为界；向西有130摩尔干，以一座桥和一处私人地产为界；向北有180摩尔干，交界处是一处私人地产以及一条大河，这条河与南京南城墙之间就是城市的墓地，一路向西流去，分出许多支流，最终在城西汇入扬子江。文献中将这些私人地产所属的户主名字一一列了出来。登塔远眺，可以看到远处西边的扬子江由南向北滚滚而去，南京这座地博人广的城市也随着河流舒展开一幅繁荣的画卷。"自永乐年间建寺以来，已光辉繁荣了百代，百姓都希望继续深沐皇恩，愿得永续，或者说，希望皇帝与皇室继续得到上天的永久眷顾与恩泽。"因此这座寺院被叫作大报恩寺。而有些欧洲人的游记中写道，建寺的初衷与皇帝已经去世的生母有关，应该只是讹传。塔上有一块匾额写着"第一塔"，而清朝时宝塔又得一块匾额，上书"不二法门""赤乌灵梵"。1520年前后陈沂为琉璃塔写了这篇极为精彩而详细的文章。嘉庆年间，一说为1537年，整座寺院毁于火灾，仅有宝塔抵挡住了大火，得以留存。明末时期宝塔的保存状态应该相当理想，因为曾德昭神甫在1613年到1635年居住在南京期间，称这座宝塔是"完全可以和古罗马时期最伟大的建筑媲美"的。

清朝（1636—1911）。尼霍夫在1656年称琉璃塔为"艺术中的艺术"，并可以代表中国人与生俱来的洞察力与艺术性。从他创作的版画可以看出，宝塔和寺院在此前很久又重建过了。康熙皇帝于1664年募资修寺，应该就是在这个时期宝塔得到了翻新。1684年皇帝下江南时亲临报恩寺，并登塔题字，宝塔上方的一块铭文石碑上的文章就出自康熙御笔。同时他还赐予寺院一尊金佛与一部佛经，两件御赐珍宝都供奉在宝塔中。李明在1687年到琉璃塔游访，感慨它是东方建筑艺术中最为成熟与瑰丽的艺术品。1699年宝塔又遭火灾，皇帝亲自拨款下令立刻重修。乾隆在南下时亲临宝塔数次，1751—1752年的南巡中他就决定在承德的宏伟行宫中仿建一座琉璃塔。后来在北京的永麻寺建造了一座相似的宝塔，它的具体情况在本节后文中还有介绍。

"今于嘉庆五年五月十五日寅时，雷神驱逐怪虫追至此塔，顷刻三方九层损伤，而神力威严，佛法无边，故不能通身损坏。督抚具折申奏，请发帑修理。于嘉庆七年二月初六日开工，六月初二日告竣，而塔焕然重新矣。"从这篇文献中可以看到，南京琉璃塔在1431年的造型基本保持到了现在。即便是清朝的皇帝也仍将这座明朝的代表性宗教建筑视为国之珍宝。然而这座珍贵的建筑还是毁于战乱——宝塔在太平天国运动中倒塌，这场运动动摇了这个古老王朝的根基，开启了新的时代，而宝塔也在此期间被毁。这样看来，南京琉璃塔与大时代下的历史共同呼吸，联系紧密，可以算是政局风云的见证。经历了1801年的大地震之后，1842年夏天，在中国发动鸦片战争的英军占领了南京，并胁迫中国签订了南京条约，宝塔也被英国水兵毁坏：他们用长矛和锤子破坏墙面，将塔中宝物洗劫一空。这种行为简直预告了接下来更严重的破坏。外来入侵者的亵渎动摇了中国的根基，并给宝塔带来了灾难性的破坏，同时也给国内的起义军吹响了号角。

十年之后，太平天国运动就席卷了长江流域。1853年3月19日，起义军攻占了南京。攻入城内不过几天，愤怒的起义军一把火点燃了琉璃塔。一位逃亡的中国人讲述了这场火燃烧数天后的情况：宝塔内部仅剩一个空壳，墙上的装饰具已焚毁，塔砖烧得通红，宝塔仅剩一个毫无纹饰的骨架。宝塔底部的回廊、每层楼板及其结构部件，包括木楼梯已经完全烧光。但这篇记录应该有所夸大，且仅仅主要描述了宝塔下面几层的情景。因为 1856 年太平军的一个首领被怀疑背叛起义军，便将大本营搬到了报恩寺中，其余起义军怒向寺中开炮，然而在这之后琉璃塔依然挺立着。一位欧洲人在 1857 年 2 月 26 日亲眼目睹宝塔之后，给出了更为可靠的描述："宝塔实际上被起义者所伤，其中一座较小的宝塔遭到毁坏，但人们对这座代表国家的建筑有所顾忌，未下重手。"这里所说的"较小的宝塔"应该指的就是被焚毁的内塔。宝塔最终倒塌的日期目前没有明确的资料可以参考，但应该就是在这段历史之后不久。奥尔默[1] 当年亲历了整个事件，根据他的回忆，宝塔彻底倒塌是在 1862 年。南京这座著名的琉璃塔的倒塌与当时黄河的一次泛滥时间极为接近——1855 年黄河在直隶湾[2]决堤，造成极大的破坏和损失。同时期发生的还有 1860 年 10 月 18 日法国人攻入古老的北京圆明园，并大肆破坏。这次破坏是对清王朝颜面的致命打击。而南京琉璃塔最终的坍塌是因为一次爆炸，将塔身完全炸成了一堆碎瓦砾石。这些残垣一直保留到近代，但在很久之前就完全消失了，随之消逝的还有南京琉璃塔所见证的那些有关宗教发展和历史兴衰的记忆。

琉璃塔的外观

目前对琉璃塔外观的记述文献繁多，基本可以勾勒出宝塔的造型和规模。其中有 1530 年陈沂的文章、1690 年左右李明的文章、费茨詹姆斯[3] 和阿罗姆在 1842 年的游记、泰勒 1852 年发表在朝圣者杂志上的文章——杂志从 1810 年左右起开始发行。其中描述最详尽和最准确的是陈沂和李明，而费茨詹姆斯则自己尝试过重建这座宝塔。这些文献中仅有几处无关紧要的细节表述略有不同，我会在下文中谨慎挑选和整理其中的重点，旨在通过梳理这些文献给出南京瓷塔的大致外观，或者至少将宝塔的平面图与横截面展示出来。前文也已提过，乾隆皇帝在承德的清漪园也下令修造了一座琉璃塔，从形制到规模都与南京琉璃塔相符，细节也和它在南京的这座前身相差不远。因此，在此我也给出了它的一些有关画作和照片（参见图 291—295），并做简短的介绍，这在很大程度上也可以作为南京琉璃塔的补充说明。首先，两座宝塔最大的区别在于层数的不同。承德的宝塔建于 1764 年，除了底层以外另有九层宝塔，共计十层，这个数字在宝塔中并不常见；而南京琉璃塔则为 1+8=9 的形制，共有九层。尼霍夫所画的南京琉璃塔在底层之上仍有九层塔身，应是受中国人表述的误导——在中国，人们将底层算入宝塔的层数，而欧洲人则倾向于将底层、塔身分开计算。

---

1 恩斯特·奥尔默（Ernst Ohlmer，1847—1927），德国摄影师。——译注
2 清初渤海湾被称为直隶湾。——译注
3 费茨詹姆斯（James Fitzjames，1813—1848），英国海军军官。——译注

图 281. 从西面看南京：运河、城墙、城市西部的山峦以及宝塔。绘于 1656 年

整体布局

宝塔为八角形，正南正北而立，底座较高，塔身周围环绕着一圈回廊，回廊上覆盖着单坡廊顶，门厅也为八角形，底层之上另有八层塔身，上面是攒尖顶和高耸的塔尖。带回廊的宝塔底层之下还有一个宽阔的八角形平台，平台通径 29.50 米，边长 13 米。中国和欧洲的度量衡可以互换，5 寻 =40 尺 =13 米。这个平台高 2.5 米，正南正北各有一条台阶可攀登，南面台阶 12 级，北面 10 级。这些台阶显然并不是通向宝塔底层的入口，而是通向封闭的回廊。回廊为四方形，比基座高 1.2 米，南面有一个穿廊大厅，北面是一座雄伟的两层楼阁建筑，与宝塔直接相连。从图片上可以清楚地看到穿廊大厅，只有阿罗姆在 1842 年所绘的图中缺少了这个部分（参见图 283），应该是在期间被毁坏了。陈沂在文中提到，两层楼阁与宝塔之间的阶梯由玉制成，应该指的是绿色的琉璃砖。而宝塔底层的五彩莲花座周围环绕着著名的中国式大理石栏杆。这些栏杆两侧是立柱和圆形扶手，中间是雕刻精美的横档。栏杆在南北两侧与向下的台阶相连，但并非如中文文献中的图片那样向两边倾斜，而是如惯例一样垂直台阶而建。这些画作中最令人无法理解的是向内凹陷的八角平台造型（参见附图 1），也许是错误的视角带来的结果。

环形外廊

在环形外廊和塔身与塔基之间还有一层窄板，仅高出塔基平台 0.3 米，跃出走廊外墙 60 厘米。环形外廊宽 3.15 米，边缘环绕着大理石栏杆。门廊上有八根粗壮的红色转角柱，廊檐为单坡形制，上面覆盖着绿色琉璃瓦。东南西北四个方位开有宽阔的门扇——每个门扇分成两页或四页，两旁的立柱成对设计。立柱中间还有四扇窗，四面总共 16 扇，照例与门扇的数目保持一致。门窗、木栅栏和立柱都漆成红色，上面都有雕刻或绘画装饰，这些装饰有的像地毯上的交织图形，有的是条状或网状的纹样，这些都是中国传统的经典窗格图样。其他层的门造型相对就比较朴素，没有这样的装饰。底层中间方位的四面塔身则由封闭的外墙构成，外墙上还开有三瓣型壁龛，外面也有网格装饰，部分壁龛外面有两扇虚窗装饰。这种造型在 18 世纪非常流行，但起源应该更早一些，在喇嘛教建筑中特别常见，当然在佛教建筑中也有体现。

圆形塔室内径 4.5 米，内部的立柱与屋梁的木结构繁复而精美，门窗都很宽大，因此内部采光较好。李明也提到了他对塔室的印象："内室的顶上绘有彩绘，不同木质配件互相交错在一起，形成了典型的中国式装饰。宝塔内部到处都是这些梁、椽、斗拱互相交错重叠，仿佛进入了丛林之中。我承认，我们都被这样奇特的结构所震撼，这一定耗时许久，所费甚巨。"

根据陈沂的文章以及一些画作的描述，宝塔底层挂有神像，但不确定是在外围的回廊中还是在塔室内部。宝塔中轴线靠南面端坐着弥勒佛，照片显示佛像为弥勒佛常见的造型，

图 283. 南京瓷塔。从城东的山上向东北方向眺望。摄于 1842 年前后

中国建筑与宗教文化之宝塔 | 252

应该位于内部的塔室中。但塔室内部不及外部光线充足，因此四大天王的巨大石雕或是浮雕应该位于宝塔外部的回廊中，而不是镶嵌在塔室内部的墙面上。且这四座雕像并非位于东南西北四个基本方位，而是在另外四个中间方位上。这样的安排和乾隆晚期建造在承德清漪园中琉璃塔（参见图307、图309）的布置非常相似。这些神像非常容易辨认，陈沂的文章中提到："壁刻以天王金刚四部大神，具头目手足异相，冠簪缨胄衣带琐甲异制，戈戟轮铎，器饰异执，种种不类。"这段文字记述了宝塔中除弥勒佛之外的四尊天神像，位于塔身外墙的四个中间方位，形态各异。

图307. 外墙上的佛像浮雕及纹饰
静宜园琉璃塔底层外墙上的石雕。参见图305、图309

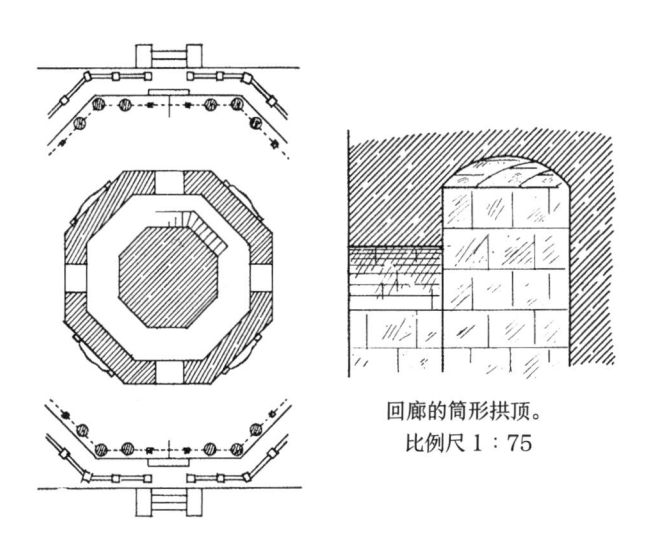

回廊的筒形拱顶。
比例尺 1∶75

图309. 北京静宜园琉璃塔内部回廊俯视图细节。比例尺 1∶300。
参见图305—图307

第二章　大型宝塔的主要形制　| 　253

宝塔结构

宝塔本身可以通过穿廊大厅东、西、南三个方向的走廊进入。李明的文章中也提到，穿廊大厅的三扇门都相当高大，都可以用作宝塔的入口，大厅朝北的一面则没有走廊。宝塔底层的外通径为 12.2 米，边长 5 米；内部塔室的通径为 5 米，边长 2.15 米，墙体厚 3.6 米。所有文献一致记载宝塔底层的塔室为八角形，极为通透。上面八层塔身外部呈八角形，内部的塔室则为四方形。陈沂的文章中记载道："外旋八面，内绳四方。"另外李明还提到，塔身高度并不是每层相等，而是自下而上慢慢递减，他的画也体现了宝塔这样的特点。此外塔身墙面微微向内倾斜，因此宝塔的周长也随着高度略有收缩。最上方的塔室几乎与底层高度等高，墙体厚度为 2.6 米，一说为 2.9 米。由于最高一层塔身的通径和底层相比收减了 1/3，因此宝塔不仅从外部轮廓看起来是向上收紧的，内部也呈现向上收的造型。每层塔身的地板是在粗壮的木料上铺上地板制成的，上方还有金属涂层保护，塔室的顶部则饰有彩绘。内塔中间还设有一个楼梯，虽然叫悬梯，但特别在阶梯平台处用扶手和框架进行加固，阶梯顺时针向上盘旋，使登塔的游客也能按顺时针方向拾级而上。

宝塔的高度

关于这座已经倒塌的宝塔究竟有多高，多方资料的说法却各不相同。当然，考虑到当时的测量并不准确，塔顶也无法攀登，只能估算，所以出现不同的计算结果也是可以理解的。中文资料中记载的塔高为 329 尺，用最短的尺度来计算差不多相当于近 100 米。卫三畏在《中国总论》中有一条记录，称宝塔最初被设计为十三层。在其他文献中也有提到这个数字的记录，后来宝塔变成了九层。欧洲人费茨詹姆斯和泰勒分别在 1842 年和 1852 年测量了宝塔的高度，得出 71.9 米和 79 米两个数据。李明在 1690 年通过从底层到顶层的台阶数量（190 个），以及每层台阶大约 0.26 米高，粗略地推测出塔身约高 50 米，以此进一步推测宝塔总高约 61 米，但这个高度显然比实际要低了太多。根据宝塔现有的确切文献记录和照片，我们能得出以下的高度数据：底座 2.5 米，塔身包含塔顶在内 72.2 米——与费茨詹姆斯的数据非常相近，宝塔总高 74.7 米。其中底层宝塔高 9.8 米，第二层为 7.25 米，每层高度向上依次递减，第八层高 5.32 米，最高一层的外部高度为 4.0 米，内部塔室高 6.1 米。塔顶高 12 米，其中圆顶之上的塔刹高 10 米。然而李明提出了不同的观点，他认为整根"塔心柱极为粗壮，从第八层宝塔的底部开始一直向上，高约 30 尺，即 9 米，将近 10 米，从宝塔顶部穿出"。这样算的话，这根塔心柱的长度应该达到约 25 米。且他计算的阶梯台阶比李明计算的多了许多，达到 206 个。

宝塔内部结构

每层塔身内的方形塔室四面均通过拱顶走廊通向外部塔身，走廊尽头是通向外部回廊的券门，用一条木栅栏暂时封住。按照泰勒的描述，回廊四周没有栏杆，但这种说法与大部分文献相矛盾。可以肯定的是陈沂的说法"外之门牖，实虚其四"——宝塔外部的门窗，有四扇是贯通两面的，另四扇则为装饰用。从石版画来看（参见图 285），塔身外部的券门

江南報恩寺琉璃寶塔全圖

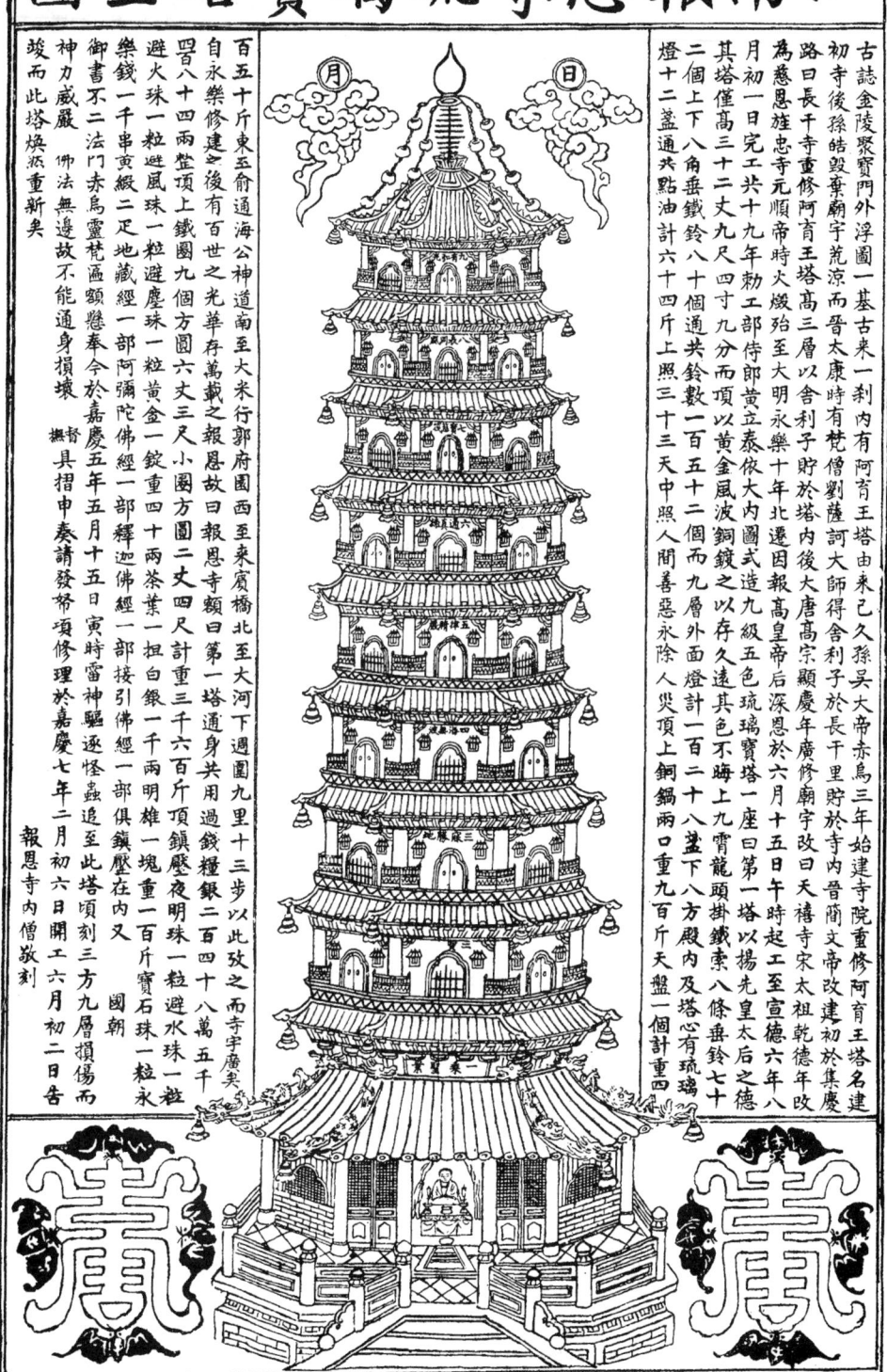

古誌金陵聚寶門外浮圖一基古來已久孫吳大帝赤烏三年始建寺院名建初寺後孫皓毀棄廟宇荒涼而晉太康時有梵僧劉薩訶大師得舍利子於長干里貯於寺內晉簡文帝改建於集慶路曰長干寺重修阿育王塔高三層以舍利子貯於塔內後大唐高宗顯慶年廣修廟宇改曰天禧寺宋太祖乾德年改為慈恩寺元順帝時火燬殆至大明永樂十年北邊因高皇帝后深恩於六月十五日午時起工至宣德六年八月初一日完工共十九年勅工部侍郎黃立泰依大內圖式造九級五色琉璃寶塔一座曰第一塔以揚先皇太后之德其塔總高三十二丈九尺四寸九分而頂以黃金風波銅鍍之以存久遠其色不晦先上九霄龍頭掛鐵索八條垂鈴七十二個上下八角垂鐵鈴八十個通共鈴數一百五十二個九層外面燈計一百二十八盞下八方殿內及塔心有琉璃燈十二盞通共點油六十四斤上照三十三天中照人間善惡永除火災頂上銅鍋兩口重四

百五十斤東五俞通海公神道南至大米行郭府園西至來賓橋北至大河下週圍九里十三步以此致之而寺宇廣爽自永樂修建之後有百世之光華存萬載之報恩故曰報恩寺額日第一塔通身共用過錢糧銀二百四十八萬五千四十八兩盤頂上鐵圖九個方圓六丈三尺小圓方圓二丈四尺計重三千六百斤頂鎮壓夜明珠一粒避火珠一粒避風珠一粒避塵珠一粒避水珠一粒避火珠一粒黃金一錠重四十兩茶葉一擔白銀一千兩雄黃一塊重一百斤寶石珠一粒永樂錢一千串赤烏靈梵函頸懸奉今於嘉慶五年五月十五日寅時雷神驅逐怪蟲追至此塔頂刻三方九層損傷而御書不二法門赤烏靈梵函頸懸奉今於嘉慶五年五月十五日寅時雷神驅逐怪蟲追至此塔頂刻三方九層損傷而國朝

神力威嚴佛法無邊故不能通身損壞竣而此塔煥然重新矣

具摺申奏請發帑項修理於嘉慶七年二月初六日開工六月初二日告

報恩寺內僧敬刻

圖 285. 南京瓷塔。1880 年左右的石刻碑文。下半部分參見圖 284、附圖 1、圖 286。攝于 1888 年

第二章　大型寶塔的主要形制 | 255

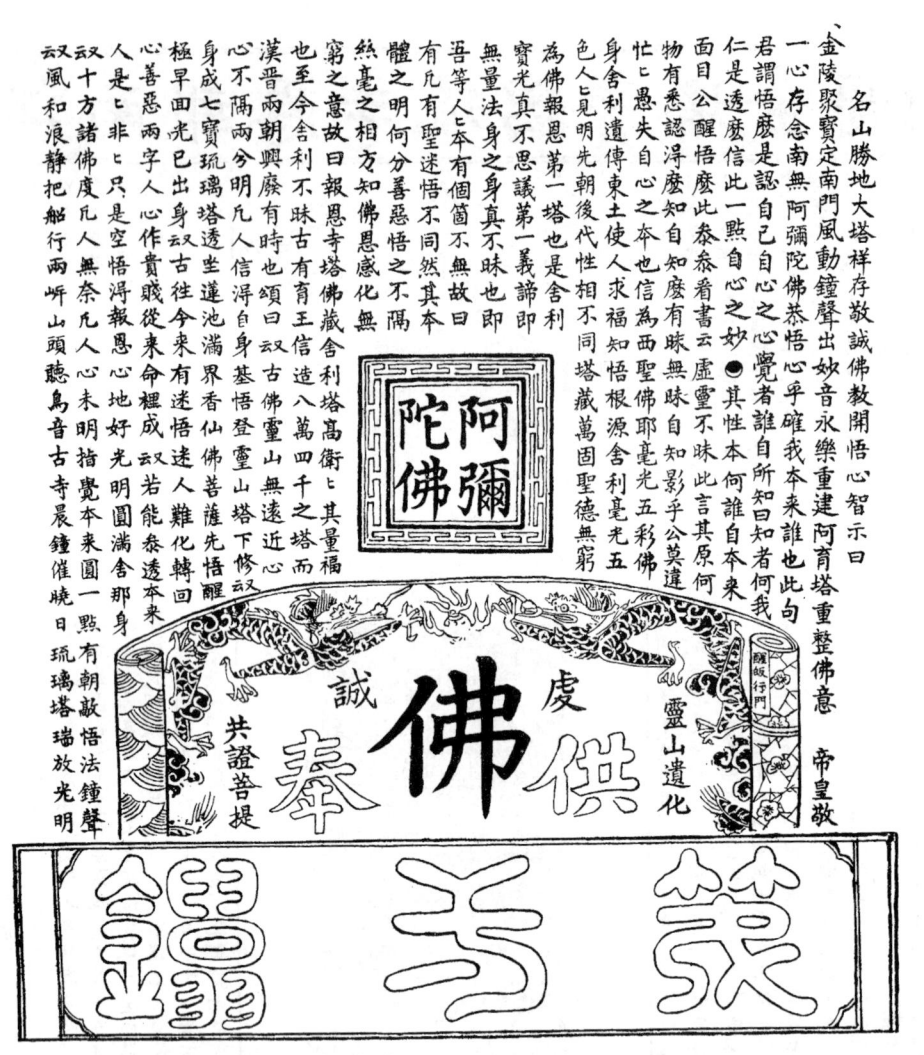

图284. 南京瓷塔。1880年的石刻碑文，摄于1888年。上半部分参见图285

和壁龛分布并不规则，但这并不现实，因为宝塔内部除了东南西北四个方向并无向外的通道。徐家汇工艺院的模型（参见图286）也犯了同样的错误。油画则相对来说造型更加准确（参见附图1），图中宝塔的券门都开在同样的方向。阿罗姆描述的造型也是如此：每层宝塔的四扇券门都位于四个基本方位，通向外面的回廊。券门的拱券正面饰以精美的琉璃，雕成神仙、鬼怪和各种传说中的神兽形象，造型各不相同，极富想象力。这些形象中很可能也包含了在元代时传入中原的喇嘛教的图案。壁龛则位于中间方位，它们与宝塔底层中间圆形塔室中的壁龛一样，都是三瓣形，周围镶嵌网格状琉璃浮雕，外面用彩色饰带装饰。在石版画和徐家汇工艺院模型中都错误地将券门和壁龛上面的拱券都画成了三瓣形。

在每层宝塔的塔身四周都围绕着回廊，外面还圈有栏杆。最初的设计是出于举行法事时僧人需绕塔而行的需求、宝塔的照明和修缮及宝塔不断向上收紧的外观的考虑，也给宝塔带来了宗教意义上的视觉效果。栏杆中间的雕花木板在券门相对的位置从中断开，可以

图 286. 南京瓷塔模型。塔基与上方的八级塔身，包括塔基及塔刹总高七十五米。四周围绕着栏杆，此外并无独立立柱，塔顶根据附图 1 做了修改。建于 1412—1431 年，毁于 1853—1862 年。

参见附图 1、图 282、图 285

清晰地看到木栅栏背后的券门。徐家汇工艺院模型中就将这种结构表现了出来，同样尼霍夫也根据中国类似的石版画将栏杆从中断开了。阿罗姆描述得非常清晰，每层回廊都用绿瓷制的栏杆围住。根据他的说法，那么画中的栅栏就不是木质，而是瓷质的。转角处的立柱纹样精致，并非独立支撑，而是通过琉璃转角结构与墙体相连，在石版画中这种结构很难看清，而在徐家汇工艺院的模型中造型被进一步误解成粗壮的独立立柱，现实中的琉璃塔上从来没有出现过这样的造型。精雕细琢的瓷质栏杆使宝塔的外形更显得空灵而优美，塔檐和上面的装饰更加强了这种印象。

陈沂的文中提到宝塔"不施寸木，皆埏埴而成"，意指宝塔结构完全由琉璃砖构成，没有木结构。这里我只能理解为不看内塔结构，仅考虑宝塔外部的情况。特别是实心的塔檐部分，做成了常见的双层重檐造型。根据李明所说，"每层塔身之外绕以环状塔檐，从上一层塔身的窗檐外侧伸出约3尺（0.9米），造型与底层回廊的塔檐相似，均为细窄的单坡顶。与塔身一样，自下而上宽度递减。"然而檐口边缘还要伸出塔身更远的距离，约1.5米。根据这些画作，宝塔的塔檐形制是中国中部地区相当常见的双层重檐，上面一层伸出塔身墙体约0.9米，上面架设着栏杆，栏杆所在的回廊廊顶同样为单坡顶，廊顶伸出1.5米，下方的横脚线伸出塔身75厘米之多。塔檐由宽大的琉璃板制成，虽然也有双层檐椽和檐沟的造型，但实际上是由实心的琉璃构成的，此后的无数宝塔都沿用了这种琉璃顶。从这个角度来看，中文文献中所说的"宝塔通身为实心构造"就可以理解了，比如陈沂的文章中对环形塔檐的描述："载以狮象，承以梵，井棋翔起，光彩璀璨。覆以碧瓦鳞次，螭头豹尾，交结上下。"阿罗姆也描述了相似的景象，他笔下的塔檐以水平的黄绿相间的双层琉璃构成，檐脊则用较大的琉璃砖砌成，红绿相间。檐角向上高高扬起，末端的龙头上系着一个风铎。在尼霍夫和阿罗姆的画作中都还原了他们对塔檐轻灵造型的印象，但塔檐伸出塔身的距离和弧度都被夸大了。另外塔檐上的琉璃瓦片肯定也不是像陈沂所述的那样像鱼鳞的形状排列——他所用的"鳞次"是常见的文学表达，而应该是平行排列的。宝塔的色彩非常丰富，除了大面积使用的底色为绿色以外，还有黄色、红色以及白色，当然后三种出现得非常少。泰勒的文章中也讲到了这个问题："琉璃在阳光的照射下闪闪发光，使宝塔显得格外动人，生机勃勃。"然而他错将塔檐的结构当成了木质结构，认为塔檐精巧而独特的风格是在木结构上画上了不同的颜色。他并不熟悉这种用陶土和瓷制作檐椽的工艺，因此误把它们当成了木头。

正是因为宝塔表层多彩的琉璃，它才得名"琉璃塔"，而许多人称它为瓷塔，事实上宝塔外部除了许多砖块，确实有许多部分是用瓷制成的。而宝塔上由瓷制成的精巧的图形，再加上闪闪发光的琉璃，才使这座雄伟的宝塔获得了一种轻灵通透的特质。只有通过比较多方互有矛盾的文献和图片，我们才能还原宝塔更加准确的样貌。

根据陈沂的说法，宝塔的内部墙体是由砖砌成的，在外墙面和内墙面贴上了五色琉璃砖（参见图287），这些琉璃砖用灰浆和铁钉固定在墙面上。李明也认为这些墙面是瓷片，否则换了任何一种其他稍次的材料，都无法在保存300年后仍能保持原有的光彩。但同时他也承认，这些砖遭到了日晒雨淋的破坏。他在文中写道："内塔中四方形塔室的墙壁由

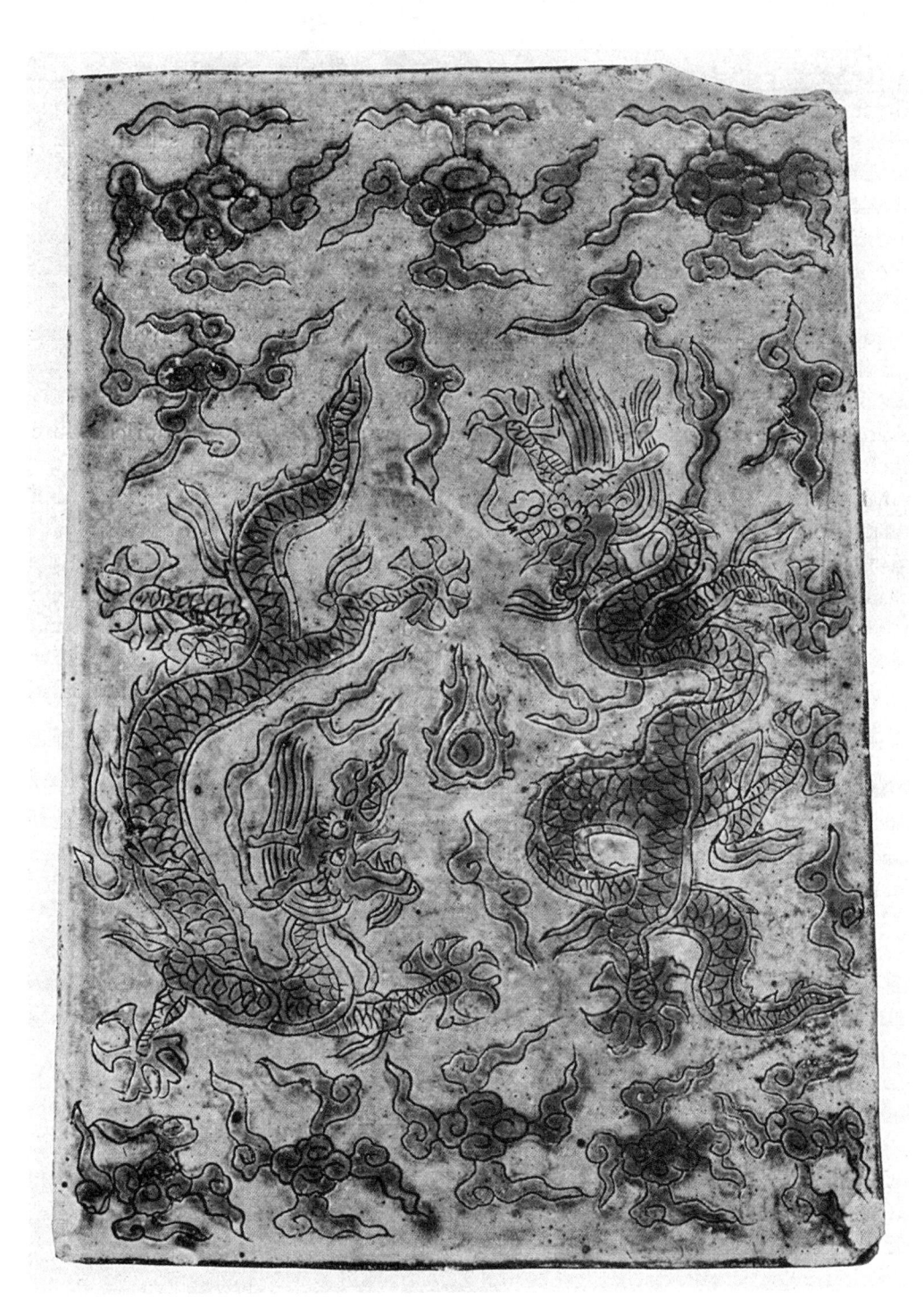

图 287. 南京瓷塔塔身外部琉璃砖，27.5 厘米 ×18.5 厘米 ×4.2 厘米。侧面写着：外立面 11 号，以及砖厂的名称。云间二龙戏珠图样，白色、绿色和黄色。现藏于伦敦维多利亚和阿尔伯特博物馆

图289. 山东临清州宝塔。八级，高四十三米。建于1610年。绘于1656年

方形壁龛构成，壁龛贴有黑色瓷砖，每块一尺见方，像一块漂亮的棋盘，其中用金线镶嵌出神像。所有瓷砖上都有镀金，看上去像是石块或大理石材质。但我认为，这些应该只是普通砖块，因为中国人十分擅长把陶土揉捏成千百种不同的装饰。"陈沂的文中描述也相当类似："四壁皆方尺小释像，各具诸佛如来因缘，凡百种，极致精巧，眉发悉具，布砌周遍。"泰勒认为每层有超过200片这样的瓷片，整座宝塔中的佛像瓷片超过2000块；但中文文献中每层的瓷片却多达近400片，根据塔身面积确实不无可能。阿罗姆则称每面墙上都有约100块小瓷片，共同构成一个较大的佛像。他的数字肯定是由陈沂文中提到的整层瓷片数推断而来。也许这些所谓的小瓷片真的是由打磨好的花岗岩构成的，在之后建成的临清州琉璃塔上使用的就是这样的花岗岩墙砖（参见图289）。

塔顶及塔刹

九级塔的顶端收成圆顶，它的精美与宝塔的其他任何部分比都毫不逊色，内部也同样结构精巧。塔顶的外部材料为铜，大约共耗费84.7公担[1]红铜，外层镀金，使塔顶经历岁月的沉淀仍然保持光彩。弧状的檐脊汇聚到一个环形装饰内，上面通过一个短环与两个铜锅相连，每个重450斤，周长60尺，即18.3米，直径5.83米。测量的直径是两个铜锅加

---

[1] 公担，旧时德国重量单位，约50公斤。——译注

图 288. 南京瓷塔塔顶的铁制露盘，放置在宝塔旧址旁。直径约 2.5 米，高约 80 厘米

在一起的尺寸，因此每个铜锅的直径应当为一半，即 2.92 米。再往上是一个铜制天盘，也叫露盘，重 450 斤，周长 24 尺，即 7.3 米，直径为 2.32 米，大概高度为 0.8 米（参见图 288）。据称这个露盘作为琉璃塔的残余部分，被放置在宝塔原址附近的石柱上，可能一直保留到了今天。天盘上雕刻着双层莲花瓣纹饰，一条闪电状的饰带以及一圈珍珠造型，边缘锋利。天盘和铜锅中央都开有孔洞，粗壮的塔心柱就从孔洞中间穿过。

再向上则是"叠起数仞"的九环铜相轮，尼霍夫的画作和石版画上它们的轮廓都是椭圆形，徐家汇工艺院的模型中也同样是这个造型，但福兰阁的油画中却把相轮的轮廓画成圆锥形（参见附图 1）。数学家李明则说"塔心柱周围悬空环绕着铁环，它们高度相等，离塔心柱数尺远，外型轮廓呈现一种平滑的圆锥形，中心有孔，上方还缀有一个巨大的镀金宝珠"。文献记录最下面的铁环直径为 5.83 米，实际上应该和两个铜锅一样减半，即 2.92 米，最上方的铁环直径为 2.32 米。法国人茹立安提到相轮中间还有 9 个更小的铁环，共 18 个。这里的 9 个更小的铁环指的可能是塔心柱上用于与外面的相轮相连的固定用铁环。将相轮制成纺锤形或圆锥形轮廓是中国中部宝塔的一个重要特征，南京琉璃塔上的相轮应该也是如此。最高处的巨大宝珠由铜制成，文献中记录的尺寸很可能又有夸大的成分：宝珠周长 11 米，直径 3.18 米，高 5.5 米，铜的重量有 24 公担[1]，另外还有 48 斤金子镀在铜的表面，塔顶也镀了金，来保持宝塔的夺目光彩。

如果按照上述数据重建这个塔刹，并且已知塔顶上刹杆的最高高度为 10 米，那么会发现上述的尺寸都必须大大缩减，否则不可能与图中的塔刹形制相符。这里各篇文献的叙述并不清楚，虽然它们的表述有些偏差，但都一致提到了塔顶的五种镇顶压，由上而下分别是：夜明珠、避水珠、避火珠、避风珠和避尘珠。它们从下到上分别符合佛教的四大法：土、风、火、水，最上层的夜明珠也叫火珠。这种五颗宝珠连缀的形制在其他佛教建筑中也常出现，通常作为宝塔塔刹或屋脊装饰，但在南京琉璃塔上应该不会出现，因为在中文

---

[1] 公制重量单位，一公担相当于一百公斤。——译注

文献中完全没有这样的记录。如果采信这些提到镇顶压的文章，那么它们同时还提到了其他塔顶上的装饰：四十两重的金条、一公担茶叶、一百两银子、100斤药材、一粒圆形宝石、一千根永乐年间的金线、两个黄色绸缎捆成的球、四册佛经——分别是地藏经、阿弥陀佛经、释迦佛经和接引佛经。如果这些东西和五颗宝珠放置在一起，那么几乎不可能像一些西方学者所说是被放置在宝塔最上方的塔刹上，因为这样的造型并不会很美观。福兰阁的油画下面有这样的文字说明：俱镇尘内，意思是所有东西都放置在避尘珠内。这种说法具有一定的可能性，这些事物都被放置在塔顶下方的拱顶结构上，与欧洲教堂的拱心石相似。那么宝塔攒尖顶上方就一定有一个结构来保护这些事物，应该就是前文提到的两个可以盛物的铜锅，而文献中提到的避尘珠应该会稍小一些，放在两个铜锅之中，那么非常有可能就是指前面介绍过的露盘或称天盘，它们上面才是相轮和大宝珠。这整个结构被尼霍夫称为松塔（参见图286）。松塔下面还应该有一个较大的托盘型结构，因为从前文所提到的铜顶上的龙头分别垂下一根沉重的铁索，共八根，需要和托盘的八个角相连，才能固定住整个塔刹结构。这些铁索重150斤，看起来较为合理，但文章记载它的长度为80尺，即27米，则是完全不可能的数字，事实上铁索的长度最多为11.5米。每根铁索上系着九个镀金的风铎，一共8×9=72个，每个重12斤。在每层塔檐的八个檐角上也分别挂着一个风铎，共10×8=80个，因此整座宝塔上共有152个风铎随风发出清脆的声响。陈沂文中提到："风铎相闻数里，响振雨夜。舍利如火珠数颗次第出入轮相间有声。"

宝塔最后的装饰是灯光。上面八层塔身每一面的塔檐下方都悬有两个薄蚌壳做成的灯，共128个。文中表述并不详细，但中国的画作中将灯的位置和外形描绘得很清楚。似乎在灯的格子外还有小窗，看起来灯的框架就像从一个壁龛中伸出来一样，像蜗牛壳一样弯曲起来。一种说法是这些突出的方形格子是由琉璃砖或瓷制成的。底层的灯也是这样的造型，共8×2=16盏，那么宝塔上的灯共计144盏，按照中文史料的说法，这144盏灯全部位于塔身之外。塔内还有十二盏玻璃灯，或者说由类似玻璃的材质或瓷制成的灯。为了点亮塔内塔外的所有油灯，一夜要消耗六十四斤灯油。

陈沂那篇文笔优美的文章最后的结尾似乎神化了宝塔："昼则金碧照耀云际，夜则百四十有四篝灯，如或笼子天儿降，腾焰数十里……门至绝级亦洞敞，首不低缩。出搁槛外，则心神惶怖，不能久伫。四顾群山大江，关阻旁达，无远不在；近观宫城廨舍，陆衢水道，民居巷市，人物往来洞悉，冈不毕见。飞鸟流云，常俯视在下矣。"

塔内题字

从福兰阁的油画看来，宝塔每层各面的题字都不尽相同。题字为包含着一到九这九个数字的佛教用语、中国传统哲学和宗教概念，从《朝圣者杂志》刊登的文章来看，这些题字也是各不相同。至于这些题字中所蕴含的深刻而美好的佛教含义，本书中就不进行更深层的探讨了。但如果每层八面的题字均不相同，那么就共有8×9=72句佛偈——将佛教哲学用极其简短的词句表达出来。福兰阁和其他画家的画作，都展现了从塔底到塔顶的题字呈现出来的精神境界的提升（从下向上阅读）：

> 九有弘规
>
> 八表司凤
>
> 七宝莲花
>
> 六通真谛
>
> 五律精严
>
> 四海无波
>
> 三空圣地
>
> 二并方为
>
> 一乘慧业

3. 临清州和景州[1]宝塔

一般认为著名的南京琉璃塔应该借鉴了一些早先的宝塔,比如在它之前就有完全或大部分由琉璃制成的宝塔,而琉璃塔的部分纹样也沿袭了河南省宋代宝塔的特点。然而遗憾的是,至今仍未有这些宝塔实例的具体资料。但在 1431 年南京这座世界奇观琉璃宝塔建造完毕之后,按理它就应该成为后来建造宝塔无法忽视的蓝本和典范,特别是在拥有许多经典砖建筑的北方,同时也是琉璃的产地,应该会有更多模仿南京宝塔建造的琉璃塔。然而奇怪的是,在之后的明朝和清朝几乎没有留下有名的琉璃塔,这里只能通过文献叙述和推测,确定有两座琉璃塔在很大程度上受到南京琉璃塔的影响。一座位于临清,建于 1584 年;另一座位于景州。两座宝塔相距不远,都在直隶省和山东省的交界处。

山东临清州的宝塔矗立在城南,临近大运河(参见图 289)。它不断被游客提及,但目前除了卡瓦纳[2]在《宝塔》中简短的描述之外,只有尼霍夫在 1656 年的文章和埃利斯在 1816 年的文章中有提及。文章中的叙述表明,宝塔大部分是由白色琉璃瓦砌成,也许有部分贴的是瓷片,另外也用了许多石料。埃利斯给出了相当详尽的补充描述,在此完整地抄录如下:

> 临清城内有许多漂亮的民居紧紧地挨在一起,在这些优秀的建筑当中特别壮观而富有艺术感的是一些庙宇。比如城墙外北面就坐落着一座造型特别的寺院,旁边还屹立着一座极其高大的宝塔,其辉煌灿烂的材质以及雄伟高大的尺寸都超越了大部分中国的建筑。宝塔中也有一个可供攀登的旋梯,但并不在塔内中央,而是在内塔和外塔之间的墙体当中。人们拾级而上来到塔顶,不仅能将辽阔的原野和古运河尽收眼底,还能看到卫河经过此处流向远方。

我们从附上的图片上可以较清楚地看到,宝塔八角九层,外部围有回廊,每层高九码[3],整座

---

1 景州,古地名,现河北省衡水市景县。——译注

2 卡瓦纳(D.J.Kavanagh),美国耶稣会传教士。——译注

3 英制长度单位,一码约等于 0.144 米。——译注

宝塔自下而上共九十码高，整体造型端庄匀称。塔身周围的墙体并不是由普通粗糙的墙砖砌成的，而是由细腻的瓷土垒成。九层塔檐的檐角处都系有一个金属小风铎，这些风铃在被风吹动的时候，会一起发出清脆的声音。外墙上则饰有叶子和其他图案的浮雕，人人看了都会为之惊奇，更会为之震撼和陶醉。

宝塔内部的墙体完全用各色的大理石制成，表面打磨得极为光滑平整，人们即使在全黑的大理石墙体前仍会觉得墙壁透亮，可以反光。九层塔身之外都围有回廊，造型极其自然，完全用大理石制成，到处刻着不同纹样的浮雕。外墙的窗口饰有镀金的铁格栅，在阳光照射下发出夺目的色彩。

在极为华美的回廊中有一幅巨大的画像——另一种说法是在塔顶上，以纪念建造宝塔的捐助人。这幅巨像高 30 英尺[1]，由石膏制成，表面部分镀银，部分镀金。宝塔周围坐落着造型优美的寺院建筑，建筑内外的墙面上都装饰繁复，在全国范围内都找不到可以与之相比的实例。

文中提到的 9 米高人像只可能位于宝塔顶层的一个塔室内，因为底层宝塔仅 6 米高，且每层塔高自下而上还在递减，因此这尊人像只可能贯穿最上方的两层塔身，或者更合理的可能是位于最上面的一层塔身内，塔顶的圆形拱顶使人像可以容身，南京琉璃塔的顶层也有类似的拱顶结构。另一方面，在尼霍夫绘制的一张图中，一个塔室内有好几座神像，当然他并没有理解神像的意义，自然就画错了。从他的画来看，有一尊巨大的立佛穿着佛陀身上常见的长袍，头发卷曲，在尼霍夫的画中他却戴上了西方的冠饰。其他壁龛和祭台上的佛像中有一尊坐佛比较特别，尼霍夫对它的注解是武圣关帝，但实际上这个脚踩着另一个人物的雕像应该是四大天王之一。不过像临清宝塔这样把神像放入顶层塔室内的安排，至今没有找到第二个相似的实例。

关于阶梯的记载表明，宝塔由一座内塔和包围在外面的墙体构成，即与兖州宝塔（参见图 81）和同在山东的灵岩寺宝塔（参见图 142）一样。从埃利斯的描述中，我们可以了解到宝塔的建造时间：

"宝塔为八面九层，高高矗立着。基座和整个底层的材质都是石头和斑岩，其余部分由砖砌成，正如尼霍夫所说，塔身表面都覆盖了白色的琉璃。塔外写着四个大字：舍利宝塔。我们通过旋梯向上攀登，共 183 级台阶。台阶和墙角都是用斑岩砌成的，表面打磨得无比光滑，墙上镶嵌的许多铭文也是在同样的材质上雕刻的，有一些文章认为这些斑岩是瓷料。除了部分塔室地板以外，整座宝塔保存得相当好，显然它是宝塔建筑中很值得关注的一座，也因此受到了很好的保护。塔檐伸出塔身约两尺，表面点缀着丰富的木质雕刻。最高一层的塔檐上覆盖着铸铁或铜。塔高估计有 140 尺……宝塔中有两座神像，一座位于底层，另一座在顶层，后者是陶制的。在第三层塔身中有一块刻着铭文的石板，铭文显示宝塔建于明万历三十八年。"万历三十八年应该是 1610 年，但埃利斯写成了 1584 年。麦卡尼使团在 1794 年来到了临清州宝塔，但当时宝塔已经遭到了严重的损坏，重建的时间应该是在此后的 1800 年至 1810 年之间。

临清州宝塔十分特别的一点是在陶和瓷的表面加上了琉璃，另外还用了打磨光滑的斑

---

[1] 英制长度单位，一英尺约等于 0.3048 米。——译注

图 290. 直隶省景州宝塔。十二级，高八十米。建于 1550 年左右（？）

岩和石阶，即使是南京的琉璃塔也仅仅使用了木楼梯。尼霍夫的记录中宝塔共有九层回廊，应该没有把底层的回廊算在其中，他的画中也没有底层回廊。但底层不可能没有回廊，他指的应该是封闭且有丰富浮雕装饰、用阶梯相连的回廊共有九层。另外尼霍夫的画中宝塔每层的高度逐渐递减，塔身的每面外墙上都有带格栅的窗口，塔檐伸出塔身的宽度和弧度也被夸张化了——塔檐宽度与埃利斯给出的六十厘米相差甚远。从这个数据可以推测出，塔檐不是搭建在木质檐椽上，而是由实心的彩色琉璃做成，而埃利斯却把塔檐误认为是涂上彩色的木结构。临清州以北近 120 公里处也有一座造型非常相似的宝塔，从它的一张照片来看，整座宝塔都是实心结构，更加证实了这种猜测的可能性。

景州是位于古运河西岸的一座美丽的城市，坐落在直隶省和山东省的交界处。景州宝塔只有一张相关的图片（参见图 290）。从图片中可以清晰地看到这座八角形宝塔呈明显的金字塔型，塔高近八十米，加上高大的底层共十二层塔身完全是实心的构造。它也被人叫作铁塔，大概和本节我们讨论过的同样叫作铁塔的开封府宝塔（参见图 272）相似，都是呈铁矿石颜色的琉璃砖塔。宝塔造型庄严宏伟，塔身高度和周长都等比递减，营造出一种奇妙的韵律感。塔檐很窄，但相当坚实，很可能是琉璃材质。外墙的券门和虚门间隔出现，更使宝塔显得灵动活泼。向内倾斜的金字塔形轮廓仿佛将力量积攒起来，释放在塔尖的高处。该塔位于一座庞大寺庙建筑群的中轴线一端，另一端是一座多层楼阁。宝塔的建筑时间大约在明朝，与山东的临清州琉璃塔非常相似，只是体型稍大一些。

4. 热河的两座琉璃塔

从北京出发往东北方向走，大约经过四天路程，到达长城之外的古北口关，在滦河附近热河边的山峦之中，坐落着承德府，它的出名和康熙与乾隆两位皇帝在此建造的大型园林有着密切的关系。紧靠承德是一片古老的狩猎场，后来被改成了极尽奢华的皇家行宫，也称避暑山庄，因此山庄周围的自然景色相当辽阔，从平原一直延伸到高山脚下，三面都是山谷，北面和东面最为宽阔，山谷的另一边就是山峦起伏、沟壑纵横的山脉。在东面的山峰顶上竖着一根高大的石柱，十分显眼。避暑山庄中矗立着一座宝塔（参见图302），同样在景观中占据着重要的位置（参见图296），两个地标遥遥相望，互为映衬。山脉东面和北面的坡上坐落着两位皇帝下令建造的九座寺庙，十分壮观，避暑山庄也因此被赋予了浓厚的宗教气息。

根据最初的蒙古语发音，这里通常被叫作热河。避暑山庄内坐落着各种各样的皇家建筑，造型典雅的寺院围成一圈，与自然风景美妙地交织在一起。即使如今这些寺院已经多半倾颓荒废了，也仍然是能代表中国建筑艺术的杰出作品。福兰阁关于热河地区的著作为我们深入研究这些建筑奠定了坚实的基础，此处我们只介绍两座在传统风水和佛教历史上相当重要的宝塔，它们不仅营造出了浓厚的宗教氛围，也将避暑山庄内的其他建筑联系到一起，令我们感受到艺术上一致的美感。另一座重要的建筑是圆顶寺，寺院由一座建于平台之上的圆形正殿和一些较为小巧的琉璃塔组成，在第五章"塔群"中会作为重点介绍。

热河的两座宝塔中，一座位于行宫之中，仅有部分使用了琉璃；另一座位于寺院群的北面，通身覆盖着琉璃。两座宝塔均为八角形层塔，且都建在高高的平台之上，底层塔身周围环绕着宽大的回廊。它们与南京的琉璃塔（参见图286）形制相似，同属一类。其中一座就是前文提到的乾隆下令仿照南京琉璃塔所建，因此与之极其相似，当然因为要考虑到北方的建筑要求，因此在细节上做了一些改动。

永麻寺[1]宝塔

永麻寺宝塔（参见图291）位于行宫东北部，靠近外墙。根据寺院中两块石碑上的铭文记载，永麻寺建于乾隆年间的1751年。根据福兰阁的记载，我们得知宝塔建于1764年：宝塔后面另有一块石碑，上面是汉字铭文。铭文显示宝塔的修建源于皇帝在1751年和1752年的南巡。两座名塔令这位帝王产生了在北方修建一座类似宝塔的愿望，一座是南京的瓷塔（参见图280），另一座是杭州六和塔（参见图267）。皇帝的建塔工程很快就开始实施，但其中一座毁于大火，另一座在竣工不久之后就裂开了。于是风水师来查看了宝塔，提出人们不能将南边的宝塔移到北方，然而皇帝并不相信这种说法。他命人重新运来更坚固的材料，经过十年的时间，在1764年完成了这座宝塔的修建。乾隆皇帝在铭文中写道："我皇祖建此山庄于塞外，非为一己之豫游，盖贻万世之缔构也。我皇祖有鉴于此，故自三逆

---

[1] 一般称永佑寺。——译注

图 291. 直隶省热河行宫内的永祐寺宝塔，砖及琉璃质地。塔基处有高台，底层外有回廊，上面还有九级塔身。总高五十八米。建于 1754—1764 年。参见图 292—图 301

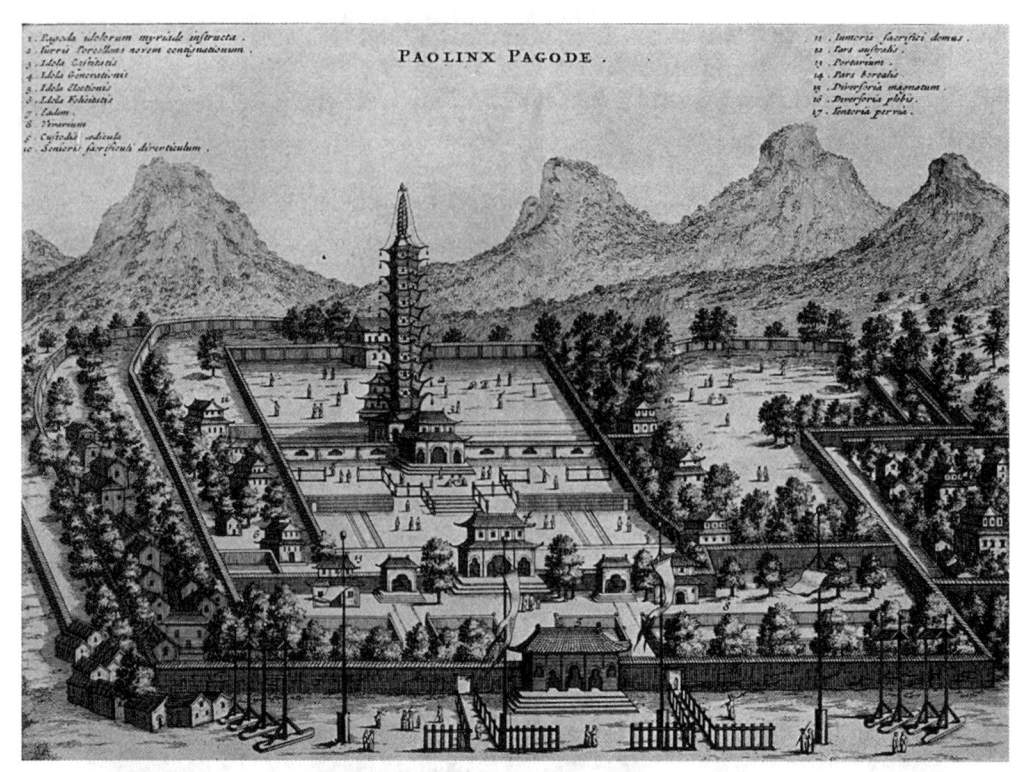

图 280. 南京报恩寺瓷塔，位于南城门前。参见图 281—图 288

底定之后，即不敢以逸豫为念。巡狩之典，或一岁而二三举行，耗材劳众之论，夫岂不虑？然凛天戒，鉴前车，察民瘼，备边防，合内外之心，成巩固之业。"从这篇铭文可以看到，这座在中国宝塔中相对年轻的建筑，一部分是出于皇帝对华丽的爱好而建造起来的，他想在北方重现其他地区的建筑典范，以彰显帝国的辉煌与统一；另一部分也是皇帝为了纪念战胜准噶尔而建造的胜利纪念碑。从这个角度来看，这座佛教建筑又蒙上了政治的色彩。这种思想也贯彻到了整个国家的艺术中，产生了后来的许多相似建筑，乾隆时期的其他宝塔也证明了这点。它们在建筑形式上从具有独特的宗教象征意义发展成纯粹的艺术形式，从单一的宗教建筑中解放出来，但同时也失去了内在含义的传承。

那座仿制了杭州六和塔，且在修建时即被焚毁的宝塔目前没有留下许多信息，可能在当时就已经被废弃了。然而我们这座宝塔无疑是参考南京琉璃塔建造的，但在宝塔底层之上另有九层塔身，而不是南京琉璃塔的八层，因此承德琉璃塔的塔身共十层，十分少见，但它在造型结构与轮廓上与南京宝塔流传下来的照片和重建的模型非常相似：两座宝塔宽大的回廊、自下而上逐渐收缩的塔身、高大的券门与精巧的格窗的对比、塔檐的造型及塔尖的比例都完全相同。承德的宝塔高五十五米，与南京琉璃塔的七十二米塔高相差甚远。另外的区别在于受到北方建筑技术的限制，热河的宝塔并未成为琉璃塔中的杰作，它在细节上相对比较简朴，首先是没有南京琉璃塔那么丰富的浮雕装饰，另外它除底层之外也没有回廊。

宝塔实心的内塔为八边形（参见图 295），通径为 15.5 米，边长 6.37 米，内部围有一圈宽 2.57 米的回廊，回廊外部的八面外墙均开有券门或格窗，用木柱隔开，墙外还有一圈仅宽 1.05 米的开放式回廊。这样整座八角形宝塔的通径就达到了 24.3 米。底层外部回廊的廊檐远远伸出塔身（参见图 294），围着大理石栏杆，在修长的柱子之间是雕花横档（参见图 294），栏杆上有装饰丰富的柱头扶手，宝塔的基座也由大理石制成（参见图 301）。基座向北通向一个稍低的平台，前文提到的乾隆皇帝手书铭文石碑就立在这里。第二层塔身的单坡顶下还有一圈大理石栏杆围起的狭窄回廊（参见图 291），塔檐下方的墙面上有一条琉璃横饰带，上面刻着旋涡状图样，通过凸肩与塔身墙体相连。塔身上镶嵌着的琉璃与浅色条纹状大理石呈现出静穆而庄严的效果，其余塔身由烧成浅黄色的砖砌成，表面打磨得非常细腻，砖块之间的接缝经过处理，脉络清晰。塔身转角柱的圆角处理十分精细，同样是由砖打磨而成，使宝塔整体轮廓格外柔和。除此之外的部分则由琉璃砖构成，精巧的斗拱为绿色琉璃，斗拱下方的饰带为黄色琉璃，微微突出塔身的塔檐同样为黄色琉璃，檐脊和垂直的线条又是绿色琉璃。塔顶坡度较大，自然收至塔刹，塔刹形制非常与众不同（参见图 292）：最下方是两个巨大的陶制宝珠，下面一颗覆盖着黄色琉璃，上面的一颗是绿色琉璃。宝珠之上是八角形铜制相轮，共十三环，从侧面看呈倒三角形。相轮上则是一颗镏金藏式火珠。从最上方的相轮转角处垂下八根细铁索，与塔顶檐脊上的龙头相连。

塔身每层各面都有开口，其中四扇券门，四扇窗口，券门可自由进出，窗口由砖砌成左右两扇虚窗。南京琉璃塔的方形内塔在东南西北四个方向开有券门，而永庥寺宝塔的门窗在墙体上的分布并不规则。塔内由木质楼梯通过最短的路程通向临近的楼层，因此在攀登永庥寺塔时，我们就无法围绕塔的中心旋转向上参观。每层塔室内都有一个简单的祭台和佛像，最上层的墙上还有佛教绘画的痕迹，塔室中间围绕着塔心柱矗立着一个八边形祭坛（参见图 294）。塔心柱一直向上延伸，支撑着塔顶（参见图 295）。祭台上方还有一个华盖，从中延伸的平顶呈网格状。从券门向外看去，周边的园林、寺庙、山谷和北京城的景象尽收眼底。从福兰阁翻译的无数诗文和铭文中，可以看到中国文人如何描绘宝塔的瑰丽与庄严，如何将艺术之美与宗教含义联系到一起，以及如何将内在的感受通过文学的方式抒发出来，在这里就不引用诗文，多加赘述了。虽然永庥寺宝塔在整体造型上略显肃穆，但其流畅的外形轮廓、得当的比例、独特的塔刹都极具代表性，而结构丰富、雕刻精美的底部回廊更是使宝塔成为了整个建筑群中一座雄伟的标志性建筑。

扎什伦布寺（行宫）宝塔

热河的另一座琉璃塔位于依偎在北部山脉山脚下的寺院群中，从东向西数的第四座寺庙坐落在一片相当开阔的山坡上，我们要介绍的宝塔就在这座寺院中。寺院的名字来源于一座佛教传说中的须弥山，叫作须弥福寿庙，它的藏文名叫扎什伦布，与班禅额尔德尼在日喀则的行宫同名。公元 1780 年 9 月，班禅额尔德尼为恭贺乾隆皇帝七十大寿来到北京，皇帝下令在热河修建寺庙作为他的行宫。这位藏传佛教的活佛本意在几个月后旋即回藏，但在同年（1780）就于北京圆寂了。为了纪念和缅怀他，乾隆下令在北京北面的黄寺修建了一座大理石宝塔，这座宝塔会在本书第六节中涉及。这些寺庙都是在乾隆平定了西

图 292. 热河宝塔上部。远景拍摄

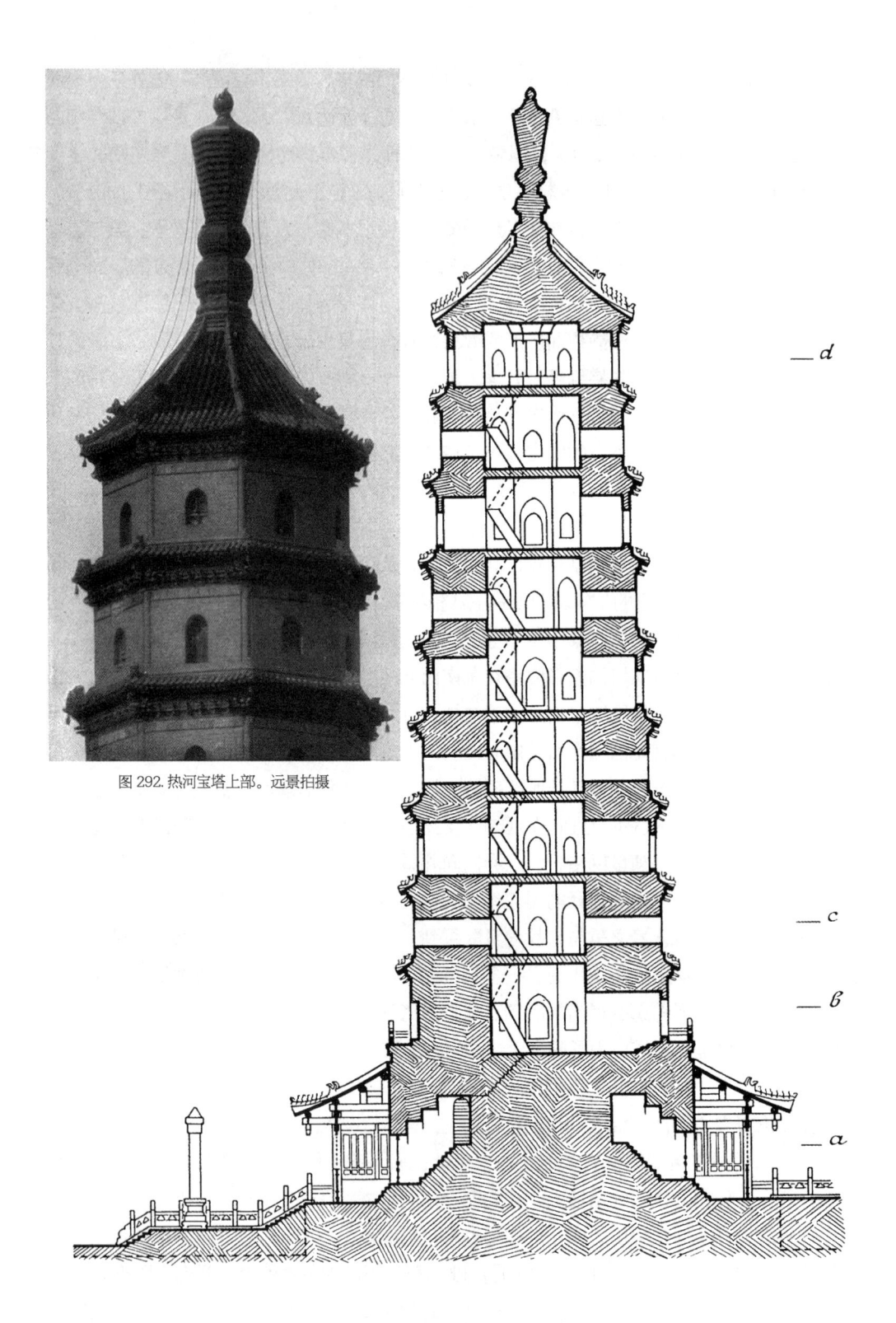

图 293. 直隶省热河永佑寺宝塔。比例尺 1：300。参见图 291—图 295

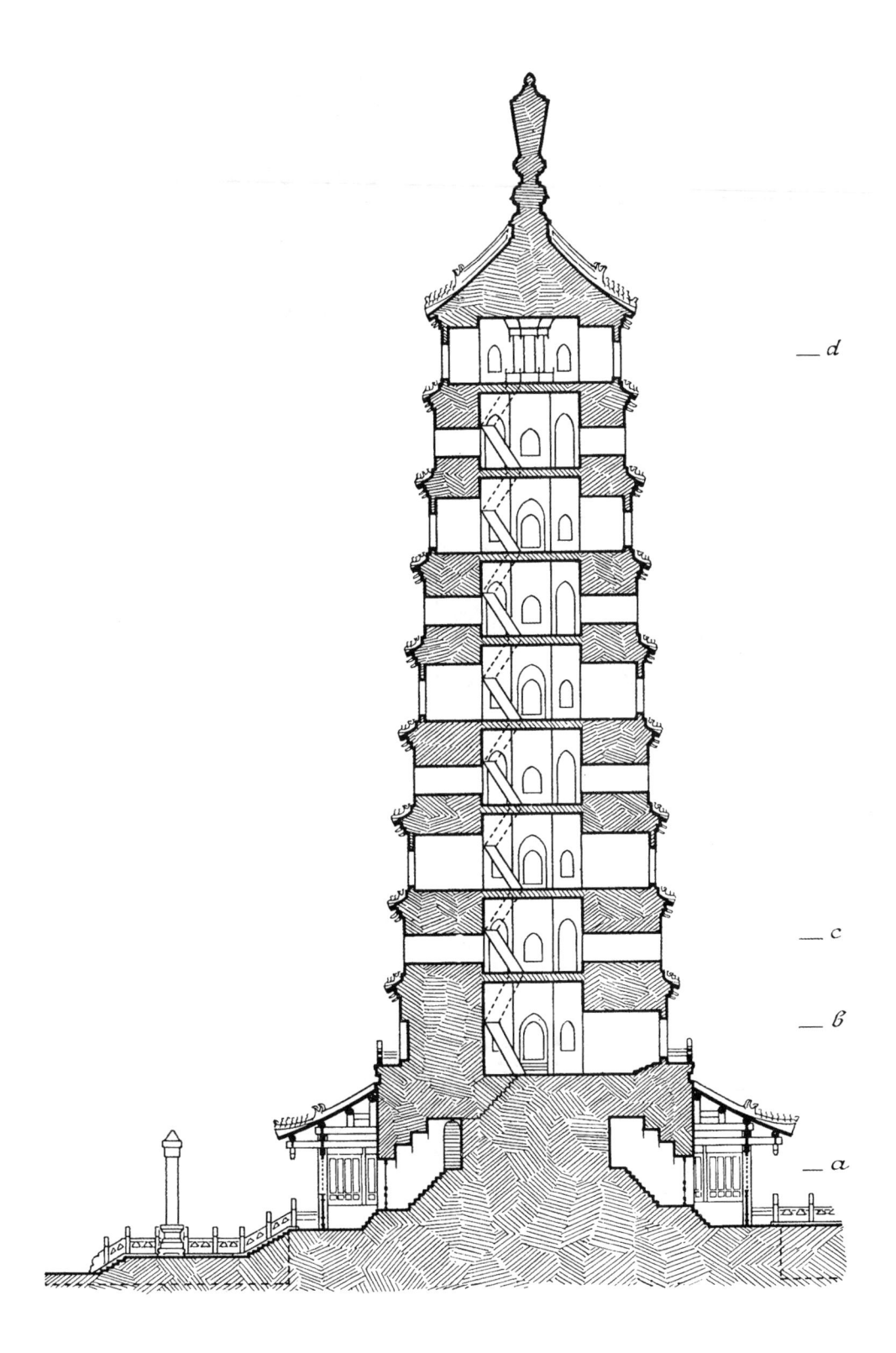

图 294. 热河永祐寺宝塔纵截面。建于 1754—1764 年。比例尺 1∶300。
参见图 291—图 293、图 295—图 301

第二章 大型宝塔的主要形制 | 271

d 层塔室顶

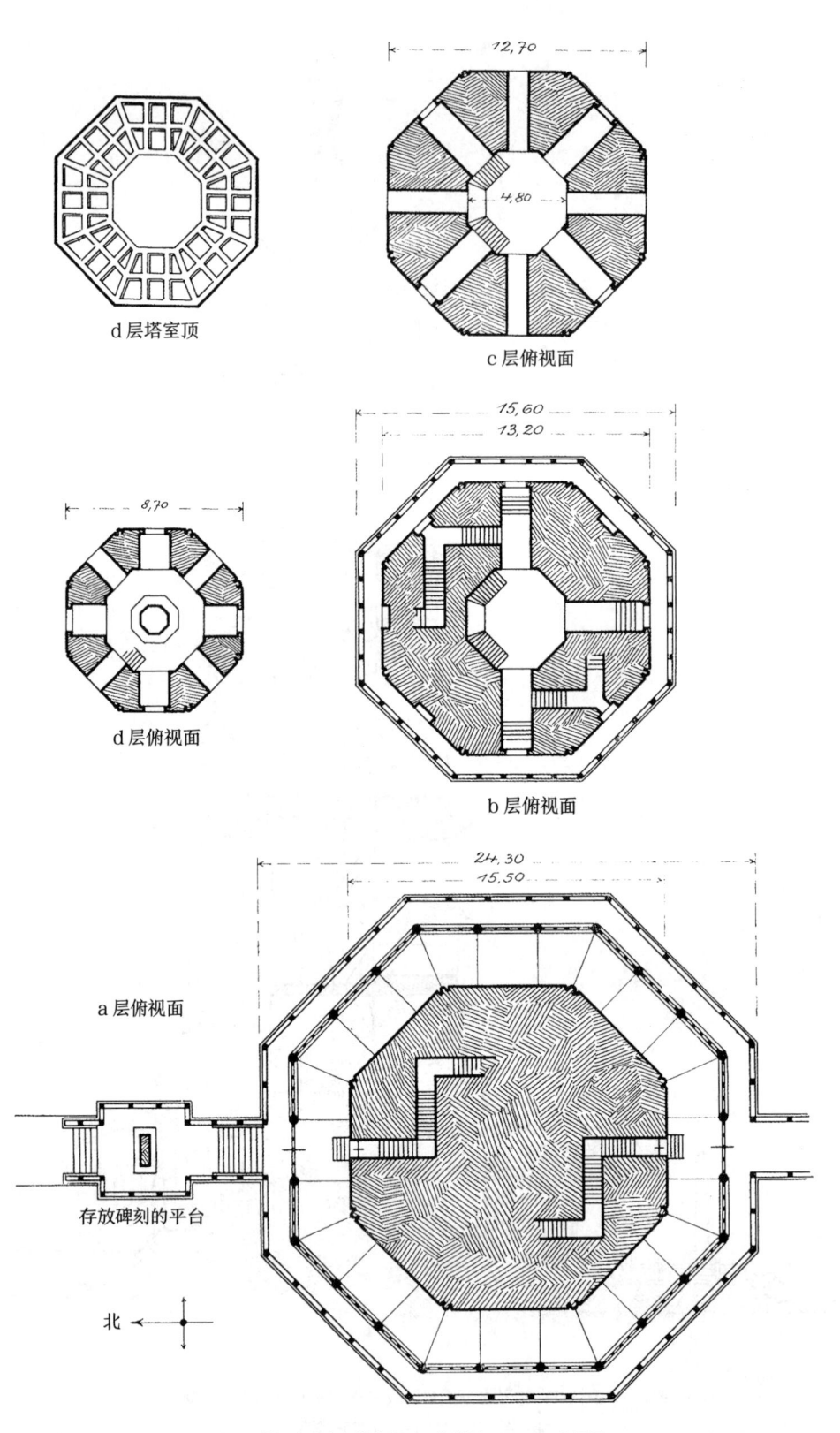

c 层俯视面

d 层俯视面

b 层俯视面

a 层俯视面

存放碑刻的平台

北

图 295. 热河永庥寺宝塔俯视面。比例尺 1∶300。参见图 294

中国建筑与宗教文化之宝塔 | 272

图 296. 行宫内湖对面的北面山脉和宝塔

图 297. 行宫内西面山上的亭台，及北部山脉和宝塔

图 298. 从塔上看向行宫和北部山脉

永祐寺宝塔以及直隶省热河行宫。参见图 291—图 295

第二章　大型宝塔的主要形制 | 273

图 299. 塔前碑文

图 300. 行宫东墙旁边的宝塔

图 301. 平台、塔基和回廊，宝塔最底层塔身
热河永祐寺宝塔。参见图 291—图 298

图 302. 直隶省热河行宫北部喇嘛教寺庙中的扎什伦布寺及琉璃塔。参见图 303

藏、蒙古和准噶尔之后建造的，皇帝的意图也在于通过这些政策传播西藏密宗的教义。承德避暑山庄里寺庙群的修建原因也可以追溯到乾隆的这个政治追求，但其实乾隆仅仅是下令扩建了位于承德的行宫，起初这个庞大的工程是由他的爷爷——康熙皇帝下令实施的。也正是因为这次班禅额尔德尼的到访具有深远的政治意义，乾隆皇帝才特意命人建造了这座专供班禅居住的寺庙。它的建筑风格与西藏和中亚的建筑非常类似，同时又以班禅在家乡的宫殿命名，并且还被称作行宫，这个名称一般只能用于皇帝出行时所居住的宫殿，可见当时皇帝对班禅的尊重。顺着庙宇的中轴线一直向前走，直到整座建筑群的北端，就能在陡然升起的山坡上看到这座光彩夺目的琉璃宝塔（参见图 303、图 304）。一方面它与永麻寺宝塔比较类似，另一方面它和位于北京西山清漪园的宝塔也几乎完全相同（参见图 305），两座宝塔之间一定有非常紧密的联系。

我们无法知道行宫中的宝塔是否与寺院本身一样，是参照日喀则的扎什伦布寺塔所建造的，但从宝塔底部的双层回廊和底层回廊上面的外廊（参见图 308）可以推测，它们应该是为班禅额尔德尼祷告和打坐设计的。这些回廊都加上了廊顶，更加证实了宝塔与藏传佛教之间的关系。

行宫宝塔在底层的结构完全与避暑山庄内的宝塔底层相同，只是体型要小一些。八角形的大理石塔基周围环绕着栏杆，建在一个边长约十七米的四方平台之上，塔基的通径大概为十六米——避暑山庄的宝塔底层通径为二十四米。宝塔的高度最多不超过三十米，掩映在松林之间，许多前来参观的游客也许会错过它的身影，但从远处看过来，它的轮廓却十分明显（参见图 302）。塔基之上另有七层塔身，因此宝塔总层数是不常见的八层。宝塔周身贴有绿色琉璃砖，包括小巧的斗拱结构、秀气的塔檐和一些黄色的装饰线条都是由琉璃制成的。八面塔身外墙都有一个平面的壁龛，中间立着一尊黄色琉璃佛像，共五十六尊。塔身最上方是较为平缓的帐篷式屋顶，塔刹已经毁殁不见了。

第二章　大型宝塔的主要形制 | 275

5. 北京颐和园的五座琉璃塔

北京西面有四座皇家花园，最早的建筑要追溯到相当久远的时期，但直到 18 世纪的康熙和乾隆执政时期才完成了大规模的扩建。其中一座是在 1860 年被英国人和法国人烧毁的圆明园，另一座是曾经属于圆明园一部分的颐和园，后者是围绕着万寿山修建的。颐和园在乾隆时期已经修建得相当磅礴大气，但直到 19 世纪末，在清朝最后一位太后——慈禧的修缮下才达到它辉煌的顶峰。除了这两座非常著名的花园，另外还有静明园，园里坐落着前文所提到的玉泉山（参见附图 5）以及山上的玉峰塔（参见图 168）。玉泉山就位于万寿山以西不远处。最后一座花园是位于香山山腰处的静宜园，欧洲人通常叫它玉园。这些花园中都有无数的建筑，而每座花园中最为特别的杰作都是雄伟的琉璃塔。这些宝塔都要追溯到 18 世纪的乾隆时期。

静宜园宝塔

静宜园位于香山一隅，是旧时皇帝的夏宫，辽代的最后一支后裔耶律淳在 1125 年去世之后，就葬在此处。后来金国皇帝也将这里作为消夏行宫，这些建筑一直被保留到今天。

图 304. 热河扎什伦布寺琉璃塔。底层上面有七级塔身，高三十米。建于 1780 年。参见图 303、图 308

图 305. 北京西山静宜园琉璃塔。底层上面有七级塔身，高三十米。建于 1780 年。底层四周的回廊已经消失。参见图 306、图 307、图 309

静宜园琉璃塔应该与热河行宫宝塔出于相同原因而修建，1780年班禅额尔德尼来访时也在此居住过。它与扎什伦布行宫宝塔的造型几乎完全相同（参见图304），在四方的平台上矗立起一座高高的塔基，也是宝塔的底层（参见图305）。曾经宝塔底层四周也环有围廊，但如今围廊已经完全不见了，塔基之上仅剩七层完全等高的塔身。与热河宝塔略有不同的是，塔檐每边中间仅有两个斗拱结构，而热河宝塔每边中间有四个斗拱；另外每层塔檐不是通过嵌入式结构与塔身相连，而是通过突出的半露柱固定；塔身上贴的瓷砖更大，因此瓷砖的数目相较热河宝塔更少，而且每面都镶有一个佛龛。早期的底部回廊大约在1860年被英法联军所毁，同时被毁的还有宝塔所属的寺院，它应该与热河的扎什伦布寺一样，围绕于宝塔脚下（参见图303）。回廊被毁后，宝塔底层外围的墙体就裸露了出来，其结构也清晰地呈现出来。内塔的砖墙外贴着石灰石板，上面雕着佛像、护卫像及其他纹饰，这些石板曾经是已经消失的回廊内壁。这也为进一步研究南京琉璃塔中的四大天王浮雕提供了一种可能性——前文已经提及，这些天王浮雕位于宝塔底层回廊的四个中间方位。在静宜园宝塔的底层塔身上并未雕刻四大天王像，而是线条较为简略的佛像，然而这座位于北京的藏式宝塔仍然展现出了与南京琉璃塔的众多相似之处。通过四个券门进入塔身内部，

图303. 热河扎什伦布寺及位于山坡上的琉璃塔。参见图302、图304

第二章　大型宝塔的主要形制　｜　277

有第三条回廊围绕着最中心的塔身，回廊中藏着可以向上攀登的阶梯，拾级而上就可来到塔身之外的平台，平台四周围着一圈大理石栏杆。静宜园宝塔和热河行宫宝塔从用途上来看是一样的，宝塔所属的寺院也是一座藏式的雄伟建筑，寺院中的喇嘛，甚至是班禅额尔德尼本人都可能在宝塔中打坐祷告过。

同在静宜园的另一座宝塔中有一首诗描绘了此处的风景：

静宜园玉华寺
王嘉谟
层峰开净域，
十丈控丹梯。
坐瞰平湖浅，
中分万岭低。
斜阳传塔影，
飞瀑乱莺啼。
自觉诸天近，
香花聚路蹊。

图306. 券门边的佛教符号

静宜园琉璃塔底层外墙上的石雕。参见图305、图309

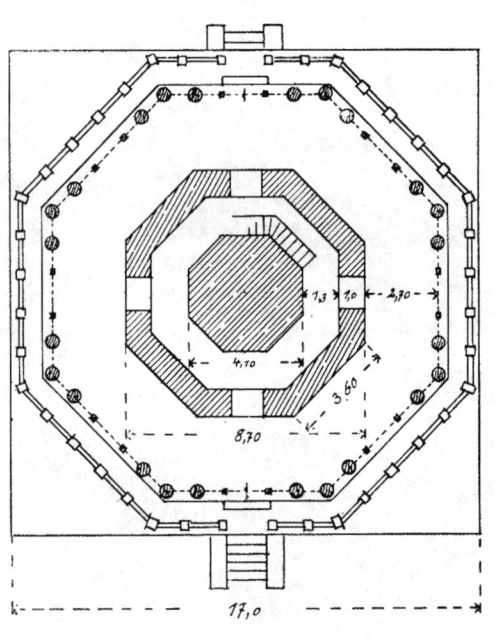

图308. 热河扎什伦布寺琉璃塔俯视图，比例尺1∶300。
参见图304

中国建筑与宗教文化之宝塔 | 278

三座三层琉璃塔

在圆明园和万寿山的皇家花园（参见图311、图312）及玉泉山公园（参见图313）中各矗立着一座琉璃塔，三座宝塔都非常相似。三者的共同点在于清晰的分层——宝塔均由两层塔檐分为三层，第三层塔檐也是三层，收至帐篷式塔顶，再上方是铜鎏金的分级塔刹。宝塔的基座由大理石制成，造型是乾隆年间的风格，表面的琉璃主要为白色，中间夹杂着蓝色，对比强烈，十分华丽。底座上方的塔身颜色更为丰富，主体塔身、饰面、造型件，包括塔檐和浮雕均用彩色琉璃制成。塔檐架设在斗拱结构之上，上面两层塔身之外还环绕着小巧的栏杆，式样同样是18世纪晚期的造型。塔身侧面用垂直的线条和横梁搭成边框，宝塔的整体表面如果不从建筑学的角度去评判，应该可以说是由许多个小型佛龛构成的。在最大面积的墙面上是稍大的壁龛，中间雕刻着特殊的神像，神像表面饰有彩色琉璃。这些宝塔在整体轮廓造型上并不完全相同：玉泉山宝塔是八角形塔（参见图310），塔的总高度为十七米，塔身的每个侧面都比较狭长，大理石塔基的转角处檐角向上扬起（参见图313—图315），另外每层塔身外部只有四个内藏佛像的壁龛。万寿山上的琉璃塔（参见图312）是游客最少的一处，帕金斯基在书中写道："宝塔屹立在山坡上，一半塔身掩映在盛放的鲜花丛中，而色彩斑斓的宝塔则仿佛一只从异域飞来的神鸟，表面覆盖着各种颜色的琉璃，有绿色、紫罗兰色、黄色、牛血红和绿松石色，秀丽而小巧的塔身仿佛要向蓝天飞去。"这段描述与玉泉山的琉璃塔也相当符合，这两座宝塔无疑是同时建造的姐妹塔。

圆明园的琉璃塔则在轮廓上呈现出了一些变化（参见图311），它的底层为四方形，中层变为八角形，而最上面的一层塔身又变成了圆柱形。这种层次分明的变化不仅体现在塔身的造型上，还在每层塔身雕刻的佛像和琉璃的配色上得到了很好的体现。卜士礼对此进行了详细的研究：底层的四方形塔身象征着土地和须弥山，四周刻着四大天王像；塔身中间的八面墙体上的八尊佛像象征着兜率天，菩萨在成佛之前就是在这里出世的，同时它也是未来成佛的弥勒佛居住的地方；最高层的圆柱形塔身被划分成五个区域，每个区域中有一尊佛像，其中可能有普贤王如来，这五尊佛像代表着天，也符合中国人所说的"天圆地方"的象征意义。最高层塔身之上的三层圆顶与北京天坛的圆顶极其相似，这也是古代中国传统建筑形制使用在佛教建筑上的有力证明。此外宝塔的三层塔身也象征着佛教概念中的"三宝"：佛、法、僧。根据卜士礼的记载，宝塔表面共用了五种基本色：紫、绿、黄、红和绿松石色，它们应该分别对应着东南西北中这些方位的代表色：黑、绿、黄、红、白。但其实中国传统文化和佛教文化中有许多与"五"这个数字相关的概念，因此此处的象征意义也可能有别的理解方式。这三座琉璃塔各自呈现出一种最基本的颜色，根据奥尔默的文章，圆明园宝塔的主色是蓝色，而其他两座宝塔的主色则分别为绿色和黄色，同属一个类别。

三座宝塔每层塔身都很高大挺拔，塔檐也别具特色，在造型和轮廓的韵律感上都具有很高的艺术代表性。琉璃的使用也在18世纪达到了技术上的高峰，比如玉泉山琉璃塔就被帕金斯基称为"烧制艺术的奇迹"。而这几座宝塔的造型都较为传统，并无特别之处，也体现了当时的建筑风格。圆明园的琉璃塔甚至更为古朴，琉璃被烧制成仿木结构的样式，

图 311. 北京圆明园琉璃塔。建于 1750 年左右。
摄于 1880 年前后

图 312. 北京万寿山琉璃塔。建于 1750 年左右

包括门窗的格栅和看上去饰有木栓的饰带都是用琉璃打造成的。这种工艺一方面对材料有很高的要求，另一方面更常用在体型较小的铜制宝塔或楼阁上，使用在圆明园的大型宝塔上，就有一种别样的精巧感。同时这种技艺还符合佛教中的一致性，因此佛教建筑也十分偏爱这样使用单一材料的建筑。从建筑学的角度来看，这些琉璃塔的外形沿袭了天宁宝塔的形制——高大的底层塔身、注重神圣氛围的选址、为存放舍利或圣物而留出的空间都与天宁宝塔一脉相承。两者之间的不同在于，天宁宝塔高大的底层塔身之上是排列密集的塔檐，而这三座琉璃塔则将塔身分为三层，塔檐之间的距离也较远，消解了天宁宝塔的严肃感，也消解了宝塔的许多宗教象征意义，从而赋予了宝塔更为纯粹的建筑美。从晚期的宗教建筑中我们很容易看到，将佛教思想融入建筑外形的表达已经几乎被前人穷尽了，很难再得到进一步的提升。因此后期的建筑就从宗教的框架中解放了出来，人们开始自由地加入传统的建筑元素，来创造新的建筑形式。在中国的各种建筑艺术中都能观察到这种演变的趋势，宝塔建筑领域也是如此。

图 310. 北京静明园玉泉山琉璃塔。三级，高十九米。建于 1750 年左右。参见图 313—图 315

图 313. 通向宝塔的阶梯。摄于 1880 年

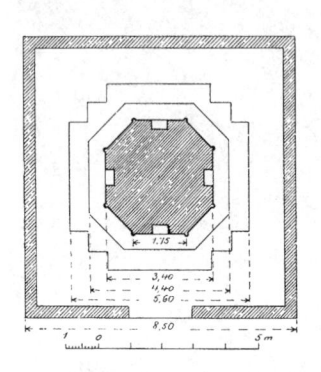

图 314. 墙垣环抱内的宝塔俯视图。
比例尺 1：200

图 315. 塔基为大理石材质，琉璃塔身，铜质塔刹。比例尺 1：100

北京静明园玉泉山琉璃塔。建于 1750 年左右，参见图 310

第七节　石塔

前文中我们不断提到了石塔，实际上大部分石塔都是以石料作为主材，但完全由石头制成的宝塔则很少见。然而中国各省的人民都早已熟悉这种随处可见、简单易得的天然材料，并将它用在了各种建筑上。像宝塔这种单个建造的建筑，原本是非常适合大量使用石材的，然而事实上建造宝塔时使用石材的规模却通常非常受限。中国仅有很小一片地区出现了整座的大型石塔或塔群，就连表面用到石材的宝塔一般也只出现在这些地区，它们是四川、河南、山东、福建及广东。建造宝塔时，受到砖砌技艺的限制，砖塔的造型一般相对比较单一，而与之相比，无论是想要勾勒方形还是不规则的轮廓，石料的加工都具有很大的自由度，而且石质的建筑看上去非常雄伟壮观，因此石塔的轮廓和造型通常丰富而多变。比如很多石塔都将斗拱结构略去不用，但总体来讲石塔大部分还是与砖塔的基本造型相去不远——人们并未创造新的宝塔形制。偶有出现造型新颖的宝塔，但也没有形成规模和系统，整体的建造风格很快又回归到较为固定的几种形制中去了，它们都有相同的起源，仅仅在细节上有所不同，但仍然体现出内在的一致性。因此石塔虽然在构造上具备一定的多样性，但仍然可以完全按照之前我们介绍过的宝塔基本形制来分类。

墓塔、香塔及宝塔造型的经幢都常用石料建造，我们会在第八节展开讨论；另外有一些非常出色的石塔由于其典型的天宁宝塔造型特征，已经在前面的第四节中介绍过了，但它们中有一座对中国建筑史具有重要的意义，因此也很有必要放在本节中更深入地进行探讨，它就是南京的栖霞山石塔。另外本节最后还会详细介绍三座五层石塔，它们都是石塔建筑中具有代表性的实例。

1. 山东神通寺朗公塔

泰山西北方向坐落着一座著名的神通寺（参见图310），或者叫朗公寺，现在已经仅剩断壁残垣。寺院得名于它的建造者——名僧朗公。在前文介绍山东灵岩寺时已经提过朗公，就是"顽石点头"传说的主人公，那里还留有他参禅的岩洞。前文也已讲过，他在公元351年在灵岩寺不远处修建了神通寺，但寺中宝塔是否也由他主持修建，我们就无从得知了。直到梅尔彻斯发表了相关的文章，这座宝塔（参见图319）才引起了大家的关注。它的造型与前面介绍过的宝塔完全不同，我们将从它的历史和地理位置开始详细地介绍这座宝塔，给它在艺术史中找到一个正确的位置。

朗公生活在东晋时期，当时的都城为南京，仅现在中国的南部地区拥有统一的政权，北部地区一直处于匈奴和中原人民的征战之中，政权频繁地更替，直到公元400年左右北魏建立，才基本上统一了北部中国，这一段战乱时期（304—439）被称为十六国。中文文献中关于朗公的记载比较混乱，其生卒年代应该在280年至400年之间。

图 319. 神通寺朗公塔。参见图 318

朗公寺早在西晋太康时期（280—289）就已存在，然而道宣写于公元7世纪上半叶的佛教文献《高僧传》中提到，当时寺院已经存世四百余年了。根据这个数据来算，寺院的初建时间应该为公元200年之后不久，但这个记载还不够精确。一直到4世纪上半叶，朗公游历四方，才来到被视为"仙山佛国"的泰山和昆仑山，后者与位于中亚的著名山脉同名。他在金舆谷中的古寺里挂上了佛像——这座古寺也许是在他的到来后才变成寺院的。他四处讲经，在当地备受尊崇，同时名声也开始传扬了出去。在北方称王的无数国君都争相写信给他表明自己的虔诚，并给他的寺院带来了礼物和资金。各种文献中提到的国君来自秦、燕、赵、魏，甚至远在南京的东晋皇帝也给他写过书信。长清县志中对朗公也有过记载：朗公来自都城，极富学识，修养很深。书中提到朗公圆寂于约公元400年，时年85岁，因此他最早的活动时间应该在公元340年左右。再加上历城[1]县志的记载，现一般将这座雄伟寺院的初建时间记为351年，而寺中宝塔的建造时间则未有记录。

后期有关寺院的文献中最值得注意的记录来自隋高祖文帝时期（589—604）。这位皇帝是一个虔诚的佛教徒，在一次去泰山进香时，他许下的心愿奇迹般地实现了，于是他将朗公寺更名为神通寺。当时与这座寺院同时进行修缮的还有神宝寺和灵岩寺（参见第110页）。隋文帝在仁寿三年（603）一月将收集到的舍利分别送至五十三个不同地区，存放在五十三座宝塔内，其中就包括了神通寺宝塔，寺中很快就有神迹显现：鹤、鹿和大雁纷纷聚集在宝塔周围。那么可以推断此时寺中已有一座宝塔，否则在文献中肯定会提到皇帝下诏新建宝塔的事宜。那个年代新建的包括包括已经介绍过的兖州宝塔以及苏州虎丘上的宝塔，其余的实例会在第四章中详细讨论。神通寺于1486年到1495年进行了一次整体的大规模修缮，如今寺院建筑群只剩下了非常少的一部分。

寺院位于一道狭长山谷的末端，山谷怀抱在北面半圆形的山脉之中，风景秀丽（参见图317），令人联想到灵岩寺周围的景色。至今山谷四周的山上仍然是郁郁葱葱，而山坡上神通寺的周围却树木稀少，更显荒凉。山谷入口处由两座山峰合围而成，东面是青龙崖（参见图316），西面是虎山。虎山上遍布着北齐（550—577）和初唐以来的许多摩崖石刻，因此有千佛崖之称。两座山峰上各自矗立着一座宝塔，东面青龙崖上的多层宝塔叫龙镇塔，现已倒塌；我们要介绍的就是西面白虎山上的石塔——朗公塔，百姓也通常叫它龙虎塔，可能原来东西两座宝塔与山峰的名字相似，所以民众误将二者混淆了，并套用在现存的唯一一座宝塔身上，而西边的这座宝塔本来的名字中应该包含代表西方的"虎"字。两座宝塔构成了两根望柱，一般望柱立于通向较为重要的墓穴或皇陵要道的两边，分别代表太阳和月亮，即阳与阴。朗公塔就矗立在千佛岩脚下宽阔的平台之上（参见图317），塔后是一大片陵墓，其间墓塔林立。这里曾经应该和灵岩寺后面的陵墓一样，有一片树林环绕四周。而龙虎塔也和灵岩寺宝塔一样位于寺院的西北方向。宝塔的西南方是一个举行佛事的偏殿，而向东则有一座四门塔（参见图417）矗立在青龙崖之上，这是一座造型奇特的实心四方建筑，同样是仿照灵岩寺中的建筑而造，在第三章中会一同介绍。

---

1 现济南市历城区。——译注

图317. 山东神通寺山谷中的朗公塔和墓林。参见图316、图318、图319

  龙虎塔的造型也相当别致（参见图318、图319），它的底层塔身为四方形，如今的高度为13米左右。塔身清晰地分为三层，底层与中层是石质的，而顶层则为砖砌结构。底层塔身已经有一部分被碎石掩埋了起来，在地面以下应该还有一到两米深。现在的塔身底层又由三层间距很小的须弥座构成，间隔处伸出很宽的盖板。其轮廓极为分明，很像汉墓中的石柱。这种石柱如今在山东还很常见，同样没有斗拱结构。这座宝塔很可能借鉴了这些石柱的造型。下面两层盖板由两层突出的水平线条支撑，而第三层盖板的下缘则与水平雕刻的莲花纹饰相接。宝塔底座的三层结构工艺及其精巧：最下层的外侧面还开有八个较深的壁龛，以前应该放置有佛像；中间的塔身四面也有八个壁龛，但厚度稍浅，里面是佛像浮雕。这些壁龛都位于转角处，每面两个。壁龛四周饰以中国传统的椭圆线脚，四周与塔身契合得严丝合缝。第三层盖板下方的塔身表面也饰有椭圆线脚和横饰带，饰带上雕刻着弹奏着乐器的神灵和姿态跃动的动物，四个转角各雕刻着一个力士金刚像。这个宝塔基座不仅融合了中国古代建筑造型和古希腊建筑的结构，还将唐朝佛像雕塑完美地加入了进来。

  宝塔第二层的主体塔身与基座相比毫不逊色。柱状塔身边长约三米，四面墙体上都开有方形券门。柱状塔身内部是一个小型佛堂，佛堂正中立着一根方柱，四面各有一尊坐佛浮雕。常盘大定在《中国佛教史迹》中高度赞扬了这些造型优雅的浮雕，并断定它们是晚唐雕塑。附近的四门塔建于公元544年，位于山谷的东侧，在第三章中会着重介绍四门塔附近的一系列建筑，朗公塔很可能就是借鉴了它们的结构。它们都有一座四方形的院落，有些是四面开门，大部分仅有一个门可供进入。院落中央有一根立柱，人们会将舍利放置在立柱中央，或埋藏在立柱之下。然而这些立柱通常都直接建在平地之上，并不像朗公塔的塔身那样有一个高大的基座。而且朗公塔的最高层的塔身之上并非寻常的帐篷式顶，而

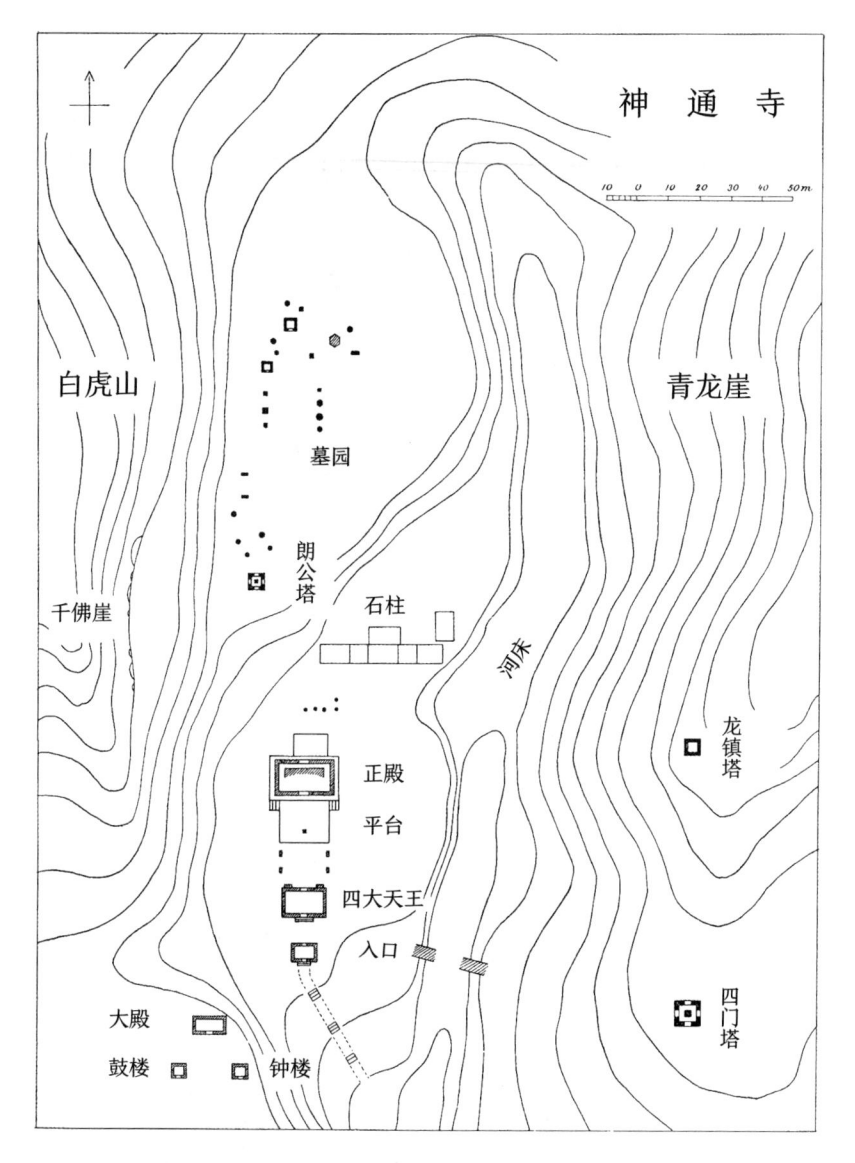

图 316. 神通寺地理位置，山东济南府内。中央墓林中间是朗公塔，参见图 318、图 319。
东面是龙镇塔，东南面是四门塔。西面是千佛崖和崖上宝塔。参见图 317。图片根据照片绘制

是由两层斗拱结构垒成的顶部结构。朗公塔的名称来源有两个可能性：一种可能是这座塔即为朗公的墓塔，或至少存放着朗公的舍利；另一种可能则是单纯为了纪念朗公而建造的，因此沿用了他的名字，只有在不断被纪念和提及的情况下，人们才会修建如此壮观的一座纪念塔。然而如今我们看到的朗公塔已经不是原本的那一座了，初建的时间应该是隋文帝时期的 583 年，或者是修建了许多舍利塔的 603 年，这样来看，朗公塔非常可能是仿照修建于 544 年的四门塔而建造的。现在的宝塔应该就如常盘大定所说，建造于晚唐时期，更确切地说应该是五代十国时期（907—979）。第二层塔身四个侧面上的浮雕与底层宝塔对比鲜明，常盘大定和喜仁龙两人都忽视了这些浮雕间的差异，把第二层塔身上的浮雕笼统

第二章 大型宝塔的主要形制 | 287

图 318. 山东神通寺朗公塔。砖石四方塔，高十三米。建于 900 年左右（？），砖质塔身可能建于晚期。参见图 317、图 319

地定义为元代雕塑，而从造型上来看这些雕塑的年代却很混乱。门楣上方的拱形收以印度式的尖尾，券门两边雕有力士、僧人、龙、象首及各种佛像，垂饰、卷须和花饰不规则地出现在塔身各处，不仅出现了印度式的造型，还有部分浮雕纹样具备南亚的风格。要厘清这些雕塑之间的时间顺序，还需要更为深入的研究。虽然宝塔无法根据塔身浮雕确认准确的历史时期，但从其别具一格的造型中能看到早期汉代的建筑风格。典雅的基座上精细的浮雕、中空的佛龛、佛龛上华丽的雕刻和其中的塔心柱以及双层斗拱结构的塔顶，都和四方天宁塔一脉相承，后者我们在前文中已经介绍过，也由高大的基座、舍利佛龛和顶部结构组成。因此，龙虎塔就可以正式归于天宁宝塔的类别。

龙虎塔顶部的双层塔顶由结构分明的砖砌斗拱组成，从形制来看是宋代时期的风格，虽然山东气候干燥且多风，但塔顶却保存得相对完好，当然可能后期有过修缮。塔刹现在已经丢失，因此无法确定其具体造型。

库摩尔于 1930 年在东亚学杂志上发表了一篇文章，介绍了朗公塔最重要的一座姊妹塔。下面的三层结构塔身高 2.4 米，上面饰有浮雕，中间的塔心柱仅剩 1.4 米，从尺寸和上面丰富的石灰石浮雕来看，和神通寺的朗公塔十分相似，但从造型风格来看年代更为久远，库摩尔认为它建于北齐年间（550—577）。现在这座宝塔位于美国，当年它所在的位置现在已经无法考据了。但我们相信，在中国一定还有与朗公塔的造型同属一类的其他宝塔实例，通过这些宝塔或遗迹之间更详细的比较研究，才能确定朗公塔的确切建造时间及其在建筑史上的准确地位。

2. 河南、直隶和山东的其他宝塔

这三个省份的石塔数量并不很多，但既有神通寺中造型别致极其古老的朗公塔，也有相对常见的较大型宝塔，不一而足。奇怪的是，山东作为石料出产大省，且自汉代以来就建造了许多石质建筑，然而除了前文介绍过的这座别具一格的神通寺宝塔以外，仅有一座较为有名的石塔，且建于稍晚的时期，其他的宝塔都是用砖砌而成的。这样的情况也说明，宝塔的建造是从最早出现砖塔建筑的河南、陕西和山西传向东边的，这几个西部省份的宝塔数量也在国内遥遥领先。特别是在河南和西南部的直隶省有一些较为著名的古塔，最古老的宝塔都是四方形，后来才出现了八角形宝塔。

在河南省中部的中岳嵩山南麓，坐落着密县[1]四方石塔，它位于郑州通向登封县的路上。宝塔属于法海寺，是一座舍利塔。常盘大定在《中国佛教史迹》给出了非常详细的描述：石塔旁立着一些环绕着精美浮雕的经幢，还有两块宋咸平四年（1001）的石碑，根据碑文宝塔就是在这一年建造的（参见图 320）。一篇有关法海院石塔的史料提到，这座宝塔高 16.8 米，四方形，共九层，塔身几乎完全用绿色和白色石料建成。宝塔矗立在一个塔

---

1 密县，古县名，现河南新密市。——译注

图 320. 河南密县宝塔。四方型，由底层塔身及上方八层密檐组成，高 16.8 米。建于 1001 年

图 321. 河南宝山宝塔。四方形，由底层塔身及上方八级塔身组成，高十米，建于 1100 年（？）

基上，最下方有两层莲花瓣浮雕，下层反向上层正向。莲花座上是特别高大的主体塔身，分成上下两层。柱形塔身表面光滑，中间由一条饰带分隔开来。塔身正面开有一个小小的方形券门，门楣上雕刻有精美的纹样，还有一尊佛像。这两层塔身上方水平伸出一层塔檐，下方有斗拱支撑。更上方的塔身由八个类似的塔檐分隔成八份，每层塔高急剧递减，形成流畅向内收紧的金字塔形轮廓。最上方的三层塔身四面外墙都开有拱券型壁龛，第二层塔檐上方围绕着一圈小型栏杆，栏杆中间饰有"卍"字型纹样。这个栏杆只是为了显示宝塔的神圣，并不代表宝塔是可以进入或攀登的。在靠近塔顶的塔檐檐角还有一些风铎留存了下来，其余的都遗失了。高大的塔刹在小巧的宝塔衬托下显得更为夺目，瘦高的九环相轮之上隔着圆形脚饰还有一个覆钵高高耸立。这座别具一格的宝塔在整体造型上非常像四方天宁塔——塔刹重复塔身的造型。整座宝塔的塔身上刻着《妙法莲华经》的经文，经文的抄写方式十分特别，值得密切的关注和研究。

在大约一百年以后，密县宝塔的这种独树一帜的造型又出现在了宝山的一座石塔身上。宝山位于河南北部的彰德府[1]，山上坐落着一座名刹，另外山中还有许多东魏和唐朝时期的佛洞和墓塔。寺院是宋朝修建的，初建时间大约为1100年。宝塔高度仅约10—12米（参见图321），从形制上看它却符合天宁宝塔的特征，轮廓成弧形，非常像河南和陕西的天宁砖塔（参见图104—图106）。高高的底座饰有壁龛和丰富的浮雕，底座之上有九层塔檐远远伸出塔身之外，下方是简单的叠涩造型。上部塔身被九层塔檐分成八层，塔身每面外墙中央刻有一个壁龛。顶层塔檐上四角各蹲一个石狮，环绕着最上方的八角形塔刹。整座宝塔完全由石料制成。

同属一类的石塔还有四川怀德镇宝塔（参见图118），这座由红色砂石建成的宝塔与密县宝塔也有一些相似之处，在天宁方塔一节中我们已经介绍过。

另外还有位于直隶省曲阳县的一座汉白玉大理石塔（参见图322），塔身为金字塔形，上层塔身密檐环绕，塔檐很窄，塔身由石料仔细雕刻而成，墙身表面并未施灰浆。较为高大的底座之上矗立着十层圆柱形塔身，修长的塔身自下而上急剧收紧，高约二十五米。层次分明的塔檐下面是双层支撑结构，塔室券门周围及部分横饰带上刻着人像浮雕，给这座严肃的宝塔带来了些许艺术的气息。喜仁龙根据雕像的风格推测，宝塔最早建于12世纪末。数百年后，又在山东出现了一个相似的密檐多层塔，公元1442年，人们在济宁州普照寺东门口修建了一座石塔（参见图323）。塔高仅十米，塔身为八角形，造型瘦削清秀，上下周长变化很小，几乎像一根多层的经幢。从造型上看它几乎是同在济宁的铁塔（参见图394）的翻版，但铁塔的建造时间要早三百年左右，且高度是普照寺宝塔的两倍。普照寺宝塔底部是宽大的基座，塔檐将塔身分成十四层，檐口呈弧线形。塔身顶部的塔刹呈葫芦形，塔刹的建造时间要比铁塔的塔刹晚140年，造型与浙江和广东的宝塔类似（参见图348）。

3. 湖南

湖南的石塔主要分为两类：石质级塔和金字塔形的尖塔。在四川的双乐福级塔就是第一种类型的典型例子，它高六米，共九层，是一座八角形宝塔，它的檐角高高扬起，仿佛整座塔身都将随之战栗起舞，宝塔的图片在第七章会有展示。另外我在湖南南部也找到了两个典型的例子（参见图325）。一座是位于衡州府[2]南部的级塔，共七层，轮廓成阶梯型；另一座为五层级塔，塔檐十分宽阔。与这两座宝塔相似，但体型上要壮观许多的是位于衡

---

[1] 彰德府，古代行政区划，现河南省安阳市。——译注

[2] 衡州府，管辖衡阳市、永州市和郴州市。——译注

图 322. 直隶省曲阳县宝塔。八角十一级，高二十五米。
建于 1200 年左右

图 323. 山东济宁州石塔。十四级，高十米。
建于 1442 年

1. 铁塔及铁塔寺（参见图 394）
2. 宗王庙
3. 钟楼
4. 魁星楼
5 和 6. 孔庙
7. 魁星楼
8. 石塔（参见图 323）
9. 曾子塔
10. 李太白塔
11 和 12. 角楼

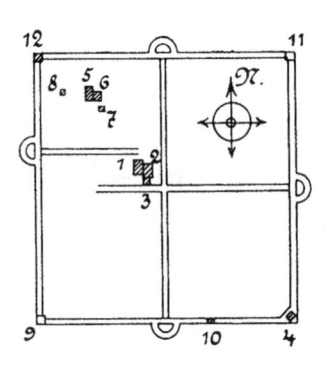

图 324. 山东济宁州城建概览图。
石塔位于位置 8，铁塔位于位置 1

州府内的两座雁塔（参见图327）。衡州位于草河[1]汇入湘江的河口处，共有七个城门，整座城市位于向外突出的半岛上。南边的一座山脉有三座山峰，外形很像一只向北飞行的大雁，它缓缓降落下来，将衡州城环抱在其中。坐落着寺院的雁峰位于三座山峰中间，仿佛大雁的身体；东部的山峰是右翅膀，山上有一座龙王庙；西面的山峰是左翅膀，同样有一座庙宇坐落其间。城市北面的两座山丘与这只"大雁"遥相呼应，山峰上也各有一座宝塔，东北面是旧雁塔，西北面是新雁塔，都有十一层，两者之间距离三至四公里。两座宝塔之间当时有一个学堂，也继承了宝塔的文气。遗憾的是我并未亲身登上两座宝塔，但仅仅在远处看，宝塔表面闪闪发光的石料和硕大的塔顶宝珠都显得壮观而雄伟。它们使衡州城和雁峰在南部拥有了清晰的轮廓和大气的风景。

另一种湖南常见的特色石塔是金字塔形的尖塔（参见图325），塔身的墙体呈斜面。宝塔的塔檐下一般没有斗拱结构，檐角都为飞檐形式，使宝塔显得十分生动灵巧，宝塔的塔檐从三层到十一层各不相同。湖南南部位于衡州府与永州府之间的每座村庄前都会有一座这样的石塔，有些石塔旁边还有一座小型石桥通向村中。这些宝塔一般高四至六米，有的是三层塔，有的是五层塔。宝塔底层一般是较高的基座，正前方开有一个香室（参见图329），用以焚烧纸钱或香火。香室的造型各具特色，檐角饰有山尖雕像，塔身外墙也贴了颜色丰富的琉璃砖（参见图330）。在壁龛和东南西北四个方向的券门上方也有类似的装饰，尺寸要宽大一些，但没有大到可以像大型宝塔的券门那样可供人出入。从形制上看，它们渐渐从级塔向层塔过渡，这些宝塔一般都是独立的建筑，四周也很少有寺院，因此大多都是纯粹的风水塔。沿着湘江顺水向下，过了长沙府不远，我们就能看到一座这样的宝塔，它就是湘阴[2]宝塔（参见图332）。它紧邻湘江，矗立在江岸边，高约二十八米，共七层，在东南西北四个方向开有券门（参见图333）。湘江在湘阴下游不远处就汇入了长江南岸三大湖泊之一洞庭湖。这里矗立着另一座金字塔形的石塔，这座佛塔在一望无际的平原上高高耸立着，从很远的地方就能望到（参见图331、图334）。岳州位于洞庭湖最北端与长江相交之处，是湖南著名的商业中心，在此也有一座金字塔形石塔（参见图335），造型与湖南的其他宝塔一样瘦削挺拔，但它的塔檐是重檐，且从形制上看已经接近层塔的造型。位于首府长沙东南部的醴陵，也有两座漂亮的石塔属于这一个类型，它们坐落在渌水畔，已经临近江西地界。其中起元塔有着飞扬的塔檐和瘦削的塔身（参见图326），从各方面都体现出典型的湖南宝塔风格，特别是从下向上看，整个宝塔斜斜地向上矗立着（参见图328）。宝塔共十一层，高20.6米，在小巧的圆顶之上是分层的塔刹，很可能是仿照早期的宜昌级塔（参见图85）和沙溪级塔（参见图84）所建。环绕着塔身的塔檐下方是双层圆角线条，石缝的连接堪称典范。另一座醴陵白塔造型与之相似，但只有七层。这座宝塔每层塔身等高，具有南方宝塔的特征（参见图336）。

---

[1] 原文为Tsaohe，未有详细资料。——译注
[2] 湘阴县，湖南省岳阳市下辖县。——译注

图 325. 湖南南部衡州和永州之间的石塔

图 326. 醴陵宝塔下部，参见图 328

1. 学校
2. 七拱桥
3. 县孔庙
4. 衡州府孔庙
5. 城隍庙
6. 钟楼
7. 主干道

中间山峰——"大雁躯干"上是雁峰寺；
东面山峰——"大雁右翼"上是龙王庙；
西面山峰——"大雁左翼"上是道观。

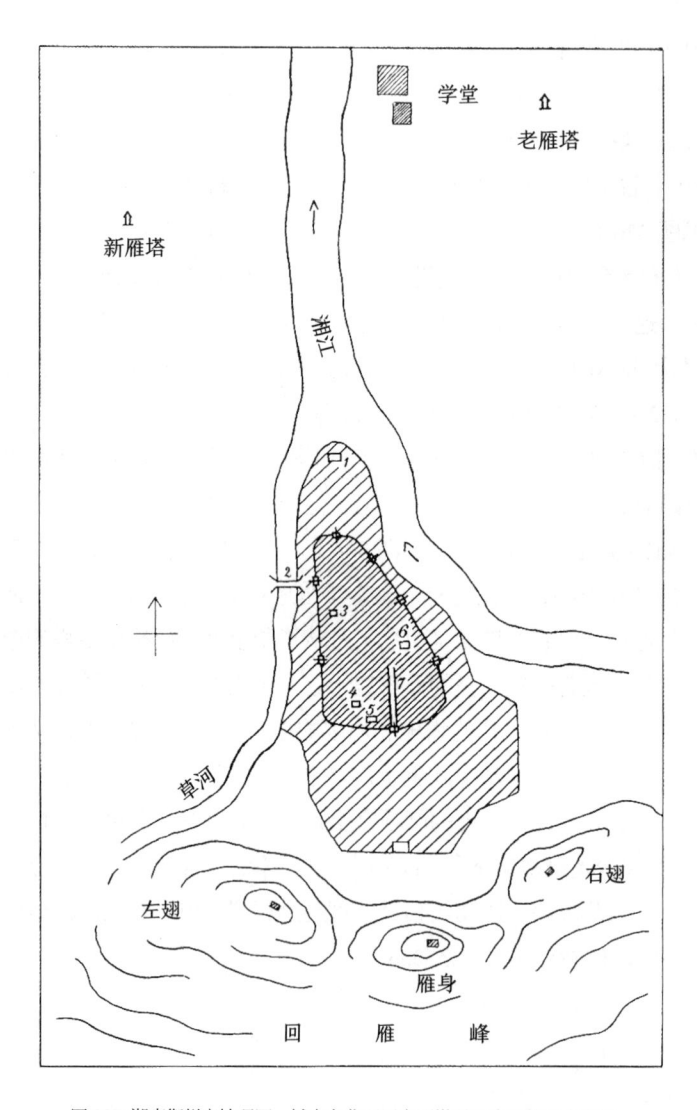

图 327. 湖南衡州府地理图。城内有北面两座雁塔以及南面的雁山守护

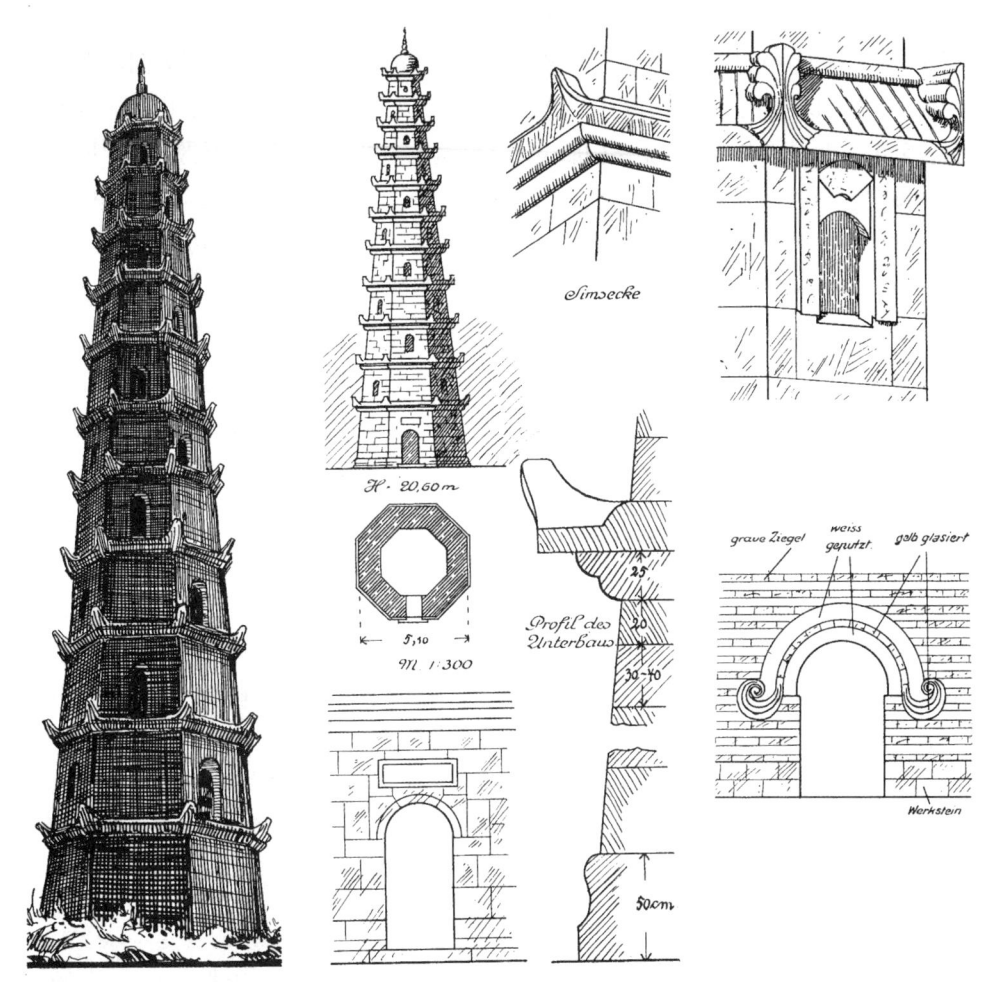

图 328. 湖南醴陵宝塔。十一级，高 20.6 米。分别为仰视图、平面图、券门、塔檐转角、塔基。参见图 326

图 329、图 330. 湖南风水塔其他细节

4. 带角柱的宝塔

在研究中，有一些石塔的转角处加设了壁柱支撑，甚至出现了一些独立的立柱，这种柱子最初出现在木质建筑当中，后来被广泛应用到砖塔中。如果顺着这个方向发展下去，原本宝塔建筑可能会焕发出一些新的可能性。木结构的楼阁作为宝塔的前身，在较高的楼层上经常会使用独立的立柱。虽然南方的一部分石塔也使用了这种独特的结构，但在宝塔建筑中并未得到更长足的发展，因为我们始终无法在宝塔实例中找到造型上新的发展方向。中国宝塔的建造与传统建筑之间保持着紧密的联系，而这种固定的造型模式也限制了宝塔建筑进行独立自由的发展。

要设置独立的立柱，前提是伸出塔身的塔檐要足够宽大。至今介绍的石塔塔檐给人的总体印象都较窄，是仅仅作为承接上层塔身重量的结构。较早出现独立立柱的一座宝塔位于江西庐山上的秀峰寺中，是一座四方石塔。它建于宋代，共五层，底层宽阔而高大（参见图337），每面由壁柱分隔成三个区域，壁柱上还饰有浮雕。上方的另外四层塔身之间间距很小，每层塔身的底部饰有圆角线条，侧面四周环有一圈卵形线条，中间还有梅花形佛龛，龛中各有一尊坐佛。横梁结构沿袭了木结构的造型，塔檐下还有露出的斗拱结构，檐角微微向上扬起。这座塔的尺寸大小目前未知。下面一座宝塔仅仅因为其地理位置和建造时间才放在这里简单介绍，它就是同样位于庐山的天池寺石塔。它的历史还要追溯到明朝第一位皇帝——洪武帝朱元璋，他就是在这里起兵的（参见图21）。在距离宝塔不远的一座山峰上有一座亭子，亭中立着一块1394年的石碑，碑上就记载着这段历史。从《中国佛教史迹》书中的一张照片上可以清晰地看到，宝塔表面各结构间的连接自然而平滑，双层塔檐下还有一些斗拱保留了下来，从斗拱造型来看与福建和广东的石塔有一定的联系。宝塔建于宋代，在明洪武年间（1368—1398）扩建，到太平天国运动时被严重损毁。现在我们能看到的宝塔仅剩古塔的一部分，上半部已经完全被破坏了。

在四川也有几座用独立角柱支撑着宽大塔檐的宝塔，它们造型优美，但并不高。我在省内北部的绵州[1]看到过三座这样的宝塔实例：位于绵州城内的香塔；位于涠洲的石塔，同时也是墓塔；以及凤凰山丞相府内的一座六角形风水塔。这三座宝塔的位置图在第七章会有展示。这座高10.5米的建筑由一个基座和间距很近的十层塔身组成，每层的六个转角处都有一根独立立柱支撑，使宝塔造型更为丰富。拥有相似造型的还有同在绵州的梓潼县八角石塔（参见图338），它高7米，造型富有艺术感，结构相对自由，内部塔室为八角形，外部塔身为四方形。外墙表面遍布浮雕，独立立柱雕刻成各种独特的造型：最上方的塔身四周是人物造型的石柱，而下方塔身四周的石柱则雕刻成动物造型。宝塔的建造时间大约为明朝。

这种类型的宝塔中极为壮观的代表建筑位于普陀山，我们已经在前文简短地介绍过这座浙江宁波东部的圣山了。宝塔叫太子塔，常盘大定在《中国佛教史迹》中对它的描述非常详尽。根据书中的记载，宝塔最初的名字是多宝佛塔，供奉的是十方七佛之一的多宝佛。普陀山地方志中提到，这座宝塔最初由孚中禅师于元统元年（1333）建造。太子塔至今历经了多次严重的破坏，在1919年进行了一次大规模的修缮，当时人们发现了一块石碑，上面的铭文显示，宝塔是宣让王为了纪念孚中禅师所建，修造时间为1329年。据传整座宝塔修建了五年才完工，"太子"这个称呼也是指这位蒙古王子。

《中国佛教史迹》中收录了1919年修整过后的宝塔图片，将它与遭到严重损毁的旧塔照片相对比，应该是相当有意义的。宝塔宽大的底层分为上下两部分，略向内倾斜，上面的三层塔身四周设壁龛和围栏，围栏与塔檐及平座互相连接，成为一体。宝塔底层通过独立角柱和丰富的雕像得到视觉上的突出效果，下面还刻有水纹、祥云和须弥座，但这里没有用莲花瓣的式样，而是采用了中国古代传统的装饰元素。底座之上的主体塔身四面的壁龛内各有一尊菩萨像，前面由一个身份特别的观音引十八罗汉分列两旁。上层宝塔每面

---

[1] 包括现在的绵竹、德阳、梓潼等县。——译注

图 331. 洞庭湖边的宝塔。参见图 334

图 332. 湘江边的湘阴宝塔。参见图 333

第二章　大型宝塔的主要形制 | 297

图 333. 湘江边的湘阴宝塔。参见图 332

图 334. 洞庭湖边的宝塔。参见图 331

图 335. 洞庭湖与长江交汇处的岳州塔

图 336. 醴陵白塔

第二章 大型宝塔的主要形制 | 299

图337. 江西庐山秀峰寺宝塔。五级，高度未知。建于宋朝

图338. 四川梓潼县宝塔。四方及八角型塔身，独立立柱。高七米。建于明朝（？）

有两尊佛像，共八尊，当中可能还有普贤王如来。宝塔底部的平台四角是四大天王像，一面中间还有一尊韦驮菩萨，对面是关帝像。塔顶收以四个角饰，塔刹最下方是莲花座，上方是一颗火珠。宝塔总高三十米，与找到的石碑铭文中所列数字一致。马伯乐断言这座建于1334年的宝塔在1592年进行过一次彻底的翻新，从人物造型来看也符合晚明时期的艺术特点。但这里指的人物造型应该是塔身之外的罗汉立像，不包括壁龛内的浮雕。宝塔在近现代又进行了重建，证明在过去数十年的风风雨雨中，佛教又获得了更大的影响力。和中国其他地区一样，这里也修建了许多佛教建筑，寄托了人们对未来的期望。

普陀山宝塔中的简单圆角柱作为独立立柱支撑着塔檐，而到了福建春湖畔石塔（参见图342）中，这些角柱就成为了半壁柱。这座宝塔应该建于明朝，环绕着塔身的饰带更像壁柱上的柱头，通过圆形脚饰支撑着上面的飞檐。宝塔的造型风格和人物装饰，特别是券门护卫被雕刻成身着具有时代特点甲胄的战士形象，造型简洁而生动，与同在福建的福州宝塔（参见图355）及泉州宝塔（参见图364）完全一样，本节之后还会详细阐述（参见附图8）。所有这些石塔的每层塔身都是等高的，这是中国中部和南部宝塔更常见的风格。

图 339. 摄于 1908 年

图 340. 摄于 1920 年

浙江普陀山太子塔。总高三十米。建于 1329—1333 年。于 1592 年与 1919 年重修。参见图 341

图 341. 普陀山宝塔主体塔身。参见图 339、图 340

图 342. 福建春湖畔宝塔。塔基和两层塔身。建于明朝（？）

第二章　大型宝塔的主要形制　｜　301

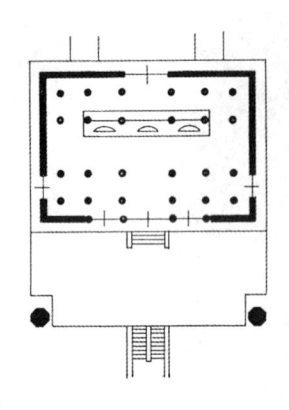

图 343. 正殿俯视面。比例尺 1∶1200
根据照片绘制

图 344. 铜制香炉和西面两座石塔

浙江杭州西山灵隐寺正殿于 1917 年重建，殿前平台上有两座石塔。参见图 345

5. 杭州府和灵隐

灵隐是位于浙江杭州西湖西面的一座著名山麓，在介绍雷峰塔和保俶塔时我们已经提及过了，这座山脉中还矗立着几座其他的宝塔，它们与西湖一起构成了杭州城西面的美丽风景线（参见图 191）。这些西边的宝塔都位于巍峨的天竺山上，点缀着一些重要的佛家道场，而天竺山也成为了绝佳的佛教朝圣地，这些道场当中最为著名的就是灵隐寺。东晋成帝咸和元年（326），印度僧人慧理来到此地，成为灵隐的开山祖师。他给山峰命名"飞来峰"，传说它是由印度飞来杭州的，然而飞来峰的洞穴中直到宋朝才出现著名的佛教浮雕。而慧理则建造了山谷中三座最古老的寺院之一——下天竺寺（也叫灵隐寺或云林寺）。这座初始的寺庙倒塌后，在 596 年得到重建，在唐朝盛极一时。在公元 845 年的灭佛法难中，灵隐寺却并未受到太大影响，并在吴越时期（906—959）钱氏治理之下达到了香火最鼎盛的时期。到了宋朝，灵隐山谷中的宝塔和一些经幢都刻上了详细的日期记载，是极具历史价值的建筑。慧理墓塔（参见图 350）就坐落在灵隐山谷的佛洞前，在公元 976 年经过翻新。现在我们看到的宝塔应该建于 1590 年，但并无文献提及当时宝塔是否经过重建。

灵隐寺是山中五大寺院之二，现在仍被视作重要的佛家圣地。在我到访的时候，宝塔大殿已经毁坏，但 1917 年梅尔彻斯到来的时候，这里刚刚经过翻修。这次翻修要归功于高僧释太虚，他至今仍是非常有影响力的佛学家和住持。灵隐寺是他最喜爱的寺院，而且他也是在普陀山结下的佛缘，因此对那里的石塔翻修应该也做出了努力。重建灵隐寺最重要的推动者之一还有盛宣怀，他是清代官员，同时也是虔诚的佛教徒。寺院新的正殿有三层，体态雄伟，造型优美，最初的屋檐中也大部分使用了砖木混合结构。宝塔下面的平台在正面向外延伸出去（参见图 343），有一圈古旧的栏杆围绕四周（参见图 344），人们叫它月台。

图 345. 浙江杭州府灵隐寺的东塔。九级，高二十米。建于 930 年左右。参见图 343、图 344

月台最靠外的角落里矗立着两座造型独特的石塔。这两座石塔几乎一模一样，在史料文献和《中国佛教史迹》中都有较为详细的记载，但各种资料中对它的建造日期说法不一，难有定论。《中国佛教史迹》中提到，根据人物浮雕的造型来看，比较符合梁陈时期的特点，也就是公元6世纪左右，同时这两座宝塔的初造历史甚至还可以追溯到印度僧人慧理时期，也就是公元4世纪。对于宝塔的初建时间，马伯乐断定是在公元10世纪，由吴越的王侯所建。常盘大定对此并不太肯定，但提出了最晚的一个初建时期，即为宋初960年左右。众说纷纭之下，宝塔的建造时间目前还无法确定，但其中一座宝塔顶部有一块匾额，我们可以把它作为宝塔历史的直接见证。这块匾额现在已经无从寻找，只能从史料中看到它的具体记录，其中并未提到确切年份，但记录了宝塔与吴国的直接关系，而吴国自公元906年才成为统一的国家。马伯乐和常盘大定均记载了如下题刻：

吴兴广济普恩真身宝塔

题刻本身就说明了宝塔的年代，而宝塔本身较为古朴的造型也说明了一些问题。因此我们如果将10世纪定为宝塔初建的年代，那么也应该是10世纪早期，同时是吴国第一任国君吴王钱镠的盛期，大概在公元930年。

之前我们已经注意到，两座宝塔造型完全一致（参见图345），均为八角形，基座上另有九层塔身，收分明显，将近二十米高——对塔高的说法也并不统一。基座立于平板之上，并不高，上方有平板塔檐与上层塔身分开，侧面除了雕刻的经文以外并无其他装饰。上方的塔身略微向内倾斜，每层塔身高度向上依次递减。塔檐由活泼而又不失优雅的斗拱结构支撑，微微向上扬起。上方又有一层斗拱结构及盖板，另有平坐与上层塔身的虚门相连。这是一种非常常见的双层塔檐结构，在许多其他的宝塔中也有使用。塔身在东南西北四个基本方位均有一道虚门，上方还雕有锯齿形拱券装饰，门上雕刻有一排排凸起的门钉。其他四个方位的外墙上有些刻着经文，有些刻着著名佛教故事中的人物形象。马伯乐和常盘大定对此都进行了详细的描述。宝塔的塔檐及塔顶都有相当明显的损毁，而这些雕刻则保存得非常完好。由于塔身布满经文浮雕，我们可以把它看作经幢，史料称它们为经塔。它们虽然有类似宝塔的外形，但其实仅仅是相同元素的堆砌——每层八角形塔身均四面开虚门，四面饰有人物或经文的浮雕。这种造型从唐代开始出现，经过发展已经相当成熟，在许多大型宝塔中也早已得到了使用。在唐代，基本的四方宝塔型墓室已经发展成为更大型的八角形宝塔的形式，这种八角形墓塔几乎还未出现砖砌结构，而在这座石塔中却出现了。从前文提到的匾额题字以及匾额所在的那层塔身造型来看，每层塔身内部实际上应该藏有舍利。根据结构类型来看，宝塔属于纯粹的层塔。

人们在灵隐寺大殿外建造了这两座宝塔后不久，到了宋朝，在970年左右，杭州又出现了几乎与其完全相同的宝塔实例，即闸口石塔（参见图346）。它的轮廓十分挺拔秀丽，虽然遭到了更为严重的破坏，但可以看出在造型和高度上都与灵隐寺的两座宝塔几乎完全一样。《中国佛教史迹》中有一张非常清晰的照片，详细地描述了宝塔上丰富的雕塑，并对其精巧的工艺和细致的造型大加赞赏。目前找不到宝塔所属寺院的痕迹，它在此处很可能只是一座佛教风水塔。宝塔底部与雷峰塔（参见图196）相似，为了防止笃信宝塔石块

图 346. 浙江杭州闸口宝塔。建于 970 年

图 347. 江苏苏州东面的昆山县石塔（左）和砖塔

图 348. 广州广教寺塔柱

图 349. 浙江杭州府灵隐寺烟霞洞宝塔。露出八角形塔身的三面，
高两米。建于宋朝约 1000 年左右

妙用的人们来撬走石块从而毁坏宝塔，周围环绕了一圈高大的墙体。金属制的塔刹保留了下来。最后还要介绍两座相似的宝塔，一座位于江苏省苏州东部的昆山，是一座六层石塔（参见图 347），石塔附近的一座小型寺院内还矗立着另一座砖塔的遗址；另外一座是位于广州光孝寺中的两座塔型石柱（参见图 348），它们与灵隐寺中的石塔一样，都位于寺院正殿前的平台上，共有七层，侧面均开有佛龛，塔檐呈厚实的环形。

杭州的灵隐山谷内也还有另外两座石塔，其中慧理的纪念塔已经在前文中简单介绍过。在飞来峰的众多佛洞中还有许多宋代早期的精美浮雕，其中烟霞洞内有一尊极其精美的观音雕像，这尊观音像旁就有一座别致的石塔（参见图 349）。它的造型为八角形宝塔，但仅露出三面，是在岩洞一角凿刻出来的。与其相邻的两边石壁上遍布着无数小型佛龛，它们不仅烘托了宝塔的宗教氛围，也提升了宝塔的艺术美感，因此人们将这座宝塔称为"千官塔"。塔高仅两米，共七层，塔身外表面也雕刻着佛像，两边每个侧面都有四到五个人物立像，中间的塔身外墙面则饰有一尊坐佛及两边各两尊立佛。下面三层塔身内部应该有

图 350. 浙江杭州灵隐山谷里的理公塔。六级，高 7.6 米。
建于 1590 年

盛放舍利的小匣子——最下方两层正中间的塔身已经破损。这片地区像这样塔身布满重复浮雕的宝塔有许多，而其中最著名的一座在底层上写着"理公塔"三个大字，这就是为纪念高僧慧理而建造的宝塔（参见图 350）。它紧靠一个佛洞，位于著名的回龙桥边，如果把整座山看成一条龙的形状，那么这里就是龙头向回摆动的地方。桥的名字其实来自于普贤菩萨的坐骑——大象，它的头连同象鼻一起转过来。当地的和尚还叫这座宝塔"接引佛塔"，在中国中部的许多寺院里都有接引佛的造像，这也是将历史中的名人神化的一个很典型的例子。之前我们提过，这座纪念开山祖师慧理的墓塔在 1500 年才修建起来。宝塔底层边长 1.25 米，通高 7.6 米。宝塔中间雕刻着一些独立的小佛像，宝塔塔身各层等高，与灵隐山谷中的其他宝塔风格一致。它不仅为周边的景致增添了光彩，其造型和细节装饰的描绘也足可以称得上是令人惊艳的艺术品，在这点上，常盘大定的意见则正相反。宝塔的塔檐较窄，但在严肃中萌发出生机，与晚明时期华丽丰富的装饰风格截然不同。

关于西湖题词及诗文的一本小册子中收录了一副对联，将飞来峰的奇巧与禅宗强调的静思进行了对比，飞来峰又以弘扬佛教的神力而闻名，人们也因此将此地视为圣地，修建了寺院和宝塔，并在岩石上摹刻了佛像。这副对联以简炼的语言将这种个人内省的矛盾价值表达了出来：

飞峰一动不如一静
念佛求人莫如求己

6. 福建福州和福清的宝塔

福州作为福建的首府，有两座标志性宝塔建筑，均为七层塔，一座砖塔（参见图351），一座石塔（参见图353）。它们地理位置靠近，造型风格也有相似之处，因此放在本节内一同探讨。其中一座宝塔介于层塔与外廊层塔之间，这类宝塔在南方沿海地区出现得最多，造型也最出色。两座宝塔的外形，包括分层及轮廓都非常像杭州灵隐山谷中的两座更新也更小巧的石塔（参见图345）。它们是福州重要的风水塔，坐落在闽江北部，在闽江入海口的上游矗立着，所在的位置是最利于镇守福州的风水宝地。福州城则在河口平原围绕着一条南北方向的轴线向外延伸（参见图354），城市的轮廓并不规则，角落处还矗立着三座山峰，山峦之间建造了许多庙宇和纪念建筑，其中南面的两座山中都建有宝塔。北城墙沿着越王山而建，山峦中轴线的最高点上矗立着一座镇海楼，周围有七座石像连成北斗七星的天象图。福州东南角有一座于山，山坡上坐落着一座于山寺，寺旁就是一座砖石混建的白塔（参见图352）。汉代早期（前206—前25）有何氏九兄弟在于山炼丹修仙，因此这里又被叫作九仙山。福州西南角又有乌石山，南城门内西侧靠近乌石山脚下也矗立着一座石塔，叫黑塔[1]。一黑一白两座宝塔均有回廊和扶手栏杆环绕在塔檐之上，塔顶曲线都较为平缓，上方冠有多层塔刹。

白塔高约四十二米，由砖石混建而成，外部刷成白色，转角处立着粗壮的圆角柱（参见图351）。塔身每层都较高，仅在东南西北四个方向开有小型券门，券门外雕刻有方形壁龛。券门上方的弧形窗包括其他四个方位的塔身外墙上都有人物浮雕或彩绘。这些装饰在白墙的映衬下已经不甚清晰，可能需要更为详细的材料分析与研究。根据艾约瑟和沃特斯的记载，宝塔应该由笃信佛教的闽王王氏[2]于公元10世纪修建。盖洛则认为宝塔的修建时间为9世纪。他写道，这座宝塔是由一位孝子为纪念父母而建造的，建成后佛光照耀。这种佛光在许多宝塔的相关文献中都有提到，指的应该是塔刹上火珠发出的光，但人们当然也可以将它理解为宝塔所具有的宗教力量。

黑塔是一座纯粹的石塔，建造技艺十分精湛（参见图353）。塔高三十四米，根据盖洛的记载，宝塔是为庆祝当时的皇帝——唐德宗的生日于公元780年所建。然而马德罗[3]和艾约瑟都认为黑塔与白塔都是前文提到的闽王王氏所建，马德罗认为黑塔建于7世纪，而艾约瑟认为它建于10世纪，而艾克[4]则给出了准确的936年这个年份。因此我在这里将艾克与艾约瑟所认为的936年记作黑塔的建造年份。还有可能现在的石塔是由更早修建的木结构宝塔改建而来，我们在泉州就曾经遇到过这样的例子。深色的塔身外墙上有许多白

---

[1] 即乌塔。——译注

[2] 指闽太祖王审知，五代十国时期闽国的建立者。——译注

[3] 马德罗（Madrolle, 1870—1949），法国探险家。——译注

[4] 古斯塔夫·艾克（Gustav Ecke, 1896—1971），美籍德裔艺术史家。——译注

图 351. 福州于山白塔。八角型，砖石结构，外墙刷成白色。七级，高四十二米。建于公元 9 或 10 世纪

图 352. 福州。从乌石山黑塔向东眺望于山的白塔

图353. 福州乌石山脚下的黑塔。七级，高三十四米。建于936年。参见图355、图356

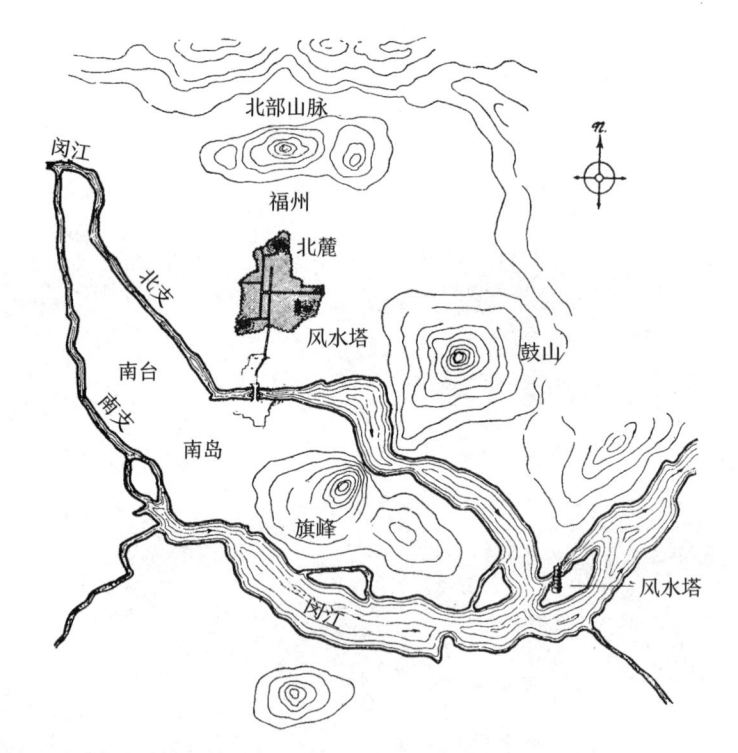

图354. 福建首府福州地形图。城中北面为越王山，东南面的于山上矗立着白塔（参见图351、图352），西南面的乌石山上矗立着黑塔（参见图353）。福州城东南方向是朝圣名山鼓山

图 356. 福建福州黑塔细节。入口券门与塔檐相接处的弧形侧面

色的接缝饰条，而在几乎直接建在地面上的底层塔身四周，白色线条则相对细窄得多（参见图 355）。塔檐远远伸出塔身，上面有线条清晰的圆形线脚装饰（参见图 356），从侧面看，檐口有些轻微的弧度。外廊的扶手由石板雕刻而成，下面塔身的轮廓看上去较为严肃，向上收至塔顶，顶面的曲线由急至缓，上方冠以高耸的圆锥形塔刹。这种塔顶造型是典型的福建地区特色。塔身基本方位的四面外墙上都有较宽的开口，另外四面外墙上的开口则比较窄。塔身转角处都镶嵌着通高的石板，上面是人物雕像，线条很深。底层的雕像是士兵形象，其中一个雕成了四大天王之一。宝塔底层下方有一条饰带，上面装饰着平刻的动物浮雕。人物浮雕、动物饰带、塔檐上的圆形角线装饰及宝塔的棱角造型都是福州石塔的典型特征，有许多其他的宝塔也有相似的造型。福建南部的宝塔则将这些特征进一步发展，进而有了更为优美的造型。

位于福清县的两座石塔，从空间到造型上都更加出色。福清是福州下属南部的一个县城，距福州城四十公里。在这里我要感谢艾克博士，他对福建省的大量宝塔进行了深入的调研与研究，并提供了照片和一些简短的说明。这些宝塔包括了位于福建南部泉州的两座宝塔，但资料中仅仅标注了它们的建筑特点和结构特点，至于各种尺寸和宝塔的名称则暂无可靠的资料说明，但凭借这些照片，我们至少可以估计这些宝塔的高度。

福清县的两座宝塔均为石塔，建造技艺精湛，造型优美，应该建于明朝：大塔建于 1607 年至 1615 年，小塔也建于万历年间。两座塔都有七层，除高大的基座之外各层塔高相等。宝塔塔顶几乎没有多余的装饰，仅有一个小型的宝珠。

小塔高约十五米，在完全等高的各层塔身之间均伸出三层塔檐（参见附图 8），外墙

图 355. 福州黑塔塔基，转角处有浮雕装饰及壁龛，中间立着雕像。参见图 353

各面雕有壁龛和圆形线脚装饰，这种线脚在宝塔转角处则将整根圆角柱包裹了起来，使其与下面的底座和柱头产生鲜明的对比，自然地形成了分段。每层塔檐上下均有一条圆形线脚，檐面很薄，微微向上扬起，特别是最高的两层塔檐，弧度特别明显，塔檐之上没有外廊结构。伸出的塔檐在角檐处做出斗拱的形状，实际上起到了支撑檐面的作用。这种特殊的檐角构造在福州宝塔中也有类似的体现。两座宝塔几乎完全抛弃了夸张的弧线造型，另外宝塔外部较大的券门和小型的佛龛交替出现，从这些细节可以合理推测，这两座宝塔就是仿照福州的宝塔而建的。宝塔底部饰带上雕刻着极小的人物浮雕，这种风格直到现在还在浙江和福建的木质建筑和石质建筑中频繁出现。底层的宝塔入口周围环绕着大型人物雕像，这些雕像在福清一般被当作小型宝塔的底座，而它们在此却充当着底层塔身的角柱，柱头与斗拱相连，这与哥特式建筑有着异曲同工之妙，在两座宝塔的其他细节部分也可以看到这种东西建筑之间的相似之处。

　　大塔正式的名字是瑞云塔，高达三十米（参见图357）。塔身看似不高，但层距较宽（参见图358），因此这座宝塔应该是可以攀登的。宝塔的每个部分都耗费甚巨，应该是在小塔的基础上做了更多的修饰，从建筑年代上来看也比小塔要晚。塔檐的脚线装饰仅有斗拱，没有其他石质的盖板承接。斗拱之上是棱角分明的檐面，飞扬的檐角和檐口上装饰有一个人物雕像，这点也与哥特式建筑不谋而合。各层塔身之外都环绕一圈扶手栏杆，其简约平直的风格与塔身墙面相得益彰，而栏杆中的雕花也和宝塔整体的效果非常相称。塔身转角处饰以浮雕立柱，立柱两头也有底座和柱头，它们与其他转角装饰、脚线和檐间斗拱连为一体。塔身各面都设有壁龛（参见图353），与福州黑塔和同在福清的小塔相同，只是大

图 357. 福建福清县大塔。七级，高三十米。建于 1607—1615 年。参见图 358

图 358. 福建福清县大塔。塔基和最下方三层塔身。参见图 357

塔在人物装饰的造型上更为丰富。壁龛有大有小，小型壁龛的四周还围绕了一圈别致的浮雕边框，壁龛中另摆放了雕像。佛龛侧面和上部都平刻着花纹，将塔身侧面分隔成数格。其他较大的壁龛中，包括宝塔底层的入口两边都各有一座大型守卫雕像，虽然也是浮雕，但身体大半都突出塔身之外。从上层的一个壁龛向内，可以清楚地看到塔顶的结构，包括突出的斗拱造型也清晰可见。宝塔基座有一条漂亮的饰带，上面遍布着动物浮雕。基座旁有微微拱起的台阶通向宝塔底层的正门入口，底层下端与基座相连处还另有一条饰带，上面装饰着花朵和人物造型的浮雕。我们从文献中找到了一张照片，视角是通过一座牌楼望见大塔的轮廓（参见图357）。牌楼的横饰带上是镂空的人物形象浮雕，横梁上也有浮雕装饰。在这座精雕细刻的牌楼映衬下，宝塔显得更典雅优美，融合了高远的立意、顶尖的工艺和各种栩栩如生的装饰造型。

7. 福建泉州府的宝塔

　　泉州是福建重要的港口城市，从元代就展现了其夺目的光辉，而泉州的石塔造型则在南宋第一任皇帝宋高宗绍兴年间（1131—1162）达到了发展的巅峰。其中最出色的代表性建筑则是开元寺双塔（参见图359、图360）。开元寺位于唐之城的西门——肃清门外，以前很可能是城内的一部分。寺院建于唐垂拱二年（686）。寺名几经更换，到开元二十六年（738），皇帝下令将这座宝塔和国内许多其他宝塔一起改名为现在的"开元寺"，寺院自此迎来了繁盛时期。在宋朝时全国有一百座开元寺，其中一座就位于"光明之城"——这是马可·波罗对泉州的称呼。寺内到14世纪时有3000名僧人；此后寺院于1451年被烧毁，后又得到了重建，明末又扩建一次。

　　泉州城内矗立着东西二塔，两座宝塔相当雄伟，皆用花岗岩打造，外表看几乎完全相同，它们都属于开元寺。东边的宝塔叫镇国塔，从名字来看显然具有政治意义。南宋的第一任皇帝宋高宗从南京迁都到杭州，如果要修造如此巨大的宝塔，显然要通过他的首肯。这样的举动类似于宋初时在开封府分别用青砖和琉璃来建造繁塔（参见图67）和铁塔（参见图272），以此来彰显国力。然而此一时彼一时，宋高宗已经不可能通过这样的行为来展现他对南部地区的绝对强权了，因此泉州这两座宝塔的初建历史要追溯到更早的时期。在这里要感谢艾克博士给我提供的中文史料文献，文中清晰地记载了开元寺及两座宝塔的历史，并提供了详细的说明。在下文中我将尽量原文引用艾克博士提供的这篇文献，来阐述宝塔的历史，仅就部分展开介绍和说明。另外古斯塔夫·艾克先生曾经在厦门对泉州开元寺及两座宋塔展开艺术和历史方面的深入研究，现在在北京编纂这方面的专著。这本专著将通过哈佛燕京学社出版，前文福清宝塔与福州宝塔一部分的图片，包括本节中即将用到的图片均来自艾克博士，在此再次感谢他的帮助。

　　"寺有东西二塔：东塔号镇国，唐咸通六年（865）僧文偁以木为之，高九成。"五代后梁时期（907—923）焚毁。之后不久人们又建了两座木塔。如果人们认为西塔是公元

附图 8. 福建福清县小型石塔

图 359. 城中的西塔——仁寿塔

图 360. 西塔和东塔

图 361. 寺院旁的西塔

福建泉州府开元寺的两座宝塔。参见图 362—图 370

图 362. 西塔。五级，高 53.5 米。初建于 916 年；新塔于 1131—1163 年间为砖塔，1238—1250 年间为石塔

图 363. 东塔。五级，高五十八米。初建于 865 年，为木塔。新塔于 1131—1163 年间为砖塔，1238—1250 年间为石塔

图 364. 东塔细部

图 365. 东塔浮雕细节

图 366. 东塔底层南面的天将形象

图 367. 东塔天将形象

图 368. 东塔底层东南面的韦驮像。1 米 × 2 米

图 369. 西塔五层东北面的守卫形象。0.6 米 × 1.5 米

816年才初建的木塔，那么东塔就应该在焚毁后与西塔一同于916年重建或翻新。"宋天禧（1017—1021）中增十三成。"此处哥罗特认为是1020年，但没有提到层数增加的情况下塔高是否也有增加；"绍兴（1131—1162）乙亥灾，淳熙中僧了性重建，后又灾，僧守淳改造砖塔，高七成。"这里前者指西塔，后者指东塔，而重建时应该用了许多木质结构，因为"宋宝庆嘉熙中（1237）俱毁"，两座宝塔应该完全烧毁了，宝塔也很快得到了重建，重建工作从1238年持续到1250年，木塔被改建成了石塔。"僧本洪易砖为石，仅一成止，僧法权继造四成，僧天锡姓尤。造第五成，至淳祐十年（1250）凡十三年工乃竣。顶有铁香炉（应该指露盘）、铜宝盖、镀金铜葫芦，塔八角以铁索钩之。每成环转空洞，外为八窗，各有龛安石像一。两壁翼以神像（共八十座），外绕以檐廊，护以石栏。围一十七丈二尺（约五十二米），高一十九丈三尺五寸（约五十八米）。"艾克博士在即将发表的专著内一定会对宝塔的具体尺寸有更详尽的说明。

"西塔号仁寿，五代梁贞明二年，闽王审知于都督府造木塔七成。"王审知自898年起任节度使，在909年建闽国并称王，自此治理福建福州等地。他下令建双塔，以守护他在泉州的雄伟基业。"塔成而沉，地涌出泉，审知梦应在泉州，遂以木植浮海至泉建塔，号无量寿塔。"后来人们才把塔名改成现在的仁寿塔。宋朝时它重蹈东塔的覆辙，从1131年至1163年也改建成砖塔，后来又改建成石塔，石塔直到1250年才竣工，一直屹立至今。文献中提到宝塔周长十六丈七尺，即五十米，边长则为六米多；高十七丈八尺，即53.5米。从尺寸来讲西塔比东塔稍小一些。1604年东塔铜宝盖在地震中损毁，1606年西塔的葫芦塔刹被大风摧毁，两次天灾后宝塔立即得到了修缮。

两座宝塔的造型显然还是在木塔的基础上做了进一步的发展（参见图364、图365）。塔身收分明显，造型宽大，十分忠实地还原了木建筑常见的圆角柱和额枋结构，塔身外墙的方形边框、伸出塔身堆叠起来的斗拱及成拱形的塔檐侧面都符合木塔的特点。但除此之外，两座宝塔都展现了石质建筑的绝妙艺术，从石刻轮廓到花样，从浮雕饰带到方形佛龛及上方的拱形装饰，都是石塔的典型特征。而斗拱造型也从木质变为石雕，塔檐上方的回廊扶手也体现了精雕细琢的石刻艺术。两座宝塔唯一的不同在于斗拱的分布：西塔最高三层塔檐的中间只有一个斗拱，而东塔每层塔檐的中间都有三个斗拱。从细节上看，这些结构都采用了木结构的纹样，并加以发展。同时两座宝塔似乎都延续了建于三百多年前的福州黑塔（参见图353）的原型基础，另一方面，福清的两座明代宝塔却继承了开元寺双塔精细的石雕技艺，宝塔通身的石雕都线条清晰、造型繁复，并完全摒弃了其仿木的结构（参见附图8）。因此开元寺的这两座宝塔在建筑史上起到了承先启后的作用。在先前发表的艾克博士的书中包含着两座宝塔的更详细的图片，从中应该可以更清晰地看到这两座极其有趣的宝塔的结构。在此我们无法进行更深入的探讨，就仅从浮雕、守卫像、力士像和佛像的角度去分析一下宝塔的特点。这些雕像都位于五层塔身的券门和壁龛两边，总共80例，成为了宋末雕塑最重要的实例样本。而这座宝塔上的一些小型纹饰也用到了福清的明代宝塔中。开元寺双塔的浮雕风格其实并不相同，比如西塔的人物浮雕线条较浅，造型极为简约（参见图369）；而东塔的浮雕则线条较深，有很高的艺术性，并在各个方面都展现出比例和造型的深厚功底（参见图365—图368）。我们找到了东塔塔刹的一张清晰的照片（参见图370），类似构图的照片非常难得，很好地展现了这类塔刹的细节构造。塔顶部的檐脊一路顺着瓦片向上，攒在中央，汇聚到一个半圆形覆钵中。覆钵上方是一颗扁圆饰物，再上方是露盘，但这座宝塔的露盘收口较窄，侧面画着须弥座上常见的莲瓣纹饰。露盘上方矗立着环绕在刹杆四周的七环相轮，上面覆以华盖，系着数根铁索，最上方收以葫芦形塔刹。刹杆似乎是在1925年至1926年宝塔翻新时新建的，或是通过非常现代的铁索重新将刹杆扶正刷新了。宝塔一侧原有旧的脚手架，后来四面都架设了架子，艾克就是通过攀爬上这些脚手架获得了宝塔各个部分的珍贵细节照片。

高延还提到了有关泉州双塔的一个民间故事，故事里说泉州城的轮廓仿佛一条鲤鱼，而相邻的永春县城的城郭却像一张渔网，泉州城也因此常被来自永春县城的匪帮所劫。为了破解灾祸，泉州人决定建造两座宝塔，这样城中居民就不会被渔网网住了。当然我们知道这种说法应该是后人所流传的闲话，但比起探究建造这种纪念性建筑物的真实动机和精神层次的原因，百姓更容易接受这样通俗易懂的故事。

艾克教授表示，福州、福清和泉州的宝塔都属于福建中南部特有的宝塔类型，其中以福州的黑塔最为古老，这座石塔也是此类

图370. 福建泉州东塔塔顶。自下而上分别是半圆形覆钵、宝珠、露盘、七环相轮、华盖和葫芦形塔刹。高约7.5米。建于1250年。参见图360、图363

宝塔中最具代表性的建筑。而泉州的双塔却增加了更为丰富的人物雕像，工艺和造型更为成熟。与此类似的还有泉州附近位于崇福寺内的两座石质香塔之一（参见图372），它建于南宋年间（1127—1279），共七层，塔上开窗并有题字。另外还有洛阳桥塔（参见图371），宝塔共五层，周身饰有小巧的人物浮雕。两座宝塔都出檐较宽，而斗拱结构设置得较少。同时这种宝塔的造型轮廓在砖塔或砖石混建塔中也不断出现。比如泉州南部的安海宝塔（参见图373、图374），塔高五层，造型类似级塔，在河岸边显得极为雄伟夺目。宝塔的建造时间同样为南宋时期。

图 371 泉州洛阳桥塔。五级　　　　　　　　图 372. 福建泉州崇福寺宝塔。七级

8. 厦门和潮州的宝塔

上文介绍了许多福建东南沿海的石塔实例，它们有的敦实厚重，有的修长挺拔，造型都十分优美，分类主要考虑了宝塔的基本造型，而塔身收分明显与否并未放在归类的第一位。福建省内更南部的一些宝塔位于沿海附近，除了纯粹的石塔以外还有一些宝塔是直接用海岸边的岩石所建。它们矗立在嶙峋的怪石上，从建材到造型都十分原始，别有风味，在第一章中我们已经对这类宝塔有所接触。而现在要介绍的四座宝塔则都来自重要的港口城市，同时也是龙江[1]入海口的一座岛屿——厦门附近，西界漳州[2]。

在厦门南部连绵起伏的山势之间屹立着一座金门级塔（参见图7），极为醒目；厦门西南部有一座建于明朝中期的鸡屿塔，如今仅剩三层（参见图8）。我们如今还能辨认出

---

1 疑为九龙江。——译注
2 漳州自公元 1284 年起，曾暂时做过元朝时福建的省会。——作注

图 373. 街道、牌楼和宝塔　　　　　　　　　　　　图 374. 港口旁的宝塔

福建泉州安海宝塔。砖石灰泥质地

宝塔上较小的石块轮廓，它们按规则排列，垒得十分整齐。其他的照片上也可以看到笔直的檐口线条上的圆脚线装饰，另有一块有些倾斜的石柱，上面雕刻着男性人物浮雕，从形象来看应该是风神。而厦门城以南的厦门岛上还有两座石塔，它们的造型都是典型的级塔，且十分修长挺拔。一座是南太武山上的方塔（参见图 375），建于晚宋，共七层。塔檐线条笔直，檐角和塔檐中间有雕刻精细的独立斗拱，塔刹则制成宝葫芦状。另一座宝塔是明代的文昌塔（参见图 377），宝塔为七层八角塔，塔檐为叠涩出檐，伸出塔身非常短的距离，檐角处是极为精巧的飞檐结构。广东省潮州也有一座宝塔，它是在厦门这两座瘦削的级塔基础上进一步发展而成的外廊层塔。这座砖石结构的宝塔从造型来看介于福建富于修饰的石塔与广东和西江畔简朴的砖质层塔之间（参见图 225—图 231），后者在本章第四节"层塔"中已经作为石塔类有过介绍。

潮州宝塔，或称潮安[1]宝塔（参见图 376），位于广东最东部的大城市潮州，坐落在汕头以北，韩江东岸。宝塔始建于明代中期，约 1500 年。内塔及塔身外墙皆用青砖砌成（参见图 378），而宝塔其他大部分建筑结构，比如塔基、底层、斗拱、塔檐、栏杆、饰带及不规则分布的拱券外边缘都用石料制成。塔高约 200 尺，即六十一米，共七层，内部

---

[1] 潮安现为潮州市的一个区。原文中标为"淖安"，疑为笔误。——译注

第二章　大型宝塔的主要形制 | 323

图 375. 厦门南太武级塔。四方形，七级

图 376. 广东潮州府宝塔。参见图 378

图 377. 福建厦门文昌级塔。八角七层

图 378. 广东潮州府潮安宝塔。砖石结构，八角七层，高六十一米。建于 1550 年左右。在 1900—1920 年重建。摄于 1870 年左右。参见图 376

有旋梯可登高赏景。从汤姆逊在 1873 年拍摄的照片中可以看到，宝塔损坏严重；而从艾克博士在 1925 年新拍摄的照片看，宝塔显然仍是原来的那一座，但已经得到了修缮。修缮中有许多部分进行了改动：七层塔身外细长的券门都加上了石边框和顶部石板，上面重刷了灰泥；栏杆也重新得到了翻修，栏杆隔断由原本的石板改成了两条横档；原先顶层的小佛龛已经破败不堪，连带原先高耸的塔顶被完全替换掉，现在的塔顶是攒尖顶，上面是宽大的葫芦型塔刹。通过这些大量细节的更换，宝塔的外形也从原来的瘦削挺拔变得更加敦厚了。宝塔在 1873 年的造型绝对是极富美学的建筑杰作，它的级塔特征仍然非常清晰，但塔身收分不明显，且伸出的塔檐上环有栏杆，这些都削减了它作为级塔的典型性。宝塔每层塔身的高度、塔檐宽度及饰带均有不同，券门分布也并不规律，从中还能看到向上盘旋的阶梯。这些极富变化的细节给了宝塔一种特殊的韵律感，令人印象深刻。再加上老塔塔顶下的双层底座和最上方的塔刹，建筑师展现了他充分的想象力和大胆自由的创作理念。这座宝塔的建筑灵感借鉴了扬子江平原各个时期的级塔和层塔，其中最明显的是武昌的宝通寺塔（参见图 222），这座潮州宝塔与它的整体外形完全一致。另外它还从砖砌外廊层塔，乃至福建和广东最主要的宝塔群中汲取了灵感。因此潮州的这座宝塔将宝塔建造艺术的各种不同风格汇聚在一起，成为了宝塔建筑史上的一座高峰。值得一提的是，这座宝塔建于明朝，当时正是宝塔建筑艺术达到很高水平的时期。

汤姆逊还强调了登塔后环顾四周看到的瑰丽景色：宝塔脚下江水流过，远处是辽阔而荒凉的风景。他也因此得出结论，认为宝塔最初是出于警示的初衷而建的。他虽然也认为这座宝塔与中国早期的佛教有关，但在其他佛教国家，比如柬埔寨和暹罗[1]，并未出现类似的建筑，从这个角度来看，这座宝塔的造型仅在中国出现。且它处于高地，地理位置十分有利于观察在中国南部频繁出现的抢劫和入侵等行为，并做出抵抗。当然这仅仅是这位想法非常实用主义的英国人的个人猜测。这座宝塔虽然偶尔可以用作瞭望塔，但这绝不是最初建造宝塔的本意。宝塔的初建应该还是出于宗教的原因。

1　暹罗是中国人对古代泰国的称呼。——译注

第八节　群塔

　　宝塔是一种极富表现力的建筑形式，而出于某种特殊的原因，中国人有时还会在一处建造两座或多座相同的宝塔，但这种例子并不常见。对景观起到决定性作用的大型双塔仅有一例，而我所见到的三座宝塔形成的塔群则只有两个较为有名的例子。从宗教方面来看，建造双塔或三塔的原因来源于一些佛教经典，在本书的后文中会详细谈到这个问题。其实成双这个概念非常符合中国传统的二元观念，同时也是一种美学方面的需求。史料中经常记载着双塔与科举考试和文运之间的关系，这种联想仅仅出现在中国传统观念中，而佛教的思维中则完全没有这样的关系，甚至是否认这种关系的。

　　如果一个城市的城区内和周边有好几座宝塔，那么这些大型宝塔就会对城市的整体风水产生影响，因此人们必须将城市内外的宝塔当作一个有机的整体来看待。这一点在介绍杭州和苏州的宝塔时已有涉及，而这种现象在北京出现的规模则更大：这个塔群中不仅有北京城内的宝塔和北京城郊的宝塔，远处皇家园林中和西山上的宝塔，甚至还有临近城市的宝塔，都要看作一个整体来考虑。另外城中的高楼、城楼以及宫殿、寺庙的大殿，乃至煤山上的五座亭子都会对北京的风水产生影响。在这个规模庞大的建筑群中，有几对双塔十分引人注目。它们虽然互相距离较远，建造年代也各不相同，但从造型和内在意义来看有许多共通之处。它们是本节着重探讨的双塔（参见图 384），两座天宁宝塔，两座大型喇嘛塔和两座金刚座宝塔，——后面的三组双塔会在第四、第五和第六章中详细介绍。另外还有一组，是位于颐和园的三座琉璃塔，已经在本章第六节中详细介绍过（参见图 310—图 312）。

　　与北京的塔群相似，但规模要稍小一些的塔群出现在风景秀丽的四川省富顺县[1]。江水绕着城边而过，高高的江岸上矗立着至少十三座宝塔（参见图 170），连成了一条秀美宁静的风景线，而富顺也因宝塔带来的绝佳风水真正做到了"富饶平顺"，成为了名副其实的中国最美城市。这些宝塔是我们无法在很短时间内同时游览完的，只有通过深入了解和实地长时间的生活，才能获得旁观者角度以外的另一种内在角度，从而真正理解塔群内部存在的深层联系。

　　其他城市中的塔群还有前文已经提过的苏州双塔（参见图 209）、杭州西湖畔的雷峰塔（参见图 192）和保俶塔，另外还有福州双塔（参见图 352）、云南双塔（参见图 121）、西安双塔（参见图 37、图 106）、湖南衡州双塔（参见图 327）、直隶省朔州双塔（参见图 100）及锦州双塔（参见图 162）。云南大理有三塔（参见图 124），而直隶省正定府则有四塔（参见图 114）。上述这些宝塔大多或多或少隔开了一段距离，而以下的双塔则相距更近，且对城市的景观起到举足轻重的作用，比如书中提过的太原府双塔（参见图 149）、苏州双塔（参见图 209）及福建泉州双塔（参见图 360）。另外还有一些宝塔会

1　富顺县，四川省自贡市下属县。——译注

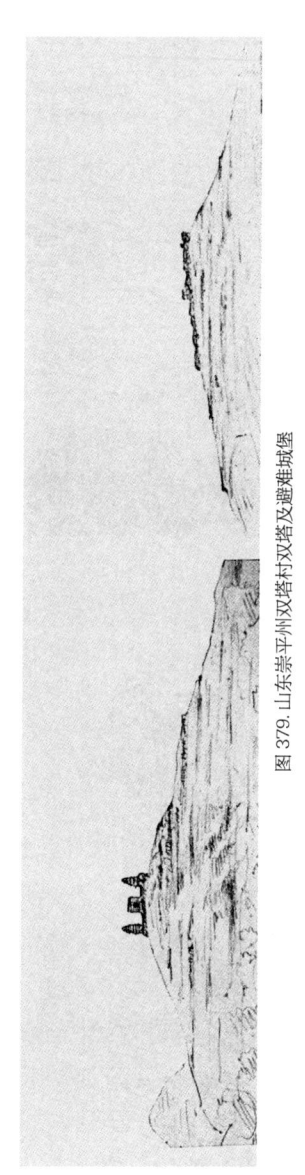

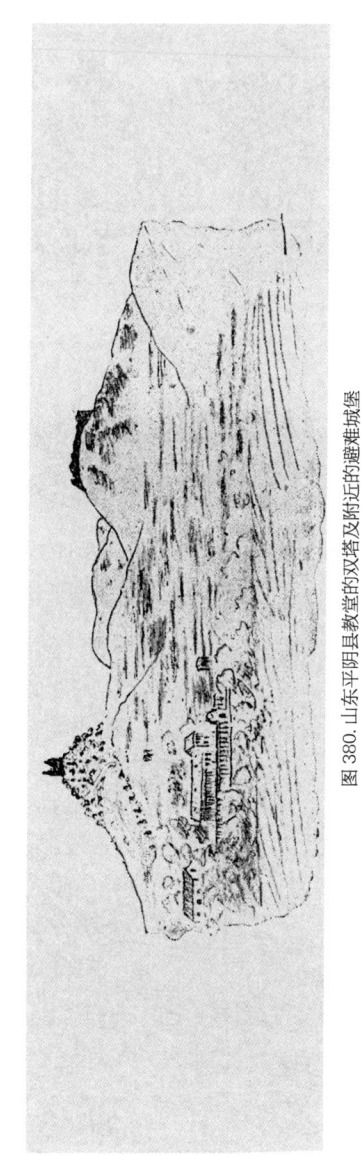

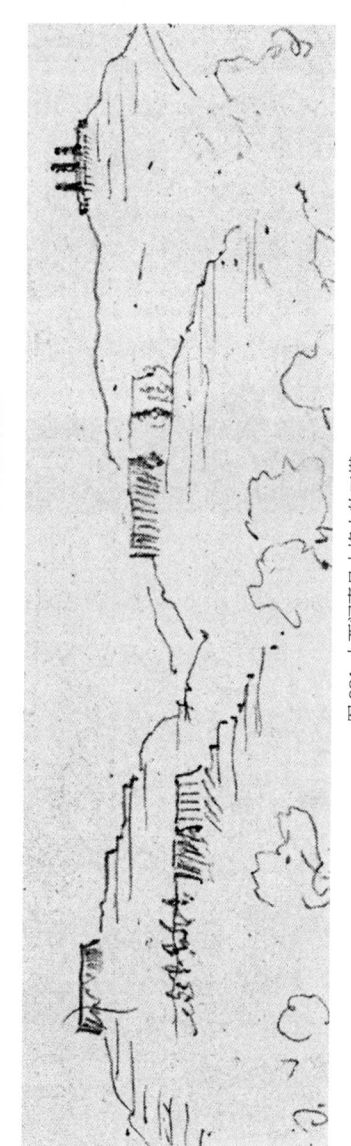

图 379. 山东崇平州双塔村双塔及避难城堡

图 380. 山东平阴县教堂的双塔及附近的避难城堡

图 381. 山西闻喜县山峰上的三塔

第二章　大型宝塔的主要形制 | 327

永嘉登塔

图 382. 浙江温州湖心岛上的庙宇和双塔

图 383. 陕西西安府以南的山中双塔。图为府志中画像的临摹

为周边景色提升质感，比如广州下游的黄埔港双塔（参见图 225）和北京西南边的房山天宁双塔。通常在山谷入口处会矗立着一对双塔，而在相邻的两座山峰上也会建造两座或多座宝塔，这些宝塔有些从属于寺院，也有一些是独立的建筑。有时山峰上有一种金字塔形的石质建筑，它们也会被称为姊妹塔，比如泰山山麓灵岩寺和神通寺中就有这样的例子。它们之间存在着位置之间的深层联系，更有着宗教方面的深层意义。山峰本身的名字也能说明一些问题，比如东边的一座叫青龙，而西边的一座叫白虎。

在游览山东泰山西麓时，我途经了东平州和平阴县[1]的交界处，看到了如画般的景致：山谷中坐落着无数村庄，在相邻的山峰上有所谓的"围子"，即用墙圈起来的空地，以备战乱或遭遇入侵时避难所用。在九玉山山脚下的一个村庄里，不仅有这样的避难所，人们还在一个山坡上建了一座寺院，在中间的高楼两边矗立着两座多层宝塔（参见图 379），在周边连绵起伏的山势当中非常显眼。而这座占据着两边山峰主要干道的村庄也因这两座宝塔被称为双塔村。在中国的地图中经常能看到相同名字的村庄，特别是在中国北方，比如承德附近及直隶宣化府的西界周围。此后双塔这种形式就越来越多地出现了。在距这对双塔向北数小时路程之外的平阴县，有一对外形轮廓相似，但用途完全不同的双塔。在平阴县县城东边的泰山余脉中，山东使团为圣方济会修士们修建了一座包含着双塔的建筑（参见图 380），紧邻着的对面山峰上就是一个前文所提到的避难城堡。这个建筑从远处望去非常像中国的双塔，但实际上却是一座教堂。这座教堂占地很广，位于山脚下，有一条朝圣之路一直通向教堂中，而双塔结构则分列教堂顶部两端。山东这两对双塔造型相似，却代表着完全不同的两个世界。

在如此众多的双塔中，我们只详细介绍其中两对。一对是《鸿雪因缘图记》中收录的位于浙江沿海城市温州的一座庙宇中的双塔（参见图 382）。另一对则位于西安，《西安府志》中插图的视角是从距离较近的南部的山脉中看向宝塔，双塔对景观的作用体现得更为明显。奔腾的江流中船只穿梭不息，中间突现深谷，两侧的岩石上各自立着一座七层宝塔。宝塔均有宽阔的塔檐、风铎和塔刹结构（参见图 383），分别叫鸡鸣塔和孟家塔。人们显然想要通过修建这两座风水塔，来抵御江水的可怕力量。这样的宝塔也因此获得了与佛塔相似的名字——救难观音塔。《西安府志》中还提到了其他两对双塔，然而遗憾的是，现在无法确定它们的位置。"西南隅法界尼寺，隋文献皇后为尼华晖令容所立，有双浮图各崇一百三十尺。"这里提到的双浮图即为双塔之意，塔高 130 尺，约为 39.6 米。这对双塔应该是为纪念这两位尼姑所造，也有可能即是她们的墓塔。另有文献中记述了位于北京的类似宝塔，同样是为纪念两位得道高僧而建。另一对双塔位于大云经寺内，"东南隅大云经寺，本名光明寺，隋开皇四年（592）文帝为沙门法经所立。寺中东西双塔对立，另余一塔"。这里提到的两座寺院都位于长安南部，也均因寺中的一对双塔而闻名，之间应该有一定的联系。

---

[1] 平阴县，山东济南市郊县。——译注

1. 北京双塔

紫禁城以西，西长安街旁，并肩矗立着两座宝塔（参见图384），它们外形相似，但有一些地方略有差异。右边的宝塔较大，共九层；左边的宝塔较小，仅七层。像这样层数有差别的双塔并不多见，值得注意。双塔所属的寺院曾有一段辉煌的历史，而如今则风光不再了。该寺建于金章宗皇帝时期（1168—1208），当时叫庆寿寺。寺院坐落在金朝老都城的中轴线上，就在北城墙以外不远处。1268年至1272年中，人们将寺院划入新的都城内，因为皇帝下令将都城的南城墙建在寺院以南三十步的位置。此后寺院香火繁盛一时。公元1283年起，著名的法师僧机成为了寺院住持。元仁宗（1285—1320）执政第一年在寺前立了一块石碑；1332年，御赐皇太子真容画像于寺中殿内，当时的皇太子就是后来元朝最后一位皇帝——元顺帝。仁宗立的石碑中提到一位海云禅师，他与另一位可庵禅师并称元代最著名的两大宗师。这里介绍的双塔就是为了纪念这两位高僧而建造的。根据文献记载，双塔上各有一铭文：九层塔上塔铭为"特赐光天普照佛日圆明海云佑圣国师之塔"，七层塔上塔铭为"佛日圆照大禅师可庵之灵塔"。

从上文可以看到，双塔的修建是为了纪念两位元代高僧，之后于1315年又立石碑为念。寺院中之前应有两位高僧的画像，画像中衣饰上有团龙和鱼袋纹样，另有一名弟子所写的铭文歌颂二位圣僧的功德。两座砖塔一新一旧，并肩矗立，历经寺院数次倾毁，依然保存了下来。早在明朝1368年，寺院就完全倒塌了一次。在当时清理的过程中，人们在一个仓库中发现一块刻有皇帝名号的石头，于是筹措经费重建了宝塔，并将这块石头又重新立在寺中。其实当时寺院的旧名——庆寿寺仍然十分出名，这要归功于当时屹立未倒的两座宝塔。当时甚至还流传着一种传说：寺院废墟所在的地方原来修建了一所监牢，背负冤案而死的囚犯魂灵盘桓此地，不断诉说着自己的冤屈，为了驱散这些冤魂，人们才修建了这两座宝塔。寺院重建约八十年后，到了明英宗第一次执政时期的1449年，著名的大太监王振主持对寺院进行了一次大规模的重建。重建工程从二月到十月，其间耗费无度，数万军民参与其中，所费工钱逾十万两。建成后的寺院瑰丽堂皇，冠绝京城。寺院落成典礼由延崇国寺的住持主持，皇帝亲临寺中，自称弟子，王公贵族争相礼佛。当时又立了一块新的牌楼，上有匾额题字"第一丛林"，寺院更名为"大兴隆寺"，又叫"慈恩寺"。同时也出现了一些反对的声音。例如当时身居高位敢于直谏的官员姚显，曾上奏称"王振修大兴隆寺，穷极壮丽，高官车仪，趋之若鹜"。他还请求将王振所修缮和新建的寺院都用作仓库或拆除以作它用，这条上奏并未得准。然而在同年远征瓦剌时，王振被杀，英宗被俘。直到一百年后，世宗嘉靖（1522—1566）听从锦衣卫的请求，在寺院设立一个射所，将寺中一个大殿改为讲武堂。这座饱受争议的寺院就这样又重新得到启用。到清朝乾隆年间的1765年，这座被百姓称为"双塔寺"的寺院又经历了一次重建。如今双塔寺再一次荒芜无踪了，而宝塔也仅存最后的一点残垣断壁，被周围的民居包围着。

双塔旁还有一处非常有趣的历史遗迹——一口井，范景文（谥号文忠）当年就是跳入

图 384. 北京西城区双塔。天宁宝塔形制。可庵塔为七级，海云塔为九级，建于 1315 年左右

这口井中殉国的。1644 年三月十九清军占领北京，范景文在此之前已绝食许久，当看到敌军从四面八方涌入皇宫时，他不禁放声痛哭，跳入井中以身殉国。同一时期明朝最后一任皇帝庄烈帝[1]于煤山自缢而亡。

而与这样精彩的历史相伴而生，共同历经岁月与沧桑的两座宝塔，从造型上看是纯粹的天宁宝塔。现在我只能通过透视图来看它的结构和造型。从图中可以看到在较小的基座之上，九层塔瘦削挺拔，而七层塔敦实庄严。两座宝塔的塔檐形制也并不相同：较高的海云塔塔檐由青砖叠涩而成，类似四方级塔和河南、山西一带天宁宝塔的塔檐；较矮的可庵塔塔檐下方则有饰带、脚线和一排分散的斗拱，形制更像早期的宝塔塔檐。两座宝塔的塔檐檐面均覆以瓦片，收以攒尖顶，塔刹也都由敞口宝瓶、露盘和完全相同的刹杆构成：刹杆最下方均为一个大型宝珠，上方有四环相轮和装饰精美的一枚火珠，火珠上方的半月还承接着贯串有四颗小型宝珠的塔尖。

---

[1] 庄烈帝，清史中对崇祯帝的称谓。——译注

2. 有关双塔的文学作品

上文所介绍的这些成对的宝塔外形精美，开创了"双塔"这一概念，与此同时，还被无数诗文吟咏赞颂。下文中我摘录了一些提到双塔的文学作品，它们主要出自《类编》第一百零九章第九页，文字中都体现了中国文人对佛教双塔概念的理解。在第一例书摘中，需要注意，提到的双塔位于一个纪念祠堂中[1]。

1. 金策试女真进士，系大定十三年（1173），始以策论试女真进士于悯忠寺。寺有双塔，进士入院之夜半，忽闻音乐声起东塔上，西达于宫，试官侍御史完颜蒲捏等曰"文路初开而有此兆，得贤之征也"。中选者，图克坦镒（旧名徒单镒）等二十七人，后多为显官。

2. 一些古诗中也提到了双塔。

3. 一首描绘香积寺的诗中也提到了双塔，这两座宝塔（参见图 43、图 107）已经在本章中介绍过。根据这首诗推断，双塔是为了纪念两位去世的高僧所建，与北京双塔的建造缘由相似。诗句中提到的"是非"包含着摒弃欲望和认知的观念，同时也是在讲存在与消亡、正确与错误之间的关系：

如彼双塔内，孰能知是非？[2]

4. 杭州西湖游船上的题词有许多提到了雷峰塔（参见图 192）和保俶塔。

3. 三塔

以三座宝塔构成的塔群数量不多，其中一例是前文已经介绍过的位于西安南部的兴教寺宝塔（参见图 44），这三座宝塔分别是玄奘的墓塔以及两座副塔。另一组规模较大的三塔是我在游历山西省时注意到的。在闻喜县附近的绛州[3]有三座宝塔矗立在松山之上，与旁边的松山寺一起构成了美好的图景，与山东群山上的避难所构成的景色颇有相似的意味。

最著名的三塔位于上海与杭州之间（参见图 385），距嘉兴不远。它们紧紧地靠在一起，屹立在京杭大运河西岸的一个小寺院前。中间的宝塔较高，有九层；两边的宝塔稍矮，均有八层——高大的塔基没有算入层数内。塔基上方的塔身层与层间隔很近，外墙券门分布并不规则。密檐上方装饰着扶手栏杆，产生了一种重檐的效果。塔刹的刹杆上贯串着相轮和一个中有孔洞的圆片。中塔高二十四米，两边的宝塔高二十二米。三塔形成了佛教中的三宝：中间为佛，两侧为法和僧。同时这组三塔屹立在运河旁，还起到风水塔的作用，这一点目前还并未被人所熟知。此外中间的宝塔层数为九，是阳数，而两边的宝塔层数为八，是阴数，也符合一定的原则。

---

1 指悯忠寺，现名法源寺，唐朝时为纪念跨海东征而牺牲的将士所建。——译注

2 出自唐代王昌龄《香积寺礼拜万回平等二圣僧塔》。——译注

3 绛州，现山西新绛县。——译注

之前介绍过的尼霍夫曾画过一张扬子江畔位于安徽太平府的宝塔图（参见图387）。三座宝塔分立城内城外，景致中山水相依，宝塔耸立，这样秀美的景色实属罕见。三条河流穿过府城汇入长江，城内山峦起伏，岬石林立，河水江中是星星点点的岛屿，河之中架设许多浮桥将它们相连，山峰和山坡上处处能看到寺院点缀其中，而三塔则分别位于河水湍急处以及山峰之上。阿罗姆在大约1842年拍摄过一张描绘太平府周边的照片，视角独特，风景秀美，比尼霍夫在1656年所创作的这张笔触精细的画作更加富有浪漫色彩，应该是描绘中国城市的最美照片之一，然而最近欧洲人却很少注意到它了。阿罗姆的照片中出现了三塔中的两座，与尼霍夫的图片相比较，应该是从另一侧取景的，不过两幅图片刚好可以相互补充。本书中仅展示尼霍夫的图片。

图385.浙江嘉兴运河畔三塔。中塔九级，高二十四米，两边双塔为八级，高二十二米

4. 小型宝塔的塔群

　　相比大型宝塔，体量较小的宝塔相对来说更容易建在一起来表达特殊的含义。人们通常在大殿前放置两座小塔来完成建筑上的装饰，或是将更多的小塔聚在一起，来象征佛教中的救赎之意。类似的实例有我们已经介绍过的杭州灵隐寺中的一对石塔（参见图343）和广州光孝寺正殿前的一对石塔（参见图348）。另外二郎庙正殿之外也有一对稍大的香塔，以此形成了非常漂亮的正面景观。在北京万寿山的颐和园中也有一对小香塔，塔身上还刻有铭文，宝塔位于湖畔的一个大石阶尽头，石阶两旁立着雕刻精美的围栏扶手，顺着石阶向下通向湖边的码头。远远望去，围栏、石阶、长长的码头围墙和双塔映衬在湖光山色中，构成了美妙的景观。这种对称的构图方式慢慢地演变推移，后来就常常出现成对的香炉、铁塔和墓塔。它们通常被摆放在庭院中、平台上、大殿前、大型宝塔附近及陵墓中。比如峨眉山的一个平台上就矗立着三座铁塔（参见图402）；五台山的显通寺大殿前的露台上

图 386. 浙江杭州西湖中的两座石塔，均高两米，实际上西湖中有三座古塔

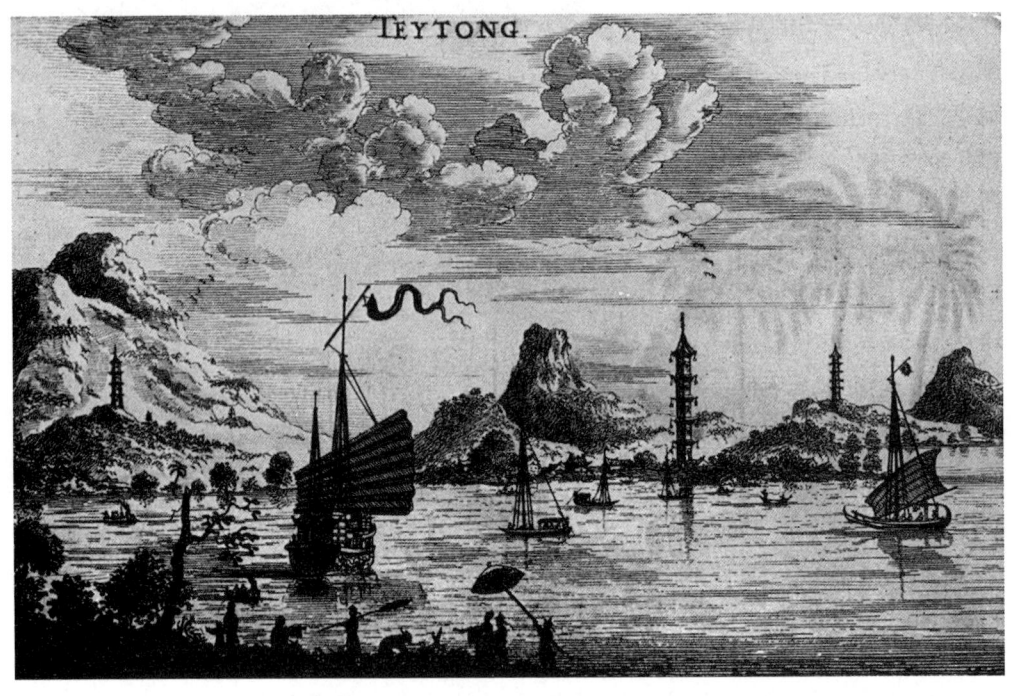

图 387. 安徽太平府扬子江畔的三塔，绘于 1656 年

有五座铜塔（参见图406）。大型的宝塔周围一般都围绕着小塔的塔群，北京西南方向的房山就有这样的例子，我们在前文中也做过介绍（参见图101）。另外还有位于北京西部的天宁宝塔及五塔寺中的大塔，它们周围各自环绕着八座宝塔形状的香池。承德也有相似的八座小型琉璃塔。

这些塔群通常由三座、五座或八座小型宝塔组成，围绕在中心建筑周围或是全部立于一座平台上。除了纯粹的建筑装饰作用以外，宝塔的数量一般也具有一定的象征意义，人们会根据具体的目的决定放置多少座宝塔。最符合这种标准的宝塔实例位于浙江省，这里有三组排列形式完全相同的宝塔，每组宝塔有七座，分别位于天台山和天童寺内。天童寺位于宁波东面，除了我们已经介绍过的天童寺镇蟒塔（参见图179、图180）之外，这里还有七座小宝塔。它们排成一列，横跨寺院的中轴线，仿佛一座小型堤坝，将两侧的两个水池隔了开来（参见图388）。北面的水池宽150米，沿轴线方向长140米；南面的水池宽120米，沿轴线方向长90米，合起来被称为"万工池"，坐落在寺院的正前方。《中国佛教史迹》中收录了整座寺院的位置示意图，根据地方志的记载，我们将万工池和七座宝塔的建造时间推测为宋绍兴四年，即1134年，修造人是宏智禅师。然而现在的宝塔却建于明朝末期的1637年——或者至少是在这个时期进行了翻新。宝塔后面修建了一道白墙，墙后植有一排郁葱葱的参天古柏。这七座宝塔被称为七宝塔，与佛教典故之间存在着颇深的渊源。它象征着佛教所说的七佛，即释迦摩尼与在他之前出现的六位佛陀，因此它们也被叫作"七佛塔"或"七如来塔"。在百姓口中，这七座宝塔一般被称为"七星塔"。也许是出于类似的想法，佛寺中经常会出现七角形的柱子，比如在普陀山的法雨寺中就有过类似石柱的记录。马伯乐认为浙江还有许多这样七座宝塔的塔群，但目前为止只发现了三组。他对天童寺中的这七座宝塔也有记录：天童寺中有一座六角七层的石塔，分层清晰，立于较高的塔基之上。石塔两边各立着三座矮一些的砖塔，塔身外墙刷有灰泥，塔基之上的主体塔身有的呈光滑的圆形，有的分成八瓣，精巧玲珑。塔身上方是厚重的楣构和十分繁复的塔顶。这种造型的主体塔身是舍利塔的基本形式，它大体只需要一个塔基和一个塔顶，其他的塔身部分则不做过多的修饰。为了存放舍利，塔身正前方开有一个券门，并在塔内留有一个小空间，以供日常的献祭使用。马伯乐给出了这些宝塔的初建时间，并指出这些宝塔是由宏智禅师在寺院正前方的两个池塘中间所建，构成北斗七星的形状，而两座池塘则象征着两个星座，即大熊星座和小熊星座。七星塔在1587年毁于一场洪水，后来在1637年得到重建，根据马伯乐所说，它们在太平天国运动中又一次被毁，但在1861年左右又重建了起来，在这次重建中，中间的宝塔才改成现在的造型——根据一幅18世纪初的画作，之前七座宝塔的造型完全相同。现在中间的这座宝塔塔身各面都有一座佛龛，中间立着一尊小型佛像。两侧的六座宝塔塔身则一红一白交替出现。

另外两组七塔塔群则位于台州著名的天台山上。其中一组位于国清寺内（参见图391），它们紧邻国清寺砖塔（参见图213）而立，应该同样始建于隋炀帝时期（569—618），中间也经过了数次翻修，其中有确切记载的两次修缮发生在1463年及1675年。另一组位于上方广寺中（参见图389），上方广寺与中方广寺、下方广寺同属一脉，寺中

第二章　大型宝塔的主要形制 | 335

图 388. 浙江宁波天童寺七佛塔。始建于 1134 年，重建于 1637 年。参见图 390

见图 389. 浙江天台山上方广寺七佛塔

均有闻名的宝塔。这组七塔塔群与其他两组应该是类似的，但在文献中并未有详细记载。

喇嘛教尤其喜欢使用这样多座宝塔修建在一起的形式，且这些塔群一般都做成瓮型，比如承德避暑山庄普乐寺中就有八座喇嘛塔环绕着中间的圆形建筑。然而一般喇嘛塔都是配合对称分布的大门入口或门洞结构而建，以四塔或五塔最为常见，这种布置在承德避暑山庄及青海地区的甘肃省著名的塔尔寺中都有出现。这些喇嘛塔会在第五章中详细介绍。

除此之外我在中国还未发现拥有更多数量宝塔的塔群，各种资料中也并未提及。似乎中国的宝塔建筑与印度及东南亚的宝塔建筑非常不同，后两地最大规模的塔群中宝塔数量达到了500座之多，并且对修建更大规模的塔群仍然有着无穷的热情。这当然与佛教在当地的发展历史有关，但更本质的原因在于深植在这些地区人民脑海中的观念，他们天生喜爱在宗教与精神领域中大量使用比喻，也因此产生了不断复制大型建筑的想法。这些国家和地区的建筑一方面需要极大的人力物力和宗教热情，也因此产生了许多建筑奇观，但因其不加节制的建造风格损失了建筑应有的规律性，这是形成成熟的世界观的必要条件，也是形成建筑风格的前提。从这点来看，中国的建筑在亚洲范围内都是无人可匹敌的标杆。虽然中亚地区因其地理位置直接从印度借鉴了佛教建筑的风格，并在唐朝时期就修建了多达84座造型一致的佛塔塔群，但这种形制却并未影响中国的宝塔建筑。从这里也能看出，中国人对艺术和思想具有非常强烈的自主意识，他们将佛教的思想纯粹地应用到建筑中，再加入自己的价值观和世界观。即使是在宗教建筑艺术中，中国人也并未陷入疯狂追求数量和规模的诱惑当中去。他们在宗教世界的建筑表达中极为克制，也因此达到了内外的和谐效果。

七塔塔群的基本建筑造型我们在前文中已有提及，一般是由底座、主体塔身和塔顶构成的。这同样是许多墓塔和舍利塔的构造方式，也是我们下一章要讨论的主题。讲到这种造型的宝塔，就必须提一个非常著名的塔群实例，它是由三座小型的光塔组成，但其建筑造型和目的与舍利塔非常相似，它就是杭州西湖中的三座石塔。三座石塔中央的空穴是这种宝塔十分常见的样式，其中透出圣洁的灯光。这些塔十分小巧（参见图386），仅高两米，位于大岛的南面，离原来的雷峰塔并不远，分列在波光粼粼的水面上，从图中只能看到两座，实际上共有三座。主体塔身中间有五个孔洞，洞口覆有薄纸，灯光从孔洞中透出，映射到水面上，仿佛月亮的倒影，也因此被称为"三潭印月"。三塔所立之处水极深，曾经可能有渔翁在此丧命，一位姓苏的人士[1]出于对人民的同情，也想在湖中修建一道景观，因此修了这三座石塔，并在其中燃灯，来抚慰溺亡的魂灵。如今恋人们也会划船绕着石塔唱歌谈情，"三潭印月"也成为西湖十景之一。这三座石塔实际上就是香塔，与日本石塔十分相近。

---

[1] 指苏东坡。——译注

图 390. 天童寺七佛塔。中间的石塔建于 1861 年，其余砖塔建于 1637 年。参见图 388

图 391. 浙江天台山国清寺七佛塔

第三章　宝塔的其他形式

目　录

第一节　铁铜塔

1. 当阳和镇江的宝塔
2. 山东和陕西的四座铁塔
3. 浙江和江西的金属宝塔
4. 四川峨眉山上的铜塔
5. 山西五台山大显通寺五座铜塔

第二节　墓塔

1. 佛龛式墓塔
2. 柱形塔
3. 由坟冢及瓮棺发展而来的瓮塔
4. 墓林

第三节　香塔

第四节　内塔

第一节　铁铜塔

铁、青铜和铜在中国的建筑中很早就得到了广泛的应用：用铁和铜来浇筑立像、制作浮雕等装饰，特别是用铁和铜来制作屋檐的例子，在北部省份出现得尤其多，比如直隶、山西、河南和陕西。有时我们还能看到完全用铜制作的小亭子。除了在寺庙大殿中常见的无数铁制或铜制的神像外，在墓道两旁、庙宇入口处和佛殿中也能看到许多其他的铁制人像，在前文中我们也已经介绍过一些这样的例子。从它们古朴的造型推断，创作的灵感应该来自中国传统的造型概念。古代传说中的动物也常被做成铁或青铜造型：狮、龙、麒麟、神牛等，立像和浮雕都随处可见，有些镶嵌在墙身上，有些出现在立柱上，有些刻着铭文的石碑上也会装饰金属动物造像。在皇家宫殿或受到皇帝眷顾的庙宇佛寺中，建筑构件通常是完全由铜打造的。比如承德的几座大型寺院、五台山和湖北汉江上游武当山上的寺院都与皇家有着相当密切的关系，这些寺院就大多是铜顶，有些甚至还有鎏金以及丰富的人物和纹饰的金属造像雕饰。承德避暑山庄（参见图 296）和五台山显通寺（参见图 408）中各有一座铜亭，局部鎏金。它们分别建于明朝万历年间和清朝乾隆年间，精美无比，实属建筑史上的瑰宝。

在宗教建筑中使用贵金属的用意其实非常明显，是想要通过使用人类拥有的最好和最珍贵的建筑材料来表达对神的敬意。然而这些材料却没有在宗教建筑中得到更加广泛的应用，这就和金属的稀有性、建筑的困难程度及高昂的花费有关了，这是普通百姓无法负担的，因此我们只有在特别隆重的场合才能看到这样的装饰。且它仅仅出现在佛教建筑当中，尤其是在大型佛像的装饰上特别常见。宝塔作为佛教圣物，自然被视作金属制的最高贵的造型建筑。当然在宝塔的建造中规格和数量也受到了严格的控制，以至于现存的大型铁塔和铜塔都极为少见，且对附近的区域有着很大的影响。另外，中国人拥有高超的塑造和浇铸工艺，能够确保金属宝塔在细节上极尽繁复和精美：宝塔的结构造型各不相同；精致的塔檐堆叠在一起，留下千姿百态的侧面造型；拱门四周都设包边；塔顶和塔刹高高耸立。最引人注目的还是各种繁复的人物和纹样的浮雕，在塔身、基座和饰带上几乎到处都有佛像浮雕和铭文装饰，这几乎也成为了这种宝塔的一个特点。但同时也有金属塔的塔身外部是锻打成的光滑表面，上面部分用鎏金装饰，熠熠生辉。而这样光滑的塔身表面则与造型复杂的细节装饰形成鲜明的对比，从而产生很好的视觉效果。

1. 当阳和镇江的宝塔

有关最古老的铁塔有一篇年代最久远的记载，其中记录了江苏省镇江附近的一座宝塔，之后我们还会介绍一座稍晚于这座宝塔而建的宝塔，但后者是我们现存的初建时间最早的铁塔，它就是玉泉寺铁塔（参见图 392）。玉泉寺位于湖北宜昌府东北方向的当阳县玉泉山上，这座山也叫覆船山，这个别名大概是从山峰的造型而来。三国时期的著名将领关羽，也是后来的武神关帝，就是于公元前 220 年在这附近战死的，因此他的墓冢和纪念堂也在这附近。中国的文献上说这座宝塔是为了纪念关帝所建，但这种说法的真实性还有待考察。它的形制完全符合佛塔的造型。中国的三种宗教[1]经常有不同程度的相互渗透，而关帝这个形象也出现在佛教诸神当中。因此如果说这座佛塔是为纪念他所建，逻辑上也是成立的。我们从《中国佛教史迹》中得知了一些玉泉寺和铁塔的历史：玉泉寺初建于隋朝，与一位著名的僧人有关，我们在介绍天台山宝塔时已经介绍过他的墓塔。晋王广当时负责治理京杭大运河入江口的城市——与镇江隔着长江遥遥相望的扬州。开皇十一年（591），晋王在圣地天台山接见了当时远近闻名的智顗大师，并为他在湖北当阳县的玉泉山上建造了一座寺院，公元 592 年智顗搬入寺院居住。接下来的五个世纪中，寺院的历史都无迹可寻，关于寺中任一宝塔的记录也是空白。接着就直接出现了关于铁塔的文献，虽然对它建造的缘由并未有详细记录，但有一个确切的建造时间，即正值宋代鼎盛时期的 1061 年。寺院附近的民众共同捐资修建了这座宝塔，当时共花费了十万六千六百斤铸铁。皇帝御赐的石碑上刻了 115 名僧人和 57 名修士的名字，应该就是当时参与建设的人员名单。在道光时期的 1835 年，塔尖或整个塔顶曾经过一次翻修。这座宝塔的其他历史则暂无可靠的记录，现在铁塔属于玉泉山八景之一。

  铁塔也被叫作"如来舍利宝塔"（参见图 392）。宝塔为八角形，十三层塔身极其修长瘦削，高 70 尺，约为 21 米。十三层的宝塔并不是很常见，宝塔底层的基座和力士表明它是按照天宁宝塔的形制所建，底层宝塔与上方的其他塔身造型相同，将基座和塔身很好地融合到了一起。造型独特的基座分为三个部分，上面装饰着线条清晰的波浪、浮云和山峦纹饰，纹饰上方是莲座，塔身就矗立在莲座之上。大气雄伟的雕刻线条和基座的齿状轮廓都显示出它是宋代的产物，转角处的力士做成战士造型，这种独立的铁制雕像也是从宋朝起才出现的。塔身外部开有不规则的券门，由线条隔成数格，每格四周都有浮雕装饰，从第四层起的浮雕就做成佛像造型。所有细节在后来出现的甘露寺铁塔中也都有呈现（参见图 393）。宝塔外形自下而上急剧收紧，每层塔身都呈金字塔形向内倾斜，因此轮廓呈现出锯齿形。塔身上方顶着一个轮廓清晰的露盘，再上方是多层相轮和双层火珠，最顶端是圆头的塔尖。塔檐架设在结构繁复的斗拱结构上方，檐口向前伸出，做出龙颈、龙头及前端的卷须造型，这样活泼的装饰风格也证明宝塔的建造时间较早。斗拱上方还承载着盖板，它同时还起到平座的作用，盖板上方应该还有扶手栏杆等装饰——现在仅有最上面一层塔身四周的平座上还留有扶手栏杆，其余塔层的栏杆都散落到了下方的塔檐上。双层塔檐和扶手栏杆正是宋朝时期长江下游地区大型宝塔的特征，现在宋朝的这种早期宝塔形制通过铁塔流传了下来。宝塔上层的塔身现在已经呈现出严重的变形，在《中国佛教史迹》中收录的并不清晰的照片中都能看到这种形变。可能它与下文要介绍的甘露寺铁塔一样，塔内由砖块砌成实心内核，外部才是由铁铸造而成。这座早期的瘦削铁塔是这个类型中最

---

[1] 指佛教、道教与儒教。——译注

完美的一座，也是最生动的一个实例。其精巧的造型几乎与中国南部的宝塔不相上下，且建造时期很早，它轻盈的外观与建于1105年的优雅而严肃的济宁州宝塔形成了鲜明的对比，不仅融入了宗教的愉悦，也放飞了无穷的想象力。

湖北玉泉寺铁塔成为了许多宝塔的建造标杆，其中与它最为相似的是位于江苏镇江甘露寺内的铁塔（参见图393）。最早发现这座宝塔的是泰勒，他在1852年看到了这座九层铁塔；而美魏茶则将他的见闻详细地记录了下来。在此我要感谢《中国佛教史迹》一书，其中收录了一张清晰的大尺寸图片，且配上了详细的描述。但书中所记录的一些历史典故则似乎将这座塔与湖北的那座铁塔混淆了，包括上面所记载的甘露寺铁塔的建造时间也与《古今图书集成》中的记载有所矛盾。铁塔位于北固山上，根据史料，其所属寺院建于三国时期，建筑史学家们也试着将寺院与著名的赤乌时期关联起来，但实际上寺院的初建时间要晚得多——它与辅佐了唐朝七位皇帝的李德裕（787—850）有关，

图392. 湖北当阳县玉泉寺铁塔。八角十三级，高二十一米。建于1061年，塔顶于1835年重建。对比图393

当时就凭借其独特的造型和其中收藏的艺术品闻名遐迩。寺院几经毁损又重建，现在留存下来的建筑始建于明朝，也不再是佛教道场，而是改建成了疗养所。寺院的盛名一直流传在外，名字也保留了下来，中间的大殿都建成了道教的风格。

现在寺中仅存的佛教痕迹就是这座铁塔，《古今图书集成》中记载，它是在李德裕时期建造的。"铁宝塔由唐代李德裕所建，位于天王殿东北方，但显然在原来寺院的东南角。乾符年间寺院被毁，宋神宗元丰年间（1078—1085）由裴琚主持重建。明万历时期的1583年流传一首童谣：铁塔摇，大水到。实际上宝塔在此期间倒塌过一次，海水淹没了陆地，许多民众死于水患。性成、功琪二位高僧主持重建了宝塔。"泰勒在1852年的文章中描述了这次铁塔倒塌的具体情况。事实上宝塔仅有外部一层是铸铁，中间的塔心部分由砖砌而成，而砖块随着岁月的流逝风化而倒塌了，因此挤破了外层生锈的铸铁层。当时的宝塔共九层，高度在十二米到十五米之间。八角形塔身完全由铸铁制成，包括各层塔身之间水平方向的塔檐与塔身也是一体的。这座神奇的宝塔从基座到当时塔顶的塔刹，总共由二十块铸铁浇铸而成。初建时，宝塔是垂直屹立于地面，到泰勒游访时已经向南方略有几度的倾斜。底部基座上缘的通径为2.5米，八角形边长为一米。塔心完全由砖块砌成，因此为

图 393. 江苏镇江府甘露寺铁塔。始建于 840 年左右，如今的宝塔建于 1078—1086 年，九级，近十五米高，于 1583 年翻新。1868 年被毁，仅剩两层塔身，高约四米

实心，无法入塔攀登。泰勒认为宝塔年代久远，但完全没有看到铭文或题字来证明宝塔的建造时间。十六年后，到了 1868 年，一夜之间宝塔上部的七层断落了下来，仅剩底部两层，就是我们展示的照片中所呈现的残部。上面掉落的七层塔身中，还有两层仍保留在寺院中。

常盘大定在研究过铁塔残部后认为这座宝塔建于 1078 年至 1086 年之间，大约在当阳县铁塔建成后二十年左右。经他测量，宝塔底层每面外墙宽七十厘米，这基本符合泰勒测量出的基座尺寸。剩余的两层塔身总高约四米。基座花纹从最下方的水波纹自然过渡到云纹，曲线优美。上面还有两层基座结构，一高一矮，都装饰着高耸入云的山峰图样。基座由此向上急剧内收，侧面深雕各种人物形象。这一层基座上方承载着两块盖板，下层盖板周围正面装饰着一对鸟纹，上层盖板向外伸出，各个侧面均深雕二龙戏珠图样。上方塔身外部由线条勾勒出边框，中间交替出现券门和浮雕装饰。底层塔身在中间各方位都饰有佛像浮雕：中间一尊坐佛、两侧各立一尊罗汉，再向外两侧各立一尊提婆像，这五尊佛像上方还饰有两座飞天浮雕。塔身上方的横饰带中一面还有 1+2×4=9 尊坐佛浮雕，因此底层塔身横饰带上共有八九七十二尊坐佛浮雕。二层塔身上方也有一样的横饰带，但饰带下方的塔身却没有佛像浮雕，表面是光滑的铸铁，仅在券门两侧各有一尊菩萨立像浮雕，与底

层保持了一致。远远伸出塔身的塔檐呈一定弧度，下方由三足斗拱支撑，塔檐上方又有一排三足斗拱支撑着上一层的塔身线条，在塔檐与上方的斗拱之间还刻有坐佛浮雕。常盘大定赞扬这座宝塔是"铸铁艺术中的精品，技艺精湛，纯粹而精确，温柔而动人"。

将甘露寺铁塔的残部与玉泉山的铁塔相比，可以确定它们在造型上完全相同，稍晚所建的甘露寺铁塔残部中仅缺少底层的力士浮雕。因此江苏镇江的这座铁塔无疑是在二十年后仿照湖北当阳的铁塔而建，一种可能是当时的工匠借鉴了玉泉山铁塔的模型图纸，另一种可能是甘露寺铁塔与玉泉山铁塔就是出自同一位建筑师之手。这两座杰出的铁塔建筑还需要更加详细的研究和对比，这样宋代繁盛时期的宝塔建筑才能得到更好的归纳和总结；另外，这两座相距甚远的重要建筑如何互相借鉴和影响，也值得更深入的研究。

2. 山东和陕西的四座铁塔

在甘露寺宝塔建成二十五年之后，公元1105年，山东也建成了一座十分漂亮的铁塔，它在建筑结构、瘦削的体态及分层方式等重要方面都借鉴了扬子江边的甘露寺宝塔，但在整体造型上仍然代表着北方宝塔的风格特点。这座宝塔位于山东省西南方的济宁州（参见图394），济宁是一个人口稠密的贸易城市，京杭大运河将它与镇江及其宝塔贯通在一起。由此可以推测，这两座建造时间十分相近的宝塔在造型上十分相似，应该也与两座城市之间的便利交通有很大关系。

济宁曾是山东道台府邸所在，从面积上来看和临近的兖州府相似，但从经济和人口来看要比后者优越得多。四方的城墙内坐落着许多官邸建筑和名刹庙宇（参见图324），四面城墙中间各有一道城门，上方立着城门楼，这些塔楼中位于东南角的叫魁星楼，另一座是为纪念李太白而建的。城门西北角的石塔在前文已经有过介绍（参见图323），它就是仿照我们要介绍的铁塔建造的，比铁塔的建造时间晚了将近三百年。从城市布局图中可以看到，铁塔矗立在济宁城区的中心位置，就在两条主干道相交的路口，旁边矗立着钟楼（参见图394）。铁塔所属的寺院大门就在宝塔身后，人们习惯将这座寺院称作铁塔寺。宝塔的建造历史在《济宁州志》和《兖州府志》中均有记载，《古今图书集成》和《中国佛教史迹》中也有一些记录。接下来是我综合整理的一些史料。

渔山以东的城内有一座寺院，建于北齐时期孝昭帝皇建时期（560—561）。寺院原名崇觉寺，后来改名叫释迦寺。宋崇宁年间（1102—1106），徐永安的夫人常氏扩建了寺院，她又于1105年增建一座七层铁塔。铁塔立于贡院旁，巍巍矗立，好似一支巨大的毛笔，直入云霄。

下面我原文引用王梓修的一篇文章，文中记录了明万历九年（1581）宝塔的增建工程，塔顶鎏金，上面收以一个铜制圆球。这个结构在我游访铁塔时也曾注意过，从图中也能清晰地看到。这篇文章可以作为简单的补充说明，来使大家更全面地了解这座铁塔。

明王梓修铁塔记

物之成败兴废，必有其时，而当成也兴也，必有大奇异以发其祥。郡城释迦禅寺建于齐皇建中，寺有铁浮屠七级，俗呼为铁塔，因以名寺。相传宋崇宁间，徐永安妻常氏所造云。济素称雄郡，名川古堞，烟树环合。乃铁塔岿然高出于千甍万灶间，远望之益奇，实兹土巨观也！塔无顶，譬伟丈夫剑佩峨然，冠冕不饰。谭者往往以为未尽观美。适楚龚公以少府分署于济，慨然欲成之，维时郡侯萧公亦以为言。遂谋诸荐绅先生，佥曰可；谋诸乡人士，佥亦曰可。于是相与协力，聚财鸠工。营始于万历九年八月，越明年，事后比前增级二顶铜质金章，四周垂以风铎。塔前有层楼，盖悬钟处以其余稍修葺之礼。摧檐败垣与塔更新矣。是岁秋，风来自东南，尽几晦。俄而巨雷起，塔下有火如斗随之。如是者再，翻腾震突不可名状。乘风云西北而去，逾时乃定。是固大异，夫大异必当有应之者。暇日，从二三君子登太白楼，望焉曰："是昔之阙而未备、黯而未耀者与，然则固有时也。"已而还坐楼中，因念唐宋擅财贿、负气势者何可计数然！皆与时磨灭已矣。而是楼与是塔且雄视无极，匹妇有志可以垂不朽，而旷达之士，足迹所投取永终誉为君子，于此得其概矣。作增修铁塔记。

这座被如此赞誉的宝塔为八角形塔（参见图 394），细如针，位于城市的中轴线上。塔高约二十二米，其中塔底的巨大基座高达九米，使上方共十三米的塔身和塔顶根基显得非常扎实稳固，《中国佛教史迹》中对宝塔的尺寸并无更为详细的描述。很显然，除了能看到的基座之上的九层塔身以外，还有两层塔身隐藏在底层高大的围墙之中，这样的话，宝塔最初就是九层，现在则为十一层。出于保护的考虑，很早之前底部就进行了加固处理，以防宝塔坍塌。王梓的文中记录宝塔当时仅有七层塔身可见，史料中也大多引用了他的数据。由于这座铁塔是仿照甘露寺宝塔所建，所以它的分层结构应该也与甘露寺宝塔相似，这样看来在底部墙体中间应该还有一个平台及上面分层的塔基。虽然宝塔形制大致沿用了镇江

图 394. 山东济宁州铁塔。建于 1102—1107 年，共九级，后来改建塔基外墙时遮盖住了两面两级。1583 年宝塔新增两级塔身和塔顶。如今塔高二十二米

第三章　宝塔的其他形式 | 345

图 395. 山东泰安府铁塔。十三级，
九级，总高二十二米。建于明朝

图 396. 陕西北杜村铁塔（塔基为砖制），高十米。建于明朝

铁塔的范式，但两座宝塔在一些细节方面还是有所不同：济宁的铁塔塔檐下斗拱数量更多；栏杆也采用了北方常见的线条清晰的式样，且结构更为复杂；塔身外侧面去掉了装饰线条；每层塔身都在四个基本方位开有方形壁龛；四个中间方位的塔身外部则非常有节制地装饰了少量浮雕和铭文。这些细节从常盘大定拍摄的大幅照片中都可以清晰地辨认出来。最上方的两层塔身是明代新建的，塔顶攒成钝金字塔形，四周伸出塔檐，檐角上系有风铎。塔顶上方的塔刹线条优美，其圆拱尖顶的造型类似伊斯兰风格。新建的塔身部分轮廓流畅，与建于宋朝的优雅塔身契合完美，特别是针型的造型与长江流域的两座年代更早的宝塔相似，应该都借鉴了伊斯兰建筑风格。

中国建筑与宗教文化之宝塔 | 346

这种瘦削的针型轮廓造型在后来的两座宝塔身上则完全消失了，它们建于明朝，但一些细节的图样可能来源于更早的时期。两座宝塔都是极其明显的级塔，造型类似于瘦高的金字塔形。塔檐伸出塔身不远，侧面塔身开有很大的券门，并饰有细密的佛像和铭文。显然它们与石塔之间存在着非常紧密的联系。其中一座铁塔来自山东泰安府（参见图395），位于一座学堂前方。在相对低矮的基座之上矗立着十三层紧密排列的塔身，塔身共十米高。八角形塔身外侧面交替出现拱形和方形券门，部分侧面刻有铭文和佛像的浮雕装饰。塔身最上方安置着一个葫芦形塔刹。另一座铁塔位于陕西，在西安西北方向二十五公里，咸阳县向北十五公里处的北杜村中，同样有一座八角形塔（参见图396）。宝塔立于一个高大的八角形基座上，基座棱角都有线条装饰，上方的檐口另有纹样装饰，底座四周曾经围有栏杆，通过一道门可以进入塔身内部。宝塔总高约二十二米，整个建筑并非完全由铸铁制成。下方的三层塔身较高，上方六层塔身较矮，中间似乎还藏有砖结构的内塔，外层覆盖上了铁板。九层塔身以塔檐清晰地分层，形成典型的级塔造型。底层除了开有券门的四个侧面外，其余四个外侧面上分别立着一个天王像。第二、三两层的侧面则饰有对开门的浮雕。上方六层较矮的塔身侧面装饰较为多样，垂直或水平地排列着一些佛像浮雕，攒尖顶上立着一个双层圆尖形塔刹。

3. 浙江和江西的金属宝塔

宁波报恩寺内曾经有一座非常古老的铁塔，或许现在仍立在原地。报恩寺位于宁波庆元府以西百步左右的地方，于宋初建隆年间（960—963）由吴越最后一任国君——忠懿王钱弘俶所建，宁波一直到公元975年都由他独立治理。

美魏茶在1843年游览浙江时途经钱塘江上游西岸的衢州府，在这座美丽的四方城内他看到了浙江的第二座铁塔。宝塔位于城墙北角，体型十分小巧，共七层，塔身完全由铸铁制成。

浙江的天台山上有一座石梁桥铜塔，它所属的寺院叫中方广寺，位于天台山山谷北面入口处，它两侧还有两座方广寺，分别叫上方广寺和下方广寺。寺院位于石梁瀑布上方的山坡上，瀑布上方的巨型岩石状似一座横空而起的石桥。自从道猷和尚从甘肃敦煌来到这里开设了佛教道场，并于376年于此圆寂，这里就成了天台山最著名的景点，无数诗人画家都在此留下了诗文画作，其中顾恺之于399年也留下了题字，最晚在初唐的时候这里就已经成为一个游人不断的朝圣地了。1621年人们在天然石桥上方的岩石峭壁上修建了一座铜鎏金的宝塔，基座通径1.1米，约3米高。马伯乐曾详细地描述过这座铜塔，可惜并未留下照片，其他文献也引用了他和艾约瑟的文章。四边的转角处分别安置一根立柱，支撑着上方小巧的重檐，重檐侧面略有弧度，装饰着兽首。宝塔正面开有三个券门，中间的券门可以打开。券门上方的横饰带上装饰着花和卷须的浮雕，在双层重檐之间以线条雕画出小型坐佛像。宝塔基座表面刻有日期：天启元年，即1621年，两边的侧面各有一条同年

图 397. 江西庐山归宗寺铁塔。六角七级，高九米。建于 1749 年

所刻的铭文。北面的塔身外表面也分成三格，边缘装饰着 500 个姿态各异的罗汉浮雕，罗汉或立于山间，或现于云端。罗汉上方是四大天王像，四周同样装饰着云纹。道猷的传奇故事就是在这里发生的：他第一次踏上石桥时就看到了五百罗汉显出真身的神迹，也有些版本中写作十六位罗汉。在天台山的许多地方都有五百罗汉造像，他们的形象在这个佛教圣地中也有着特殊的崇高地位。紧邻石桥和宝塔的神龛中就有他们的小型石像，天台山的其他寺院则将他们做成大型雕像供奉在专门的大殿里。黎明之前僧人就能听到飞瀑隆隆的水声中传出五百罗汉的梵呗，这说明虽然人们将寺院初建的时间记为唐朝，但也许在此之前佛教就已经在天台山起势发展了。

另外在江西庐山上的东林寺中也有一座铜塔。这座六角形宝塔在塔基之上还有七层塔身，是著名的高僧慧远大师的墓塔。慧远曾在庐山上传经说法，于公元 417 年圆寂于此，终年八十三岁。然而寺院旁边还有一个专门为他所建的陵墓，他就被安葬在其中，因此这座直到 1640 年才兴建的铜塔应该只是为了存放他的舍利而建的，也有可能仅仅是他的一座纪念塔。《中国佛教史迹》中的图片显示，宝塔基座上方的盖板由力士雕像支撑，塔身正前方的外墙面均开有券门，券门四周环绕着立体的人物浮雕，雕像有 3/4 的部分伸出塔身之外，最底层的券门两边则分别饰有韦驮和僧人浮雕。宝塔的结构和塔檐形制都是仿照砖塔而建，特别是塔顶做成琉璃砖瓦造型。除了人物浮雕以外，实际上这座宝塔的铜制技艺并非超凡脱俗，也算不上这类建筑中的精品。下面我们要介绍的几座明代宝塔及另外几座年代稍早的铜塔，建造技艺却极其精巧，展现了铜制建筑艺术的真正魅力。

江西庐山中还有一座归宗寺铁塔，其建造时间稍晚。归宗寺建于 735 米高的金轮峰上，旁边这座铁塔"巍然挺立，细如银针"（参见图 397）。宝塔细长的造型仿佛从山间的岩石中生长出来一般，成为了风景中重要的组成部分。登塔远眺，四周的山谷和远处的平原都尽收眼底，清晰可见。宝塔建于乾隆年间的 1749 年，六角七层，高九米，由铸铁块拼接而成。塔身每一个侧面都有一尊佛陀或圣贤浮雕，共四十二尊。宝塔底部的基座在 1905 年重新用铁板和铆钉进行了加固，宝塔初建时就围绕在平台四周的石栏杆仍然得以保留，倚栏远眺，脚下的岩石如刀削般垂直向下，十分惊险。寺中仍有庐山上的禅宗僧人每日诵经，功课如常。

4. 四川峨眉山上的铜塔

峨眉山上最大的铜建筑是位于半山腰万年寺中著名的巨大铜象。另外在山上的许多寺院中还有数量繁多的铜制建筑、人像和器具。利特尔对这座圣山很有研究,他曾画过一张圣积寺内的铜塔画像,但可惜在这里无法展示。宝塔的主体塔身呈现瘦削的针形,造型优美,从结构和重要的细节方面来看都与山西五台山上的五座铜塔非常相似,应该也建于明代晚期。

峨眉山风景绝佳处还屹立着一组三座铜塔组成的塔群。峨眉山最高峰海拔3300米,各个山峰上坐落着好几座大型寺院。登山的终点是一座叫金顶的山峰,山峰上有一座金顶寺,寺中一个佛殿后面立着一排石栏杆,栏杆紧邻危崖之侧,仿佛稍有不慎就会坠入深渊。从这里顺着山壁向下看是令人目眩的蔚蓝大海,或是环绕着山峰翻腾的云海,有时还能在其中看到佛光。我们要介绍的三座铜塔就立在这排栏杆后面(参见图400),其中一座已经严重损坏,仅剩部分塔身,另两座保存得十分完好,一座是塔腹呈圆球形的香塔,另一座是八层层塔。

香塔塔身呈六角形(参见图400),高3.7米,在向内凹入的底座外面围有一圈回廊形装饰(参见图398),通过六个撑脚与底座相连。装饰带上方的转角处各饰有一个蹲着的小兽,分别是狮、象和虎,饰带侧面则用铭文浮雕装饰。中间的圆球形塔身开有券门,内部中空,留作供奉香火。券门四周有精美的浮雕铭文收边,两侧还各雕有一条龙,与中间的香室构成二龙戏珠的造型。塔身背面细细地雕刻着一座多层宝塔图形。在损坏严重的第三座宝塔塔身上没有龙的雕刻,而是替换成了五座同样雕刻精细的宝塔造型,象征佛教中的五宝。香塔在带香室的主体塔身上方还有七层等高塔身,六面均有佛像浮雕。七层塔檐从屋脊处伸出,下方用独立的立柱支撑,檐角都系着风铎,塔顶的塔刹做成葫芦造型。铭文显示,香塔与旁边损毁的宝塔均为万历二十年(1592)所建,为香塔捐资的是一个文人及他的学生们,所有出资人的名字都在铭文上留了下来。

旁边的层塔同样是六角形塔,只有3.4米高,底部是圆角线脚基座(参见图399)。八层塔身中底层比其他各层都宽大得多,塔身侧面均有佛像浮雕装饰,每面一、二、四座不等。塔檐檐角处挂着风铎(参见图400),远远伸出塔身,令宝塔分层明晰。塔顶由十三层装饰精巧的密檐结构构成,每层侧面都有一排佛像浮雕,仿佛在原来的塔身上又放置了一座宝塔。塔顶为攒尖顶,上面放置一颗宝珠。宝塔是由一位浙江人士为他的母亲身体康复所捐的报恩塔。这座层塔同样出自万历时期,我们将具体时间记为1600年。

这三座金顶平台上的宝塔符合佛教所青睐的"三"这个数字,同时也很可能象征着佛教三大士。这样的象征关系在下面这组五座铜塔组成的塔群上得到了很好的体现。

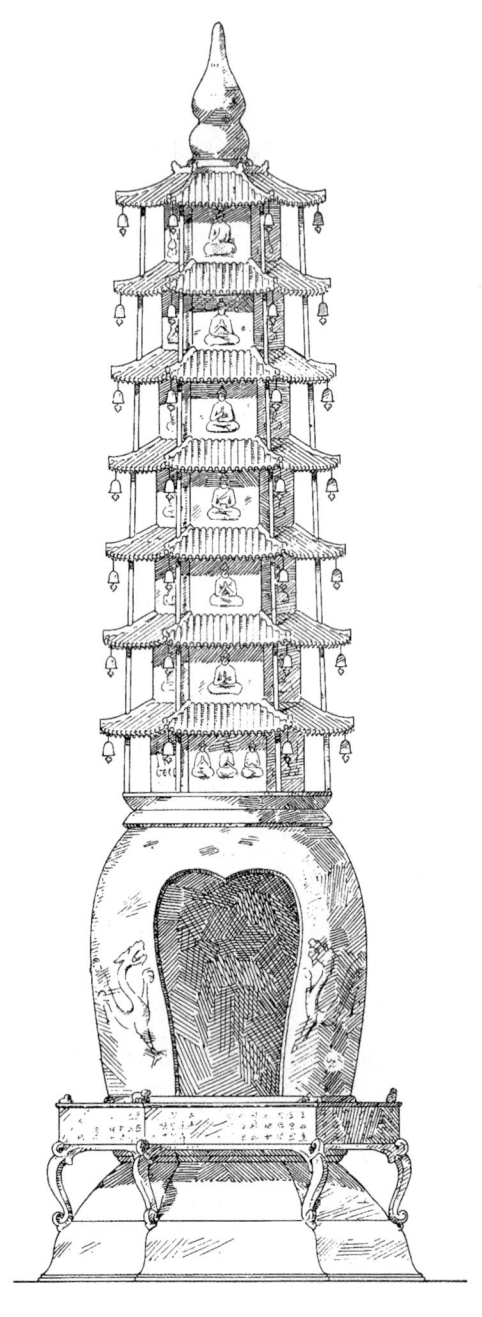

图 398. 香塔。高 3.7 米。参见图 401

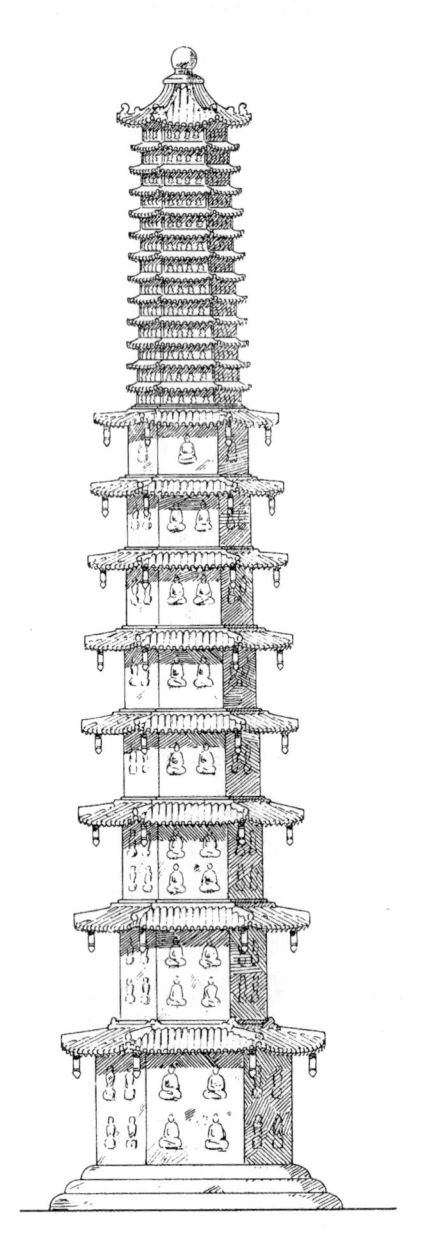

图 399. 层塔。高 3.4 米，参见图 402

四川峨眉山顶铜塔。比例尺 1∶20，参见图 400

倒塌的宝塔　　　　　　　　　　建于 1592 年的香塔　　　　　　　　　　建于 1600 年的层塔

图 400. 四川峨眉山最高处金顶寺平台上的三座铜塔，山峰海拔 3300 米。参见图 398、图 399

第三章　宝塔的其他形式　|　351

图 401. 香塔。参见图 398

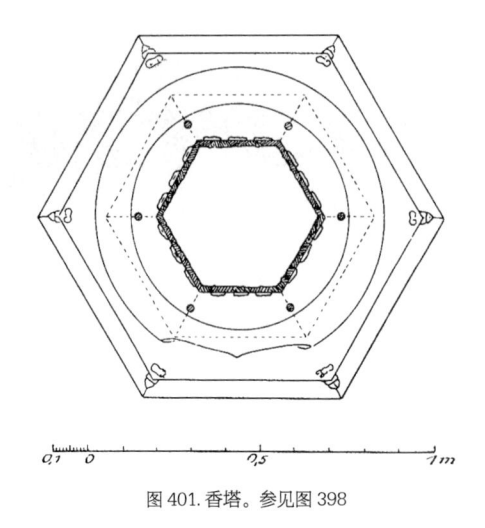

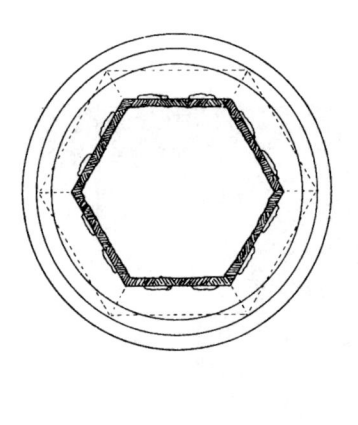

图 402. 层塔。参见图 399

峨眉山顶两座铜塔的俯视图。比例尺 1∶20，参见图 400

5. 山西五台山大显通寺五座铜塔

  五台山主要供奉的是文殊菩萨，他的象征是一只狮子。这座佛教圣山在藏传佛教中享有很高的地位，因此山上矗立着一座巨大的喇嘛白塔，周围簇拥着大大小小的佛寺，远处又有群山环绕（参见图 404）。这些山峰象征着精神世界中的五座高峰，也就是五台。因此"五"这个数字也被赋予了神圣的意味，并在五台山的各种建筑、神像、装饰和宗教仪式中不断得到体现和强调。五台山和白塔将在第五章专门的一节中具体介绍。

  前文已经提过，铁塔出现于唐朝。出身五台山的一位大喇嘛曾在 1779—1780 年陪同班禅额尔德尼觐见乾隆皇帝，并留下了对五台山的详细描述。在他的记录中提到了一座铁塔，其中还藏有舍利等圣物。日本的一位大师在公元 840 年游访五台山，他的中文名叫圆仁，在游记中记载了当时位于中台上的三塔寺及寺中的三座铁塔，然而现在寺院和铁塔都已荒废无踪。也许是为了纪念这几座消失的铁塔，在明末约 1600 年左右，这里建起了五座保留至今的铜塔。

  巨大的喇嘛白塔坐落在五台山正中心的大塔院寺内，远处的高山海拔 2650 米，环抱着这座壮观的佛教建筑。大塔院寺正北方是另一座占地广博的大显通寺（参见图 403、405），它是五台山上历史最悠久的寺院，当时五台山还叫清凉山。寺院北面的平台上立着五座铜塔，它们不仅造型极为优美，在宗教仪式中也有举足轻重的作用。宝塔同样造于明末，至于为何被放置在大显通寺内，其实有特殊的缘由。这里就不得不提到一段历史，下面是根据《中国佛教史迹》引用的五台山地方志整理而成的简短介绍。

  根据宋代的文献记载，宝塔始建于东汉明帝永平年间（58—75），佛教也正是在这个时期第一次正式传入中国。虽然寺中有一些早期佛教崇拜的痕迹，但它的建造时期应该比这个时间要晚一些。常盘大定倾向于采纳唐代的史料，认为大显通寺初建于北魏献文帝时期。

图 404. 海拔 2650 米的山峰环抱下的高大白塔及周边的寺院。宝塔左边即为显通寺

图 403. 显通寺藏经楼——无梁殿。北侧平台上有五座铜塔。参见图 405、图 408

山西省北部的五台山

第三章　宝塔的其他形式 | 353

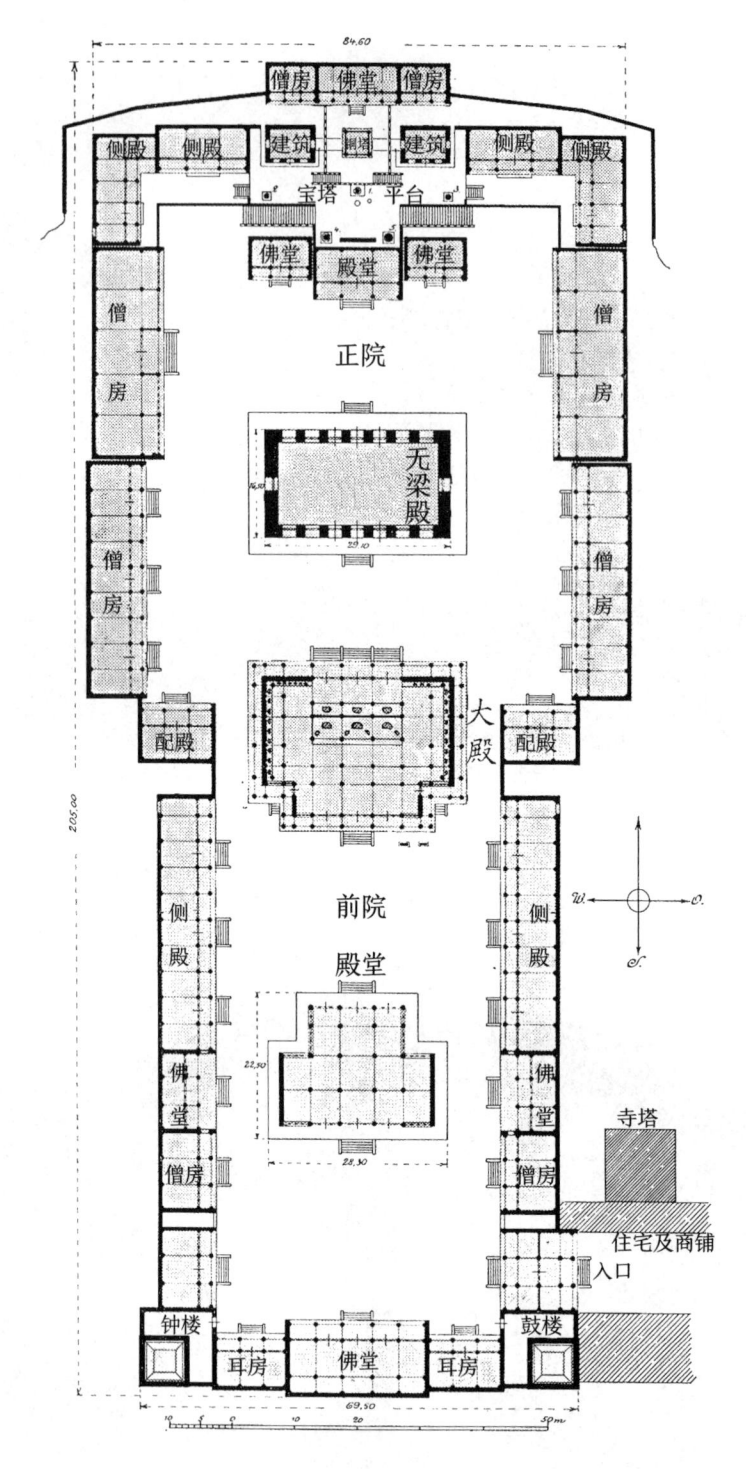

图 405. 山西五台山显通寺。起源于 58—76 年（？），始建于 466—500 年。于 1573—1620 年与 1627—1644 年分别进行改建。北侧平台上有五座铜塔、铜楼及两座大型建筑。参见图 403、图 408

中国建筑与宗教文化之宝塔 | 354

另外也有文献说寺院在汉朝之后的三国魏晋南北朝时期就已经存在。当时寺院叫大孚灵鹫寺，这个名字直到今天仍有人使用，寺名来源于寺院北面的灵鹫山。后来被简称为大孚寺，"孚"即是信仰的意思，但它最初是与一座阿育王古塔有关。这座古塔应该是寺中历史最悠久的遗迹，因此寺院也被叫作大孚图寺，这里的"孚图"常被写作"浮图"，就是宝塔的意思。这座阿育王塔位于寺内的十二院中，如今位于大显通寺以南，喇嘛白塔所在的塔院寺就是大孚灵鹫寺的十二院之一，后来才独立成一座寺院。因此对于塔院寺来说，将阿育王塔围在大白塔内部或是埋在大白塔之下就是一件非常具有传承意义的事，古老的大孚图寺——即显通寺，就不得不将阿育王塔中的圣物转移到白塔之中。随着时间的流逝，人们自然也只记得后来的宝塔，忘记了之前的阿育王塔。可能也是出于这个原因，人们才在中间的喇嘛白塔之外又建了五座铜塔，它们虽然体型不大，但象征着五台山的五座山峰，也重新强调了整个佛教道场的意义。唐朝时寺院经过一次更名，僧人澄观（？—820）在寺中写下了《华严经》，此后皇帝下令将寺院更名为华严寺。《中国佛教史迹》中详细记录了澄观的生平及他和五台山之间的密切关系。

沿着寺院中轴线向后走，尽头是一块高地，通过台阶通向一个更高的平台（参见图407），平台的整体布局重现了五台山五座山峰的位置。平台上还有一个高台，高台四面边缘立着五座铜塔（参见图406），它们的布局再次重现了五座山峰的位置。铜塔造型华丽，极为独特，在艺术上已臻化境，宝塔四周的建筑也相当壮观，与庄严的宝塔相互映衬，使佛教的教义以夺目辉煌的形式全面而完美地得以展现。高台再向南的院落当中矗立着雄伟的无梁殿（参见图403），这是一座两层建筑，其造型极具中亚和印度的异域风格，与其他传统中式的建筑形成鲜明的对比。这座无梁殿实际上是一座藏经楼，其中收藏了最为珍贵的文学典籍。高台下方在两座佛堂中间是一间大殿，其中端坐着主神文殊菩萨像，造像有十一头，伸出千臂。北面位于高台背后的是三座漂亮的楼阁（参见图408），两边的楼阁也是两层，与无梁殿一样也是印度风格，仅在规格上小一些。位于它们之间的亭子立在寺院中轴线上，造型优雅，是铜鎏金的两层建筑，细节上精雕细琢，在本节一开始就已有提及。它的对面高台最南端的位置竖起一道影壁，将高台隔成一块独立的区域，也使五座铜塔拥有了一块专属的空间（参见图407）。

五座铜塔都是明代万历年间的作品，沙畹认为其中一座的建造时期为1602年。宝塔下方的实心基座轮廓清晰，表面都有丰富的装饰。从整体造型来看五座宝塔共有四种不同的样式。其中最特别的是立于中轴线之上的三层宝塔（参见图412），它无疑象征着五台山的中峰，并给璞科第留下了尤为深刻的印象："中间的宝塔造型最为奇特，每层塔身都是二十四角的晶体形状，三层塔身交叠在一起，上方的塔顶与塔院寺的大塔塔顶完全相同。"最后一句其实并不尽然。宝塔顶部是一顶平坦的盘形华盖，上面以三层宝珠收尾。华盖边缘紧密地排列着小圆盘坠饰，模仿攒尖顶檐口的屋瓦装饰。第四座和第五座宝塔的塔顶都与此相同，从造型上看令人联想起西藏祭司和神祇的头冠，具有明显的藏式风格。五台山的大型宝塔顶部虽然也有相似的盘形华盖，但它四周垂下的是铜板和铜索，并非圆盘坠饰。中间宝塔的三层塔身都是晶体状，单层塔身是二十四角，二十六面，但暴露在外的仅有

图 406. 影壁和香炉所在平台上的三座宝塔。建于 1600 年左右

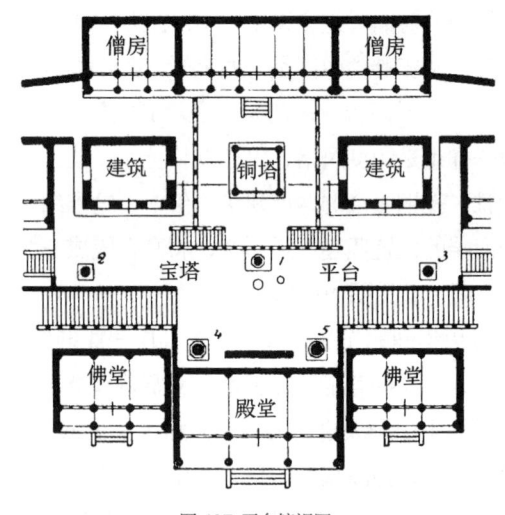

图 407. 平台俯视图
山西五台山显通寺平台上的五座铜塔

图 408. 山西五台山显通寺平台上的五座铜塔、铜楼和两座其他建筑。参见图 405、图 406、图 409—图 415

二十四面。塔身为三层，象征佛教三宝，而二十四面则代表着太阳历中对一年的划分，以及分别对应的神。三层塔身总共能看到 3×24=72 个侧面。

　　第二座塔和第三座塔分列高台两侧，靠着向上的阶梯。它们从轮廓到塔身侧面的极其精细的装饰细节都完全相同（参见图 409）：佛教故事中的人物群像和成行的佛像浮雕细密地排满了塔身侧面；上下边缘处饰有抽象的动物形象；塔身转角和边沿等轮廓地带也几乎全部由纹饰线条勾勒出来，精美异常。宝塔由基座、香室塔身、锥形塔身和塔顶构成，与第四和第五座宝塔一样，都符合天宁宝塔的形制——中部的主体塔身用来放置圣物。这两座宝塔的香室中也会放置燃烧过后的舍利等圣物。它们清晰地展现了如何从喇嘛塔堆叠的塔身向天宁宝塔过渡的过程。第三座宝塔的基座上方交叠着三层造型活泼飘逸的塔檐结构（参见图 413），下方的基座中段深深地向内收紧，四角各有一座金刚力士像，力士双膝弯曲呈蹲姿，双手向上撑起檐角，造型极为精致，形成了灵动的光影效果。力士身着中国传统服饰，表情狰狞，面容是典型汉人的相貌。主体塔身呈倒金字塔形，共八面，上沿有一回廊。这圈回廊和基座上的力士像也出现在了第五座宝塔上。香室在与高台中轴线平行方向的侧面较宽，开有券门，另外三个基本方向的侧面则装饰着无数人物雕像；中间方位的四个侧面较窄，各饰有一座精雕细刻的宝塔浮雕，其造型与铜塔本身一致。显然宝塔的造型被赋予了特殊的意义：宝塔浮雕的主体塔身中间是一尊坐佛像，上部的塔身和塔顶周围规律地排列着小佛像。佛教经典中有记载，佛会幻化成各种形象，出现在众生生活的寺院周围，此处所说的众多佛当中自然包含以五台山为道场的文殊菩萨。在后来的中国文

第三章　宝塔的其他形式 | 357

图 409. 五台山显通寺第三座宝塔，与第二座宝塔相同，为天宁塔。十三级，铜制部分高 4.2 米，总高 5.5 米。建于 1602 年。
参见图 413

图 410. 五台山显通寺第五座宝塔。喇嘛塔形制，上部塔身共十一层。铜制部分高 3.7 米，总高 5.6 米。建于 1600 年左右。
参见图 414

献当中，尤其《华严经》中，佛的释义中就提到了文殊菩萨与五台山之间的联系。铜塔锥形的塔身由密檐分隔成十三层，而不是常见的十二层。塔身转角处由龙形柱支撑，最上方还承载着一个小巧的神龛作为塔顶，神龛中间有孔，穿过刹杆，与上方的葫芦形塔刹相连。这两座铜塔将佛教中的"无限"思想用最繁复华丽的建筑手法表达出来，在中国的佛塔中可谓是无可比拟的杰作。实际上这种在塔身和塔檐上精致地雕满人物形象的做法，已经接近了喇嘛教的风格。

　　前排的两座塔身造型相对要简单一些。位于西面的第四座塔是天宁宝塔（参见图 411），基座上是一排小型的栏杆，中间的塔身与第一座宝塔的晶体形塔身类似，但仅有单层。在这之上的塔身较为宽大，共有十二层，自下而上渐渐收紧，和下面的主体塔身一起，构成了天宁宝塔的形制。位于东边的第五座宝塔也有一个分层的八角形基座（参见图 410），四周有金刚力士像支撑，基座上方同样也有一圈小型围栏。立于基座之上的塔身类似一个倒置且切去两头的鸡蛋，也可以看作是一个水囊。这层塔身上方的平台上又镶了一圈精美的围栏，中间是一个锥形塔身，每层饰有九尊佛像浮雕。中间的塔身是中空的香室，塔身外部不规则地镶嵌着无数镀金的四方铜片，和第一座宝塔的三层晶体状塔身外部装饰类似。这些镀金铜片嵌在呈圆弧状的塔身外部，璀璨夺目，具有令人惊艳的神奇魅力，让人立刻联想到喇嘛教如火般的宗教热情。香室的券门上方还装饰着栩栩如生的浮雕，券门

图 411. 五台山显通寺第四座宝塔，天宁塔结构，中间为晶体形塔身，上方有十二层密檐。铜制部分高 3.7 米，总高 5 米。建于 1600 年左右

图 412. 五台山显通寺第一座宝塔。塔身由三个晶体状结构组成。铜制部分高 3.7 米，总高 5.3 米。建于 1600 年左右

周围也都包裹着丰富的镶边（参见图 414），把宗教氛围烘托到了最高点。浮雕的线条流畅优雅，令人不得不屏息凝视，在堆叠的云纹中端坐着一只强壮的迦楼罗[1]，它双手交叠在一起，双翅舒展，鼻子刻画得很简单，足部雕刻成脚爪的样子，脚爪中抓着两条龙的尾巴。双龙的身躯盘踞向上，龙头摆向中间迦楼罗头上的火珠，发出柔和的光芒。它们无法抓住这只大鹏鸟，因为蛇和一切爬行类动物只要被抓住了尾巴，就像迦楼罗在浮雕里做的那样，就会浑身无力，无法直起身来，再去抓捕其他动物。这里的火珠就象征着佛法，同样保护迦楼罗不受恶龙的攻击。在塔身的最上缘还有另一颗火珠，无论从勾勒的线条还是从造型来看都极为出色，与展翅的鹏鸟、腾飞的双龙和浮动的流云组合在一起，画面生动，栩栩如生。

　　这五座铜塔虽然体型不大，却是对所有宝塔从精神到外形的集大成之作。它模仿了五台山的五座山峰和山上的五座宝塔，蕴含着俗世的东南西北中五个方向，而且代表着我们时代的五位佛陀。因此它们也被赋予了特殊的含义。如果一个香客在寒冷的冬天来五台山

---

[1] 迦楼罗，即大鹏金翅鸟，或金翅鸟，印度神话中的一种巨鸟，是主神毗湿奴的坐骑。——译注

图 413. 五台山显通寺第三座宝塔局部，参见图 409　　　图 414. 五台山显通寺第五座宝塔局部。参见图 410

朝圣，无法登上五座高大的山峰依次参拜，那么他就可以来到这五座铜塔前，献上他的贡品，以表诚心。铜塔造型从最简单的墓塔和圣物塔，到天宁宝塔和层塔，它们基本代表了中国无数大型宝塔的几种主要样式。这些明代建筑用闪亮的铜质材料使宝塔在外形、装饰和雕像的刻画上更加成熟优雅，并表达出了佛教带来的狂热与光华。另外它们还引出了宝塔的另一个发展方向——喇嘛塔，这种宝塔形式将宗教的狂热和痴迷表达得淋漓尽致，塔身上无数的造型装饰创造出一个思想无边界的形而上的世界。

五台山上还有一座清凉石寺，寺中矗立着一座千佛塔（参见图416），造型上来看和显通寺高台上的两座天宁宝塔差不多，尺寸稍小一些。主体塔身也是八角倒金字塔形，中间方位侧面较窄。主体塔身各面均开有两排壁龛，中间雕有佛像。上面的塔身仅有九层，塔檐之间有独立的佛像立柱支撑着飞扬的檐角，塔顶上是两颗浑圆的宝珠。沙畹称这座宝塔建于1606年。

五台山上的这些明代宝塔通身装饰着无数纹饰和佛像浮雕，造型繁复而华丽。在显通寺中轴线的末端矗立着一座铜亭，亭子经精雕细琢而成，和五座铜塔的风格如出一辙。这座两层建筑不仅在外表面雕有丰富的纹饰，内部也遍布佛像浮雕，比起两座铜塔外墙上的浮雕更加华丽，达到了铜制建筑艺术的一个新的高峰。我并没有见过铜亭内部的瑰丽景象，

图 415. 五台山显通寺第五座宝塔铜制塔基。参见图 410

以下是费舍尔的描述："这座铜制建筑内部安放着文殊菩萨主像，四周遍布华丽的浮雕，造型尤其出色。四面的墙上镶嵌着约三十块高大的铜板，上边雕刻着铭文和上千尊小佛像。亭内还有两座鎏金铜塔，塔身壁龛中供奉着上百座佛像。亭子中随处可见各式各样的装饰，有藏式绘画、香客捐赠的小像、珍珠、银饰和其他各式各类的珍宝，将整座亭子装饰得满满当当。从顶部正中垂下一盏球形灯，外部金属制的灯罩像琉璃一样透明，中间点着永不熄灭的长明灯。另外还有铜制的转经筒，上面雕刻着藏文和满文的铭文。"这座装饰华丽的铜亭也展现了金属建筑（包括铜塔）通过不断重复佛教造型来展现其宗教狂热的特点。

图 416. 山西五台山清凉石寺铜塔。根据模型图 409 于 1606 年所建

第三章　宝塔的其他形式 | 361

第二节　墓塔

在第二章中我们介绍了大型宝塔的主要形制，并对一些宝塔的历史做了简单的了解，这在分析宝塔个例的时候就有一个大致的体系可以参照。要将这个体系补充完整，那就需要再对中国宝塔式样的起源和发展做一个简单的总结。单一的文献来源无法解决这个问题，要想对中国宝塔的发展史有更为透彻的理解，就要从宗教、历史和建筑艺术进行综合的研究整理。人们很容易就这个问题做出简单的推测——隆起的坟冢和上面竖着的分段的木杆或竹竿，可能就是宝塔最早的雏形。但这种最直接的推测当中其实包含着矛盾：宽大的山丘上矗立着不断向高处延伸的塔型建筑，这来源于坟冢上插着极细的竹竿——竹子的分节后来演变成了与之十分相似的层塔形制，这听起来确实不太符合建筑学的理论，况且在墓穴上放置木杆或竹竿的情况在中国并不常见。然而坟墓与宝塔之间还是有着一定的联系：野外的山丘上一片荒凉，一般只有墓室、舍利堂、佛堂、中国传统楼阁和塔楼才会被建在此处，而将这些建筑形式糅合起来，最终就发展成为大型的宝塔。而宝塔的造型又反过来影响了墓旁的立柱造型，尤其是佛教的墓地常常用到这样的塔型柱。这种垂直且分层清晰的塔型柱与一般中国传统的墓碑不同，后者一般只在平面上有一些造型，其他的装饰是通过丰富的墓门造型和墓旁的辅助建筑来强调的，从汉代开始，古老的墓门结构就消失了。要讲到佛教墓碑的内涵，特别是与大型宝塔相似的真正意义上墓塔的内涵，就要在更广的定义上去看待它。

大型佛塔有两个独特的基本理念：第一，宝塔原本是宗教仪式中存放珍贵圣物，比如舍利的容器；第二，宝塔都具备高耸的造型，以便将佛教的思想尽可能远地传播出去，并扩大佛教的影响力，宝塔的高度就是对这种传教思想的具象表达。但这两个理念中最为根本的还是前者，即将圣物作为神圣思想的载体，这些圣物可能是佛陀和圣贤留下的遗体或所用之物，也可能是经卷或回忆录，甚至可能是通过人像和其他象征符号来表达纯粹精神上的神性。

在佛教的观点中，一个地方也可能通过陵墓被直接神化。佛教徒的遗体一般在中国会被火化，然后将化成的舍利安葬入土。如果是得道高僧或其他圣贤，则会专门为他们建造摆放舍利的匣子，后来的大型宝塔也是出于这个目的才产生的。在佛教传入中国的初期，舍利通常被安放在小匣子里或是瓮里，起先人们还没有开始建造宝塔的时候，一般将装有舍利的匣子或瓮放在佛堂一样的建筑中，这样的习惯到如今还在部分地区保留着。此外人们有时还会将死去的僧人做成类似木乃伊的肉身像并安放在建筑中，这种存放肉身的建筑虽然经常被视作宝塔的一种，也经常被称作宝塔，但实际上一般都是寺院内部并不高大也不显眼的一种建筑。与此有关的内容在本章第四节中会详细介绍。但以上资料证明，宝塔正是从存放舍利的匣子和佛堂经过建筑上的发展和演化而来，而坟冢在宝塔的产生和发展过程中并未起到重要的作用。舍利匣子和佛堂中的一些建筑结构也影响了宝塔的造型，比如瓮的形状在后期就经常在宝塔的主体造型中出现。这些事实都令我们非常清楚，应该从

图 419. 山东东平州石室。建于 500 年左右（？）

佛堂的造型开始研究宝塔造型的发展，而不应该从墓穴的角度出发去做研究。在这个沿袭的方向上，一些早期的建筑就是非常有力的证明。

1. 佛龛式墓塔

在江西庐山的东林寺旁至今仍保留着晋朝时慧远和尚的墓室，他于公元 417 年圆寂，前一节中我们也介绍了寺院正殿中为他建造的舍利铁塔。墓室是一个实心的房屋，上面是双坡屋顶，山墙檐角向上扬起。墓室内的墓碑高 2.8 米，宽 3.3 米，从外面可以通过一个类似窗户的透风孔向内看。这座建筑几乎不可能是最初的墓室，很大可能是后期翻新重修的，原本的墓室应该是四方造型的建筑。这座早期的地上墓室是有确切年代，被称为"塔"的建筑。

这种从公元 6 世纪开始出现的四方形墓室上方有顶，在建筑学上就是后来出现的宝塔的最早的雏形，直到今天我们还能从中国不同的地方看到类似造型的砖石建筑。目前能找到的最古老的实例位于山东省，其中东平州的石室从细节上来看是历史最悠久的一个建筑，保守估计应该建于公元 500 年左右。我在游览东平州的时候仅仅从这座石室旁路过，因此也无法留下更细节的照片或精确的测量数据。但当时留下的这张远景照片（参见图 419）

图 417. 山东神通寺四门塔。石质，塔身八米见方。建于 544 年。参见图 316、图 418

图 418. 山东神通寺仿四门塔壁刻。刻于 663 年，参见图 417、图 420

也展现了这座石室的基本造型：石块垒成简单而宏伟的外墙，上方是呈阶梯型的金字塔形塔顶，塔顶上还有一个塔尖。塔身上只开了一个门洞，门洞侧面呈斜面，上方是马蹄形拱券。整个石室坐落在一个宽阔的平台上，平台正前方用石块垒起一个影壁，挡住了石室的入口。石室内很有可能还立有一根中心柱。

另一座类似造型的塔型石室是山东省神通寺所在山谷入口处的四门塔（参见图 417）。它最初同入口另一侧的朗公塔一起通过梅尔彻斯的介绍为人所熟知，朗公塔在"石塔"一节中已经有过简短的介绍（参见图 316），闻名遐迩的朗公寺的历史及其建造者朗公的生平也一并在前文中提过，就不在此赘述了。

四门塔坐落在一个视野开阔的平台上，是十分醒目的标志性建筑。关野贞认为它建于东魏时期，即公元 544 年，也因此是中国有确切建造日期的历史最悠久的独立石质建筑之一，仅有位于河南嵩山嵩岳寺的著名砖塔比它的建造时期更早，为公元 523 年。关于四门塔还有一个事实值得特别的注意：四门塔的建造者希望通过这座建筑安抚逝去的父亲的灵魂。

整座建筑由打磨光滑的砂石块砌成，接缝完美，塔身表面线条古朴，具有汉代的风格（参见图 417）。屋檐由五层砂石块垒成阶梯状，侧面呈金字塔形，塔顶为渐渐收紧的四方形，在尖顶处又突出一块四方平台，四角伸出弧形的山尖装饰，中间矗立着分层清晰的橄榄形相轮，作为塔刹的收尾。这种塔顶结构要追溯到最早期的阿育王宝塔，也会在后文的第四节中展开更为详细的介绍。

关野贞在他的文章中提到，宝塔的基本轮廓是正方形。关野贞和喜仁龙都测量了宝塔的外部边长，平均得出的数据是 8 米。四面券门宽 1.8 米，墙体厚 0.8 米，门内的拱形壁龛里都有一个方形门框，中间安装了挡板。宝塔内部由一根宽 1.76 米的方形中心柱和四周的墙体一起撑起塔顶。塔顶并没有什么特别之处，仅仅由石料做成阶梯状，伸出塔身之外。中心柱的四周均有一个供桌，上面安放着一尊石雕坐佛，每尊坐佛两边还有两尊小佛像。造型优美的坐佛与石塔本身出自同一时期。四尊坐佛围绕的中心柱中间很有可能藏有舍利，这也是石室塔的前身——阿育王塔常见的布局安排。整座宝塔的塔刹和其他塔顶装饰也与藏有舍利的中心柱直接相连，这也就是说，石室本身其实仅仅是环绕着中心石柱建造起来的保护外壳。另一个方面，在建筑造型方面四门塔与后期出现的岩壁石室非常相近，比如山西省天龙山的岩壁石室，其他的佛像岩洞中也发现过一样的石柱，但其中应该不可能埋藏有舍利。四门塔和这些佛像岩洞在出现时间上的关系目前还未有定论，有待考察。

第一眼看去，四门塔的主体造型与位于山谷另一侧的神通寺朗公塔（参见图 318）有许多相似之处。神奇的是，在朗公塔的底层塔身中也存在一根中心柱，四面同样安放有佛像，外墙也开有相同的四个券门，券门中也有类似的方形门框和挡板，挡板上装饰着栅栏式的装饰拱顶。虽然两座宝塔的其他部分存在着很大的区别，但这些造型上的相同之处仍然很值得注意。

另一座模仿四门塔建造的宝塔位于山谷另一侧，在前文介绍过的朗公塔（参见图 316）上方的千佛崖上，千佛崖上的摩崖石刻产生于北齐和唐朝时期。这座塔应该是在公元 663 年左右在岩壁上开凿出来的（参见图 418），主体造型几乎完全按照 544 年建造的四门塔而建。四方塔身上开有一个券门，中间能看到一尊佛像（参见图 420），券门两边各有一个动物浮雕，一边是猴，一边是狮；券门顶部两侧各有一个涡旋式装饰纹样，线条向中间汇集成圆尖形顶饰。塔身上方是金字塔形塔顶，塔顶上方仍有一个四方形平台，平台上缘的山花蕉叶连成一道叶形装饰带，再上方则是雄伟的相轮塔刹。这座宝塔在一百多年后又借鉴了四门塔的浮雕造型，更进一步地说明了四门塔在私家宝塔建筑史上的重要地位，但其具体建造历史仍然没有详细的资料可查。

在河南承德府宝山上的灵泉寺中，还有两座宝塔造型的摩崖石刻，它们同样也是作为墓葬建筑诞生的。其中较为重要的一座是已经风化严重的灵裕墓塔（参见图 421）。灵裕是隋朝著名的僧人，在公元 605 年圆寂，是年八十八岁。墓塔建于 632 年，塔身上有一个深凹的壁龛，内有灵裕大师全身像。壁龛两侧雕有分级的立柱，上方是双层塔檐和塔尖，两层塔檐都有丰富的山花蕉叶。这座摩崖石塔比神通寺中的石塔建造时期要早一些。

北方早期的其他实例也清晰地展现了古朴的四方形石室的造型，它们不一定都是墓葬建筑，很多仅仅供奉着佛像或圣贤的造像。这种建筑的主体部分一般都是一间斗室，斗室的券门上方通常为半圆形或圆尖形拱券，拱形部分装饰着弧形窗，券门两边饰有浮雕像。

图 420. 山东神通寺旁千佛崖壁刻局部。参见图 418　　　图 421. 河南宝山灵裕墓塔，实际为塔形摩崖石刻。凿于 632 年

方形的塔室外墙上偶尔开有窗，是为了使供奉着圣体、舍利或佛像的塔室看上去像是神灵的居住空间。窗体一般都是虚设的，上面雕刻着精美的花纹式样。塔顶有的是单层塔檐，有的是双层塔檐，上方通常还会有多层塔刹，这也是后来大型宝塔多层塔身的前身。中国人把这样堆叠在一起的塔刹也叫作塔，为了与大型宝塔进行区分，人们常沿用印度对宝塔的称呼，即"窣堵波"，但这种称呼仅仅在古代文献中出现，现在已经不太使用了。很多这种石室造型的窣堵波是唐朝所建，其他后期所建的石室塔则是对早期建造艺术的致敬。但石室塔这种建筑形式也贯串了整个建筑史，部分细节在历史的进程中有所改变，还发展成了更大型的建筑。这里我们讨论两种石室塔，一种是单檐塔，另一种是双檐塔。

一个实例是年代较早的四方石室形单檐砖塔，位于河南嵩山上的名刹少林寺的墓园中。佐村拍摄了其中四座塔的照片，常盘大定拍摄的照片更多，且大多为近景照。塔身的基本轮廓是方形，仅一层，是墓塔和纪念塔下方最早也是最常见的墓室结构。少林寺中的四座墓塔虽然建造时间各不相同，但造型非常相似。其中最古老的一座宝塔（参见图 424）在《中国佛教史迹》的英文版中有图片和介绍，这座宝塔保存最为完好，但仿佛经过了翻新。它建于公元 771 年，是大照的弟子——同光和尚的墓室。同光在大照圆寂后的二十年内一直主持一个佛学院，直至 770 年圆寂，第二年他就被安葬在弟子为他建造的墓室中，墓室上还有跟随他的一位俗家弟子所写的铭文石刻。这座石室只有一个券门，塔檐远远地延伸出去，上方有一个高大的下凹月牙形塔顶，塔檐侧面看是直线形，与旁边的永泰寺和法王寺中的大型宝塔（参见图 103、图 104）相似，都高高矗立着多层的宝珠塔刹。少林寺的

同一片墓园中鳞次栉比地排列着寺院各位住持的墓室，在兴建了同光墓塔的二十年后，人们于791年在这片壮观的景色中又兴建了一座墓塔。这座墓塔是大照的另一位弟子——法玩禅士的徒辈所建，法玩禅士出身于洛阳的一座寺院，圆寂后以完整的肉身安葬于这座墓塔中。这座宝塔如今已经摇摇欲坠（参见图422），这也证明更加古老但却保存完好的同光墓塔一定经历过翻新。法玩的墓室也是方形，由青砖砌成，但与前文介绍的其他墓室不同，法玩的墓室外墙开有四个券门，方形的门框上方由砖砌成拱形，建造技艺极为精湛。门扇上饰有门钉和狮首门环。券门上方是马蹄形窗口，窗口上是两座迦楼罗浮雕隐在壁龛之内。宽大的塔檐由青砖叠涩而成，上方是阶梯状金字塔形塔顶，塔顶上还有一个钟形结构，通常被称为覆钵，因为它的外形非常像倒过来的和尚化缘所用的僧钵。塔刹最上方是莲座承托的多层结构，顶端缀着一颗宝珠。与这座宝塔非常相似的还有两个实例：一座是1121年所建的普通塔，这座宝塔上方的山尖装饰朝着塔顶方向升起；另一座宝塔则是在1168年金朝时期所建的（参见图423），塔身之下还有一个多层基座，基座上雕有卷须饰带。塔身外不仅开有一个拱形壁门，还有一个方形虚门，上面的格栅花样雕刻得十分精美。少林寺的第五座宝塔要到13世纪的宋末时期才建造起来，它的造型类似柱形塔，中间的塔室较小，开有一个虚门，塔檐下方的斗拱是典型的宋代风格，造型优美。

仅开一个券门的单檐墓室塔一般是石塔，造型完整，表面还饰有人物浮雕。这种塔的造型较为古朴，后来又发展出四方天宁塔的形制。比如北京西南边的房山上就有一些这样的天宁塔，我们在前文中已经介绍过两座，分别建于712年和740年（参见图101、图102）。但其实此地最美的宝塔建造得要比这两座晚得多，它始建于唐朝。《中国佛教史迹》中对这座位于云居寺中的宝塔有较为详细的记载。云居寺是房山上著名的寺院，寺中矗立着大大小小许多宝塔，且它们都有确切的建造日期记录。其中有两座宝塔是石室塔，从造型上来看它们是旁边四方天宁石塔的前身，这两座石室塔稍大一些，在年代上也更早。一座石室塔位于静琬大师塔旁，建于唐代。塔身开有券门，四周装饰精美，形制与云居寺的另一座小型宝塔相似，仅仅缺少券门两侧的浮雕像。塔顶造型简单，基本是按照一般屋顶的制式建造的。上方的塔刹分层清晰，似乎是从别的宝塔顶部取下，后来又安放到这座宝塔顶部的，塔刹底部的圆形装饰就是露盘。另一座较大的石室塔位于离寺院不远的中央平台上（参见图425），塔室造型和北塔周边的副塔相同，较为繁复。四方形室门两边各雕有一座守卫浮雕像，上方的拱券呈圆尖形，造型十分优雅，线条与上方塔檐保持着和谐。塔檐上方的塔刹由露盘和宝珠构成，露盘上方转角处高高扬起，很像以前的山花蕉叶，但中间卷须状的结构汇聚在一起，看上去就像一尊菩萨坐像，与其上方的宝珠相映生辉。近代和现代的石室造型变得很简单：墓室造型简洁，上方的塔刹中有完整的佛像；另一种流派是中国传统的道教风格，比如位于北京的一座现代石室塔就是如此。宝塔底部的四方形大理石平台极为宽大（参见图428），精雕细刻，上方的石室也是四方形，是中国传统楼阁的造型，角柱和额枋上都有人物浮雕。塔室正前方有四扇石质虚门，门扇上雕有丰富的装饰纹样。塔顶沿用了中国厅堂的形制，檐脊高高凸起，汇集到顶部的盘龙塔刹处。顺着宝塔的中轴线向远处看去，朝圣的香路隐约可见。这座宝塔完美地融合了佛教和道教建筑

图 422. 河南少林寺法玩塔，建于 791 年

图 423. 河南少林寺墓塔，建于 1168 年

图 424. 河南少林寺同光塔，建于 771 年

图 425. 直隶省房山云居寺宝塔，建于 898 年

的风格，表明这二者在很早就已经有了交汇和互相的影响。

另一方面，佛塔中蕴含的思想也得到了发展，在山西和陕西我看到许多墓碑和墓室都结合了佛教建筑与中国传统建筑的特点。这种建筑在陕西西部和甘肃尤其常见，它们在历史上和地理上都是佛教建筑与中国传统建筑之间紧密联系和相互融合的重要见证。在这里我们介绍两座这样的宝塔。山西南部河马村有一座墓室塔（参见图426），塔中安置着康熙时期村子里一位高僧的棺椁，宝塔的建造时间大约是1720年。这座砖塔被安放在一个高大的基座之上，基座分为数层，雕刻精美，上方的塔身为四方形，边长4米。塔身的每个侧面由线条分隔成三个部分，上面刻有铭文。斗拱结构上方的塔檐呈拱形，檐口两侧向上弯曲，上方的檐面由砖块垒成阶梯状，一直向上收紧，直至中间的方形塔尖，上面还放置了一颗球形宝珠。为了将这种四方形墓室与一般圆形甚至长方形的坟冢区分开来，人们将它们称作方坟，与此相对应，地面上的实心佛堂就被称为方塔。将墓室与宝塔相结合的造型继续发展，同样位于山西南部的解州墓室塔就是一个例子，它的建造时间比较晚，是一座为文曲魁星而建的砖塔（参见图427）。宝塔建于一个高台之上，塔身是简单的四方形，和一般石室塔的塔身非常相似，但主体塔身之上出现了两层八角形立柱式的塔顶，从这个结构上来看，这座宝塔与佛塔非常类似。这也从一个侧面说明了佛教和传统儒家在陵墓建筑方面互相借鉴的情况。

其中一个重要的进步就是塔身上方的塔檐由单层结构转变成了双层结构。重檐是中国传统建筑中常见的一种形式，原本是出于建筑韵律的需求而设计的，在佛教建筑中重檐又被赋予了额外的象征意义，因此有时塔檐的层数会增加到四层或更多，这就逐渐形成了天宁宝塔的形制——在底层放置圣物的主体塔身上还有多层密檐塔身。以下就有一座像这样直接在石室塔身顶部堆叠多层塔檐的实例，塔檐造型简洁，宝塔同样位于北方。

前文我们已经介绍过山东省灵岩寺的位置、历史及其中的一座宝塔，寺中还有一座宽广的陵园（参见图467），园中坟冢垒垒、墓碑森森。其中有两座石室塔十分引人注目，它们造型相似，都有重檐和塔刹。高僧慧崇于742年至756年主持扩建了灵岩寺，并修建了灵岩寺塔，在他圆寂不久，大约在760年，僧人就为他修建了一座墓室塔（参见图431）。塔身为四方形，边长4.5米，由打磨光滑的石料砌成。这些石料大小不一，但很好地交叠在一起，这座石室也因此被称为"连石堂"。与神通寺附近的四门塔相似，它在外墙也有四个带有方形门框的券门，但四门塔在方框上的壁龛拱形窗被改成了椭圆拱顶，石料打磨得格外细致精美。塔室内部空间开阔，并无中间柱结构。塔顶是石料叠涩形成四面金字塔形的阶梯状斜坡。两层塔檐都很舒展，远远地伸出塔身之外。塔檐最上方还有一块盖板，上方应该还有阶梯状的数层石料，然而现在已经无法清晰辨认了，来往的虔诚香客和僧人将无数石块扔上塔顶，以表达自己的崇敬之情，但却将原来的建筑形式完全破坏了。和山谷入口处的石柱与山东各地的各种建筑一样，这座宝塔也承载了人们古老的信仰，被视作具有神力的建筑。塔顶上方与云居寺石室塔一样，都有一个花环造型的露盘，四个角及边缘中点处都以丰富的饰物加以修饰和强调。露盘上方还有一颗巨大的宝珠收尾。这座纪念慧崇的墓室塔的塔内层有一座慧崇雕像，现在塔室被用作火化住持和其他高等僧侣遗

图 426. 山西和马村墓室塔，砖制。
建于 1720 年左右

图 427. 山西解州石室塔，砖制。
建于 1700 年左右

图 428. 北京墓室塔。平台与塔室为石制，四周围墙呈半圆形。建于近代

图 429. 玄林塔，建于 749 年　　　　　　图 430. 灵裕塔，建于 1094 年

河南宝山灵泉寺

图 431. 山东灵岩寺惠崇石塔。塔身 4.5 米见方。建于 760 年左右

第三章　宝塔的其他形式 | 371

体的焚烧室。事实上塔室内还有刚刚焚烧完遗体留下的新鲜柴堆，塔身券门上方的部分也被焚烧时腾起的浓烟熏得发黑。塔室中焚烧的可能也不是完整的遗体，而是焚烧已经火化后留下的尸骨，这样逝者的弟子和徒辈在后世也能祭拜师辈祖先。从这个意义上讲，这座宝塔与陵园也有着直接的关系。

距它不远处是灵岩寺的墓林，林中矗立着一座法定塔，这里安葬着魏朝时期著名的法定大师。他在519年就重建了这座雄伟的寺院，但法定塔的建造时间要晚得多，大约在公元800年左右，至少要比慧崇塔晚一些。两座宝塔在结构和造型上非常相似，但所用材料不同。法定塔除了高大的基座和平台是用石料所建，其余部分均用砖块砌成。塔中有两座立像，一为法定像，一为慧崇像，后者在修建了慧崇塔之后就被移到了作为焚烧室的塔室内。但法定塔是纯粹的纪念性建筑，并无其他功用。它的造型与河南承德府安阳县宝山灵泉寺中建于唐朝749年的玄林塔完全相同（参见图429），在这里就不作介绍了。玄林塔的入口券门呈拱形，通向放置了圣人像的塔室内。双层塔檐远远地伸出塔身，底部塔檐下方的叠涩线条笔直，呈阶梯状层层向外堆叠，形成一个弧形侧面，上层塔檐下方则是用砖砌成的平滑斜面。上方的塔刹由两个巨大的圆形结构、露盘、宝珠和精美的刹尖构成。从造型上看，它与同在灵泉寺而比它晚造350年的宋代灵裕塔非常相似，灵裕是隋朝的高僧，于605年圆寂，他的陵墓建于632年，在前文中已经提过（参见图430）。灵裕塔位于山阴一大片墓塔之中，是其中最高大的一座。宝塔建于1094年，同时也被称为灰身塔，塔中藏有灵裕的舍利。塔檐下方由砖砌成斗拱结构，转角处造型尤为特别。塔顶处放置一个瓮型塔刹，上方是花萼形脚托，支撑着上方的多层刹尖。塔室内部摆放着已经破损的石质宝塔型舍利宝匣，塔室外部两侧的墙面上镶嵌着灵裕大师的生平事迹铭文浮雕，另一面墙身上开有虚窗和门各一扇。"这种墓室的造型是宝山地区独有的，除此地之外无处可见。这里的墓室无论大小，有无铭文石刻，塔室内部都有一座石刻的宝塔型舍利匣。而这种造型的僧人墓室塔正是由灵裕本人设计的。"这是《中国佛教史迹》中对宝山墓室塔的详细记录，特抄录在此。

宝山的这两座石室塔在造型上为各种大型宝塔提供了思路，在年代上也比大部分大型宝塔修建得更早，其中有一种大型宝塔就是直接从墓室塔演变而来，这就是四方天宁塔。与此相对应的，八角形天宁塔也是从一种墓室塔发展而来的，它就是我们接下来要介绍的多角形墓室塔。

多角形墓室塔

回到江西庐山，我们看到了一座年代久远、造型优美的多角形墓室塔（参见图433）。它位于圆通寺的墓园中，单层六角，是宋代得道高僧居讷的纪念塔，这座宝塔应该也建于宋代。宝塔敦实的角柱、横梁、外墙面、宽大的斗拱结构完全由石料制成，斗拱向外向内都很舒展，上面架设的檐面、檐椽和顶部的宝珠也都是石质的。券门上方的三个拱形排成一线，另有花格虚窗透入光线。这座墓室塔的造型与前文介绍的各种形制均不相同，且目前来看还没有相似的其他实例。只有山东肥城县小汤山附近一系列的拱形建筑有

图 432. 四川昭化墓塔，石制。共两级，高 2.8 米。建于 1750 年左右

相似的构造，它们将居讷塔石质的结构完全用木结构重现了出来。但墓室塔目前仅有圆通寺的这座宝塔是这样的造型，它应该也是石塔最早的雏形之一。《中国佛教史迹》中介绍了一些这座宝塔的细节，比如塔室下方的地宫被打开，里面的结构四散开来，无法复原。

另外两座宝塔也清晰地展现了墓室塔向砖塔的过渡形态，它们位于四川昭化县北部山丘上孔庙旁的墓园中，两座都是石塔。一座为六角形（参见图 432），高 2.8 米，两层，旁边的石碑上写着"白骨塔"三字；另一座是八角形（参见图 434），宝塔收分明显，塔檐将宝塔清晰地分成三层，檐角向上扬起。塔身的券门表明内部塔室藏有遗体，或是亲友供奉的祭品。塔型低矮，上方承载着两颗宝珠，仍然符合四川宝塔轻盈灵巧的特点。第二座宝塔年代较新，应该建于 1750 年左右。

这些就是多角形墓室塔的大体建筑特点，在墓室砖塔中年代最早、造型最优美的一座宝塔也展现了与大型天宁宝塔之间的紧密联系。这座宝塔坐落于河南嵩山的会善寺中，是禅宗净藏大师的墓塔（参见图 435）。这座八角形砖塔建于公元 746 年，是来自盛唐时期的宝塔。基座、塔身和塔顶的造型极为分明，已经与大型宝塔的造型有了相似的结构，但连接处处理得相对简单。当然它也是从早期造型相对简洁的墓室塔发展而来的。宝塔基座高 1.6 米，毁损严重，原本的轮廓已经很难辨认。底层塔身高 1.3 米，边长 1.4 米，整座建筑通高近 6 米。其中最精美的部分是主体塔身：八个转角处的柱子上装饰着精美的浮雕，

图 433. 江西庐山圆通寺居讷墓塔。建于宋朝，约 1100 年左右

图 434. 四川昭化县墓塔。石制，共三级，高约 4 米。建于 1750 年左右

图 435. 河南嵩山会善寺净藏墓塔。砖陶制，天宁塔形制。高 6 米，建于 746 年

图 436. 北京白云观墓林中的道教墓塔，砖陶制。天宁塔形制。高约五米，建于近代，参见图 477

图 437. 河南会善寺威公塔，
建于 1185 年

图 438. 山东神通寺宝塔，
参见图 466

图 439. 河南白马寺宝塔，
建于 1731 年

上方有两层柱头和转角斗拱和冠板，塔檐中间部分的斗拱下方有拱起的承托，这些结构表面都装饰着浮雕，是唐朝时期的风格。塔身侧面入口处挖进一个高且深的门洞，向内通向塔室，门洞内侧用砖封住，里面可能还藏有一座雕像。两侧基本方位的外墙上开有虚门，门上还饰有门钉，后面的墙上镶嵌了一块铭文石板，其余四面外墙上开有格栅虚窗。门窗外面都有层次丰富的方形框，窗下沿还有支撑结构。主体塔身上方是两层八边形塔檐，由砖块叠涩而成，形制与前文中介绍的四方形墓室塔的塔檐类似，两层塔檐中间还有一层较矮的塔身，塔檐之上是圆锥形结构，承接顶部的莲台，莲瓣用陶土制成，上面还有一颗火珠。

这座古迹展现在我们面前的仍然是最初的设计样貌，其中安葬的著名僧人及确切的建造时间对宝塔研究具有重大的意义。《中国佛教史迹》中记载，塔室背面的铭文显示，净藏原本是慧安的弟子，后来又追随禅宗六祖惠能。后来他来到洛阳，直到 746 年圆寂，他都住在嵩山的会善寺中，在他圆寂之后不久，人们就在寺中为他建了一座墓塔，将他安葬在塔中。他是继达摩、慧可、僧璨、道信、弘忍、惠能之后的禅宗第七祖。

这座墓塔底部存放着净藏遗体，塔身外部开有券门和虚窗，符合魏朝以来大型天宁宝塔的主要特征，另外一些小型的天宁塔也具备同样的结构。在前文介绍四方墓室塔时我们另外补充了一些年代较近的道教墓塔，现在同样介绍几座纯粹是中国传统厅堂风格的墓室塔，它们同时还使用了舍利匣和虚门的结构。其中之一就是北京西城墙前白云道馆中一位道长的现代墓塔（参见图436）。它显然借鉴了木建筑中的亭台结构，并用砖建筑的形式表达了出来。与佛塔和大型天宁宝塔相比，这座墓塔基座十分低矮，主体塔身显得很修长。塔身上的拱形虚门及上方的匾额在两侧纤细的转角柱间显得有些局促，双层塔檐和上方的塔顶完全是中国传统建筑的样式。这座墓塔借鉴了佛塔的造型，也因此兼具了道教和佛教二者的特点。

2. 柱形塔

无论是四方墓室塔还是多角形墓室塔，发展的趋势都是在石室或舍利匣的上方增加塔檐及塔刹的层数，从而逐渐朝着大型天宁宝塔的形制靠拢，但同时宝塔的重点仍然是下方存放舍利及圣物的塔室。而墓室塔的另一条发展轨迹则仍然保持着简单墓室塔的基本外形，通过重复某个结构来增加宝塔的高度，从而发展出一种柱形的宝塔。后来就出现了各种尺寸及样式不同的柱形塔，它们并未强调存放舍利或遗体的主体塔身，也不仅出现在某一个坟冢之上，而是成为了整片墓园或更大的陵园中的象征式建筑。

墓塔不一定是存放某位死者遗体或是佛教徒舍利的器皿，人们经常在埋葬着死者的墓室附近修建墓塔，来标明墓室的位置。因而如果死者并未按照佛教的习惯先行火化，那么他们就会被按照中国传统的方式放到棺椁中土葬，在这些凸起的坟冢旁边一般就会立有墓塔。后来这种柱形塔慢慢演变成纯粹的纪念宝塔，而那些表面刻有佛教箴言的柱形塔则成为经塔或经幢，失去了原来墓塔的意义，成为单纯纪念碑类型的建筑，通常出现在大型建筑的旁边，与中国传统的石碑类似。它们也形成了一种独特的建筑形式，其繁复的外形结构和某些宝塔的形制有些类似，但两者之间并没有必然的联系。在这里我们可以看到一张图，描绘了浙江杭州西湖西边的两座发展成熟的柱形塔的结构（参见图450-1），它们立于灵隐寺，也就是云林寺正门外两侧，前文有两座重要的石塔（参见图345）就出自这里。经塔的塔身一般由多层重复造型构成，其中有一层是外表平滑的主体塔身，其余的数层塔身相对要矮一些，上面刻着经文。这种经塔或经柱被称为经幢或石幢，从简洁古朴到繁复华丽，各种各样，种类繁多。

砖砌柱形塔分成两类，分别是四方形和多角形，它们也分别对应着后期的两类大型宝塔。柱形塔的主体塔身上一般开有壁龛或虚门，这层塔身很高，下面一般有一个造型多样的基座。比如河南嵩山会善寺的戒坛院中就有一座威公塔（参见图437），建于1185年，塔身上方的塔檐相当厚重，承载着布满浮雕的露盘及顶部的宝珠。另一座是神通寺墓林里众多宝塔中的一座四方塔（参见图438），大概建于元代，塔身上方是三层塔檐和金字塔形塔顶。第三座宝塔是1731年所建的白马寺墓塔（参见图439），它的塔檐发展成五层，上方缀有塔刹，而下方主体塔身上的高大虚门显然仅仅只有建筑上的装饰作用，本应该放在此层的舍利匣和香炉则被移到了上方的塔身中。

图 440. 山西石壁山墓园中的两座八角形墓塔，建于 1300 年左右

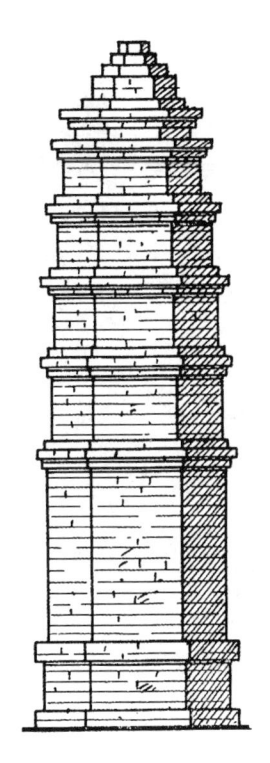

图 441. 山东济南府龙洞中的八角形墓塔

在山西交城县[1]的西北方有一座历史悠久的石壁山，自公元 5 世纪起佛教就在此留下了足迹，要比临近的天龙山上隋朝的摩崖石刻早得多。寺院中有一大片墓园，当中矗立着许多极富历史价值的建筑，年代最早的可以追溯到唐朝。墓园中轴线上的建筑大多建于宋金及元朝，其中就有许多砖砌的四方形或八角形宝塔。比如玄中寺的两座八角柱形塔（参见图 440）就是很好的例子，它们建于元朝，主体塔身上凿有壁龛，上方的塔檐造型繁复，斗拱和檐沟上还有精雕细琢的浮雕装饰。底层塔檐上方另有两层塔身，上方两层塔檐形制相对简单，塔顶上是造型生动的莲座装饰。另外还有济南府龙洞旁的一座柱形塔（参见图 441），虽然它们在高度和大致轮廓上比较相似，但龙洞旁的石塔主体塔身完全没有任何多余的装饰，仅仅是一个地标性的建筑，不具备其他的任何意义。

另一种柱形塔是石塔。它们也源自墓室或舍利匣的构想，但通常已经失去了这个结构，同砖塔一样渐渐演变成柱子的造型。石材被雕刻成各种各样的塔身，然后拼接在一起，也具有不同的来源和意义。

前文已经提过一些位于山西交城的寺院，这些寺院中就有一些石室塔造型的实例，比如万卦山天宁寺中的三座柱形塔。它们均建于唐宋之交，在 900—950 年的范围内。宝塔

---

[1] 交城县，位于山西省吕梁市。——译注

图 443. 四方形墓塔 　　　　　　图 442. 八角形墓塔　　　　　图 444. 直隶省房山云居寺
中的庆元塔。石制，高 5.5 米。
山西交城县万卦山天宁寺中的两座柱形塔。均为石塔，建于 900—950 年　　　　　　　建于 950 年左右

下部的主体塔身开有四个浮雕门洞，门洞两侧有守卫浮雕像。其中一座是四方石塔，每个券门两边各立一座石雕像（参见图 443）；另外两座是八角形石塔（参见图 442），下面有高大的基座，在四个中间方位的外墙上各雕刻着一座人像。三座宝塔上部的两层塔檐都分得较开，中间有一段相对较细的塔身，这一部分塔身分成数段，形成一种多层石柱的视觉效果。岁月流逝，到了宋、金和元朝时期，墓园的两座大寺院里基本只有八角形石柱塔（参见图 468），这些宝塔的底层都有宽大的基座和莲台，塔顶则由圆形线脚装饰堆叠成金字塔型。造型与其相近，但建筑结构上更为清晰的是位于直隶省房山云居寺中的庆元石柱塔，这座外形极为优美的八角形塔建于 950 年左右（参见图 444），宝塔基座有两层，下层很宽，上面一层周长急剧减小。基座上竖着的塔身周围环绕三圈塔檐，最高层塔檐上饰有莲座、果实和露盘，露盘上方的相轮中间大，两头小，呈纺锤形，最上方是三层的葫芦形塔尖。连基座和塔刹在内，宝塔总高 5.5 米。

中国各地的佛寺墓园中都有数量繁多、各式各样的柱形塔。《中国佛教史迹》一书出版之后，人们已经对其中的许多宝塔非常熟悉，本书中仅再补充一些例子。这些柱形塔共有的是中间段的方柱形或圆柱形结构，这段结构上方和下方的部分通常花样繁多，甚至放弃了宝塔在象征意义和美学思维方面的追求。基座、柱头、线脚装饰、莲座或露盘、冠板、转角处向上扬起的柱头底座、伸出的塔檐，这些结构不断重复，另外还有纹样和人物浮雕、外墙上的铭文及塔顶结构，其中塔顶一般有宝珠、火珠或葫芦等形状。这些不同元素的堆叠就形成了造型各样、种类繁多的柱形塔，虽然宝塔由许多不同部分组成，但基座、塔身和塔顶三个结构还是层次分明。这种宝塔的外形与欧洲的巴洛克风格十分接近。

大体来看这些柱形塔还是呈细柱状，佛教徒们也称其为"刹"——"释家上立柱中藏舍利子亦曰刹"。这句话表明，柱形塔中甚至也藏有舍利。在建筑技术上来说这种说法并非没有可能，因为这么重的石柱不可能直接立在山丘上，它们大多需要一个坚实的地基。如果说要将舍利放入塔内，那么不是放在塔身中，就是放在一个小匣子里埋入塔下。通常这些石柱下方有一个基座，而舍利匣就放置在基座中。

然而这种构造的墓塔实例并不多。我收集到的有北京附近的一座墓塔，塔身造型非常简单（参见图448），表面刻着人像；另一座宝塔年代较近，位于青岛崂山的一座坟冢旁边（参见图445），双层塔身表面平滑，上方有宽大的塔顶；灵岩寺墓塔也由造型各异的塔身拼接而成（参见图447），这些塔身借鉴了各种已经倒塌的古塔的造型（参见图450）。一座线条刚硬的四方形墓塔各层塔身四周装饰精美（参见图467），旁边一座柱形塔的塔身则有圆柱形和多边形，外表或平滑或饰有浮雕装饰，这之下是瓮型的主体塔身。将柱形塔与四方石室结合到一起的一个实例是1123年由妙空大师所建的海会塔（参见图450-8）。与它相似的是济南的一座较大型的柱形塔（参见图449），下方基座呈锥柱形，中间有空腔，上方石柱由多层结构组成，就像一座宝塔。另外，济南还有四座柱形塔，它们虽然尺寸比较小，但同样做成宝塔的造型。柱形塔进一步向前发展，就演变成纯粹的宝塔式样，比如位于宜昌的一座墓塔（参见图446）就是如此。一些佛教墓园中柱形塔的造型是模仿中国传统建筑所造，在本丛书介绍普陀山的第一卷中已经详细讨论过了，那里展示了柱形塔的另一个发展方向——经幢，在此就不重复介绍了。

3. 由坟冢及瓮棺发展而来的瓮塔

柱形塔中经常会出现圆形的塔身，从这个形状发展出一种瓮的造型。从远古时期开始在中国的各个地区都有一种习惯，将过世之人的遗体以蹲姿放进这种瓮里，佛教徒则将火化后的骨灰放进瓮中，作暂时或永久的储存所用。时至今日，仍然有部分地区保留了这样的风俗。瓮棺从建筑结构的角度对宝塔和塔室的造型都产生了影响，并最终与宝塔结合，发展出了喇嘛塔的形制。中国传统的坟冢虽然也是圆形结构，但却未在宝塔的发展史中发挥太大作用。在建筑结构角度之外，瓮棺还具有符合道教和佛教世界观的象征意义。两种宗教都将空瓮中藏有的舍利或其他象征物看作最终的圆满，以及对本质存在的映射，而将无定性的周围环境视作智慧的象征，无论是佛教还是道教，都将虚无作为最高的理想境界。虽然两者之间有一些不同，但在这一观点上是没有矛盾的。佛教中有名的"一切有为法，如梦幻泡影"及道教所说的超验的"虚无"就有相通之处。无论是浑圆的坟冢还是四方的墓室还是瓮状的棺椁，塔顶缀着宝珠亦或是火珠，是椭圆的蜜瓜形塔刹或是葫芦形塔刹，甚至檐角挂着铃铛、风铎或是灯笼，这一切细节都是为了体现"无"和"空"两个概念，

图 445. 山东崂山墓塔，建于近代

图 446. 湖北宜昌墓塔

图 447. 山东灵岩寺墓园中的塔。参见图 450、图 467

图 448. 北京郊区的墓塔

式样 1　　　　式样 2　　　　式样 3　　　　式样 4

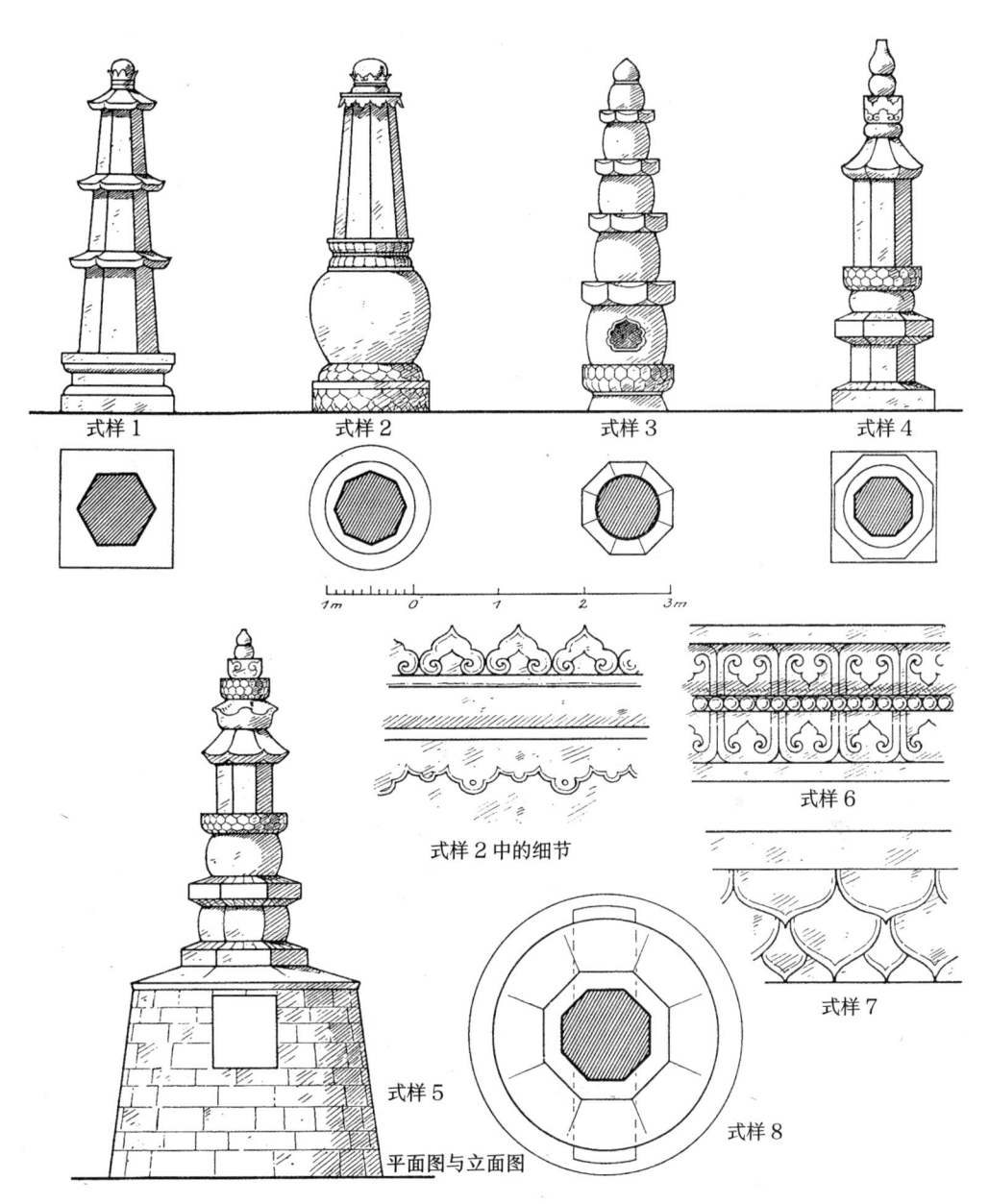

式样 2 中的细节

式样 6

式样 7

式样 5
平面图与立面图

式样 8

图 449. 山东济南府以南的一些石制柱形塔。比例尺 1：75

第三章　宝塔的其他形式 | 381

2号　　　　3号　　　　4号

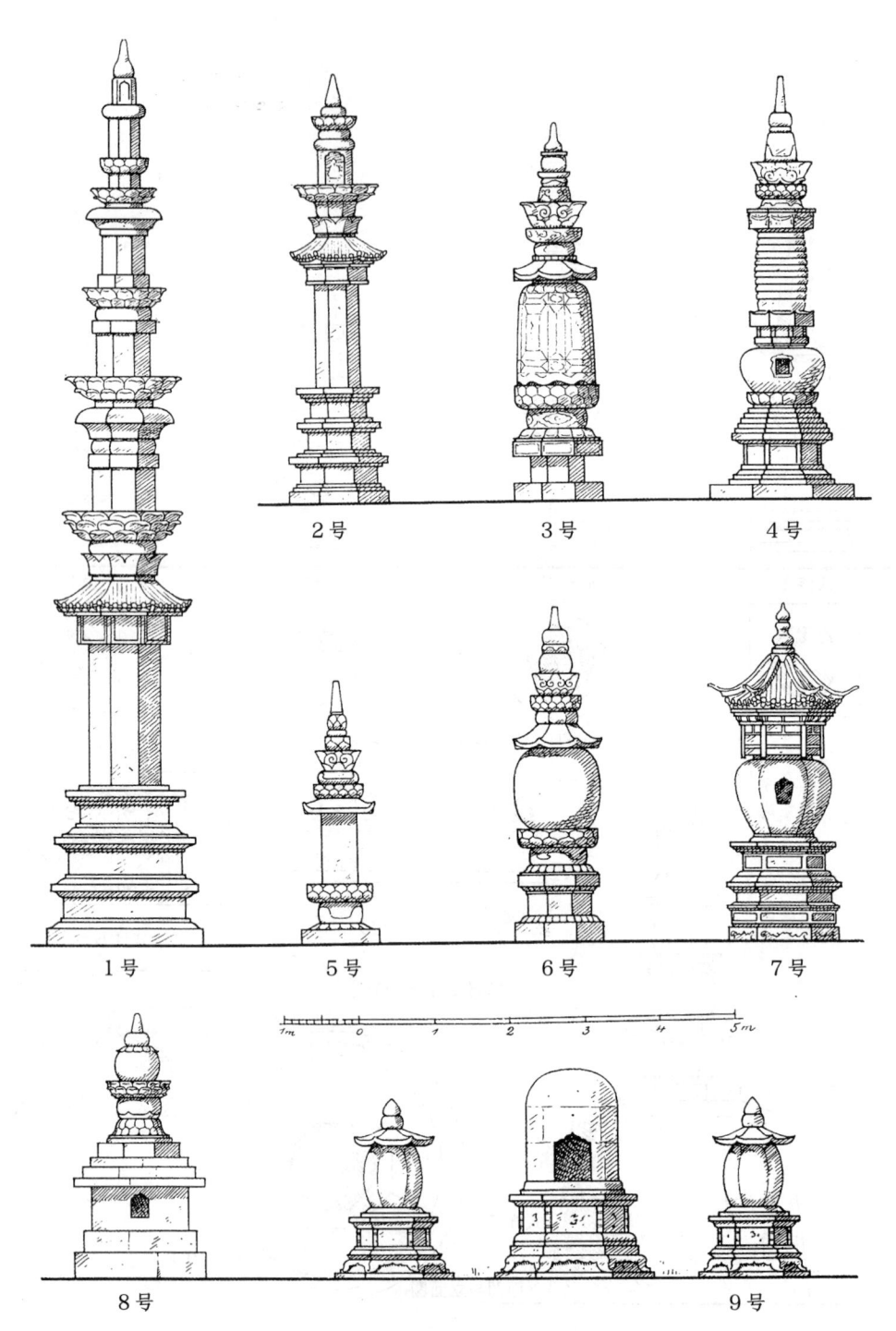

1号　　　　5号　　　　6号　　　　7号

8号　　　　　　　　　　　　　　9号

图 450. 经柱和柱状塔。浙江省内：1—2 为杭州灵岩寺中的经柱；7 为宁波天童寺的七座宝塔之一，参见图 388；9 参见图 452；山东灵岩寺内：3，4，5，6 参见图 447、图 467；8 为海会塔，建于 1123 年

图 451. 福建福州鼓山上的塔群：山坡平台上的三座墓塔。石制

　　这也是蕴含在柱状塔造型最深处的最重要的意义。这种想法的契合也是将古冢和瓮棺使用到佛塔中的重要原因。

　　中国传统的坟冢造型极为简单，就是一个圆形或长方形的土坑，上面堆成圆台或半球形，有时也会在地平面上直接堆成高大的圆形土包。发展到后期，不管是平民的坟冢还是皇家的陵墓，下方都出现了基座结构，在平台或高台上修建的坟冢通常呈半圆形或圆柱形，外面砌上实心的球形外壳，这就形成了瓮塔。比如北京附近的一些瓮塔同时也加入了喇嘛教的元素（参见图465）；而福建则有两组佛教的石质瓮塔相当有名：福州的三座瓮塔（参见图451）各自在圆柱形塔身前方开有一个壁龛，八角形基座造型丰富，而且有阶梯通向三座瓮塔所立的平台，四周用栏杆围起，外边还有中国传统建筑中常见的高低起伏的围墙；另外在福州鼓山的山道上还有三座无异高僧的墓塔，它们建造在同一个平台上，下面都有基座（参见图452），周围还有马蹄铁形的围墙。中间的宝塔呈圆柱形，旁边两座呈蜜瓜形，中间的筋络凿痕很深，上面还有盖板和宝珠，塔中收藏着无异的舍利、衣冠及食钵。

　　除了这种中国传统造型的坟冢以外，我还在山西和陕西看到一种当地常见的西亚风格的墓地建筑，在发展和传播过程中，甘肃应该也出现了同样的建筑。这些省份地处中亚和西亚之间的交通要道，也因此在中东和中国之间架设起了建筑风格相互交融的桥梁，因为它们是感受西方建筑新风格的前站，这种将坟冢建造成异国形制的习俗在中国东部地区几乎无法看到。位于山西的介休墓塔（参见图454）就是一个很好的例子，与其相近的其他宝塔塔身都很修长，高度最高达到八米，主体塔身有圆柱形、方形、多边形或多种造型混合出现。这些宝塔通常是砖塔或陶土塔，和一种风水塔的样子很像，也是这个地区特有的

第三章　宝塔的其他形式　｜　383

图 452. 福建福州鼓山上的塔群：无异和尚墓塔及两座瓜形塔

一种宝塔类型。

山西太原西面的晋祠中有几座墓塔，在八角形的基座上升起圆柱形的塔身（参见图 455），塔顶是较为平缓的圆锥形，上方缀一个石钮，整体轮廓曲线向外凸出。塔身周围有环状塔檐，塔身饰带上的纹样极富中东特色。通过分析一座同类型墓塔的废墟，我们清晰地辨认出了这些墓塔的结构特征：墓塔中间是直接用砖垒砌成的内塔，周围修建了外壳一样的外塔，内外塔间存在着不小的空隙。同样造型奇特的还有位于陕西西安府的高台柱塔（参见图 453），整座宝塔由几层圆柱形塔身叠加而成，自下而上收分明显，层间有斗拱支撑塔檐，外墙有虚窗，最高处的塔身十分瘦长，最后收以圆锥形塔尖。这个造型令人回忆起前文介绍的级塔，但它绝不是级塔的前身，因为这种圆柱形的塔身并不会发展成更大型的宝塔，也无法容纳更丰富细致的结构。从传承关系来看，它们更有可能借鉴了中东流行的圆形级塔的造型，因此它们是传承者而不是开创者。盖络在他的著作《长城》中列举了两座这种类型的宝塔实例，它们位于甘肃凉州府近郊，建造时间较晚。两座墓塔并肩而立，由砖砌成圆形的塔身高约八米。一座塔身呈圆台形，表面光滑，上方收以圆锥形塔顶；另一座为级塔造型，底部宽大，共有五层低矮的塔身，塔檐、檐脊和塔刹都由陶土制成。在 1860—1870 年的最后一次起义中，人们将死者的白骨收殓到这些巨大的墓塔中，因此人们也叫它们白骨塔。

另一种墓塔的形制是有弧度的金字塔形，塔身侧面向外鼓起，收至上方塔室形状的塔尖处。比如陕西省潼关的墓塔就是这样一座八角形墓塔（参见图 456），而位于江苏苏州西南角的一座墓塔则是四方形（参见图 457）。苏州与早期的佛教有着千丝万缕的关系，

图 453. 陕西西安北部的三元柱塔，分别高八米和四米。
建于 1800 年左右

图 454. 山西介休墓塔。砖陶制。高约六米。
建于 1700 年左右

图 455. 山西晋祠圆柱形塔。高约六米，建
于 1700 年左右（？）

图 456. 陕西潼关砖塔，高八米

图 457. 江苏苏州墓塔。高十米。
建于 980 年（？），后重建

城内也有几座西方风格的宝塔。这座墓塔由石块垒成，塔檐将塔身分成六层，每层塔身外部都开有小巧的壁龛。在苏州地方志中记载了这座墓塔的建造历史，它是在宋太宗时期建造的，当时叫方塔，美魏茶称，它在历史上应该倒塌过一次，后又重建了起来。这座宝塔的建筑结构也显然是从坟冢的造型改进而来，但也没有继续发展成大型宝塔的空间。因此我们可以说，只有用到瓮这种造型的小型墓塔，才能发展为大型宝塔。

至于瓮棺是何时从独立可移动的容器变为墓塔中固定的一个建筑结构，目前还未得到确切的考证。然而可以确定的是，喇嘛塔是瓮塔发展的最终产物，而第一座体型巨大，外

第三章　宝塔的其他形式　|　385

形美观的喇嘛塔是在 1096 年在北京出现的，它就是著名的妙应寺白塔。那么就可以推测，小型瓮塔在之前的唐末时期就已经发展成为大型喇嘛塔了。而如果不算前文所提到的圆形塔身的柱形塔，目前所知的早期柱形塔在当时还只有四方形和多边形的造型。

从传承的角度上来看，瓮棺绝对是瓮塔和喇嘛塔的前身。前文也已经提过，大型的瓮棺是用来收殓遗体或骨灰的。美魏茶就写过这样的墓葬建筑：他在上海北门外看到了一座坟冢，根据石碑铭文，该墓是一位尼姑于 1839 年所建的，墓中就埋有一个带盖的陶瓮。陶瓮外围修建了一座两层墓塔，高三米。他认为瓮葬是佛教徒墓葬的其中一种方式："德高望重的和尚和尼姑在圆寂后会被葬在瓮中，遗体呈坐姿，双手合十，头部低垂至胸前，整个姿势呈虔诚的祷告状。瓮棺紧紧地扣着盖子，密不透风。在瓮周围合适的地方一般会用青砖和灰泥修建一座小型宝塔。"这样的小型宝塔并不需要采用瓮的造型来修建，特别是在喇嘛塔并不盛行的中国中部和南部地区更是如此。

另外这种瓮葬的方式也并不局限于佛教徒的墓葬，在南部的福建省和湖南省就会将尸体收殓在瓮中，这是一种传统风俗。直至今日，在中国的很多地方还能看到许多这样的瓮棺，它们通常体型较大，最大的高达两米。在湖南长沙府附近的铜官窑就会生产大量的墓葬瓮。这个大型瓷窑位于靳江对岸（参见图 461），所造陶瓮高约 1.5 米（参见图 462），由两部分组成：高大的瓮罐及上方带圆钮的盖子。这些陶瓮被用来安葬佛教徒的遗体。瓮罐上除了波浪和花朵纹饰以外，还有一个三段的门饰，两边各有一条龙纹，因此这个门饰被称为龙门。龙门正中另有一拱门造型，两页门扇上还饰有把手。死者通过这扇龙门，就达到了圆满。从瓮棺凸起的中部直到瓮盖处的中间段写着巨大的"佛"字，瓮盖上饰有莲瓣，中间的圆钮意为宝珠。整个陶瓮造型质朴，用料精良，通身覆盖彩色琉璃。

只需将这样的瓮棺放置在一个基座上，再将瓮盖视作塔顶，最后在上方加上高耸的塔尖，就构成了瓮塔的简单模型，这也从侧面说明瓮塔出现的年代应该较早，但实际上对瓮塔最早的有确切年代的记录是在元代。佐村在他的文章中列举了河南嵩山少林寺上的三座石塔，它们在外形上明显已经得到了一定发展，上方还出现了宽大的罗伞。一座宝塔叫还元塔，建于 1311 年，塔身放置在一个基座上，并非传统瓮罐的大腹造型，而是八棱柱形，上方的盖板类似厅堂的顶部，上方还有一个顶冠，伸出八个龙头装饰，承托一个莲座。另一座庆公塔建于 1318 年，基座由三层莲瓣堆叠而成，上方塔身呈大腹瓮形，瓮罐上方还有一层低矮的塔身，顶部由四环相轮和宽大的罗伞构成。还有一座坦然塔（参见图 458），同样建于 14 世纪，与庆公塔造型类似，只有基座是八角形，造型复杂，瓮状塔身较长，塔刹由五环相轮组成圆锥形，上方的罗伞上还有四个山花蕉叶。两座宝塔最为相似之处是塔身上的门扇装饰——两页门扇上都有门钉、格栅、上方的拱券和匾额结构。这种浮雕门洞位于瓮状塔身上，尺寸不大，应该是从最初的墓室或舍利匣演变而来的。拱券和上方的匾额来自魏晋和唐朝时的石室塔，瓮塔的塔身也随之向石室发展，从而变得更为细长。仅仅从这种虚门的形制来说，瓮塔要比石室塔的出现时间晚得多。但这里还要再次强调，瓮塔的这种形制在 1096 年北京北部建造的白塔身上已经发展得相当成熟了。

上文提过的佐村的著述中还提到了少林寺的另外三座瓮塔，这三座砖塔与前文提到的

图 458. 坦然和尚墓塔，石制，建于 14 世纪

图 459. 砖塔，建于 1561 年

图 460. 砖塔，建于 1565 年

河南嵩山少林寺上的瓮塔

图 461. 或简或繁的瓮

图 462. 精美的瓮，高 1.5 米

图 463. 天津村边墓园中的两座巨型瓮塔及第三座瓮塔的塔基。砖制，高十二米。建于 18 世纪（？）

图 464. 山东胶州的两座瓮塔。砖制，高六米。建于近代

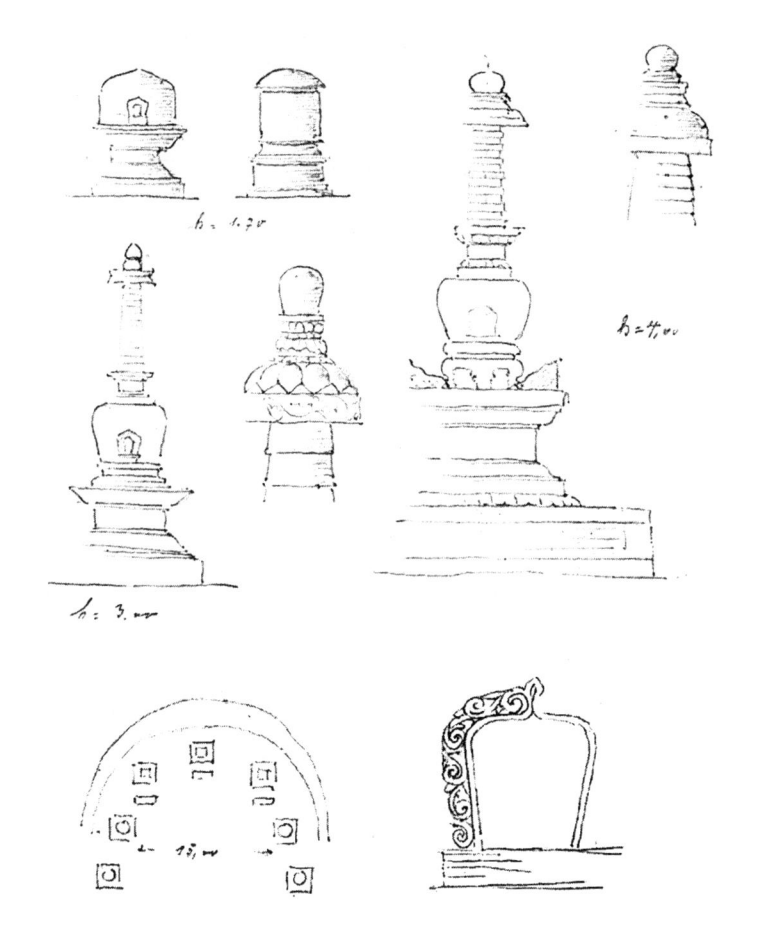

图 465. 北京西部一个墓园中的瓮塔和喇嘛塔。主体为砖结构，塔基及塔尖上用到了石料。建于 19 世纪

三座宝塔位于同一座墓林当中，但建造时间要晚 250 年左右，都在晚明时期。第一座宝塔建于 1561 年（参见图 459），仍然保留了浮雕门饰和匾额，瓮状塔身上方高大的瓮盖由许多层圆形结构组成，轮廓清晰，极为繁复，塔刹的概念基本消失了。第二座宝塔建于 1565 年（参见图 460），舍弃了虚门的装饰，顶部的结构变得更为复杂：高大的塔身呈六角形，分成多层，上方有九轮结构，层层分明。第三座宝塔建于 1572 年，在金字塔形的底层基座上矗立着大腹瓮型塔身，上方有丰富的装饰结构，高耸的塔刹由八环相轮和上面的一层盖板组成，盖板上是造型精致的宝珠。这座宝塔的形制是纯粹的喇嘛塔造型，后来的大型喇嘛塔应该就是从这座小型墓塔的造型基础上演变而来的。实际上这种宝塔的造型在大型喇嘛塔出现前好几个世纪就已经流传于世，并与其他不同造型的瓮塔一样，一直在民间使用和发展。

加上塔刹的瓮塔造型很像一只肚大颈小的花瓶，这种造型在欧洲被称为瓶，应该是从东方经过中东传入的。最晚到唐朝在中国出现了陶瓷的瓮塔，且在后世一直流传了下来。而这种造型的宝塔后来就成为大型建筑，并建筑在室外的空间，以其独特的造型和轮廓给

第三章　宝塔的其他形式 | 389

人留下深刻的印象，并使周围的风景也与宝塔一起散发出特殊的魅力。其次它还符合喇嘛教在宗教上的浓烈热情，将瓮塔内化成喇嘛教独有的宗教建筑形式，并在中国大陆上发芽生根，发展流传。它们展现出超验思想的极大张力，并用整齐划一的形式展现出来。佐村认为少林寺中的瓮塔已经是瓮塔发展的一个新的方向，这也不无可能。在元代之后，特别是明代，这种宝塔在中国北方已经相当普遍。这些瓮塔作为墓葬建筑，在不同地区都相当常见，而这些地区并非喇嘛教盛行的区域。宝塔独特的造型也使其在更为广阔的地区得以传播，最为普遍的例子就是一些明朝的墓塔，它们立于郊外，呈花瓶造型，塔身上部的圆环较为内敛，并不明显。塔的整体轮廓非常独特，有时会成对出现。比如位于山东胶州的两座瓮塔（参见图464），它们体型敦实，塔身也很粗壮，高六米。在细节上两者略有不同，例如圆环粗细，瓶形轮廓造型都稍有不同，但它们属于典型的双塔。在天津郊外一座村庄的墓园中，坐落着两座高达十二米左右的瓮塔（参见图463），从旁边的一个底座残部来看，这个塔群中原本还应有第三座造型完全相同的宝塔，从而形成壮观的三塔景象。这三座塔的花瓶形塔身上方收成细颈，直接与塔刹相连。

瓮形和花瓶形在喇嘛塔的造型中一直保有较为活跃的地位，也不断延伸进化，互相交叠，出现了许多不同造型的宝塔（参见图465）。北京附近的宝塔，圆形的塔身通常被安放在高大而古典的塔基上，塔基转角都通过山间饰进行强调，整体坐落在宽阔的平台之上。圆环构成的塔身上方是一座宽大的伞盖和上方的球形塔刹。类似造型的宝塔在北京周边随处可见，它们有些是独立的建筑，有些在墓地中聚在一起，形成塔群。

4. 墓林

文中介绍的许多墓塔或者纪念塔都出自较大的佛教墓园。与中国传统的墓园一样，这些佛教墓地通常也选在环境优美的村庄旁，大城市甚至还会圈出一块土地来专门建造墓园，因此寺院附近大小僧人的墓地也通常不会四散分布，而是聚集成一片墓林。墓林中松柏繁茂，墓塔林立，这些石质的佛教建筑仿佛构建起了另一种意义上的神圣林地。墓林有开放式和封闭式之分，一般都位于所属寺院附近，有的在开阔的空地，有的在山谷之间，也有的在高台上、山顶或山腰处。很多墓林四周都被围墙圈起来，除了墓塔之外还有其他建筑，室内会有匾额题字及经柱，当然也可能有更高的宝塔。在这些墓林里人们很难找到传统中国建筑的元素，比如小桥流水、匾额牌坊、高大的楼阁或是祭台祭坛。同一片墓林中的墓塔造型结构一般基本相同，有时也会在同一片墓林中出现造型不同的墓塔，但通常它们的造型相近。封闭式墓林中的墓塔一般分为石室塔、柱形塔、瓮塔、石碑塔或是天宁塔。通过墓塔造型的高度一致也可以看出，佛教徒在死后也要遵循统一性和平等性。在一片墓林中通常有数百个这样的墓塔，在大型的寺院周边有许多这样的墓林，其间佛教墓塔密密地排列着，蔚为大观，令人观之则心生敬意。

规模最大的塔群之一坐落在属于四大佛教圣山的五台山上。约70座寺院都有独立或

图 466. 山东神通寺墓园。其中有石室塔、柱塔及天宁塔，均为石塔。建造时期可以追溯到 6 世纪的魏和唐。
参见图 316、图 438

图 467. 山东灵岩寺墓园。石制的精美瓮塔和柱形塔，建于 7 世纪的唐宋时期。
参见图 139、图 447、图 450

第三章　宝塔的其他形式 | 391

图 468. 山西交城县万卦山天宁寺墓园。墓塔为石制，塔顶呈金字塔形。
最早的建于 13 世纪。参见图 440

图 469. 山西五台山菩萨顶墓园。两组宝塔相间而立：四方柱形塔和喇嘛塔。
墓塔均为砖制，建造时间从 16 世纪的明朝一直到近代，各不相同

图 470. 南十方院宝塔、墓碑和墓塔 　　　　　　　　图 471. 墓园里三十五座瓮塔中的一部分

图 472. 峡谷中的墓亭和墓塔 　　　　　　　　　　　图 473. 北十方院中的七座墓塔

山西太原府南十方院中的墓园（图 470—图 472，附图 9）及北十方院中的墓园。参见图 473、图 148

共用的墓地，它们大多建在山腰处，远看就是一幅极为壮观的景观。比如菩萨顶作为五台山最重要的寺院，也是文殊菩萨的道场，旁边就有一大片墓林（参见图 469），然而这只是山上墓林中的一小部分。《中国佛教史迹》中给出了一幅照片，展示了山腰间寺庙墓林的全景。其间两种宝塔类型交替出现，一种是纯粹的瓮塔，另一种是四方形的柱形塔，后者不高，上方塔顶呈较扁的金字塔形。璞科第对这片墓林有过一段非常精彩的描写，并做出了相当正面的评价："山前屹立着五台山最著名的寺院，山脉中段的一道深邃山谷从寺院中间穿过，其间还有一条湍急的溪流奔腾而过。山谷的另一侧则是一片绵延的墓地，寺院建筑环绕在墓地周围，寺中的喇嘛圆寂后就安葬于此。此外还有几位慷慨捐赠的香客去世后也得以在此地长眠。因为对这些虔诚的佛教徒来说，能葬在圣地五台山代表着无上的光荣，他们的家人也不惧路途遥远将遗体运到山上下葬。当然这需要相当烦琐的手续——每一个特例都需要皇帝亲自御批才可放行，但需要这种手续的情况仅适用于需要将遗体完完整整、毫无残缺地下葬的情况。这种归于尘土的方式仅在律法的批准下才可能完成，也因此是级别极高的一种葬仪。因此，将遗体运到五台山安葬的情况也确实极其罕见，毕竟这要花费极其可观的一笔费用。而将遗体先行火化再葬于五台山的例子就要多得多，当然

第三章 宝塔的其他形式 | 393

图 474. 天宁宝塔塔群

图 475. 喇嘛塔塔群

西山戒台寺墓园中的墓塔

图 476. 通州的天宁墓塔及喇嘛墓塔，建于 1800 年左右

图 477. 北京白云观中的十座石室塔，建于近代。
参见图 436

花费也比完整遗体的土葬要小得多。五台山上这些遍布各处的墓地都能在远处看到，究其原因则是墓园中高大的宝塔，它们中许多都是造型独特的宝塔珍品。宝塔下安葬的只是遗体燃烧后留下的尸骨，因此占地面积相对很小，因此宝塔之间相距很近，几乎是并肩而立。墓塔的这种一致性也是五台山上墓园中的一个独特风景。"——这段文字是根据格林韦德尔的德语译文而来。

　　同一座墓园中的墓塔数量极多，其造型风格也几乎完全相同，而它们的建造时间却有先后，只能证明从宗教和艺术的要求出发，人们不断约束自己去传承前人所遗留下来的建筑风格。这种传承在佛教盛行的北方特别多见，在山东、山西、直隶和河南都能看到许多例子。这些地区风景壮丽，山上植被不多，建造了许多封闭式的建筑，比如墓园。与中国中部和南部的墓园相比，北方省份的墓园则更显雄伟，而墓林中整齐划一的墓塔也为整个景致增添了气派。这种建筑风格很早就已经出现了。少林寺、宝山和房山上最古老的宝塔都出自唐朝（参见图 422、图 429、图 425），而山东省神通寺墓林中寺门塔对面的一些独特的四方形墓塔（参见图 466）的建筑时间可能要更早。它们数量庞大，很有可能出自魏晋时期，非常值得深入研究。这些石室塔中有许多都具有多层阶梯式结构，因此与级塔存在一定的相似性，从造型上来说它们逐渐演变为天宁塔的样式，后期出现的许多例子中甚至出现了斗拱的结构。堆叠在一起的瓮塔显然要出现得稍晚一些，在神通寺和灵岩寺的墓林中都有许多例子（参见图467）。这些墓塔成了墓林中独特的风景，此时还没有出现任何柱形塔的影子。

在北方省份的佛教墓地中，嵩山的墓园尤其令人难忘，山上少林寺、云台寺和法王寺中的宝塔在前文中已经介绍过了（参见图422、图458、图103、图104）。另外还有在唐朝时期成为佛教文化中心的西安府也有墓园，我在西安城的南边就看到了广阔的墓园，两座雁塔就坐落在附近。南部山谷中的一些唐朝和宋朝时的墓塔前文中已经提过，特别是兴教寺中的宝塔（参见图44），已经占据了很大篇幅。

在山西省，除了已经提过的五台山上的一些佛教建筑以外，太原府附近也有一些较为著名的墓园建筑。太原西南方向的交城县坐落在官道旁，城外西北部的山脉中有一座万卦山，山上的天宁寺中有数座柱形塔（参见图468），这些宝塔估计在唐朝就已经建成（参见图442）。另有石壁山上的玄中寺，其广阔的墓园中也林立着柱形塔（参见图440），这些塔有的立于山谷中，有的位于山腰处，自金元时期初建以来不断受到滚落的岩石撞击，部分已经倾颓大半。这些宝塔每十二座聚集在一起，其基本样式完全相同，给石壁山带来了宏大而独特的宗教气息。它们几乎都是简单或双层的柱形，底部是莲花座，上方塔身呈锥形，其间是细密匀称的叠层塔檐，塔身上还饰有丰富的浮雕图案。在这座墓园中还有一些砖砌柱形塔，在前文已经有过介绍，它们的造型也大致如此，只是塔身部分结合了石质柱形塔的密檐结构与砖塔的方形塔身，而且密檐结构仅仅作为塔身上方的一个装饰。

太原府城内也有两座大型寺院，如今留存的建筑中有几座非常宏伟的拱顶大殿，从它们的建筑风格推测，大概建于1580年左右。而寺中墓林里的那些造型独特的砖砌瓮塔应该也是在那以后才建的。其中年代较早的一些塔（参见图471）立于八角塔基之上，主体塔身造型似凸肚花瓶，上方有三圈环形宽檐，塔顶和塔刹均由黄色和灰色琉璃覆盖。较晚建成的宝塔则拥有更窄的塔身和塔尖，其轮廓更为紧凑，形成长颈花瓶的造型。塔身上雕有小型的题刻。太原以南约六公里处是另一座寺庙——南十方院。"十方"之名取自佛教中的东南西北及东南、东北、西南、西北这八个基本方位，在此基础上又加了"上"和"下"两个方位，即指代天与地，传说中多宝佛——拥有七个化身的七如来之一，佛法即可到达十方天地，十方也因此象征着无边的佛法。紧靠着寺院就是一片墓园（参见图470—图472），它位于山谷中的一片黄土坡上，园中屹立着约三十五座瓮塔（参见附图9）。在一些瓮塔前还摆放着供桌和石凳，这种安排完全是根据中国传统的习俗而设的。另外还零散地出现了一些墓碑，有的碑顶是半圆形，有的是方形，还有一些被安放在碑亭中。其中一座六角形底座的五层宝塔赫然而立（参见图470），塔身自下而上略有收紧，比旁边的碑亭稍高一些，点明了这块地的风水走势。这些大量聚集在一起的墓塔与旁边严肃封闭的环境产生了鲜明的对比，而瓮塔独特的造型也营造出一种神秘的氛围。从地理位置和宗教概念上来看都与南十方院两相对应的是太原北部的北十方院，紧靠寺院也有一座墓园（参见图473），墓园基本是露天的，四周有围墙环绕，正前方留出一道大门。园中有七座瓮塔，

第三章 宝塔的其他形式 | 395

旁边的一些纪念碑对称地坐落在塔旁。这里也用到了数字"七",很可能还是与多宝佛以及其七个化身有关,后来寺院的各个大殿也是对应着这个概念而建的。

在北京城郊的墓园中也有着许多形制完全一样的墓塔建筑。比如建于16世纪四五十年代的一组瓮塔就是如此(参见图475)。它们虽然大小不一,但造型完全相同。另外还有一组天宁宝塔也是很好的例子。两组墓塔都位于北京西山的戒台寺,都由塔基、莲台、舍利匣、环形塔檐、露盘和宝珠构成。除了以上聚集同样造型墓塔的墓林,还有一种墓园中既有瓮塔,也有四方天宁塔,这类墓园一般建于18世纪。比如北京的通州墓园,其位于开阔的郊外,就将传统的中国墓园与这两种造型的宝塔完美地结合在一起,其中四方天宁石塔借用了北京五塔寺和碧云寺高大的五层宝塔的造型。同样结合了两种宝塔造型的还有北京东部的日坛墓地,其间的宝塔造型优雅,都出自乾隆晚期。前文中我们已经介绍过一例宝塔,证明双层顶的多边形石室在道教墓葬文化中也有应用(参见图436)。它就位于北京白云观墓园中,紧邻西城墙,旁边还有另外十来座八角形宝塔,它们的造型也几乎相同,都在正面雕着题刻,顶部也均为传统亭台的样式。从这个角度来看,这种建筑上的一致性在道教中得到了进一步的强调,也说明佛教的理念在一定程度上渗透到了道教中去。

这些石室和较为大型的宝塔不仅给整个墓园带来了一致的风格,还起到一些特殊的作用:它们既是纪念性的建筑,又为大型的焚烧和祭祀行为提供了场所。由于它们对整个宝塔研究有着比较重要的作用,所以这里就介绍两座极具代表性的墓林塔。一座位于佛教圣岛普陀山,这里的山谷、山腰及山顶上到处都能看见零星的墓冢,而墓塔则一个挨着一个,因此人们也可以在广义上称呼它为墓园。这里安葬的不仅是寺中的僧侣,还有一些信徒和捐赠人。根据18世纪的普陀地方志记载,普陀有三十五座名人墓塔,这些名人有些是得道高僧,有些于普陀山有过重大贡献,还有些与某座寺院有着紧密的联系。较大的寺院在墓林里还有专门的火葬场,其实就是实心的小型建筑,四周开有券门。在本系列书籍的第一卷《普陀山》中我介绍过法雨寺,当时就提到了一座这样的建筑,但同时在它的下方还安葬着僧侣的遗体,作为他们共同的墓穴,建筑上方还有一座塔柱。

在此次西行的最后一个省份四川,我也看到了一座非常美丽的墓塔——金凤寺墓塔。金凤寺坐落在石龙山上,登塔远眺,眼前是一番壮阔景象:石龙山以南,雅鲁藏布江从喜马拉雅山下潺潺流过。它可以说是中国传统文化到达的最西端,也多亏了寺院连接东西的绝佳位置,这里汇集了许多漂亮的墓葬建筑,填满了好几重院落。一座院子中有一个敞开的茅草屋,中间摆放着一个小房子造型的石棺;另一个院子的角落处是一处绝壁的下缘,在峭壁之后就是隐藏起来的墓室,崖壁上细细地刻着传统式样的碑铭。而最为精美的一座墓塔则位于一个花园庭院内(参见图478),无论是从大殿内还是从花园的其他建筑内都能从不同角度看到这座宝塔(参见图479),游人也因此能多角度地体会到它的迷人之处。宝塔宽阔地向外延展的底座仿佛是从岩石上直接生长出来的,底座上方是一个回廊,侧面有三个拱券和扶手栏杆。回廊上方则是三层六角形塔身,造型类似灯笼,周围饰有极为细长的虚窗。每层塔身之间由向内收缩的凹弧分隔,自下而上周长依次变小。塔顶收成尖锥形,上方另有一根塔刹,上面贯串五个宝珠。这种造型很像五台山上的五座铜塔之一(参

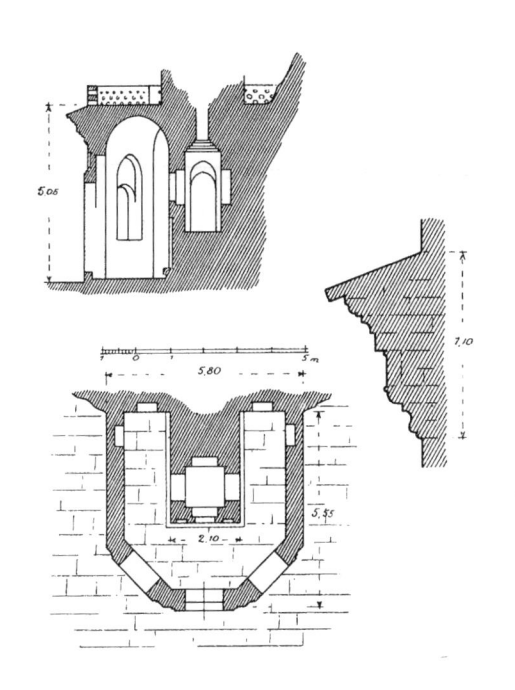

图 478. 墓塔的俯视图和纵截图

图 479. 墓园旁边花园中的宝塔

四川雅州府金凤寺墓塔。砖结构，底部回廊上方有三级塔身，高二十米。建于 1700 年左右

见图 412），是相当典型的喇嘛塔。而底层的回廊和修长的上层塔身很容易让人联想起南京的瓷塔（参见图 282）和北京皇家园林中的琉璃塔（参见图 304），它们的造型也均与喇嘛教有关。宝塔底部显然起到了香炉和焚烧室的作用，通过三个券门与外部的走廊相连。燃烧产生的烟通过一个井道向上升，烘托着高处的一个舍利匣，这个结构应该和五台山的大宝塔是一致的。而上方分段式的塔身覆盖在存放舍利的塔身之上，就像是塔顶一般。以下是我的日记中对这座宝塔的印象：

  金凤寺宝塔约二十米高，一半塔身掩映在树丛之间，背靠群山，登塔眺望，能看到迷人的院落、远方的墓园和精心布置的园林景观。整座院落格调优雅而活泼，人们既不会耽于美景过于纵情，也不会触景伤情心生感怀，园中的景致令人在观赏的同时能保持心绪的平和。这种将院落与花园、墓园与屋舍相结合的排布方式也是中国艺术文化中的一大学问，所有建筑都掩藏在繁茂的树林与灌木之间，只有登上茅草屋顶的亭台楼阁，人们才能从枝桠间远眺在平原上奔腾的雅鲁藏布江和远处连绵不绝的群山，还可以一瞥神秘的藏区风光。奇哉金凤！壮哉石龙！

第三节　香塔

中国所有省份的风景中有一个共同的特点，就是道路旁、田野上、农田里或是农庄中的露天祭坛附近通常还会出现屋舍、庙宇和寺院。同其他无数的纪念碑、纪念像、牌楼和墓园一样，它们都寄托了当地人的内心感受，记录了他们的个人生活，同时包含着一些宗教的内涵。我们在本书中只介绍路边祭台，因为它们的造型通常更加接近宝塔，有些甚至直接借用了宝塔的外形。

实际上无论是从本体论还是从认识论的角度看，在一个特定的小范围场所去建造有关神的建筑，它的高度都应该是很有限的，事实上大多数这样的建筑也确实不高。但很多情况下，人们期望将神的影响力尽可能地扩散到每个人身上，为了满足这个愿望，他们也对宗教建筑的高度开始有了要求。因此人们就开始动工修建高大的大型宝塔，它甚至能影响整个区域的人去思考其中所蕴含的思想，毕竟没有人能忽视这个肉眼就能见到的庞然大物。这种发展的结果就是路边祭坛也开始自然地转借宝塔的造型，从一些简单的石碑和石柱上已经可以看出其与宝塔的联系，比如四川省名山县八灶村就有一根祭祀石柱（参见图487）。这座三层建筑由伸出的檐结构分隔开，中间供奉着土地神和龙王，后者的造像有两座，分别占了石柱的两层。石柱的山墙部分雕刻着一些广受喜爱的饰物，比如小型石狮、经柱和门型结构，都以砂石制成，雕刻精美，极为可爱。这些路边祭坛是较为古老的中国传统建筑形象，它们通常是为了神和亡灵的祭祀而建造的，在万物有灵论和道教的影响下，又出现了路边塔。从规模来看它们要比祭坛大得多，也寄托着人们对更高大、更立体的神的想象。其中最重要的一位就是魁星（参见图488），也叫文曲星，在许多塔楼的名称中我们都能听到这个名字。从另一个角度看，路边祭坛与香坛也有着内在的联系。香坛的意义要追溯到中国传统文化中对圣火的理解，后来香坛借鉴了宝塔的造型，产生了香塔。而反过来在很多宝塔中也开始加设简单的香炉结构，比如在佛寺的院落中、大殿前，甚至是道观和一些文庙中都会立有包含香炉结构的宝塔，香塔也因此成为了寺庙中常见的器皿摆设。这些摆设虽然名称不同，但相互之间有着千丝万缕的联系。另外还有一类香室，通常建在供奉神像的大殿内部两侧，其作用也与香塔类似。

我找到的塔形祭坛几乎绝大部分都位于四川省，其他四座有三座都出自与四川相邻的陕西省南部，这绝不是偶然。四川地处西部，土壤肥沃，风景俊美，当地人民因此发展出了高度成熟的文化，在艺术的各个领域都更倾向造型精致、色彩丰富的形象。他们对自然中的宗教意义也有着极为深刻的理解，并且擅长用精巧的艺术将他们的理解表现出来，因此在那里，到处都能看到各种令人欣喜的建筑杰作。比起其他省份，四川的路边祭坛更多地采用了宝塔的造型，这也许是连绵的丘陵与崇山峻岭给当地人民带来的灵感，同时相邻的西藏地形也相当特殊，应该也不断激发着四川人民的创作激情，因此藏式塔的风格也自然在四川的宝塔中得到了体现。

这种塔式祭坛并不仅限于佛教的风格，在许多实例中它们都是道教建筑。回到四川，

图 480. 四川罗江县的五座野外祭坛宝塔

图 481. 四川昭化县香塔。外部为四方形，内部为八角形，四周有独立立柱。高五米

第三章 宝塔的其他形式 | 399

图 482. 四川剑州香塔。高约七米

民众最早的信仰就与佛教有关，这种祭坛建筑就与佛教产生了极其紧密的联系。人们相信万物有灵，并崇拜土地神，于是就在道路旁和田野间修建祭坛塔来供奉它。但除此以外，这些塔也出现在道观中。这些或为四方形，或为多角形的祭坛塔分别供奉着佛教与道教的神像，十分平和地共存在这片土地上。首先我们来看四方祭坛塔。四川北部的罗江县的五座祭祀宝塔位于一片农田上（参见图 480），四周是起伏的山峦，构成了一幅迷人的风景画。旁边的四座香塔造型较为简单，塔身类似一个方形的石室，塔顶呈金字塔形。中间的宝塔共五层，塔檐清晰，塔顶造型活泼。塔身上开有壁龛，有的作为香室，有的用来供奉神像。而在四川西部的灌县和雅州府，香塔通常单独出现，要么是像邛州宝塔那样收分明显并不太高的形制，要么是明显的多层级塔形制，比如龙凤场的九层宝塔（参见图 490），塔前垂直地竖起一根长杆，杆顶还挂着一盏铁皮灯，更加衬托得宝塔高大而威严。而陕西省的柱形祭坛则看上去更加宏伟一些，每层之间的塔檐和塔顶都更为厚重，因为在陕西，一般会使用青砖来砌造塔顶。但四川盆地又被称为红色盆地，生产红色砂石，所以几乎所有塔都是用这种红色砂岩建造而成。汉江北岸的汉中府以西，勉县东面不远处，矗立着一座四方的魁星楼（参见图488），在塔楼敞开式的上层还供奉着魁星像，但实际上这座塔楼从形制上看几乎就是一座传统的楼阁。它的附近还有一座三层塔楼，造型优美，名为镇江楼（参见图486）。底层塔身上方各面均有题字：南面塔身对着江水，题着"镇江楼"三字，"镇江"同时还是保护土地不受水患的水神的名号；西面是"福德星"三字，福德星正如其名，是一颗吉星，它在面相学中还代表着人的两个太阳穴；背面塔身上题有"戊己官"三字，戊与己在十二天干中都对应土，一为阳（山）一为阴（平原），而自汉朝开始"戊己"就成为了治理西部的官员名称。而根据新版《辞源》的解释，"戊己"在罗盘中没有对应的方向，也象征着官员没有固定的居所，需要在任上四处巡查。塔楼东面对着滚滚流去的江水，塔身光滑并无题字。中层塔身四面开有券门，最上层塔身的券门正上方书有"魁光"二字。整座宝塔又被归为香塔中的"桂阁"。

　　这类三层香塔，或称为宝塔型祭坛，在不同省份演变出各种不同的造型。在山西太原府以南有一个著名道观——晋祠，远远望去，就能看到里面一个高大的平台上立着的一座造型精致、体格修长的小香塔（参见图496）。香塔主体部分均为琉璃瓦制成，被人们以独特的技艺打造成山西当地特有的外形。这种外形的香塔近年来仍在大批量地生产，它们有的被固定在建筑外围栏上作为香坛，有的则作为香塔单独摆放在建筑的一隅，成为中国北部常见的一种工艺品。晋祠中的这座香塔从壁柱和斗拱的角度来看，其模仿了中国传统的亭台式楼阁，但其精巧的塔身、复杂的塔檐和四面山墙的造型又是完全独创的，于是形成了一种独立的造型风格。在四川，人们也从最简单的四方形香塔发展出了新的形制，其中就有位于灌县西南方向的青城山祭坛塔（参见图483）。另外在灌县和雅州府之间，坐落着两座祭坛塔，且两者相距并不远。一座是汾州塔，共两层，造型敦实；另一座是大邑县香塔（参见图489），造型精巧至极，共三层，塔檐极富想象力地向上扬起，塔顶急剧收拢，并配以高高的塔刹。隔层塔身的外表面都交织着壁柱和横饰线，与山西和陕西的宝塔相比，线条要精致得多，甚至还出现了外墙面之外的独立细柱，这种灵巧的造型在四川宝塔中出现得十分频繁。另外还有类似德阳县香塔（参见图491）那样的3/4角柱，虽然角柱仅有1/4嵌在塔身内，但上面承载的塔檐却飘逸飞扬，使香塔整体的效果仍然十分灵动。塔身正面在角柱之间通常还会排列着几根壁柱，其上有蟠龙盘旋而上，或是以简单的横向线条装饰。

　　最为轻盈灵巧的香塔一般都有六角形或八角形塔身，其造型也最为优雅。其中较为严肃工整的要数位于陕西南部秦岭山铁佛县一个村庄中的石塔了，这座宝塔（参见图484）风格近乎现代，外表几乎没有其他修饰。而四川北部剑州的三层香塔（参见图482）和四川中部的富顺县香塔（参见图485），则使用了德阳县宝塔中出现的3/4立柱，且由四方形转变成为六角形的造型（参见图492）。然而直到独立角柱的出现，宝塔建筑师们才真正放开手脚，去设计更为大胆自由且精巧细致的宝塔外形。灌县东部的一座宝塔在高大的下层塔身上方使用了一层独立角柱，而位于四川北部的昭化县香塔（参见图481）则巧妙地通过倾斜的独立立柱将四边形底座与上方的两层八角形塔身融合在一起，结构极为精妙。类似造型的香塔在附近十分常见。至于大型的石塔，我们在前文已经介绍过绵州丞相

图 483. 四川青城山的祭坛塔，两级，高约 4.5 米

图 484. 陕西秦岭山铁佛县村庄内的石塔，高 4.5 米，建于 1900 左右

图 485. 四川富顺县香塔，高 6.5 米

图 486. 陕西勉县镇江楼，位于邢江平原。四方形，高约十四米

图 487. 四川八灶村祭坛柱，高约 4.5 米

图 488. 陕西岷县魁星塔，高五米

图 489. 四川大邑县香塔，独立立柱，高约九米

图 490. 四川龙凤场宝塔，九级，高十四米

图 491. 四川德阳县四方祭坛塔，高六米　　　　　　图 492. 四川德阳县六角祭坛塔，高六米

府凤凰山的一座十层金字塔形宝塔，它的檐板造型十分简单，中间斜立着一些表面光滑的立柱。类似的宝塔还有许多，有些规模稍小，比如魏城城外及绵州境内一般就将这样的塔用作墓塔或香塔。之前提过的梓潼县西面的石塔甚至将独立立柱雕刻成人物形象（参见图338），当然也属于这一类。

从纯粹的艺术角度上看，将独立壁柱发展得最为成熟的地区是四川省西部，我们至今所举的大部分实例也是来自于这个地区。前文简短提到的大邑县四方香塔（参见图489）在当地还有一座非常类似的姐妹塔（参见图493、图495），除此之外，还有大量类似造型的香塔，这里我们介绍其中三座尤为突出的典型。灌县附近的二郎庙在大殿两侧各有一座香塔（参见图497），它们与大殿的外墙甚至是连为一体的，在本系列的第二卷《祠堂》中有详细的介绍。而正是在灌县以南的数座村庄当中，零散地坐落着许多类似的精美香塔，它们有的位于村庄的入口处，有的屹立在村内的广场上，成为村落的独特景致，其意义与造型几乎和大型宝塔如出一辙。但从细节精雕细琢的复杂程度来看，它们还与大型宝塔有一定的差距，因此它们仅被当作地方上焚烧香火纸钱的器皿来使用。燃烧产生的烟就像在烟囱里一样向上飘，最后从塔顶伸出，塔顶通常做成三足蟾的样式，烟就从蟾蜍张开的口中飘出塔外。这片地区的香炉和一般的大型佛塔及风水塔很容易区分，后两种一般都为四方形或八角形，且塔檐都是北方的严肃风格，香炉从造型上来看则活泼得多，另外香炉也大多为六角形，塔檐结构更丰富，并灵动地向空中扬起。

在灌县的庙宇旁也矗立着一座这样的香塔（参见图494），塔身修长，侧面、塔檐和转角处都精雕细刻，用砖块和灰泥做了丰富的装饰，另外还有独立的盘龙立柱支撑着第二层塔檐。另外还有一个小镇叫太平场，镇中村庄的风景迷人，村中也矗立着一座白色的香塔（参见图498）。塔身纤细，底层尤其高大，上面的四层塔身仿佛一根立柱。塔旁是一个广场，两侧还各有一座戏台。毗邻的房屋在山墙上也架设着极为宽大的房檐，檐角微微向上翘起。屋脊同样装饰精美，由陶土、瓷片和灰泥构成。整座房屋方正整齐，门楣刷白，展现了四川西部建筑的独特魅力。这些民居与修长而灵巧的宝塔风格一致，活泼而富有生气，高大而丰姿优美，同时融合了宗教的美感与市井的烟火气息。它们是对灵活而富有想象力的四川人的最生动的写照。

第三章　宝塔的其他形式　｜　405

图493. 四川大邑县香塔，参见图495

图494. 四川灌县香塔的下部两级塔身

图495. 四川大邑县香塔上部两层，宝塔为三级，高2.5米

图496. 山西晋祠中的小香塔。陶土材质。陶土外覆琉璃。独立立柱雕刻细致。远处是奉圣寺宝塔，参见图92

图497.四川灌县二郎庙中的两座香塔之一,立于正殿前一侧。六角形,陶土制。独立立柱雕刻精美。高十三米,建于近代

图498.四川太平场村香塔。塔由砖、灰泥、石膏及陶土所建。六角形,与图497所示宝塔相近,高十五米。建于近代

第三章 宝塔的其他形式 | 407

第四节　内塔

　　宝塔作为盛放圣物的容器，或是纯粹寄托了人们对神的崇拜。它不仅仅与舍利匣或是墓穴有关，实际上也来源于一种建筑内部的祭坛，这种祭坛内供奉的事物也常常被视作最为神圣的象征。因此除了那些造型各异、外表光鲜的建造在室外的宝塔，还有一种放在室内，通常作为祭坛使用的宝塔。虽然这种宝塔实例相当少见，它们的外形也比较像简单的舍利匣、神龛或是石室塔，可能是天宁宝塔的前身，但事实上这种摆放在室内的宝塔在造型上从未有过进一步的演变。人们在观看为数不多的内塔实例时很容易有一种异化感，觉得宝塔的造型与室内的其他部分格格不入，更应该放在室外为佳。但正是这种差别使得室外的大型宝塔的特点更为突出。

　　实际上，中国人一向有将圣物放到壁龛和祭坛中的习惯。当然，当中安放的不太可能是某一位过世之人的遗体，因为按照一般的丧葬习俗，遗体会完整地进行土葬，这从中国有文化流传之时就已经成为了不成文的规则，与之相对的"圣物"概念当时还几乎没有形成。灵位自古以来是安放在室内的，偶尔遇到庆典的时候，比如一些地位高贵的家族举行祭祀典礼或祭天大典时，这些灵位才会被放置在多层尖顶的华丽软轿中，类似我们如今搬运棺木时所用的灵柩台。但这些软轿并未发展成一种单独的建筑形式。在佛教文化中，人们会将完整的遗体保存起来，只不过是葬在瓮中，而不是像中国俗家的丧葬那样将遗体放在棺木中下葬。他们给遗体涂上防腐料，特别德高望重的僧侣还会被安放在墓塔之中，这些墓塔同时也是祭坛，一般放置在寺院大殿的内部。直到现在我们还能在许多佛殿中看到这样殓藏下来的大师遗体，通常呈坐姿被安置在神龛中供人参拜。在某些情况下，只是做暂时的展出，比如北京北部的东黄寺会在喇嘛圆寂后将他们的遗体放在玻璃柜中成排列好，定期进行火化仪式。1908年10月，我在四川西部的峨眉山金顶短暂停留了五天，在此过程中也看到了这样的展出，留下了极为深刻的印象。在我逗留期间，恰逢金顶寺住持圆寂，数个小时之后他就被安置到了一个前方敞开的木柜当中，木柜的顶类似塔顶，中间是一个圣物祭坛。住持遗体呈坐姿被放置在祭坛中，宝相庄严，整个木柜被放置在一个更大的祭坛群中，十分显眼。附近寺院及同寺院的僧人围绕着祭坛不停地诵经祝祷，并举行不同的仪式和祭祀活动。一般悼念仪式会持续7天，然后将遗体送去焚化。在这些例子中，放在祭坛佛龛里完整的遗体都面目完好，然而都只是进行短暂的展示，有些情况下僧人的遗体进行了非常完美的防腐殓藏，能够像雕像那样长时间地保持坐姿，享受像佛像一样被顶礼膜拜的荣光。峨眉山金顶之下有两个较小的寺院，它们都在敞开式的供桌上供奉着几个镀金的肉身菩萨，菩萨的真身既有佛教僧人，也有玄门道士。在金顶寺的偏殿中也有一具更早时期的僧人肉身菩萨，其面目更贴近真人，身披长袍，头戴厚僧帽。它的旁边是一尊普贤菩萨骑象座像，二者接受同等的香火供奉。佛家将肉身菩萨放置在佛龛中的做法最终也流传到了道教。在山东泰山脚下的仙人洞中有一座玻璃神龛，其中端坐着孙真清真人的肉身（参见图499），虽然人像的大部分已经瘫倒，但头部和手仍然保存完好。他于1703年

图 499. 山东泰山神龛中的孙真清肉身像。
1706 年起供奉于泰山的一座木阁中

图 500. 四川嘉定府风水山上瓮塔中的肉身像

羽化，遗体被封在一个洞中。人们在 1706 年发现他的遗体仍然完好无损，于是将它放置在一个简单的箱式神龛中展出。与之相比，在四川西部嘉定府东南角风水山上的肉身菩萨则保存得更为出色（参见图 500）。它全身镀金，几乎没有变形，头上甚至还有菩萨顶冠装饰。这尊肉身菩萨被安放在一座瓮塔的圆形底座之中，底座前方开着一个较大的券门，露出菩萨尊容以供观瞻。底座上方的塔身由一系列密檐结构组成，顶层的莲花座承托着塔顶的宝珠。在这座精美绝伦的瓮塔两旁分别立着一座规模较小、形制相似的舍利塔。三座宝塔前放置着一张供桌，上面摆放着钟鼓。

一个更有意义的实例是浙江天台山真觉寺中的智顗（也叫智者）墓塔（参见图 501），这座墓塔实际上已经是近现代的作品了。真觉寺早在东晋时期就已经建成，但在隋开皇十七年（597）进行了重建。在著名的智顗和尚圆寂之后，寺院进行了扩建，而天台山至此才成为了佛教圣山。当时智顗大师的遗体就被存放在寺中的一座墓塔中，后来墓塔与寺院都随着岁月的流逝坍塌了。直到 1890 年，人们在大规模重修寺院时，才在废墟中发现了这座古老而精致的宝塔。人们在塔外重新包裹了一层新的石质宝塔，其雕刻之精美、细节之准确，完全模仿木制工艺的精准，超乎常人的想象。这座六角形宝塔制成后高 6.5 米，光底座就高 1.5 米，上方还有两层塔身和精美的塔顶，被当作最珍贵的圣物摆放在寺院大殿中。整座宝塔通身雕刻着丰富的纹饰和人像，第一层塔身表面雕刻着智顗生平的大事件，上方的浮雕则是佛教的传说。这座宝塔内部包裹着存放智顗肉身的古塔，正是用来存放珍贵圣物的内塔实例的典范。

第三章　宝塔的其他形式 | 409

图 501. 浙江天台山真觉寺中的智顗墓塔。石制，六角形，高 6.5 米

这些祭坛在形制和结构上参考了宝塔的造型，摆放的圣物也有和大型宝塔中供奉的神像相同的意义。其中最值得注意的是宝光禅院的甘露台。宝光禅院位于四川成都府北部的新都县南门外，四周古木参天，环境清幽，是一座深藏了许多佛教知识的宝库。前文已经介绍过深长中轴线上第一进院落中的十三层宝塔（参见图119），除此之外禅院中还有许多其他出色的建筑，比如藏有570座罗汉的罗汉堂。特别引人注目的还有某个院落北侧的一座格外灵动的建筑，即甘露堂。堂内正中摆放着一个新造的神龛，底座为四方形，上方为八角形。神龛外装了玻璃，雕刻精美。龛内端坐着阿弥陀佛，佛像前点着一盏长明灯，灯下悬一个"甘露瓶"，瓶高仅约十厘米，每天日出和日落时的露水会被收集后装入瓶中。对佛教徒来说，甘露还象征着可消灾降福的法雨，因此常以极高的价格卖给信徒，这座禅院及宝塔的名称皆来源于此。这种类似欧洲文化中圣血教堂的佛堂在中国其他地区也有一些实例。神龛的外形很显然与天宁宝塔类似，由佛像、露盘和火珠构成，这里的火珠仿佛不灭的圣火，在最高处升到空中，与上天相接。

阿育王塔

在内塔中还有一种非常特别的形式，它来源于中国最早的一种小型工艺品，可能要追溯到印度本国内的原始佛教时期。传说阿育王在公元前259年到前222年间是佛教坚实的拥护者和保卫者，在各地共修建了84000座藏有佛骨的舍利塔。中国的佛教徒认为其中很大一部分舍利塔是在中国，而这些中国的舍利塔也被算入了84000座之中——数字84和84000分别是将人的身体和灵魂细分的精确结果，在文学作品和建筑艺术中也偶有出现。在新疆的高昌故城中就有一个塔群遗址，其中间的宝塔被四座稍小的宝塔围绕起来，旁边还有四组小塔，每组二十座，加起来正好是八十四座，84000的数字也蕴含其中。至于阿育王是否真的组织建造了这些宝塔并分别运送到各地，如果指的是体型较小的可移动的宝塔，那么还是非常有可能的，我在中国也亲眼看到了一些这样的例子。根据中国661年的一篇史料记载，当时在新疆和田地区就建造了同样造型的宝塔，公元10世纪，吴越王钱俶（佛教重要的倡导者）模仿阿育王，也建造了84000座十分相似的舍利塔，并分别运送到各地，除此之外，杭州雷峰塔内还留下了84000幅经卷。

现在介绍的这座阿育王塔高30至40厘米（参见图502），被保存在浙江宁波东部贸山上著名的阿育王寺内，被视为历史最悠久的珍贵宝物。在这里我要感谢马伯乐提供的图片、描述及更深入的研究内容，另外，《中国佛教史迹》中这座宝塔的石版画和详细的记载也给我提供了很多帮助，这本书中还提到了日本类似宝塔的情况。由于阿育王寺的宝塔在内塔中占有相当重要的一席，同时它还与中国其他一些最有代表性的宝塔有着千丝万缕的联系，所以在这里我们就稍加描述，并与10世纪其他几座同类的宝塔做一些比较。

根据马伯乐的研究，这座宝塔是在东晋约390年左右的时候，被前文多次提到的著名僧人慧达发现的。慧达原名刘萨诃，原为蛮族，好狩猎，乃山西汾州府人士，在短暂的假死之后顿悟成佛。在神的指引下，他找到了四座阿育王塔，并留下了有关宝塔的详细描述。其中最著名的实例分别位于贸山和会稽（如今宁波地区）的阿育王山。他于公元373至

图 502. 浙江宁波阿育王寺中的阿育王塔。来源于印度，于 390 年在宁波阿育王山被发现。高三十至四十厘米。使用材料未知

图 503. 钱弘俶所造的 84000 座宝塔中的一座。如今藏在浙江天台山国清寺中。造于 955 年。材质为铁

376 年来到南京，在此期间发现了古阿育王塔，它比前文提过的南京琉璃塔年代还要更久远。慧达在贸山上艰难地寻找，直到看到一间小佛堂，并见证了神迹：钟声响起，在一道佛光的指引下慧达来到了一个地方，他在一根旗杆旁等了三天，一座宝贵的阿育王塔由地下升起。此地是一个狭窄的野外荒谷，两面岩壁耸立，慧达就在这里修建了一座寺院。人们一般认为阿育王寺的初建时间是公元 405 年左右，即东晋义熙初期（405—418）。鲍狄埃[1]在引用古籍时也认同了这个年份界定；然而马伯乐对这个年代却有不同的看法，他认为这座寺院是梁朝才建造起来的。不管如何，基本上可以确定的是，寺院是在发现舍利塔之后不久就修建的，当时正好是佛教影响力极大的时期。在公元 522 年，梁武帝命人修建了一座木塔来存放阿育王塔，另外还修建了阿育王寺。后来寺院迁到现在的位置，两处相距三公里。现在原址附近的崖壁上仅留下一座较小的舍利宝塔，以供人怀念曾经在这里发现的舍利塔及建造的第一座寺院。马伯乐画下了这座宝塔，不过，在它的位置可能曾经有一座更高大的宝塔矗立在山岩上。

---

1 鲍狄埃（G. Pauthier, 1901—1873），法国汉学家。——译注

如今，阿育王塔被摆放在舍利殿里一座供桌后面的玻璃神龛中，神龛外还有一座于1577年修建的镀金石塔，1862年被翻修，1909年又根据原来宝塔的造型进行了粗略的重建。大塔两侧分别还有一座宝塔，东侧为纪念佛诞的铜塔，建于1811年，在1880年经过一次重修；西侧为纪念佛灭的石塔，建于1863年，在1911年重修，塔中藏有一枚象牙。塔前的供桌旁还有两个玻璃柜，分别装着两座雕像：东侧是阿育王立像，他将手举至眼前，看向舍利塔的方向；西侧是慧达冥想坐像，又称利宾菩萨坐像。

道宣在公元661年对阿育王塔做过详细的描述，如今看来仍具有十分重要的参考价值，而马伯乐在此基础上对放置在大塔内部的阿育王塔也进行了补充说明，根据他的描述及《中国佛教史迹》的记录，我们得出了一张形象图（参见图502）。在他们描述中，塔的用料十分神秘："非金非玉非石非陶非铜非铁"，而是天宫中才有的一种不知名材料。表面的铜本身是绿色，现在已经成为紫乌色，其中包裹的是木头或是象牙。底座上每两根转角柱之间都有四座佛像，支撑着上方的饰面。主体塔身呈四方形，转角柱很粗，上方是金翅鸟形状的柱头，中间穿孔。每一个侧面上都有花萼状三角形线条装饰，中间是人物群像浮雕。主体塔身上方的檐板四角各有一个高高的山花蕉叶，上面布满人物浮雕装饰。檐板正中是一个带底座的相轮，五个圆盘贯穿在一起作为露盘，从横截面看这些"圆盘"又是方形的。露盘上方是类似灯笼形状的顶饰。从描绘宝塔的精细石刻（参见图504）中看，塔内悬着一口钟，下方就是佛骨舍利。钟和灯笼同时还象征着当年指引慧达找到阿育王塔的钟声和佛光。这块石版画来自一块1884年的石刻（参见图504），从顶部的灯笼装饰上腾起云雾，云上佛祖端坐在华盖之下，左右分别是迦叶尊者和阿难尊者，上方还有四位小仙环绕。宝塔脚下立着阿育王和慧达，上方是四大天王，最上方是凡间帝后及两个侍女。这幅画上的人物形象及排列方式在宝塔和佛殿内部的祭坛上都有相同的呈现，另外在距寺院一公里开外的慧达墓塔上也有完全相同的形象。慧达墓塔在1554年也经过了一次重修，与一般的阿育王塔造型几乎完全相同：主体塔身为四方形，转角处有山花蕉叶，上方有相轮，从造型上看与我们前文介绍过的苏州虎丘四方经柱十分相似。墓塔正前方的塔身上雕刻着古阿育王塔的形象，两侧分立着阿育王和慧达（即利宾菩萨），背面塔身上雕有佛祖及两侧的迦叶和阿难。这座墓塔的各处装饰都影射着当初慧达发现舍利塔时的情景。

至于古阿育王塔的造型和年份的鉴定，从现有的图片和描述看，应该是完全来自于印度。后期重修时在立柱、装饰和山花蕉叶中加入了希腊的元素，但塔基、塔身上的拱形线条、金鹏鸟柱头和相轮都是纯粹的印度风格。塔身上的人物浮雕还受到了希腊建筑风格的影响，与后来公元10世纪建造的其他宝塔相比，后者参考了更多其他的风格。由于这座小巧的杰作与公元390年左右发现的宝塔几乎完全相同，而390年的宝塔在当时已经是一件历史悠久的文物了，因此这座宝塔的建造时间应该还要比390年早上许多。值得注意的是，后来在许多宝塔上都反复出现的相轮和山花蕉叶的纹样在当时就已经出现了。毫无疑问的是，古阿育王塔还有待更近一步的研究，毕竟连马伯乐先生都或许未触摸到它的真身，仅仅隔着玻璃拍摄了一些照片。

前文已经提过，吴越王钱弘俶在947年到988年在位，但在公元975年，他便将统治

图 504. 浙江宁波阿育王寺中的古阿育王塔石刻。位于大雄宝殿后方的石碑上。立于 1884 年。参见图 502

权交予了宋王室，自己仿照阿育王建造了 84000 座还愿感恩塔，并分散运送到各地。马伯乐先生从文献中找出了其中的一些实例，比如顺治时期（1644—1661）在杭州西湖北岸曾经的静吉塔废墟下就发现过一整组这样的还愿塔，然而后来它们就像许多其他的宝塔一样消失无闻了。如今仅有少量的铁塔仍然存世，并因此闻名中外。其中公开展出的有天台山国清寺中的一座（参见图 503），还有另一座现存于日本一处私人住宅中。两座宝塔之间几乎没有太大区别，但无疑它们都是仿照阿育王寺中的阿育王塔（参见图 502）及其他的宝塔形制所制的。从外形来看，后期建造的宝塔侧面装饰线条由花萼形变成了圆弧形，山花蕉叶变小了，相轮的圆盘变为扁圆形，塔顶处变为了一尊镀金的佛像。根据马伯乐的描述，塔身四面的人物浮雕分别展示了佛身、佛头、佛眼和佛发的细节，与健陀罗国的四个巨大雕像相符。根据塔上铸刻的铭文来看，它们都建于公元 955 年。

无论是古阿育王塔还是后来建于 955 年的两座更年轻的宝塔，这些精致的杰作无论从艺术角度还是从宗教史的角度去看，都需要回到源头的问题上去。阿育王建造 84000 座宝塔的故事通常被当作传说，而且人们通常会联想到那些奉他之命建造在世界各地的大型宝塔。更有甚者，在中国发现阿育王塔时，人们极力想要证明这与当时的阿育王有直接的联系。然而实际上中国的阿育王塔指的是高三十至四十厘米的小型宝塔，它们在阿育王时期就已经大量生产，传到各地了，更不用提在 10 世纪时吴越王又命人建造了许多。阿育王和吴越王建塔的目的实际上都是弘扬佛法，因此这些宝塔的作用也一目了然。这些盛放着舍利的小宝塔一般保存在其他宝塔中，有的放在室内，有的甚至直接放在野外。其中最为典型的就是南京瓷塔及五台山上巨大的喇嘛白塔，这两座宝塔的历史都与古阿育王塔有着直接的联系。

如果说我们面前的宁波阿育王寺舍利塔真的是阿育王时期的原件，那么它的造型好像并不符合当时的特征，因此许多人都对此提出了怀疑，但这个假设并不是不可能成立。根据上文提过的中文文献，新疆和田地区在 661 年就制造了类似形制的小型宝塔，那么证明这种形式及古老的风俗在宗教的意义上在当时的亚洲与现在一样，已经延续了多个世纪。阿育王在公元前 259 年至前 222 年建造的 84000 座宝塔与钱弘俶在公元 955 年建造的 84000 座铁塔具有同样重要的历史意义。

这些阿育王塔极为特别的造型也从很早以前就引起了人们的注意，于是许多中国的宝塔从整体造型和细节样式上都对它有所借鉴。在许多宝塔上我们都能看到这种塔身造型的影子，包括山花蕉叶和相轮，尤其后者无疑是从阿育王塔身上学来的。下面要介绍的宝塔中，一些是直接采用了古阿育王塔的造型，另一些在其基础上取得了一定的发展，这从我拍摄的图片及其他一些资料中都可以得到证明，可惜并非所有宝塔都能找到关于确切制作时间的资料。值得注意的是，内塔在造型上与古阿育王塔十分相近，但年份却相对接近现代。不过这些年份较新的内塔用料奢华，装饰精美，显然与其尊贵的用途有紧密的关系。以下介绍的宝塔是根据它们与古阿育王塔之间相似度的高低来排序的。

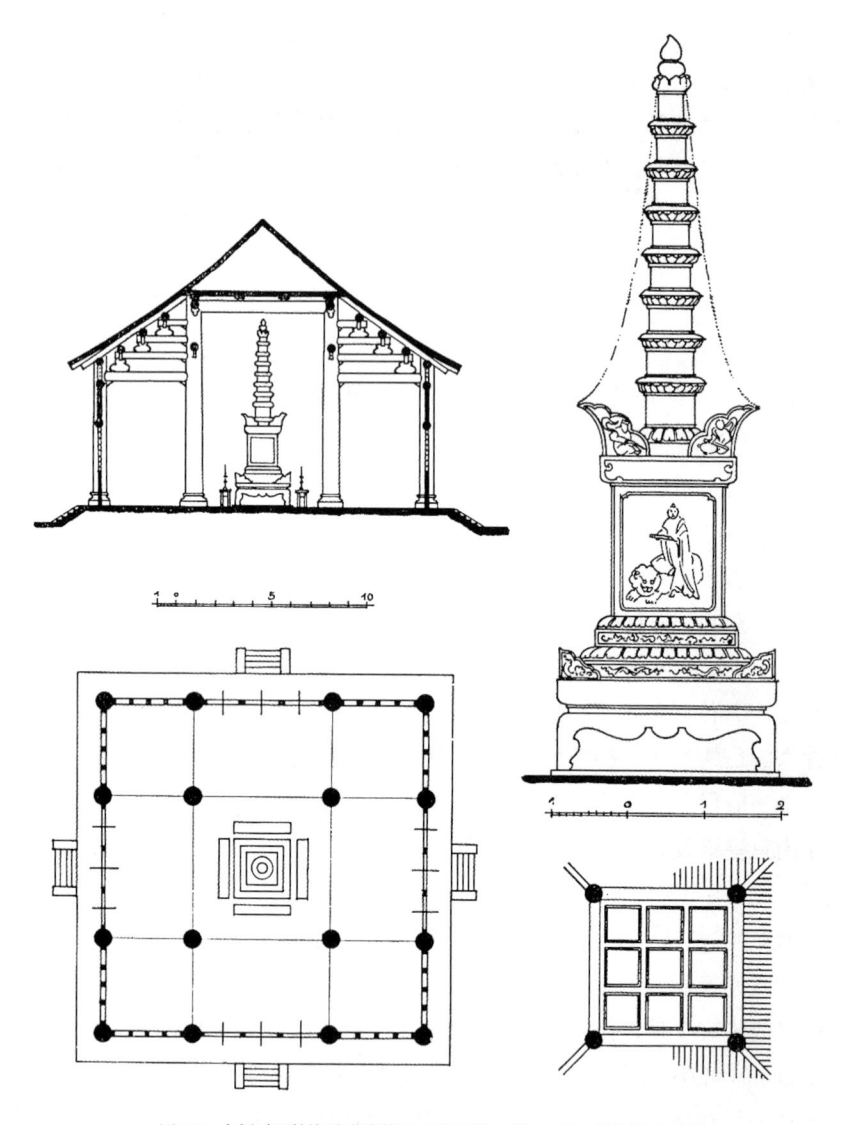

图 505. 广州对面的海珠岛海幢寺大理石塔。高 9.4 米。图为四方舍利
厅内部示意。建于 1780 年（？）。参见图 506、图 507

  广州对面的河南[1]还有一座著名的海幢寺，寺中有一座造型极为精巧的宝塔（参见图505）。该塔建于乾隆时期，约 1780 年前后，宝塔所在的四方形大殿边长 16.8 米，顶部由四根木柱分为九道拱，正中藻井上方的顶上画着龙纹。藻井正下方就是这座大理石宝塔（参见图 506），塔总高 9.4 米，方形主体塔身边长 1.5 米。塔身之下的塔基造型繁复，四个转角处都另有饰物，塔基上遍布人物、蛟龙和水波形浮雕，明显是乾隆时期的风格。方形塔身上方承托着厚重的圆形线脚，各面刻着篆体书法，转角处各有一个山花蕉叶，边缘呈叶状，活泼地向外展开，山花蕉叶外侧面是八个守护神的浮雕，他们有的呈现祈祷状，有的

---

1 这里的河南指现广州市海珠区，古称江南洲，当地人称其为河南。——译注

图 506. 广州海幢寺大理石塔。高 9.4 米。建于 1780 年。塔身北面雕有岩上观音像，西面是普贤菩萨骑象图。参见图 505、图 507

图 507. 广州海幢寺大理石塔基和主体塔身。建于 1780 年。塔身南面雕有佛祖坐像，东面是文殊菩萨骑狮图。山花蕉叶上分别是四大天王和四个金刚像。参见图 505、图 506

图 508. 广州华林寺五百罗汉堂内的铜塔。舍利匣为中空结构，四面各坐一尊佛像，对角线方向各有一尊天王像。建于 1849 年

图 509. 福建福州鼓山舍利塔。阿育王塔造型。石制

呈战斗状态，栩栩如生。中央的相轮高高耸立，由七层莲瓣形露盘构成，上方是葫芦形塔刹。从塔刹上垂下四根铁链，与下方的四个山花蕉叶相连。塔身中据说藏有舍利，外侧面上的浮雕线条清晰流畅，塑造的人物形象优雅动人：南面是坐在莲台上的佛祖，呈冥想状，佛发攒成发髻，背后是佛光普照；东面是骑着狮子的文殊菩萨；西面是骑着象的普贤菩萨；北面塔身朝着广州方向的是坐在石座上的观音菩萨。每位神像前都有一张供桌。

在广州也有一座著名的寺院——华林寺。寺院的历史可以追溯到公元503年，寺中也有一座阿育王塔造型的铜塔（参见图508）。宝塔位于五百罗汉堂正中心两条走道的交叉口处，建造时间为道光二十九年，即1849年。从造型来看，铜塔是仿造海幢寺的大理石塔所建，但主体塔身类似古阿育王塔，是中空的式样。四根纤细的立柱之间由拱券连接，立柱前四大天王气势威武，拱券内东南西北四个方向各有一座几乎完全相同的镀金佛像。每个侧面上方都有卷须纹样和简朴的文字，相轮由收窄的圆盘构成。

福建省福州的东南面有一座鼓山，山上有三座阿育王塔风格的宝塔，两座位于室外，第三座收藏在山上的寺院中。室外的塔中有一座是纯粹的纪念塔或是舍利塔，完全由石料制成，坐落在松林环抱的寺前大道上。四个山花蕉叶线条简单，呈直线向外倾斜，是直接从顶板石料上雕刻而成（参见图510）。上方的相轮有六层，圆环形线脚一层叠着一层，塔顶两颗宝珠交叠着，最上方收以圣火造型的塔刹。同样在鼓山地区的另一座舍利塔与这座路边塔十分相似，但在整体造型上更像一座独立的纪念碑。石板和石柱简单地搭起一圈低矮的栏杆，中间圈出一小块平台，平台之上就屹立着这座三层宝塔（参见图509）。宝

第三章 宝塔的其他形式 | 419

图 510. 福建福州鼓山路边塔。阿育王塔造型。石制

塔从外形看完全是阿育王塔的形制：四方形塔身，自下而上微微向内收紧，塔身四角各有一根立柱，上方是凸起的线脚和檐板，山花蕉叶略呈弧线高高向上耸起，顶部是三圈露盘和宝珠构成的相轮。这座宝塔显然年代很新，结构清晰，轮廓优美，比例极为协调。

鼓山上最大的寺院涌泉寺中也有一座舍利塔，它位于相对较小的一间佛堂内，佛堂也被叫作舍利窟（参见图513），与正殿直接相连。宝塔总高约四米，比前面介绍的两座都要高一些，其中主体塔身高一米，前方有栅栏隔挡（参见图511、图512），中间是一个小型神龛，内有两颗舍利和一些佛像。底部中间是文殊菩萨骑象微雕，两侧各有一侍从侍立于侧，均由青铜制成，三座雕像上方是嵌入墙中的观音像。在这层结构上方的壁龛由两部分组成，下面是向内凹陷较深的壁龛，中间安放着舍利匣——一个带盖的玻璃瓮；上方较浅的前壁上收藏着一尊铜镀金的幼年佛陀像，雕像造型具有印度风格，前方还罩了一层玻璃保护板。壁龛两侧是一对梵语佛偈，正中是日轮及云纹装饰。壁龛上方是一尊镀金坐佛，两侧各有一侍从，坐佛面前摆放着一颗大舍利，所谓的佛牙舍利，实际上是"经岁月沧桑变成褐色的大象臼齿"，也可证明佛陀在很早以前就已经存在了。在雕刻精美的冠板上是一块盖顶石，上面的四个向外弯曲的牛角类似山花蕉叶的造型，中间依然是相轮和宝珠。这些细节都很容易让人们联想到阿育王塔。

高延在一次寻访过程中看到了玻璃瓮中小小的珍贵的舍利，他认为它们看起来像是相当小的宝石或是某件类似玻璃器物的碎片。我个人无法回忆起其他材料，因此引用寺院僧侣的说法，即瓮中收藏的舍利是佛血舍利，代表着他最纯粹的存在。人们认为，如果僧人

中国建筑与宗教文化之宝塔 | 420

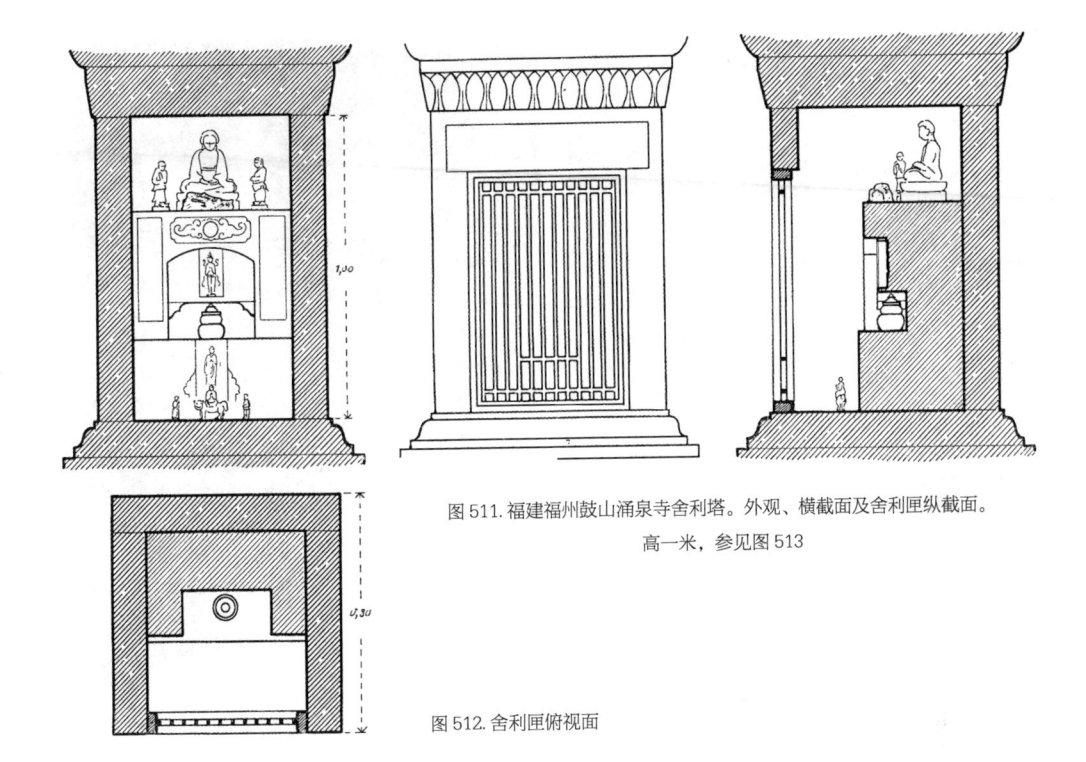

图 511. 福建福州鼓山涌泉寺舍利塔。外观、横截面及舍利匣纵截面。
高一米，参见图 513

图 512. 舍利匣俯视面

们虔心祈祷，德行圆满，那么圣瓶就会装满。这与新都县宝光寺中的佛龛有着相似的意义。除此之外涌泉寺舍利塔还有另一个特殊的意义，与宝塔仅一墙之隔的地方就是藏经楼，楼里的一个玻璃柜中立着一尊等身高的石膏涅槃佛像。

阿育王塔的造型几经发展，又演变出两座不同的内塔。介绍完它们，阿育王塔的内容也就结束了。一座内塔位于四川省峨眉山上的万年寺中，约建于 1650 年。宝塔塔基高大（参见图 514），分为两层，中间以厚重的檐板隔开，第二层檐板上承托着主体塔身。塔身上的拱券与最古老的阿育王塔的拱形装饰十分相近，转角装饰也很像金翅鸟的造型。舍利室外门紧锁，门上有一块匾额，上书"舍利塔"三个大字。门的两侧有一对偈语：莲花蒂通天界，贝叶经彻人间。

顶板上的饰物高高扬起，极具四川特色，在这里替代了寻常的山花蕉叶，顶部塔刹也重复了三层宝珠、攒尖顶和柱头的结构。整座宝塔是一个杰出的艺术珍品：严肃端方的塔基下宽上窄，收分明显，中间由突出的檐板分隔，圆角装饰线条弧度优美，存放舍利的主体塔身突然丢弃了严肃的风格，变得活泼起来，檐脊从塔身上方急剧向上延展，收于富有韵律感的多层塔刹。整座宝塔从塔基的沉稳渐渐过渡到最轻灵的塔顶，浑然天成。三层主体塔身中最上层用来存放舍利，类似西方教堂中的圣室，而顶部的塔檐、山花蕉叶和塔刹则仿佛将五个部分组成的宝塔引领向精神世界。

这些造型四方形制规整的阿育王塔在杭州西湖北岸的圣因寺中发展出了一种新的造型——十六角形的大理石塔（参见附图 10）。宝塔大约建于 1780 年，通径三米，高五米，

第三章 宝塔的其他形式 | 421

图 513. 福建福州鼓山涌泉寺正殿旁佛堂中的舍利塔。参见图 511、图 512

图 514. 四川峨眉山万年寺中的舍利塔。与阿育王塔造型相似，砂石质。高约五米。建于 1650 年（？）

塔内藏有一颗舍利。宝塔外部是十六块 56 厘米 ×120 厘米的石板，上面是佛祖和罗汉浮雕，他们姿态各异，都是隐居修道的造型，具有典型的宋代绘画和雕塑特征，当时在整个中国范围内都十分流行。每面塔身上方的宽饰带上都有一块碑刻，上面是相应人物的名号。除石板以外的整座塔身都布满各种纹饰浮雕，最大程度凸显了中间罗汉浮雕的形象：三层塔基之间的水平隔带上都雕刻着云纹，最下方的基柱装饰有波纹和岩石浮雕，上面两层塔基包括塔基上方的饰带上都雕刻着各种不同的纹样，并没有什么隐喻意义。主体塔身上方的转角立柱上雕刻着游龙戏珠纹饰，每条龙的姿态都略有不同，十分生动。每根立柱上方都有一个向外的龙头，龙头的细节纹饰与塔身顶部一周的云纹很好地融合起来，使宝塔的十六角形造型尤其突出。宝塔的顶部中心是一个八边形花冠，转角处都高高向上扬起，实际上就是由花冠的山花蕉叶演变而来的。花冠中间升起一个敦厚的圆锥形结构，下面是莲座造型，上面安置了一个葫芦塔刹。这座造型敦厚的宝塔就由下方的十六角形塔身向上变为八边形花冠，再到上方庄严的塔刹，构成一个不断向上，直入云霄的整体。

① 江苏省大运河畔的扬州府

④ 江西省赣水畔的吉安府

② 江苏省大运河畔的高邮州

⑤ 广东省北江畔的英德县

③ 江西省章水畔的南安府

⑥ 广东省北江畔的潮州府

附图2. 宝塔入城景。选自尼霍夫画作

附图 3. 湖北省宜昌县级塔

附图4. 山东省邹县叠层塔

附图 5. 北京静明园玉泉山玉峰塔

附图 6. 江西省的一座层塔

附图 7. 湖北省武昌宝通寺层塔

附图 8. 福建福清县小型石塔

附图 9. 山西省太原府南十方院墓林

附图 10. 浙江省杭州市圣音寺大理石塔